周易全书

郑红峰 主编

〔第三卷〕

光明日报出版社

䷰ 泽火革

卦体泽渗下,火炎上。泽动则上者欲下,火动则下者欲上,上下相争,则不相得,不相得则不能不革。革之卦自井来。井《象》首言改,改,犹革也。革反为鼎,鼎三曰"鼎耳革",是鼎亦取革之象。革易位为暌,暌五曰"噬肤",革为皮,肤亦皮也,是暌亦有革之义。卦象兑泽离火。上互乾,谓之金生水,下互巽,谓之木生火,合之谓金克木,水克火,上下相克,相克必相革。《洪范》曰,"金曰从革",兑西方之卦,属金,故名其卦曰革。

革:已 *1 日乃孚。元亨利贞,悔亡。

革,改革也。日者离象,纳甲,离纳己,己为土,位居中。《易》道贵乎得中,过中则变,古人以己有变更之义。《仪礼》,"少牢馈食礼,日用丁己",郑注,"必丁己者,取其自丁宁、自变更",是己有革义也。五常以土为信,土即己也。将有改革,先示以信,"己日"者,为信孚于人之日也,故曰"己日乃孚。"离火生于乾二,兑金生于乾四,是卦从乾来,故"元亨利贞"四德皆具。有孚"悔亡",己日之功也。王弼曰,"即日不孚,已日乃孚,已读作'已事遄往'之已",《疏》与《正义》,皆从其说。然《易》中用甲,用庚,用日,用月,各有精义,王说恐未然。

《象传》曰:革:水火相息,二女同居,其志不相得,曰革。已日乃孚,革而信之。文明以说,大亨以正,革而当,其悔乃亡。天地革而四时成,汤武革命,顺乎天而应乎人,革之时大矣哉!

《传》曰"水火相息",火在泽下,火不得上炎,则水息其湿;泽在火上,水不能下流,则火息其燥。息者,止而生也。相制则止,相成则生。息与孟子"日夜之所息"同义。"二女同居",二索三索,皆从坤生,故为"同居"。离中女,兑少女,兑上离下,位既不当,兑水离火,性交不同,故"其志不相得"。志不相得,必生其变,所以为革。然水火相克不相得,必得土以调剂其中,则革乃成,而民乃信。"文明"者,离象也;信悦者,兑象也。"大亨以正"者,体夫乾之德也,如是而革得其当,如是而悔乃可亡。改过迁善,革在吾身也;去旧从新,革在人事也;寒往暑来,革在天时也;吊民伐罪,革在天位也。革之为道,不取义,不取用,惟在得时,故曰"革之时大矣哉"。

以此卦拟人事,为泽,为火,是人事所必用也;中女少女,是人事所恒有也。水火者,燥湿殊性,故用虽相济,而适以相害。二女而出自兑离,亦各秉水火之性,故初虽"同居",而终"不相得";是水火之穷,亦即为人事之穷也。穷则不能不变,变则革矣。夫生物者乾,成物者坤,坤为土,惟土居中,能剂合夫水火之宜,惟土为信,能贯彻夫上下之爻。《象》所云"己日乃孚"者,道在斯耳。盖革以信而行,以明而著,以悦而从。兑曰"亨,利贞",离曰"利贞,亨",合之谓革,曰"大亨以正"。此其四德,亦即从坤土而来,由是而革安,由是而悔亡,皆己自之功也。凡人事之最要者,在先求其孚也,有孚,则有革而若不见其革。仰观天地,而岁时之变革著焉;远观殷周,而国社之鼎革昭焉。

---

* 已,本书认为应读为己,为一家之见。

事有大小，道无异致，人道也，天道也，君道也，皆可于革之时见之矣，故曰"大矣哉"，"革之时"也！

以此卦拟国家，天下之变，势为之也。夫国家苟得久治久安，圣人岂不乐相安于无事？何得好为其变哉！惟法久则弛，俗久则渝，因循日积，酿成大乱。是以因其变，用其权，不得不与天下相更始者，势也。然国家而至变革，大事也，危事也。急遽妄动，则后先无序；权制独任，则谤渎易兴；虑不顾后，则难以图终；计不便民，即无以服众。圣人盖必为之策其全，明以审之，悦以顺之，亨贞以成之。初则时犹未至，"巩用黄牛"，而不嫌其固；二则时适其中，己日革之，而自得其吉；三则时当其革，必"三就"以求其孚；四则时处方革，虽"改命"而自无悔；五六时在革后，大人则文明以治，小人即顺从以应，如是而革道成矣。观夫殷周之兴，乃知革命之自有真焉：曰"顺天"，孚在天也，曰"应人"，孚在人也。故殷周之革夏商，天下信其革，悦其革，若有不知其革者。按：汤以乙卯兴，武以甲子兴，乙卯为木，合成金土，甲子木水，合皆为土，据此知殷周革命，时日而兼用土爻，"己日乃孚"，此明证也。至于四时变革，木金水火，各主一时。而土实分旺于中，亦可见土之力也。《象》曰："君子以治历明时"，惟君子为能得其时之大者矣。

通观此卦，卦自困来。时穷世困，天下之乱久矣，幸而出困入井。井者，养也，井《象》曰"改邑不改井"，是知邑可改，而改也。不可改，故必先养其元气，待养之既成，而后可从事于改矣，故井先于革。《杂卦传》曰，"革，去故也，鼎取新也"，取新必先去故，故鼎后于革，古来处革之世，而善用其革者，莫如汤武，汤武之革，非汤武为之，时为之也，顺夫天，应夫人，天人交孚而革乃成矣。下卦三爻，文明以革。初爻未至己日，未可用革；二爻正中己日，乃可用革；三爻革事已成，无容前往矣。上卦三爻，革而成悦，四受天命，五正天位，六天下化成，无不悦服矣。是水得土而受革于人也，故《象辞》首曰："己日乃孚"。以卦言之，则离革兑，以爻言之，则阳革阴。革之道，首重夫信，革之事，唯求其当。而所以革者，贵得夫时，是以天地不能未春而革夏，未秋而革冬。四时之革，皆应夫时，可革而革，此革之时，所以为大也。

《大象》曰：泽中有火，革，君子以治历明时。

泽本有水之所，变而有火，是亦天地之变象也，故曰革，君子法之，"治历"者，推日月星辰之迁易，"明时"者，察分至寒暑之往来，故曰"君子以治历明时"。历者，天事也，时者，人事也，是顺天道而治人事也。昼夜为一日之革，晦望为一月之革，分至为一岁之革，即《象》所云"天地革而四时成"之义也。

【占】问时运：譬如有水之处，忽而出火，是气运之反常也，宜顺时改变，乃吉。

〇问战征：屯兵之地，防溪谷林木间着火，最宜谨慎。

〇问营商：兑为金，金入火则金熔矣，消耗之象。宜迁地贸易，乃可无咎。

〇问功名：龙门变化，烧尾之象，吉。

〇问婚姻：卦体上泽下火，泽有火，是水被火所制，夫为妻所制也。革者有出妻改娶之象。

〇问家宅：此宅防有火灾，急宜改迁。

〇问疾病：是肾水枯涸，肝火上炎之症，宜改延良医，顺时调养。

〇问讼事：此事本无中生有，灾自外来。宜改易讼词，揆度时日，其辩自明，其讼得直。

〇问六甲：生女。凡占此卦，皆女象，唯出月过时，变则成男。

初九：巩用黄牛之革。

《象传》曰：巩用黄牛，不可以有为也。

离为黄牛，革为牛皮，"巩"，扬子《方言》谓，"火干也"，是皮方去毛，以火干之，犹未成其革也。初居离之始，其象如之。革者本大有为之事，初爻卑下，其时其地，皆未当革，其才与德，亦不足以任革，恰如取黄牛之革，始用离火以干燥之而已，未可躁急而妄改也。《象传》以"不可以有为"释之，谓不可先时而革也。

【占】问时运：好运初来，犹宜固守，不可妄动。

〇问营商：商业初成，宜先立巩固之基，未可妄事更张也。

〇问功名：初出求名，其才未充，其时尚早，必待四五年后，方能变化腾达。

〇问婚姻：男女之年尚幼，未可拟亲，俟三年后，可以成就。

〇问家宅：此宅新造，屋宇坚固。

〇问疾病：病是胃火微弱，脾土过强，致中腹胀硬，有类黄疸之症。药宜消积健脾以治之。

〇问讼事：必是健讼，未易断结。

〇问六甲：生女。

【占例】某友来，为摄绵土生意，愿出资金，与余合业，请卜卦，以决盈亏。筮得革之咸。

爻辞曰："初九：巩用黄牛之革。"

断曰：卦体泽上火下。泽本为水土之合，火又能生土。革者，合水火以革土也，其象与制造摄绵土，适相符合。占得初爻，为生意在发轫之始。《爻辞》曰"巩用黄牛之革"。黄，中央之色。牛属土，"革"，皮也，土之外面，亦称皮，"巩"，坚韧也。摄绵土者，取粘土，和石灰，入灶，用火锻炼，其中有水有土有火，合三者而革成之也。初爻事在始谋，犹未可遽用其革，第示其象之坚韧，如牛革然，就爻而推论之，阅一年而革可行，阅二年而革可成，四年人皆信用其革，五六年则革成之品，愈精愈美。初时所云牛皮，后皆为虎豹，而有文采矣。《爻辞》详明切合，可信可喜。

六二：已日乃革之，征吉，无咎。

《象传》曰：已日革之，行有嘉也。

二为内卦之主，居离之中，《彖》所云"已日乃孚"，二实当之。在《彖》曰"乃孚"，是天人先期其孚也；在爻曰"乃革"，是时会适当可革也。既"孚""乃革"，不言孚而孚在其中矣。二与五应，"征"者，往也，谓往应大人之命，以共启文明之运，故吉而"无咎"。《象传》以"行有嘉"释之，离为火，火主礼，凡国家变革之事，要不外制礼之大法，《周礼·大宗伯》所谓"嘉礼亲万民"者，此也，故曰"行有嘉"也。

【占】问时运：行土运可以兴事立业，大佳。

○问战征：宜择戊己日。行军接战，必可获胜。

○问营商：于摄绵土生意最宜。凡新立买卖，必择土日开市，大吉。

○问功名：戊年或交土运必可成名。

○问婚姻：可称嘉偶。

○问家宅：修理旧宅，宜择土日。

○问行人：戊己日可归。

○问疾病：逢己日可愈，吉。

○问六甲：生女。

【占例】缙绅某来，请占气运，筮得革之夬。

爻辞曰："六二：己日乃革之，征吉，无咎。"

断曰：卦名曰革，去旧取新，重兴事业之象。卜得二爻，其地位在适当改革之时，知足下气运正盛，大可有为。"征吉"，征，往也。二应在五，五在外卦，谓当往外而从五，自能获吉。"己日"者，宜择戊己日起行，前往无咎。

九三：证凶，贞厉。革言三就，有孚。

《象传》曰：革言三就，又何之矣。

三、四、五三爻，皆言"有孚"，是就《象传》"乃孚"之辞，至再至三，而申明告示，以期其孚也。三处离之终，二既行革，则革之成败，正于三见之。操切行革，反以招败，故"征凶"；革当大事，革而不从，适以启祸，故"贞厉"。是骤革者危，不革亦危也。君子唯先求其孚而已，是以革之事未行，革之言先布，离为言，当离三爻，故为"三就"。昔盘庚迁殷，周公之告多方多土，皆反复详明，不嫌其言之烦，唯期其民之孚也。言既"三就"，则我之诚意，可深入于民心，民于此时，当必"有孚挛如"矣。或云"三就"者，如《左传》所云："政不可在慎，务三而已，一择人，二因民，三从时。得此三者，而天人交孚矣。"其说亦通。《象传》以"又何之"释之，凡占象如乾之坤，"之"字皆作变解，谓"三就"而革，复有何变也。

【占】问时运：当此有事之秋，一不谨慎，则有凶危立至，宜再三筹度而行，方得众人信服。从此而往，时运大佳。

○问战征：兵，凶事也，危事也，发军之日，先宜号令申明，斯信则人任，往无不利也。

○问营商：未计其盈，宜先防其亏。贸易之道，以信为主，必得众商信从，乃可获利。

○问功名：必三试可就。

○问婚姻：得三人为媒，可成。

○问家宅：宜三迁。

○问讼事：始审再审至大审，三审乃直。

○问疾病：症象本危，三日后可愈。

○问六甲：生女。

【占例】 某旧藩士，来请占藩政方向，筮得革之随。

爻辞曰："九三：征凶，贞厉。革言三就，有孚。"

断曰：此卦泽水在上，离火在下，火盛则灭水，水盛则灭火。《象传》曰，"水火相息"，息或作灭，亦作生。灭而复生，是即去旧取新之义也，故谓之革。今占得三爻，三以阴居阳，处离之终，按数成于三，三爻为适当革事之成，一革以后，为凶为吉，亦在二爻。知藩政之成败，即在三爻时也。"革言"者，谓用革之议也；"三就"者，谓再三酌议而行之也。如是则人心信从，而革乃无咎，否则骤革固凶，不革亦危。是明示藩政之不可不革，而亦不可骤用其革也。足下其审慎！

九四：悔亡。有孚，改命吉。

《象传》：曰：改命之吉，信志也。

革而议之谓之言，革而行之谓之命。四爻出离入兑，当改革之爻，《象》曰"革而当，其悔乃亡"，四得专之。兑二曰"孚兑，吉"，《象传》谓"孚兑之吉，信志也"。四爻曰"有孚吉"，而《象》亦曰"信志"，谓举大事，动大众，必先得民心，而后可大得志也。是革四爻，即兑二爻，故其辞同，其象亦同。"改命"者，必上膺天命，下顺人心，鼎革一新，如汤武之革命是也。后世托言汤武，而妄思改命者，类皆灭亡，盖革命必有汤武之志则吉，无汤武之志则凶，"改命"之吉，专指汤武而言。《象传》曰"信志"，亦谓此也。

【占】 问时运：曰"悔亡"，曰"吉"，是灾悔既亡，而吉运来也。万事皆可改作，无不如志。

○问营商：必是旧业重兴，大可得利。

○问战征：改旗易辙，重振军令，可以开国，可以辟地，可以转败为胜，吉。

○问功名：改武就文，可以成名。

○问婚姻：不利原聘，利重婚。

○问家宅：改作改造，大吉大利。

○问讼事：灾悔已退，讼即可罢。

○问失物：可寻得之。

○问六甲：生女。

【占例】 友人某来，请占气运，筮得革之既济。

爻辞曰："九四：悔亡。有孚，改命吉。"

断曰：革者去故取新之卦，在人则衰运去而盛运来也。今占得四爻，知足下之气运方盛，从前灾悔已消，此后事业重新，进而谋事，成就无疑。但不利仍旧，唯利改作，故曰"改命"。"命"，命运也，人生命运，五年一换。《象》取"己日"，以土为用，信亦为土，如丙子运后，换入丁丑，土运正旺，故吉。凡平素不利之事，"一经改革，无往不利矣。

后果然。

○明治二十八年一月三十一日，我军陷威海卫，清国北洋舰队，据守刘公岛，抗拒我军。二月五日，筮得革之既济。

爻辞曰："九四：悔亡。有孚，改命吉。"

此卦我为内卦，属离火，清为外卦，属兑金，有以火铄金之象。卦名曰革，革者改也，四爻正当变革之时，以火器攻打铁舰，是全胜之占也。

后果以水雷击沉艨舰，至十二日，北洋舰队悉败，炮台亦归我有。

九五：大人虎变，未占有孚。

《象传》曰：大人虎变，其文炳也。

五爻得坤气，坤为虎，兑属正西，白虎西方之宿，故五爻有虎象。"虎变"者，虎之毛羽，变而成文，愈变而愈美者也。五居尊位，故称"大人"，为革之主，风虎云龙，变化莫测，为革之至盛至当者也，"汤武革命"，即在此爻。"未占有孚"者，大人德位俱隆，躬任制作，将为天下更新，大启文明之化，而天下之被其化者，早已输诚悦服，不敢或后，所谓不疑何卜？无容质诸于鬼神，故曰孚在占先也。孚于人，尤孚于天，是天与之，人归之，有见其孚而不见其革者矣。上互乾，乾为大人，非"乾道变化，各正性命"之大人，易克臻此？《象传》以"文炳"释之，五处兑之中，兑为泽，为金。泽谓润泽而有文也，金亦有文象，下应离火，离为光，为明，其文更著。丙火为离，丙即炳，故炳字，从火从丙。

【占】问时运：如此大运，非"首出庶物"之大人，不克当此。若常人占得此爻，必能光前裕后，大振家声。

○问战征：虎臣桓桓，威声早著，可不战而来降也。

○问营商：白虎属西方之宿，西属秋，防货价至秋，大有变动。宜先订定价，自可获利，吉。

○问功名：乾曰"云从龙，风从虎"，言各得其际会也，吉。

○问婚姻：俗以白虎为不利。婚事未占先孚，犹言未嫁而先。从也，为女不贞之象。

○问家宅：虎动，亦不利。

○问疾病：虎属寅，寅为木，是必肝木振动之症。不占先孚，必不药而愈也，吉。

○问六甲：象本生女，一变则为男。

【占例】有某诸侯，使其庶子嗣末家。未家者幕府旗下之士也。戊辰之变，旗下之徒数百人，推未家为队长，将谋举事，其家臣五十余人，多与其谋。于是本家忧之，遣使促归，且曰若不归藩，恐朝廷有疑于本藩，祸将不测。于是议论纷起，判成两党，一在促归，一在不归，迄将一月，议终不决。一日使人招余，余应招而往，两党数百之士，充满藩邸，各述其意，余皆闻之，曰：今日所谋之事，实国家之大事也，国家之大事，关夫天数，非可以私心判决者也。不如问诸《易》占，众咸以为是，乃筮得革之丰。

爻辞曰："九五：大人虎变，未占有孚。"

断曰：此卦可谓适切今日之事者也。今日诸君之所论，一欲尽忠于幕府，一欲奉朝命而为国，非即《象》所云"二女同居，其志不相得"者乎？在仆观之，卦名曰革，是明示以用革之象。爻为君位，辞曰"大人虎变"。"大人"者，谓应天承运之大人。虎为百兽之长，"变"，即革也，明示其人为当革之人，其时为革之时。时既当革，安得不应天顺人，以应其革乎？诸君之论，半皆泥于仍旧，不知卦象，专在去旧取新，故知仍旧者非，故有虑革之而民弗信，不知二爻三爻，皆曰"有孚"，当未革而先期其孚，至五则革道已成矣，故曰"未占有孚"。且经此一革，不特大受信用，且将率天下之民，日进于文明之化，行见重熙累洽，光被四表，即可见于此日了。宜速去此地，以归本藩，是仆所得天数之占断也。

两党之土，闻之皆愕然，无敢出一辞，于是主君大嘉余之占断，即日整装而归。

上六：君子豹变，小人革面。征凶，居贞吉。

《象传》曰：君子豹变，其文蔚也。小人革面，顺以从君也。

上爻居卦之极，有德无位，必是去位之贤大夫也，故称"君子"。豹饰，大夫之服，故曰"豹变"。盖革之成，始于四，整于五，终于上，是以五之圣君，既得显虎文之灿，而上之大夫，亦得增"豹变"之华。"小人"，细民也，"面"者，向也，"革面"者，向化也，言小人皆潜移默化，于光天之下，革面洗心，欣欣然而有喜色也，是之谓"小人革面"。"征凶"者，上与三应，上之"征凶"，亦即三之"征凶"也。谓大变既定，若复纷更自取多事，必如汤之昭德建中，惟期裕后，武之修文偃武，不复用兵，是即所谓居贞则吉也。《象传》以"文蔚"释之，"蔚"，深密之貌。豹隐处雾雨，欲泽其身，以成其文，犹言君子相与于文明之治，以增服饰之光也。

【占】 问时运：运当全盛，光华显著，惟宜守成，无事纷更。

　　○问营商：创业以来，有名有利，已臻美备，此后宜知足谨守。

　　○问功名：上居卦之终，功名已极，劝令功成身退，所谓"人死留名，豹死留皮"也。

　　○问战征：军用多取兽名，貔甲虎贲，皆用之以焕其文而扬其威也。上六爻已终，谓战已定，宜罢兵退守，不可前往。

　　○问婚姻：上与三应，九三阳也，上六阴也，三曰"三就，有孚"，当再三述合，自可成就，吉。

　　○问家宅：爻位在上，其宅基必高。曰"征凶"，知迁移不利；曰"居贞吉"，知居之得安也。

　　○问失物：物已变革，寻亦不得。

　　○问六甲：生女。

【占例】 缙绅某来，请占气运，筮得革之同人。

　　爻辞曰："上六：君子豹变，小人革面。征凶，居贞吉。"

　　断曰：此卦一变旧弊，改进文明之卦也。今占得上爻，曰"君子豹变"。"君子"者，谓有德无位者也，豹亦为隐居之兽，正合贵下退位闲居之象也。想曩时赞襄维新之治，以成"虎变"之文，贵下固与有功焉。豹较虎而小，虎属五爻为君，知豹变即指贵下。贵下之功绩既著，文明亦显，正可相与守成，无事多求，故曰"征凶，居贞吉"。贵下之气运如是，正可安亨纳福。

䷱ 火风鼎

《序卦传》曰："革物者莫若鼎，故受之以鼎"。鼎者新命之象。昔禹平水土，九州攸同，铸九鼎以象九州，历代宝之。夏亡鼎迁于商，商亡鼎迁于周，故三代革命，以鼎为重器也。卦自革来，兑互乾金居上，火互巽木居下，有铸鼎之象。本卦火上木下，木能生火，有鼎烹之象，故其卦曰鼎。

鼎：元吉，亨。

"元吉，亨"者，巽《彖》曰"小亨"，离《彖》曰"利贞，亨，畜牝牛吉"，皆不言元。卦下互乾，乾备四德，元亨盖自乾来，唯乾于四德外，亦不言吉。王弼曰，"吉然后亨"，程子以《彖传》只释元亨，吉为衍文，朱子从之。按鼎为三代革命重器，凡荐神飨宾，莫不用鼎，知器之吉，莫如鼎，用之吉，亦莫如鼎，不得以《彖传》未释，疑其为衍也。窃意亨则无不吉，《彖传》特略之而已。

《彖传》曰：鼎，象也。以木巽火，亨饪也。圣人亨以享上帝，而大亨以养圣贤。巽而耳目聪明，柔进而上行，得中而应乎刚，是以元亨。

凡器莫重于鼎，制器尚象，故曰"鼎，象也"。卦体下巽上离，离为火，巽为风，亦为木，中互泽水，爨以木火，是鼎锅烹饪之象。圣人用之于祭祀，烹牲以享上帝，用之于宾客，大享以养圣贤。鼎者三足两耳，卦体初爻下阴为足，二、三、四三阳象中实，为腹，五阴为耳，上阳为铉，是鼎象也。烹饪者，鼎之用也。下巽，顺也。上离为目，五为耳，有内巽顺而外聪明之象。卦自巽来，阴进居五，下应九二之阳，故其占曰元亨。亨帝养贤，是极言鼎之用，"巽而耳目聪明"，是极言鼎之德。"柔进而上行"，由巽进离也，离为明，能明则通矣。"得中而应乎刚"，以五应二也，二中实，有实则大矣，是以元亨，此所以耳目聪明。三代圣王，皆以鼎为宝，岂徒取寻常烹饪已哉！

以此卦拟人事，卦体火上木下，中互金水，金以铸鼎，鼎以盛水，鼎下以木火炊之，为之烹饪，是古火食之遗制也。此为人事饮食之常，不可一日或缺者也。王者以鼎之贵，用以享帝养贤，而下民则为承祭款宾，亦礼所不废。或椎牛奉祭，感切露霜，或杀鸡欢留，情殷信宿，盖其真诚之意，有假器而形之者也。按《玉篇》云，"鼎所以熟物器也"；《说文》云，"鼎三足两耳，和五味宝器也"，乃知鼎为调味之具。凡味之变，水最为始，五味三才，九沸九变，火为之纪，时徐时疾，无失其理，鼎中之变，精微纤妙，口弗能言，智弗能喻，要其运用无过。调火，惟离得烹饪之功，惟巽得缓急之用。离，火也，火之功藉木而著，火之用藉水而济，遇木则生明，遇水则有声，生明则目可视，有声则耳可听。鼎以离为目，以五为耳，是内巽顺而外聪明也，故曰"巽而耳目聪明。""柔进而上行，得中而应乎刚"，鼎有此二德，而鼎所以日用日新，其道乃得大亨也。人事之欲舍旧从新者，皆当取法于鼎焉。

以此卦拟国家，古者铸鼎象物，协于上下，以承天休。有德者得之，昏德者失之，是鼎以德为去留，故君子必"正位凝命"，以保此鼎也。推之调和五味，鼎之用在烹饪也；大武一斛，鼎之尊在享帝也；盛馔四簋，鼎之隆在养贤也；而能保守此鼎而不失者，则唯在夫德。德足应天，而天受其享，德能养贤，而贤受其养。然桀有鼎而迁于商，纣有鼎而迁于周，谓鼎无灵也，而俨有灵矣。鼎无耳而能听，鼎无目而能视，天下之物，聪明者莫鼎若也，故曰"巽而耳目聪明"。"柔进而上行者"，由巽而进离，离上炎，故曰："上行"。"得中而应乎刚"者，中虚以应二，二"有实"，故曰"应乎刚"，是鼎之所以成鼎，为帝王所世宝者，在此矣。中天之世，所谓明四目，达四聪，总不外此"耳目聪明"之用也哉。

通观此卦，井取用于水，鼎取用于火，故井鼎二卦，爻象相似。盖井以坎为主，下象井而上象水；鼎以离火为主，下象鼎而上象享。井汲在上，故坎居上，而上卦多吉；鼎烹在上，故离居上，而上卦亦多吉。二卦居革之间，井革则修，鼎革则迁，鼎者，新也。有王才兴，必以鼎为受命之符，特牲告庙，洒醴飨宾，心之诚，礼之隆，无不以鼎为重焉。"巽而耳目聪明"者，即所谓"且聪明，作元后"是也。其命维新，其道大亨，其化则柔而上行，其德则中而应刚，其器也，则宗庙享之，子孙保之，所愿万世有道而不迁也。

《大象》曰：木上有火，鼎，君子以正位凝命。

木上有火，为木生火之象，即烹饪之用也。盖鼎，宝物也，三代以鼎相传，鼎之所在，即天命之所归，君子所以"正位凝命"也。"位"，君位也；"命"，天命也，君子履中居尊，"正位"而不使之倾，"凝命"而不使之涣，是所谓恭己以正，南面笃恭，而天下平也。《易·大象》言天命者二，大有曰"顺天休命"，鼎曰"正位凝命"。大有以"遏恶扬善"，故命贵夫顺；鼎以享帝养贤，故命取夫凝。要即《中庸》所云"大德者必受命"是也。

【占】 问时运：木上升，火上炎，有日进日上之象，大可成事立业。

○问战征：践主帅之位，率三军之命，正有如火如荼之势，马到功成，此其时也。

○问功名：贵不可言。

○问营商：木生火，鼎烹物，得其自然之利，可不劳而获也。

○问家宅：防有祝融之灾，宜谨慎。

○问疾病：必是肝火上冲之症，宜以泄肝顺气治之。

○问婚姻：爻为相生，鼎为重器，必是正配，又得内助。

○问讼事：火势正旺，一时未得罢休。宜定心安命，自然得直。

○问六甲：生女。

初六：鼎颠趾，利出否。得妾以其子，无咎。

《象传》曰：鼎颠趾，未悖也。利出否，以从贵也。

爻体巽为股，初在股下，故曰"趾"，上应九四则"颠"矣。初至五为大过，"大过，颠也"，故初为"颠趾"。按《少牢·馈食礼》，"雍人概鼎"。概，涤也，所以去其宿垢。"趾颠"则鼎倒，而垢自出。"否"，即垢也，故"利出否"。"出否"不得谓悖。爻体三之五，互兑，兑为妾，鼎为器，"主器者长子"，故有"得妾以其子"之象，主器，是以谓贵。"无咎"者，盖因败成功，以贱得贵也。陆氏希声曰："颠趾出否，虽覆未悖，犹妾至贱，不当贵，以其子贵，故得贵焉。"《春秋》之义，母以子贵是也。

【占】 问时运：有因祸得福，转败为成之兆。

○问营商：初次小损，后获大利，且有商地成家之象。

○问功名：有荣封之喜。

○问家宅：此宅墙基有坏，修之获吉，且必出贵子。

○问婚姻：是为小妾，必生贵子。

○问疾病：腹有宿积，利在下泻，无咎。

○问六甲：生男，宜于庶出。

【占例】 缙绅某来，请占伊夫人之病，筮得鼎之大有。

爻辞曰："初六：鼎颠趾，利出否？得妾以其子，无咎。"

断曰：爻辞为"颠趾""出否"，是因鼎中有积污，倒鼎而出之也。论之病体，谓胸有积块，宜下泻之。在妇科或有血瘀等患，当破血以下之，不可作怀孕论也。今占夫人之症，得此爻象，知其病在子宫，因房事过度，子宫受损，宿秽未清，急宜调治，用法洗涤。但治疗后，防生育有碍，须另觅小妾，据爻象必有贵子，可得。

缙绅感悟，果蓄妾，而得子。

九二：鼎有实。我仇有疾，不我能即，吉。

《象传》曰：鼎有实，慎所之也。我仇有疾，终无尤也。

"实"者，鼎之实，即为鼎中之肉。阳为实，阴为虚，二爻阳实，位当鼎腹，是鼎有实之象，故曰"鼎有实"，则可享上帝，可养圣贤。古之人爵高禄厚，每多不免凶祸，是由仇即我也，二应在五，为三四两阳间隔，故曰"我仇有疾"。"仇"者，害我者也；"疾"者，恼我者也。二自守坚固，不相比附，故曰"不我能即"。人能守正，不正者不能就，所以吉也。鼎之"有实"，犹人之有才，当慎所趋向，斯不陷于非义。故《象传》以"慎所之"释之，谓一鼎不能动，则万夫废；一心不可动，则万议息，慎所之之谓也。"终无尤也"，"无尤"，乃所以得吉也。又曰："疾"字，有妒害之义，入朝见疾是也。小人之为害也，必托为亲爱，以伺其隙，在我既志洁行芳，嫉我者自无隙之可乘，不能即而害之也。

【占】 问时运：运途正直，奸邪自远，无往不吉。

○问功名："实"者，实获也。名成之后，多有忌嫉之者，宜慎防之。

○问营商：曰"鼎有实"，即所谓囊有财也，宜防匪人盗窃。

○问婚姻：二与五应，五变为姤，姤曰"勿用娶女"。"仇"，怨偶也，"不我能即"，是不娶也。

○问家宅："实"者，富足之家，防分人窃伺。

○问疾病：阳为实，是实热之症，宜对症调治，吉。

○问六甲：生女。

【占例】 明治十二年夏，大阪豪商藤田传三郎、中野梧一两氏，被疑见拘，护送东京。当时各新闻怪二氏拘留，喋喋评论。一日有友来访，请占二氏祸福，筮得鼎之旅。

爻辞曰："九二：鼎有实。我仇有疾，不我能即，吉。

断曰：鼎为大器，未易摇动者也，今鼎中"有实"，是愈重而不可动也。藤田中野两氏，正当其象。动之者为司法官，今司法官"有疾"，不能展其力，则欲动而卒不能动也，是谓"我仇有疾，不我能即"。两氏之狱，想即日可解脱也。

既而果然。

○一日友人某来，曰：近日有媒人来，为余说亲，请占此女娶之如何？筮得鼎之旅。

爻辞曰："九二：鼎有实。我仇有疾，不我能即，吉。"

断曰：鼎有："耳目聪明"之象，爻内卦巽为长女，其色白，外卦离为明，为丽。其女必有才智，且有美色。然曰"鼎有实"，恐胎已有孕，则有外遇可知也。至此女有妊，两亲必未之知，即媒人亦必不知也，足下毋须道破，婉言辞之可也。

某果善辞谢之。后闻此女所嫁，即为外遇情郎，未匝月而产。后某每面予，谈论此事，赞《易》理之灵妙也。

〇明治三十一年，占英国与德国交际，筮得鼎之旅。

爻辞曰："九二：鼎有实。我仇有疾，不我能即，吉。"

断曰：鼎为调五味之器，能使味之不和者，终归于和也。今占英德两国交际，得鼎之二爻，二与五应，当以二属德，以五属英。二五阴阳相应，可见英德相亲，但为四爻障碍其间，故两国意志不能相通。必待四年后，四爻障碍退去，两国自得相亲也。《象传》所谓"慎所之"，言当谨持其向往；"终无尤"，自可得免其受害。按英国以多年积累之功，建成霸业，孚国先帝威廉，联合比邻小国，征挪威、奥地利，克服法国，因此构怨于奥法两国，恐两国潜图复仇，欲借德国之势，联络保护，是以不得不结好于德也。此两国交际上之密意也。

九三：鼎耳革，其行塞，雉膏不食。方雨亏悔，终吉。

《象传》曰：鼎耳革，失其义也。

毛西河云：凡鼎既实，则以铉贯耳，扛近食前，仪礼所谓'扃鼎'是也。若未实，则撤铉脱耳，谓之'耳革'。凡物皆以足行，唯鼎以耳行，"耳革"则不能举之而行，故曰"其行塞"。上离为雉，下巽为鸡，鸡亦雉类，雉人鼎烹，故曰"雉膏"。雉膏，食之美者也，鼎之行既塞，雉膏虽美，人不得而食之矣。三动成坎，坎为雨。初之三为睽，睽上曰"遇雨则吉"，睽上互坎，雨皆取象于坎耳。"方雨"，乍雨也，雨之润者，谓之膏雨，喻言"雉膏"之芳润也。坎为破，亦为悔，故曰"亏悔"，谓有此美味，而不得食，举鼎者能无悔乎？悔则思变，将耳之革者不革，而行之塞者不塞，始虽悔，终则吉矣。古帝王铸鼎象物，以为世宝，鼎因一成而不易，举鼎之制，亦一成而不改，今欲以旧鼎变新鼎，妄革其耳，率至一步不能行，故曰"失其义也"。井鼎九三，皆居下而不用，井三"井渫不食"，鼎三"雉膏不食"，君子能调和其食，而不能使人之必食。此卦三虽欲革耳，五能以金铉实之，虽始有悔，终乃得吉也。

【占】 问时运：运非不佳，但妄意变改，以致所行辄阻，是以有悔也。

〇问功名：目下虽美不售，改就他途，反多灾悔。

〇问营商：业有改迁，致货物呆滞，须俟三年后，可复兴也。

〇问战征：兵队有变，恐粮食被劫。

〇问家宅：此宅两厢房。防有变动，或有火灾，遇雨得救。

〇问婚姻：恐有悔婚改适之变，所谓"失其义"也。

〇问六甲：生女。

【占例】 明治二十年春，晤某贵显，遍论在朝诸公，余曰："若某公者，今年可登显秩。"贵显曰："子何知之？"余曰："余每年冬至日，占问在朝诸公气运，故得知之。某公今年运当鼎之未济。"

爻辞曰："九三：鼎耳革，其行塞，雉膏不食。方雨亏悔，终吉。

断曰：三爻以阳居阳，才力俱强。与四相比，四爻亦阳，两阳故不相亲。三以位不得中，与五亦不相应，故"耳革"而不能受铉，遂致淹塞而不行也。虽鼎中"雉膏"之美，终不得而食之，喻人有济世之才，无以举之，终不能展其抱负也。"方雨"者，如大旱得雨，足慰民望。民之待泽，无异旱之待雨，所谓斯人不出，如苍生何？故始之"悔亏"，终乃得吉也。某公今年运途，其象如此，是以知其必得升用也，但嫌三爻阳刚过甚，太刚必折，防有不测之灾。某贵显闻之，深感《易》理之妙，后某公果升封伯爵，荣耀显要。翌年某公，猝遭暴变，致有刖足之患，应在四爻"鼎足折"之兆。

九四：鼎折足，覆公𫗧，其形渥，凶。

《象传》曰：覆公𫗧，信如何也。

鼎三足，象三公。案九四辰在午，上值紫微垣。三师，隋《百官志》曰："三师之不主事，不置府僚，与天子坐而论道，盖贵戚近臣也。"四下与初应，初为趾，体大过为颠，四震爻，震为足，上互兑，兑为毁折，故初之"颠趾"，至四则"足折"矣。鼎之所以安定不动者在足，足折则鼎倒，凡二之"实"，三之"雉膏"，皆为之倾覆矣，故曰"覆公𫗧"。"𫗧"，《释文》以为健，《周礼》以为糁，要皆为鼎实而已。"形渥"，郑作刑剧，"屋诛"注云：屋读如"其刑剧"之剧，谓所杀不于市，而以适甸师氏者也，盖就屋中刑之也。服虔云：《周礼》有屋诛，诛大臣于屋，不露也。四位比近五，盖谓大臣，鼎之折足，喻言臣下旷官，君视臣如手足，足折则臣道失矣，诛之于屋，凶之极也。《象传》曰"信如何"者，言四不胜其任，咎由自取，无可如何也。

【占】　问时运：运途颠覆，小则损折，大则刑戮，甚为可惧。
○问战征：有损兵折将之祸。
○问功名：未成者难望，已成者必败。
○问营商：资财覆灭，且有身命之忧。
○问婚姻：必男女均有足疾，且于家道不利。
○问家宅：有栋折榱摧之患。
○问疾病：必是足上患疮，难保完体。
○问讼事：凶。
○问六甲：生女，防有残疾。

【占例】　明治十五年七月，朝鲜国京城内变，杀戮大臣，并逐我公使，盖由其大院君之唆使也。飞报达我国，朝野为之骚然，某贵显过舍，请占。筮得鼎之蛊。

爻辞曰："九四：鼎折足，覆公𫗧，其形渥，凶。"

断曰：鼎三足，象三公，折足则三公有变，正今日朝鲜之谓也。四位近五，是为君之近臣，有专揽大权之象，《系辞传》所谓"德薄而位尊，智小而谋大，力小而任重，鲜不及矣"，大院君当之焉。"覆公𫗧"者，𫗧，鼎之实也，足折，则鼎中之实，倾覆无余，言朝鲜变起，其府库之资财，必皆耗散矣。"其形渥"者，形渥读作刑剭，谓重刑也。大院君以君父之尊，纵得免刑，恐遭幽辱。四爻变则为蛊，蛊者惑也，三虫在皿，有互相吞噬之象，是即开化、守旧、事大三党，互相轧轹而起衅。幸朝鲜当陛贤明，得九二贤臣相辅，不至覆国，幸矣！

贵显听之，唯唯而去。后大院君果为清所幽，国王亲政。

六五：鼎黄耳，金铉，利贞。

《象传》曰：鼎黄耳，中以为实也。

五偶画，居鼎端，象鼎耳，鼎上卦离，离为黄，故曰"黄耳"。铉与扃通，所以贯鼎而举之也。按鼎之制，天子饰以黄金，诸侯白金。五为君位，宜用金鼎，故铉为金铉。"利贞"者，鼎为国之重器，利在正固而不动，举鼎者，亦当以正固之心临之，使无颠覆也。挈一鼎者听于耳，挈天下者听于君，耳为一鼎之主，犹君为天下之主也。《象传》曰"中以为实"者，"中"，谓鼎耳中虚，贯铉则可举，而鼎之实乃有以享上帝，养圣贤。是二、三、四，实在鼎腹，五之实，上鼎耳也。

【占】　问时运：运途贵重，贞守得福。

　　○问功名：大贵之象。

　　○问营商：信息明了，贩运便捷，可获厚利。

　　○问战征：防有洞胸贯耳之灾。

　　○问婚姻："黄耳""金铉"，贵兆也，主联姻贵族。

　　○问家宅：富贵之家。

　　○问六甲：生女。

【占例】　某商人来，请占气运，筮得鼎之姤。

　　爻辞曰："六五：鼎黄耳，金铉，利贞。"

　　断曰：鼎者国之宝器，其用则能调五味，以供飨享也。今足下占商业，得鼎五爻。观爻辞之意，谓鼎有耳，必贯以铉，可以举动，喻言商业有利，必得其术，可以谋获。"黄耳""金铉"，珍贵之品，喻言其利之厚也。足下得此爻，财运盛大，正可喜也。

　　○明治三十一年，占改进党气运，筮得鼎之姤。

　　爻辞曰："六五：鼎黄耳，金铉，利贞。"

　　断曰：鼎之枢纽在耳，耳之枢纽在铉。挈其枢纽，虽九鼎之重，可以举行也。今占改进党进步，得鼎五爻，曰"黄耳""金铉"，鼎耳有铉，则鼎可扛，喻言党中必有首领，则党议可行也。按改进党，素与自由党不协，今兹两党联合，得并入于议会，是以能达其意旨，但其事要以正为利耳，不正则终有不利，爻辞详明亲切如此。

　　后两党果以联合，得并立于政府。然两雄不并立，未几爻因两相猜疑，遂生倾轧，四阅月而复罢斥。此在不审"利贞"之旨也。

上九：鼎玉铉，大吉，无不利。

《象传》曰：玉铉在上，刚柔节也。

上居外卦之极，一阳横亘于鼎耳，有铉象。玉之为物，其性坚刚，其色温润。上以居柔，其德似之，故以玉为铉。或谓上处卦外，是为就养之圣贤，而无位者也。按鼎之饰，各有品级，天子黄金，诸侯白金，大夫铜，士铁；五曰"黄耳""金铉"，此为天子之鼎，上无位，特以玉铉别之。《集解》引干宝曰，"玉又贵于金者"，是其旨也。《象传》曰，"玉铉在上刚柔节也"，上谓在六五之上，"节"者，适均之意，言上与五，金玉相配，刚柔相济，得以成鼎养之功，故"大吉，无不利"也。

【占】问时运：温润和平，无往不利。

　　〇问战征：六师既张，进无不克，大吉。

　　〇问功名：位趋鼎铉，大吉。

　　〇问营商：美玉待沽，其价必善，无往不利也。

　　〇问婚姻：如金如玉，大吉。

　　〇问家宅：此宅地位甚高，大吉。

　　〇问疾病：恐是耳痛之症。

　　〇问六甲：生女。

【占例】缙绅某来，请占气运，筮得鼎之恒。

　　爻辞曰："上九：鼎玉铉，大吉，无不利。"

　　断曰：鼎以火为用，下象鼎而上象烹，其功用在上，故上卦多吉。今足下占气运，得鼎上爻，象为鼎铉。鼎重器也，玉，宝物也。以玉饰铉，以铉扛鼎，则鼎可举，而养可及于天下矣。喻言人得其运，则运亨时来，刚柔相济，所作所谋，无不大吉大利矣。

䷲ 震为雷

　　震字从雨，辰声，《说卦》曰，"动也"，《杂卦》曰，"起也"。卦体二偶为坤，一奇为乾，坤阴在上，乾阳在下，阳伏而不能出，阴迫而不能蒸，于是乎震，是所谓"雷出地奋"也，故其卦曰：震为雷。

震：亨。震来虩虩，笑言哑哑，震惊百里，不丧匕鬯。

　　《说卦》曰："万物出乎震，震东方也。"按《说文》："东，动也。"阳气动物，于时为春，春为四时之始，是即乾元之"始而亨者也"，故曰震。"虩虩"，恐惧也；"哑哑"，和乐也。震为笑，亦为言，谓震之发而为怒，则可惧，震之发而为喜，则可乐，故曰"震来虩虩笑言哑哑"。震为诸侯，诸侯受地百里，震又为惊惧，故曰，"震惊百里"。震为鬯，鬯，祭器。"匕"，按《诗》"有求棘匕"注，"以棘为匕，所以载鼎肉，升诸俎也。"谓当承祭之时，心存诚敬，虽有迅雷骤作，不能夺其所守，故曰"不丧匕鬯"。

　　《象传》曰：震，亨。震来虩虩，恐致福也。笑言哑哑，后有则也。震惊百里，惊远而惧迩也。出可以守宗庙社稷，以为祭主也。

　　震体本坤，静极生动。乾以一阳来，为坤二阴所掩，奋激而出，其象为雷，其德为动。阳气奋发，通达无阻，故曰"震亨"。震有二义：震在人者，为恐惧，震在天者，为震惊，所谓迅雷烈风必变，虽圣人亦时凛天威。是即昭事上帝，聿求多福之诚，故曰"恐致福"。迨至雷止气和，万物得生，人心亦为一快，神清体适，言笑宴宴，不改其常，所谓言而世为天下则也，故曰"后有则"也。一曰：震得乾元，"后有则"者，即"乾元用九，乃见天则"，亦通。总之，"虩虩""哑哑"，上天以威福并行，圣人以忧乐相感，不伤天地之和，自得生成之乐。盖"虩虩"者应乎震也，"哑哑"者得其亨也。"震惊百里"者，谓雷声闻百里，雷之出地迩，而闻声者远，远尚畏惧，途更警惕也。震为长子，足以主器，出者君也，谓君出，而长子得以守宗庙社稷，以为祭主。祭主夫敬，长子肃宫雍庙，虽当事变猝来，要不失奉鬯执匕之诚也。此皆处震之道也，圣人亦法天而已矣。

以此卦拟人事，《玉藻》云：若有疾风迅雷甚雨，则必变，虽夜必兴。君子"恐惧修省"，无时不敬，而遇变则尤加谨。若小人平居放逸，本无"虩虩""震惊"之意，一旦雷霆震怒，闻声畏悚，不能自持，甚至一击亡命者，亦间有之，又安望恐以致福哉！盖震虽为天道之变，而实由人事所自召，天未尝于圣人而加宽，亦未尝于常人而加厉，惟震来而能致其敬，斯震退而不改其常，则"哑哑"之乐，亦即从"虩虩"而来。遇变而可以求福者，处常时即可以为则也；地有远迩，敬无先后，故曰"惊远而惧迩也"。震者，动也，动必有静；震者，起也，起必有伏，是即人事动作起居之要旨也。人事之大，莫大于敬神格祖，奉鬯举匕，一一以诚心将之，而不敢陨，时有变而心则定，事可惧而神则安，非中心诚敬，乌能如是哉！

以此卦拟国家，"帝出乎震"，震者，乾之长子，足以代君父而宣威赐福也。天震为雷，帝震为怒，《洪范》所谓"帝乃震"是也。昔武王一怒而天下安，此即震亨之义。震为威，震亦为仁。上天雷霆奋作，而雨泽随之，一时群阴摄服，百物畅生。凛其威者，魂飞而胆落，被其恩者，食德而饮和，是"虩虩""哑哑"之象，其即由此而形也。圣王体乾出治，能令群黎畏其威，亦必令群黎怀其德；诸侯之封地百里，威德所暨，始于百里，讫于四海，所谓近悦远来，诚有不限于方隅者矣。震于四时为春，于五行为木，一秉天地之生气。天地以好生为德，王者以爱物为心，巍巍荡荡之德，即在兢兢业业之中，可以为下民造福，亦可为后世垂则也。"守宗庙社稷"者，人君之事，君出，则长子主器，虽未成为君，即可承君父之德位，以为祭主。《正义》谓此即释"不丧鬯圉"之义。

通观此卦，此卦次鼎。《序卦传》曰，"主器者莫若长子，故受之以震"。"器"者，鼎也。革命既定，必建长子，继体承乾，故曰"主器"，此震之所以承鼎也。震得乾元刚阳之气，应时迅发，其威怒一击者，"天行"之健也；其发育群生者，"资始"之德也，故圣人以兢业为无为，以好生为神武。"虩虩""哑哑"，理本一致，以"虩虩"者凛天威，而心不敢肆。以"哑哑"者承天德，而气得其和，是即震雷春发秋藏之旨也。上互坎，坎为忧，故有恐惧之象；下互艮，艮为顺，故有和悦之明。艮为宗庙，为社稷，故有宗庙社稷之象。震为出，为守，故曰"出可以守"；震为祭，故曰"为祭主"。震之为卦，由鼎出震，鼎取其新，是静而变动；由震反艮，艮取其止，是动而变静。动者声闻百里，静者敬主一心，是以可"致福"，可垂后，可"惊远"，可"惧迩"，可以守，可以祭，而不至丧失也，谓能善处夫震者矣。至六爻之义，各应其时。初秉一阳，为震之主；二至巽，为春夏之交，雷始发声也；三至离，四至坤，五至兑，上至乾，阳气伏而震道终焉。其爻皆两两相对：初与四对，初为刚，四溺柔，故四之"泥"，不如初之吉；二与五对，二"丧则"，五"有事"，故二之"勿逐"，不如五之"无丧"；三与上对，三"苏苏"，上"索索"，故上之征有凶，不如三之"行无眚"也。大抵处震之道，以"恐惧修省"为主，除初爻之外，皆不得处震之道，故《象传》之辞，惟初得专之。

《大象》曰：洊雷，震，君子以恐惧修省。

"洊"者，再也，上下皆震，故谓洊雷，犹坎之曰"习坎"也。雷者天地威怒之气，阴阳薄击之声，令人闻而惊然色动，非僻之念，为之一消，故"震来虩虩"，无不恐惧。然恐惧在一时，修省则在平日，君子无时不敬，当震而加谨，即震退而反省自修，不敢或懈，喜怒哀乐，皆与天准，惟恐检身不及，致于天变。故以心存恐惧者，仰凛天威，亦以行加修省者，敬承天道，谓之"君子以恐惧修省"。

【占】 问时运：运当发动，防其过盛，宜谨慎敛抑，可免丧失。

○问战征：有连日接战之象，须临时知惧。

○问营商：震雷出滞，滞者，积滞也，谓积滞货件，一时皆得出而销售。《象》曰"洊雷，震"，知有一二番好卖买也。

○问功名：雷者生发之气，"洊雷"，则有连捷之象。

○问家宅：宅基防有动作，上爻曰"于其邻"，必近邻有兴造之役，宜祭祷。

○问婚姻：震为长男，旁通为巽，巽长女，佳偶也。

○问疾病：是肝木太盛之症，防有变动，可惧。

○问六甲：生男。

○问失物：一动乃见。

初九：震来虩虩，后笑言哑哑，吉。

《象传》曰：震来虩虩，恐致福也。笑言哑哑，后有则也。

"虩虩"者，惊顾之状；"哑哑"者，笑语之声。初爻以阳居阳，得乾之刚，为成卦之主，故得系《象》之辞。谓能临事而惧，后事而乐，虩虩哑哑，任天而动，与时偕行；所谓时然后笑，时然后言，"哑哑"之中，仍不忘"虩虩"之意。爻辞添一"后"字，其旨益明。"吉"，即谓"致福"也。凡天下之理，宴安每多招祸，危惧自能致福，《象传》曰"恐致福"，谓恐惧戒慎，可以转祸而招福也。爻曰"后有则"，则即乾元之"天则"，谓乐得其时，是能与天合则也。此爻变则为豫，豫者乐也，亦有"笑言哑哑"之象。爻中震有二义：初四两爻，皆以阳震阴，为震动之震；二、三、五、上四爻，皆受震者，为震惧之震。

【占】 问时运：好运新来，万事皆可振作。先难后易，先忧后乐，百般获吉。

○问战征：初时敌势奋勇，可惧，后得胜捷，可喜。

○问营商：商业新兴，百般可惧，待经营成就，既获利益，随时欢乐，无不得吉。

○问功名：谚云"吃甚苦中苦，方为人上人"，自有先难后获之象。

○问家宅：此宅防有变动，其象为先号后笑，可以无咎。

○问婚姻：此婚始有忧惧，后得欢乐，吉。

○问疾病：先危后乐，"勿药有喜"。

○问六甲：生男。

【占例】 友人某来，请占气运，筮得震之豫。

爻辞曰："初九：震来虩虩，后笑言哑哑，吉。"

断曰：震者雷霆之气，奋出地中，鼓舞元阳，生发万物。"震来"者，动而乍来也，"虩虩"者，闻其声而惧也。"哑哑"者，被其泽而悦也。卦当春夏之交，为雷乃发声之时也。今占得初爻，知足下时运，正得春气透发之象，奋身振作，大可有为。万事始起，难免险难，所当谨慎恐惧，以图厥始，其后坎险悉平，自得言笑之乐。此爻动体为豫，所谓"凡事预则立"者，此也；且豫者悦也，亦有"笑言哑哑"之象，吉可知也。

后果如所占。

〇某来，请占目前米价输赢，筮得震之豫。

爻辞曰："初九：震来虩虩，后笑言哑哑，吉。"

断曰：爻辞曰"震来虩虩"，知一时米价变动，大有陡涨陡落之势，输赢颇巨，大为可惧。足下占得此爻，知现市米价，足下必大受惊恐，须待震定价平，足下自可得利。"笑言哑哑"，乐何如也！

后果如此占。

六二：震来厉，亿丧贝，跻于九陵。勿逐，七日得。

《象传》曰：震来厉，乘刚也。

二得坤体，居内卦之中。"震来"者，与初爻辞同，威声急激，故曰"厉"。"亿"叹辞。坤"东北丧朋"，震东方，震出则坤之朋丧。二贝为朋，"丧朋"，即"丧贝"也。古者十朋五贝，皆用为货，是贝为重货。震为陵，初居阳九，故曰"九陵"，二据初之上，故曰"跻于九陵"。震为逐，坤丧其贝，震二逐之。不知穷通得失，自有定数，逐之而得，不逐亦未始不得也，故曰"勿逐"。震下坤上为复，复曰"反复其道，七日来复"。谓阴阳之数，各极于六，至七则相对而冲，二则返，返则丧于前者，可复得于后也，故曰"七日得"。是复之内卦，本为震也，复曰"朋来无咎"，"朋"即为"贝"，"来"即为"得"。《象传》以"乘刚"释之，谓六二阴柔，下乘初爻之刚，以致丧其资贝，故有"震来厉"之危。

【占】问时运：运途尴尬，不无丧失，幸可复得。

　　〇问营商：得失相偿，然亦危矣。

　　〇问功名：既得患失，既失患得，品亦卑矣。

　　〇问战征：一受惊恐，粮饷俱失，移营高阜，危殆已极，幸而得之，未为胜也。

　　〇问婚姻：主夫妻不睦，防有携资潜逃之患。无须追究，缓即来归。

　　〇问家宅：防有凶盗动掠之祸，所失尚可复得。

　　〇问疾病：疾势颇危，七日后可愈。

　　〇问失物：不寻自得。

　　〇问六甲：生男。

【占例】知友益田孝氏，旧幕臣也。尝留学法国，归为骑兵指图役。时竞议攘夷，洋学之徒，屡及暴举，氏乃避地横滨，余聘为通办。明治元年五月，氏不告而遁，余深忧之，为卜一课，筮得震之归妹。

爻辞曰："六二：震来厉，意丧贝，跻于九陵。勿逐，七日得。"

断曰：此卦初爻之雷，起而奋击，二爻为雷所震惊，畏难而遁高邱之象，谓之"震来厉，意丧则，跻于九陵"。震者，东方之卦，必在东京，大受惊恐，遂致舍财远遁，七日之后，当必归来。

一时众人闻此占辞，疑信参半。后益田氏果七日而归。问之乃知为上野战争，官军警备严密，氏不得已，迁道而遁。爻辞之言，一一如见。

○华族隐居某君来，曰：今因有切要之事，吉凶未定，请幸占之。筮得震之归妹。

爻辞曰："六二：震来厉，意丧贝，跻于九陵。勿逐，七日得。"

断曰：震为长子主器，卦象上下皆震，是必兄弟有变，为竞争家督之象。观君相貌魁梧，年未三十，已称隐居，必由家政多故，迫而退隐，不言可知也。今占得二爻，二被初刚所震，致丧其则。初在二下，知必臣下所困，退位闲居，避地于邱陵之间，故曰"震来厉，意丧贝，跻于九陵"。暂宜安分隐忍，切勿遽事纷争，以致决裂。要之理有循环，事有更革，当必可失而复得也，故曰"勿逐，七日得"。七者，数之一周，迟则七年，速则七月，定数不可违也。

某氏大感，曰：予之旧藩地，在南海道，予庶出为长，予季少予二岁，嫡出也。维新之际，严君病没，予以年长，继承家政，后予游学横滨，少不自检，旧臣遂以是为口实，迫予退隐，归弟承绪。予旧领地，有满淹矿产，因以资本不足，劝予出资合业。余谋诸东京横滨商人，借得高利之金若干，不料矿产微薄，大受耗折，因此涉讼。顷者贷主，以为当时借证，袛称华族，未称隐居，逼索益甚，究不审归何断结。今闻足下占词，谓失者可以复得，不觉闻而心喜。

六三：震苏苏，震行无眚。

《象传》曰：震苏苏，位不当也。

"苏苏"，《正义》谓畏惧不安之貌，盖较初虩虩而更觉不安也。三当内外之交，内卦之震未止，外之震又来，天之雷，愈震而愈厉，人之心，亦愈震而愈惧。"恐惧修省"，无可暂息，一念之肆，灾咎乘之矣。震为行，震以继震，行乃无咎，盖天以震警人，人即当震承天，承天而行，眚自无焉。《象传》曰"位不当也"。夫人之处世，安能时位皆得其当？惟其不当，一经震动，更宜加谨，斯可免害也。

【占】问时运：运途不当，宜谨益加谨，谨慎而行，必无灾咎。

○问营商：销路不得其当，宜改行别路，可免耗失。

○问功名："位不当"，谓才不胜任也，虽得亦危。

○问战征：震卦全体，皆处危惧之地，"苏苏"，谓死而重生，此战难望获胜，仅得逃生而已。

○问婚姻：门户不当。

○问疾病：虽危得以重生。

○问六甲：生男。

【占例】余向例以冬至日，占卜诸事。明治二十五年冬，占问摄绵土制造社运，筮得震之丰。

爻辞曰："六三：震苏苏，震行无眚。"

断曰：爻至三而震益厉，在人事必有大惊之象。论该社造品制法精美，社中职工，亦各安其业，似无意外惊恐之事。今占得三爻，玩厥爻辞，殊深恐惧。

不料是年十一月间，浓尾之间，震灾大作，社中烟灶，顿时破裂，职工伤者数名。此灾为三十年来所未有。当时得此《爻辞》，曾不知灾从何来，今灾后思之，益叹鬼神之有前知也。

九四：震遂泥。

《象传》曰：震遂泥，未光也。

"遂"者，往而不返之意；"泥"者，陷而不拔之象。四为外卦之主，上体互坎，介处坤中，坤为泥，坎为雨，坤土得雨，为泥涂，故曰"震遂泥"。谓其震也，经一鼓再鼓三鼓之余，阳威已竭，如陷入淤泥之中，而不能自拔，君子"恐惧修省"，故于四尤凛凛焉。《象传》以"未光"释之，四本与初应，四之卦体，即初之体也，然不能如初之体乎乾元。乾为光，初得之，四则乾阳已息，故曰"未光"。亦爻位为之也。

【占】问时运：正运已过，精力既衰，虽欲振作，终觉致远恐泥也。

○问战征：战争之交，所谓"一鼓作气"，至三至四，则勇已衰，若鲁莽前进，防车马陷入泥淖，被敌所困。

○问营商：商业亦佳，但挥财如泥沙，恐终不能积蓄也。

○问功名：有曳尾泥涂之象，宜退不宜进也。

○问婚姻：遂则必遂，唯相隔如云泥，或名分有上下之别，或道路有南北之分。

○问疾病：必中焦有食积泥滞，致腹鸣作痛，药宜开通下焦。

○问家宅：此宅为门前积土成堆，屋中沟道，亦多不通，致阳气闭塞，不利。

○问六甲：生男。

【占例】友人某来，请占气运，筮得震之复。

爻辞曰："九四：震遂泥。"

断曰：震卦为长子克家之象。一爻为一世，至四爻则嗣续既久，世泽已衰，凡厥后人，一不自检，必至渐即荒淫，坠落先业，有如身陷淤泥之中，进退不能自由，复何能光大前烈哉！爻象如是，足下宜"恐惧修省"，务自奋勉。

后闻某氏，自知才力不足，让业退隐，以自娱乐。

六五：震往来厉，亿无丧，有事。

《象传》曰：震往来厉，危行也。其事在中，大无丧也。

卦例自内而外曰往，自外而内曰来。五处外卦之中，内震乍往，外震又来，故曰"往来厉"。二与五应，故爻辞亦相似。"有事"，谓祭事，《春秋》"有事于大庙"，"有事于武宫"是也。五居尊位，秉中德，此心兢业，常如承祭，故能"无丧，有事"。虞氏谓，"无丧"，即《彖》之"不丧匕鬯"。按祭仪，主祭助祭，皆欲有事，"无丧"者，不丧其所执之事，不必专指匕鬯，而匕鬯要亦在其中矣。《象传》曰"危行也"。震为行，行至于五，迭经往来，皆在震中，其心危，故行亦危也。又曰"大无丧也"，"国之大事，在祀与戎"，五动体为随，随上曰"用享"，初之五为萃，萃《象》曰假庙，皆大事也，故曰"亿无丧"。

【占】问时运：运得中正，虽经历多险，终可完成大事。

　　○问营商：贩货往来，保无危厉。万万曰亿，财利甚巨，或小有挫损，大必无丧也。

　　○问功名：此功名必从患难来，可占大用，成大功。

　　○问婚姻：防婚姻完后，家有祭葬大事。

　　○问家宅：此宅有厉鬼为祟，幸不丧人，宜祭祷之。

　　○问讼事：两造皆危，得中人调剂，可不至败。

　　○问失物：小数难觅，大件无损。

　　○问六甲：生男，主贵。

【占例】友人某来，请占承嗣者气运，筮得震之随。

　　爻辞曰："六五：震往来厉，意无丧，有事。"

　　断曰：震者，为长男继续父业之卦。卦体四阴在上，二阳在下，是阳为阴制，二阳奋而欲出，故震，其家必向以女主专权。今震而至五，则阳气已壮，正可出而任事。虽初至五，往来之途，备尝危厉，惟其"恐惧修省"，兢兢业业，无吞厥宗，所谓宗庙享之，子孙保之，正在此也。故曰"无丧，有事"。

　　后果遵此占。

上六：震索索，视矍矍，征凶。震不于其躬，于其邻，无咎。婚媾有言。

　　《象传》曰：震索索，中未得也。虽凶无咎，畏邻戒也。

　　"索"，求也。"索索"者，内外搜求也。"矍"，顾也，"矍矍"者，左右惊顾也，震至上而已极，五为尊位，上则为宗庙社稷，神明之所至。震而在上，如史所书震太庙，震正殿，是必愿之大者，其可惧可畏，不有更甚者乎！由是而索求其天怒之所由来，中心恻惕，甚至顾视徬徨，惊疑不定。惟宜恭默省愆，谨益加谨，若复躁动前往，凶可知也，故曰"征凶"。"其躬"者，上之躬；上与五相邻，"其邻"，指五也。五为祭主，居尊任重，索矍之所集也，故曰"不于其躬，于其邻"。君子"恐惧修省"，不以震在邻而或懈，正以震在邻而愈虔，畏与戒相循，故虽凶无咎。"婚媾有言"者，即《象》"笑言哑哑"之言。上为震之终，君子夕惕朝乾，反躬内省，至震之终，而得告无咎。当此震威既霁，惧尽欢来，哑哑有言。凡在婚媾，亦得则君子之言以为言，所谓一家之中，忧乐相同，亦君子刑于之化所致也。此即《象传》"虩虩""哑哑"之全义，特于上申言之耳。

【占】问时运：时当震惊将定，妄进则凶，静守则吉。

　　○问功名：位高必危，正宜退守，可保无咎。

　　○问营商：变动已定，不可过贪，见他人亏折，更宜谨守，乃得无咎。

　　○问战征：时本一战可定，闻邻近营队有变，急宜往救，不得坐视。

　　○问婚姻：震与巽有夫妇之象，想近时即有媒妁来言。

　　○问家宅：震"于其邻"，恐邻宅有震动之象。无咎。

　　○问疾病：病由心魂不安，致目视不明，宜静养。此人无碍，邻人有病，恐难挽也。

○问六甲：生男，防有目疾。

【占例】 明治十八年某月，友人茂木充实氏，偕其友山田五郎来，谓曰：此人旧事幕府。明治元年上野之役，东军败走，一家脱走，赴奥州磐平城，以双亲并妹托诸友人，率弟赴仙台，历战磐城相马驹峰等处。后仙台藩归降，并为俘掳，下狱东京，既而遇赦，乃往磐平城，寻访双亲与妹。所托友家，亦不知何去，失望而归，遗憾莫释。请一筮以卜所从。筮得震之噬嗑。

爻辞曰："上六：震索索，视矍矍，征凶。震不于其躬，于其邻，无咎。婚媾有言。"

断曰：震属东，互卦为坎，坎属北。就我国舆图而论，东北之方，为宫城、岩手、青森等县，意者其在此乎？震得乾之一索而成男，震男既长，乾坤退位，想老亲必俱亡矣。震之中虚成离，离再索得女，离者，离散也，想其妹，虽离尚在也。上爻为无位之地，其地必在边僻。爻辞曰"震索索"，谓遍处搜索，未必能得；"视矍矍"，谓虽或得遇，有相顾惊骇，不能相认。"不于其躬，于其邻"者，想必于邻近之处得其"婚媾"传言也。余就爻象探索之，其方向情节如此。噫！君之二亲不可见，妹则必可遇也。

于是其人大感曰：丰后妇人，有天德氏者，能预言未来吉凶，曾在叩之。彼曰：急索不得，缓寻可见。问其地，曰：在东北，地名落合。然终不详其处。今足下占断，语亦相同，当再就东北往探。

○明治二十八年，占我国与朝鲜爻际，筮得震之噬嗑。

爻辞曰："上六：震索索，视矍矍，征凶。震不于其躬，于其邻。婚媾有言。"

断曰：震为动，为兴，本有动众兴兵之象。上爻为卦之终，即为事之极。今占我国与朝鲜爻际，而得上爻，爻辞曰："震索索，视矍矍，征凶"，盖朝鲜之国土，久为外邦所要索，朝鲜之国势，早为外邦所疾视，循是以往，不知改图，其国必凶，故曰"征凶"。朝鲜因与清邻，有事于朝鲜，当先有事于清，谓之"震不于其躬，于其邻"。在清以朝鲜为属国，犹婚媾也，若遽与朝鲜为难，清必出而有言，谓之"婚媾有言"。《象传》曰，"震索索，中未得也"，谓清未能有得；又曰"虽凶无咎，畏邻戒也"，谓我国能令清国醒察时事，即可为朝鲜警戒，故虽凶无咎焉。

䷳ 艮为山

艮二阴一阳，得地之体，以坤之上画，变而成乾，故得乾最上之一阳。乾为天，天本动也，天之最上一爻，为动极而静，故为止。一阳高踞于坤地之上，故象山。卦与震反，震一阳内起，艮一阳外塞。起于内则动，塞于外则止。《序卦传》曰："震者，动也。物不可以终动，止之，故受之以艮。艮者，止也。"此艮之所以继震也。

艮其背，不获其身，行其庭，不见其人。无咎。

艮之卦一奇巍然居上，二偶分列在下。一奇居上，象人首，二偶分列，象人身。凡人自首以下，前面眉目手足，皆二偶，惟背脊直下成奇，故眉目手足皆动，惟背不动。不动为艮，艮止也，故曰"艮其背"。夫人必面相对，乃为相见，"艮其背"，则相背而不相见，背在后，身在前，故曰"不获其身"。艮为门庭，心相背，行亦相背，相背则不相遇，不相遇，必不相见，故曰"行其庭，不见其人"。义皆取诸背也。

《彖传》曰：艮，止也。时止则止，时行则行。动静不失其时，其道光明。艮其止，止其所也。上下敌应，不相与也。是以不获其身，行其庭，不见其人，无咎也。

此卦上下皆山，有两山并峙之象。两山并峙，不相往来，此止之象也。人但见静为止而动为行，不知静有静之止，动亦有动之止，止为止，而行亦为止。"所"者，止之有定者也，"时"者，止之无定者也；止得其时，时即止之所，无定而实有定也。艮三上之阳，即乾三上之阳，乾三曰"与时偕行"，乾上曰"与时偕极"。静翕动辟，其时本亘古不失也。天之时不失，即天之止得其所，是故可以止，可以行，可以动，可以静，无纤芥之翳，而为光明之宗也。人能止乎其所，则以人合天，其心体自然光明，而无有障蔽矣。是即《大学》"明德"之旨。由知止，历定静，以至能虑而得，自能与时消息。以"明明德"之体，发而为"明明德"之用，固非释氏"虚无寂灭"之教所得假托哉！"上下敌应，不相与"者，凡应必一刚一柔，若俱刚俱柔，则为"敌应"，"敌应"即为无应。八纯之卦，爻皆不应，而独于艮言之，以艮兼山，止于所止，屼然对峙，两不相交，得止之义焉。按《音会》，身北曰背"，背者为耳目所不载，故内不见身，外不见人，是以，了获其身，行其庭，不见其人"也。以其不相与而止，止无咎也。

以此卦拟人事，《彖传》曰"背"，曰"身"，曰"见"，皆取象于人身上，曰"行"，曰"止"，曰"动"，曰"静"。则不外夫人事也。人事有由动入静者，有由静入动者。由静而动者，震也，震二阴在上，一阳发于下，阳动也；由动而静者，艮也，艮二阴在下，一阳踞于上，阳止也。阳止者静而无静，动而无动，亦非无静也，非无动也，时而动，时而静，可以止则止，可以行则行，是以动静贵"不失其时"也。若老氏言玄，释氏言无，皆以静制动，遁入桔槁断灭，其道必幽昧而不明，此以阴止阳，止其所止，非艮之所为止也。艮之所止，审乎其时，得乎其所，是以阳止阴也。艮上一划为乾，乾为明，三至上为离象，离为光，故曰"其道光明"。卦爻上下不相应，故"不相与"，不相与则无所牵动，视若不视，闻若不闻。人能不闻不视，天下事皆无思无虑，是以得乎背，不复获其身，行在我，不复见其人。以此而处人事，人事复有何咎哉！

以此卦拟国家，"艮，止也"，所以止暴而定乱也。艮二阴伏下，有潜谋不轨之意，一阳在上制之，使二阴不得潜动，是以为止。"背"者，为不见之物，"艮其背"，是止之于未见之时，为能于乱之未萌而先防之也。故止之用在得夫时，止之象则取诸身。人身为阳气之会，背则为阴，阴则暗昧，阳则光明，以阳止阴，为止得其所，故"其道光明。"圣天子当阳出治，而群阴退伏，止而不动，皆潜移默化于光天之下，此其象也。六爻以初应四，二应五，三应六，往往上动下应，下动上应，互相牵与，唯八纯上下一体，故不相应。艮曰"兼山"，山有前有后，犹人有身有背，山在前不能见后，人于身不能见背，是两不相与也。故曰"不获其身，行其庭，不见其人"，是以无咎也。

通观此卦，按《说文》，艮本字𦣞。艮，狠也，从匕目，匕目犹目相上，不相下。匕目为𦣞，狠戾不进之意。《六书本义》：𦣞，目也，从匕，取两目相比并也。艮《彖传》曰，"艮，止也"，即狠戾不进之谓。"不见其人"，即目相上不相下之象，艮为山并立，即取象两目比并也。总之，一动一静，为天地自然之橐籥，一行一止，为人身有定之枢机。卦体一阳止于二阴之上，外实内虚，阴虚居内，阳实撺外，如人北向背立，还视内听，是以

"其道光明"。卦位艮震相因，震因艮止，艮因震动，天下无动不止，无止不动，止而动，故震先夫艮，动而止，故艮继夫震也。六爻之象，皆取诸身。初为"趾"；二为"腓"，腓捉肚，在后也。三黄，脊脢也；四"身"，不言心，心在前也，不言背，黄即背也；五"辅"，不见面，见其旁辅也；六在卦外，不言所止，而曰"敦艮"，象山之加高也。其爻象，内三爻不如外三爻之吉。二曰"不快"，三曰"薰心"，惟初尚得其利；四曰"无咎"，五曰"悔亡"，六曰"厚终"，故艮外多吉。天下事终而能止，未有不善者也，所贵止之得其时也。

《大象》曰：兼山，艮，君子以思不出其位。

卦象一山之外，又有一山，两山相对，其势相连，有兼并之义，谓之兼山。凡八纯卦，皆上下一体，互相联络，惟艮则上下两山，各止其所，不相往来，此所以为艮止也。君子法艮之象，艮以山为止之所，人以位为止之所，思之思之，不敢或出焉。此即《中庸》所谓"素其位而行，不愿乎其外"也。

【占】 问时运：时运平平，宜退守，不宜妄动。
　　○问战征：宜各守疆界，不得驰域外之想。
　　○问营商：宜确守本业，不得贪意外之财。
　　○问功名：宜守旧，毋于幸进。
　　○问家宅：此宅地位虽狭，不可妄行改造。
　　○问婚姻：命由前定，不可贪富嫌贫。
　　○问讼事：不可以曲作直。
　　○问失物：当在原处寻之，可得。
　　○问疾病：止者终也，带病延年而已。
　　○问六甲：生女。

初六：艮其趾，无咎。利永贞。

《象传》曰：艮其趾，未失正也。

居艮之初，当趾之位。凡人动止，必自趾始，是以欲止其心，先止其身；欲止其身，先止其趾。趾止则不妄动，不妄动，则止得其所，而无失矣，故曰"无咎"。吉凶悔吝，每生乎动，止其趾，止动之初也，是遏人欲于将萌，存天理于未著，图之于始，尤当持之以永，故曰"利永贞"。《象传》曰"未失正也"，谓以阴居阳，位虽失正，而止其所止，初基正矣，故曰未失其正。

【占】 问时运：运途初交，宜守稳步，不可妄进，自得无咎。
　　○问战征：屯军山足，宜静守，不宜妄动。
　　○问营商：宜知足。
　　○问功名：初步虽微，不失其正。
　　○问家宅：此宅近在山麓，可以长住，无咎。
　　○问婚姻：百年好合，无咎。
　　○问疾病：病是足疾，艰于步履，一时难愈。

○问讼事：不失其正，无咎。

○问行人：因足不能行，一时不归。

○问失物：必不遗失，宜就地下僻处寻之。

○问六甲：生女，防有足疾。

【占例】 明治二十四年，占某大臣气运，筮得艮之贲。

爻辞曰："初六：艮其趾，无咎。利永贞。"

断曰：艮者两山并峙之卦。两山并峙，则不能前进，有止而不动之象也。今贵下占气运，得此初爻。"趾"足指也，凡人行动，以足在前，"艮其趾"，则足趾不动，而全体亦因之不动，即《大象》所谓"君子以思不出其位"也。知贵下宜永守其正，葆此爵位，无容再求升用，否则妄动，未免有咎矣。

六二：艮其腓，不拯其随，其心不快。

《象传》曰：不拯其随，未退听也。

"腓"，《本义》释为足肚，《正字通》云，胫后肉腓也。腓上于趾，故二象之。咸之二曰"咸其腓，咸主夫感；艮二曰"艮其腓"艮主夫止，止则止安不动矣。然趾与腓，皆为动体，本不欲止也，所欲止者也。心欲止，则趾不能不止；趾既止，而腓亦三随之，是腓固随趾为动止者也。"拯"，援也，"不拯其随"者，谓三"限"在上，不肯俯听，趾腓相随而动，故二之心有"不快"也。《象传》曰，"未退听也"，谓既不能拯其动，爻不能退而听命，以从其止，是以"其心不快"矣。

【占】 问时运：运途有阻，宜裹足不前，不宜随心而动。

○问战征：止，不进也，坚守不动，爻无外援，是以戚戚也。

○问营商：货物止而不售，甚为可忧。

○问功名：不得寸进，爻苦无大力之援。

○问疾病："腓"，病也，《诗》云"百卉具腓"，为秋风所虐也。此病亦必是秋症，恐非药力所能救援也。甚为可忧。

○问婚姻：腓亦为避，宜避绝之。

○问六甲：生女。

【占例】 应友人石坂氏之请，为占矿山事，筮得艮之蛊。

爻辞曰："六二：艮其腓，不拯其随，其心不快。"

断曰：艮为山，腓在山足之上，《象》曰"艮其背"，背身后也，爻之取象，皆在背后。为占矿山，而得此爻，知矿山之穴，宜在山背。初为趾，二为腓，腓上于趾，知其穴爻在股之下，足之上也。"艮，止也"，论其事，谓停止。在趾与腓本喜动，不喜止，曰止，其心必为之不快矣。今必倡始，议将停止，随从者亦无力拯救，固宜作退步为是。必待五爻"悔亡"，得其辅助，可复与也。以爻计之，当在三年之后。

○明治二十七年冬至，占战后形势，筮得艮之蛊，呈之内阁总理大臣。

爻辞曰："六二：艮其腓，不拯其随，其心不快。"

断曰：卦体取诸山，卦象取诸身。身本动也，山则止而不动；卦爻于身之中取诸背，背无所见，背亦不动也。卦与震反，震动而艮止，所谓动极而止者也。今占战后形势，得艮二爻，初为趾，二为腓，腓进于趾，腓能屈能伸，其动尤甚，其力较强，论战后形势，固较昔而尤强也。战后得此巨数偿金，在从征军士，皆自夸威武之力，每每藐视文官。至在朝大臣，总计全局，当以此金拓张军备，是为首要，而不能随从军士之心，其心未免不快也。且《序卦》曰，"艮者，止也"，谓大战之后，宜休养，不宜躁动，古称止戈曰武，此其征。武士之心，固好动，不好静，止而不动，致多郁郁不乐，亦情所必有。观腓之动，凡腓自动，心为之也；在武士之动，亦非武士所能自主，朝廷为之也：是在朝廷静镇之耳。

九三：艮其限，列*²其夤、厉，薰心。

《象传》曰：艮其限，危薰心也。

"限"者，门限，为内外之界限。三处内外之间，横豆一画，故象限。"列"，分解也，虞氏作裂。"夤"，通作脢，马云"夹脊肉"。按咸五曰"脢"，《易传》谓"在脊曰脢"，郑云，"脢，脊肉"，是黄与脢，字异而义同也。"薰"，通作熏，灼也。三之艮限，为隔绝一身上下，使不相通，则将分心背而为二，一若门限之隔绝内外。此释氏所谓"降伏其心"是也。以强伏其心，心者，火也，心火上的，烛烛炎炎，薰的于方寸之中，不可扑灭，则其心危矣，《诗》云"忧心如薰"，此之谓也。岂知心本虚灵，感而遂通，咸之"咸其脢"，与艮之"艮其限"，一感一止，初无二致，《象传》所谓"时止则止，时行则行，动静不失其时"，一任心之自然，而未可以隔绝为止者。隔绝为止，是欲定其心，乃适以危其心，心岂可以强制者哉！夫人一身脉络血气，上下前后，必周流贯通，无所阻隔，而此心自觉泰然，否则上不降，下不升，则脉络不通，血肉分裂，心其能得安乎？故曰"厉"。"薰心"，《象传》易"厉"曰"危"，盖危较厉，为更可惧也。

【占】 问时运：运途顺逆，皆当顺时，强制者危。

　　○问战征：两军相对，各争疆界，安得划界自守乎？自守者危矣。

　　○问营商：货物务在流通，乃可获利，况今万国通商，输入输出，互相交易，若闭关自限，必穷之道也，可危甚矣。

　　○问功名：专守一艺者，必非大器。

　　○问家宅：治家之道，内外出入，固宜严谨，但不宜隔绝，隔绝则财用不通，而家道危矣。

　　○问婚姻：婚姻之道，本由天合，若苟守门户，不能成两姓之欢。

　　○问疾病：必是隔症，上下不交，血脉不通，病势可危。

　　○问讼事：是上下之情不达，曲直难分。

　　○问六甲：生女，防难产。

【占例】 某氏来请占某贵显气运，筮得艮之剥。

　　爻辞曰："九三：艮其限，裂其夤，厉，薰心。"

_____

* 列，通裂，下同。

断曰：爻象为血脉不通，心背分裂，势颇可危。今贵下占气运，而得此爻，知贵下于政府内外，情好或多不协。其所由来，在于位置自高，不屑与人往来，遂至势分隔绝，情意不通，其势几成孤立，虽有才智，无所展布，此身危矣。爻辞所云"艮其限，裂其夤，厉，薰心"，其象如是，贵下宜旁求诸咸。咸五曰"咸其脢"，斯无悔矣。

六四：艮其身，无咎。

《象传》曰：艮其身，止诸躬也。

"身"者，总括全体而言，分言之，则一身亦有上下之别。六四居下卦之上，上卦之下，当心之位，在一身之中也。爻得柔正，上比六五，为能"止其所止"，洁身自好，虽不能兼善天下，亦可以独善其身，较之内卦三爻，为稍胜也。但以阴居阴，不堪有为，只能以身为天下模范而已，故曰"艮其身，无咎"。三爻言心，四爻言身，心虚而身实，期人含虚而践实，斯不坠入释氏虚无之弊。《象传》以"止诸躬"释之，躬，犹身也。是以身止心，即《大象》所谓"思不出其位"也。

【占】 问时运：运途柔顺，能保其身，自得无咎。
　　○问战征：难望进取，但于我身无所伤败，咎复何有？
　　○问营商：只能保本。
　　○问功名：无得无失。
　　○问家宅：安居无咎。
　　○问婚姻：平平。
　　○问疾病：是带病延年之症。
　　○问失物：即在身上寻之。
　　○问六甲：生女。

【占例】 明治二十年，占某贵显气运，筮得艮之旅。
　　爻辞曰："六四：艮其身，无咎。"
　　断曰：四爻介上下之爻，当心之位，心内而身外，曰：艮其身"，是兼身心而言也。然艮主夫止，止则无所作为，是不足以见功，但求无咎而已。今贵下占气运，得艮四爻，爻曰"艮其身"，有保身安命之象。四爻比近尊位，知贵下爵位已显，为宜谨守职分，夙夜弗懈，以保全一身声名禄位，安享此太平之福，复有何咎？《大象》所谓"君子以思不出其位"，惟贵下有焉。

六五：艮其辅，言有序，悔亡。

《象传》曰：艮其辅，以中正也。

五居外卦之中，二偶分列，有辅之象。按咸上曰"辅，腾口悦也"，是辅所以出言；"艮其辅"，斯言无失言矣。君子之道，寡言则寡悔。"艮其辅"者，固非止其辅而不言也，惟在时然后言耳。时然后言，则言有其序，可以默则默，可以语则语，语默不失其时，故"悔亡"。《象传》以"中正"释之，"艮其辅"，谓上得其中正，是以"言有序"而"无悔"也。

【占】　问时运：运得中正，故无悔忧。

○问战征：行军之际，最忌谣言妄作，惑乱军心，"艮其辅"，使不妄言，斯号令严明，所向无敌矣。

○问营商：商情犹如军情，消息不容漏泄，"艮其辅"，则得其要矣。

○问功名：巧言必黜，昌言则拜，言得中正，立谈可取卿相也。

○问家宅：此宅位得中正，居之无悔。

○问婚姻：媒妁之言，每多虚诞，听者宜慎。

○问疾病：必是牙关紧闭，口不出声，得能发声，病乃可治。

○问六甲：生女。

【占例】　明治二十四年十一月，贵族院议员日野西公、善神道总裁稻叶正邦来访，曰：今春恶疫流行，三条相国以下二三元老，遽而薨逝，实国家之不幸也。寻又有大津之暴举，浓尾之震灾，以及伊势神宫庭燎无风自灭。此皆意外凶变，自古罕闻，而适于今年叠见之。所谓国家将兴，必有祯祥，国家将亡，必有妖孽，此其兆也，能不惧乎？今议会开设在近，是为上下臣民，最所注意，请君一卜，以见议院之兴败。余曰：仆昨年十二月既占之矣，以爻辞上呈松方总理、土方宫内二公，卦爻遇艮之渐。

爻辞曰："六五：艮其辅，言有序。悔亡。"

断曰：《大象》曰"兼山"，为两山兼峙，阻绝往来，有上下不通之象。今占众议院，得艮五爻《爻辞》曰"艮其辅"，是止众议之辅，使不得以无稽之言妄干上听；曰"言有序，"谓议者所言，当必秩秩有序，斯可听纳。爻象若须知此番众议，必多出言不逊，好与政府为难，卒至奉敕解散，亦势所必有也。即使众议言皆有序，亦但曰"无悔"而已，未足以见功也。众议院之兆如此。

两公听之大感，至十二月，众议院果奉诏敕解散。

上九：敦艮，吉。

《象传》曰：敦艮之吉，以厚终也。

上居艮之终，即止之终也。"敦"，加厚也，所谓泰山不让土壤，故能成其高，即敦厚之谓也。上能以敦厚自止，是以获吉。艮六爻，惟上言吉，盖艮之为道，上爻足以尽之。上能坚守此心，知其所止，是以厚重如山，不可动摇，吉莫大焉。《象传》以"厚终"释之，谓止以敦而乃安，敦以终而弥厚，是艮之所"成终"者，在此厚，而所以"成始"者，亦即在此厚也。

【占】　问时运：运途至此，无可复进，唯厚益加厚，是以得吉。

○问战征：地位至上已极，要在兵力加厚，无不获吉。

○问营商：是上手生意，价高物美，获利必厚。

○问功名：必应上选，吉。

○问家宅：必是世代忠厚之家，吉。

○问婚姻：吉。

○问疾病：素体厚实，不药有喜。

○问六甲：生女。

【占例】 明治二十七年三月，某贵显来，请占气运，筮得艮之谦。

爻辞曰："上九：敦艮，吉。"

断曰：上处重艮之极，即为兼山之上。山以厚重为体，山愈高则愈厚，故全卦之义，归成于上，而上乃独得其吉，即可见晚运之亨通也。今贵下占气运，而得上爻，知贵下身居民上，爵位崇高，人民瞻望，俨同山斗，而素怀忠厚，未尝以势位凌人。"敦"者，厚也，艮者，止也，贵下当止其所止，厚益加厚，于己于人，无不获吉。大运之盛，于此可见。

䷴ 风山渐

《序卦传》曰："艮者，止也。物不可以终止，故受之以渐。渐者，进也。"为卦艮下巽上，巽为风，为木，艮为山。风善人，木易长，有进之象；山则止而不动，欲进而为山所止，是以其进不速也。《正义》曰，"凡物有变移，徐而不速谓之渐"，此卦之所以名渐也。

渐：女归吉，利贞。

渐反为归妹，其象同取于女。归妹之少女，以悦而归，不如渐之长女，以顺而归也。

以顺而归，则媒灼言之，父母命之，及长而字，则渐而来，得其正也，故曰"女归吉"。艮男兑女，其卦曰咸，以男娶女也，故先戒以"利贞"，而后曰"娶女吉"；渐以艮男巽女，以女归男也，故先曰"女归吉"，而后告以"利贞"。

《象传》曰：渐之进也，女归吉也。进得位，往有功也。进以正，可以正邦也。其位，刚得中也。止而巽，动而不穷也。

渐者，循序而进，以渐进也。卦体三阴三阳，皆从乾坤来。乾父坤母，乾三索成艮，为少男，坤一索成巽，为长女，故象取"女归"。女嫁曰归。女子之嫁也，及时而字，纳礼而往，渐之义也。盖女归之吉，谓得其渐之进也。女正位乎内，男正位乎外，女进而得位，必得其正矣。女以夫为家，故谓之归，母之嫁女，则谓之往。"进得位"，故"往有功也"。渐与蛊上下易体，蛊之九二，进而为渐之九五，是为"得位"；九居五，位爻皆正，是为"进以正"。夫妇为王化之原，正家正国，皆基于此，故极其功效，"可以正邦也"。"刚得中"，谓九五也。"止而巽，动而不穷"，此合二体而言，以止为体，以顺为用，本艮之笃实，动而为巽之利市，故曰"动不穷也"。

以此卦拟人事，卦名曰渐，卦义在进。天下事无不贵进，而进要不贵迅速，而贵舒缓，舒缓之谓渐也。自世好急功，而渐之道失矣，惟于"女归"，则犹存其渐之旨焉，故爻象独取"女"；归。男女为人伦之始，是人事之至要也。按屯二曰"女子贞不字，十年乃字"；归妹四曰"归有时"，五曰"位在中"；家人《象传》曰"正家而天下定"。凡《易》之言婚嫁，多以得时为正，得位为中，由兹而往，足以成内助之功，即足开治国之基。诸卦分言之，而独以渐则合言之，以渐九五之吉，为刚而得中也。为卦艮以止，巽以动，知止而进，其进有序，其用不穷，所谓正一身以正朝廷，正朝廷以正百官，正百官以正天下，道不外是焉。是皆有渐进而渐广之用也。

以此卦拟国家，卦象专取"女归"，六爻亦皆言男女配合之礼，殊于国家无关，而《彖传》则曰"进以正，可以正邦也"，则知正国之道，基于正家矣。《诗》云"刑于寡妻，以御于家邦"，此之谓也。渐者，为言徐而不速，为政而曰勿欲速，亦取夫渐之义也。国家之事，循序而进，教化之行，日进有功。圣天子正位凝命，刚而得中，内而宫闱，外而邦国，罔不本身出治。诗《樛木》、《苤苢》之篇，知王化之行，皆本诸后妃贞静之德，由近及远，渐推渐广。汝濆江汉之间，无不风行俗美，盖其渐积而来者，有由矣。虽《彖辞》首言"女归"，而由齐家以及治国，道本无二致也。"止而巽，动而不穷"者，就艮巽而括言之，则艮为社稷，巽为诰命，皆可见其动之不穷也，夫岂第为女子于归言哉！唯在读《易》者玩索而得之。

通观此卦，卦本乾坤三四往来，阴进而止乎四，九居五而得中，上六以阴居阴，各得其所。爻与家人同，而其所异者，初爻九六之别耳。故渐在家则内外顺，在国则上下安。《彖》《象》取"女"，爻象取"鸿"，其卦为艮男巽女，迨吉于归。《诗》云"弋凫与雁"，是婚礼用雁之证也。雁之飞识时，女之归待聘，渐之义也。然鸿飞有序，知长幼之礼，其群有偶，厚夫妇之别，其来有候，适寒暑之期，是物之进而能渐者，莫如鸿焉，是以六爻之象，其始栖息甚近，其终飞翔甚远。初言"干"，象其进之始；二言"磐"，象其进之安；三言"陆"，则非所安；四言"木"，则始危而终安；五言"陵"，则升天位之高；上言"陆"，则出于人位之外。而初之不得所安，无应而不能进也；三之不得所安，无德而不能进也；四乘刚有德，可安也；上九过高，其德犹可则也；二五以中正相应，是以独得其吉也。卦画皆以奇先偶，象鸿飞有序；下卦以一奇率二偶，上卦以一偶随二奇，象鸿飞大者先小者随。阳大阴小，长幼之节，倡随之礼，夫妇之道也。六爻皆言渐，自初至上各有次序，实与《彖辞》渐进之义，足以相发明矣。

《大象》曰：山上有木，渐，君子以居贤德善俗。

山上有木，以木在山，为得其所，犹女子以归为得所。君子法此象，观木之由渐而长，非一时所可成，即知俗之由渐而善，非一旦所能化。要必先居德以为表率，使之渐仁摩义，而风俗自善。古称缺妻之贤，孟光之德，足以化俗，况士君子之躬居贤德者乎？其化民成俗，固有日进而日善者也。全卦皆取巽女，而《大象》独称"君子"，盖艮为贤人，故曰"君子居贤德"。要知君子与淑女，足以配偶，其德同，其化亦同也。"善俗"，王肃本作风俗，"居贤德"，《本义》云"贤字衍"。

【占】 问时运：如木在高山，得逢春生发之象。

○问营商：山藏货财，木能生发，且巽为商，利市三倍。得此卦象，自必能逐渐得利也。

○问功名：足膺贤才之选。

○问战征：防三军前进，在深山茂林之处，有敌兵埋伏。

○问婚姻：必是贤德淑女，是以"君子好逑"。

○问家宅：必是德门仁里，君子居之。

○问疾病：是木克土之症，宜安居调养。

○问六甲：望前生者男，望后生者女。

初六：鸿渐于干，小子厉，有言无咎。

《象传》曰：小子之厉，义无咎也。

鸿，水禽，来往有时，群飞有序。相传汉土婚礼用雁，取其飞行不乱，失偶不再，有女贞之象。大曰鸿，小曰雁，鸿与雁一也。《彖》曰"女归"，故六爻皆取喻于鸿。"干"，水湄，鸿渐干而得所栖，犹女适人而得所托。但艮为少男，故称"小子"，巽为长女，一长一少，年齿相悬，未免于归愆期，或有不测之变，是为"小子厉"也。《说卦》："成言乎艮"，有言，为有成言也。女子许嫁，唯凭媒妁之言，既有其言，不得以有变而渝，故曰"有言无咎"。初应在上，初与上爻，高下悬殊，即可见夫妇年齿，长幼亦悬殊。女能待年不乱，守礼无失，无所为厉，复有何咎？《象传》以"义无咎"释之，盖谓义在则然，咎自无焉。

【占】问时运：人微年少，运途初行，虽危无咎。

　　○问战征：屯军江干，防有危厉，幸有谍言来告，得以免咎。

　　○问营商：货物交易，防有小人从中作难，因约言早成，得以无害。

　　○问功名：鸿运亨通，初虽在下，自有渐进之象。

　　○问婚姻：女长男少，妁言既定，当以待年而嫁，无咎也。

　　○问家宅：此宅临水，防小人有疾厄，然无大咎。

　　○问疾病：不利小人，大人无咎。

　　○问六甲：生女。

【占例】友人某来请占事业成否，筮得渐之家人。

　　爻辞曰："初六：鸿渐于干，小子厉，有言无咎。"

断曰：渐者渐而进也，渐在初爻，为进步之初基也。"干"，水涯，亦低下之处。君占事业，得渐初爻，知君此业，必是初次开办，如秋雁初来，尚在江干飞集，未得远翔。凡事业初创，未免有小人出而阻扰，务要把定初志，不改成言，是得无咎。然在初爻受，其进犹微，必得四年后，行到上爻，则得其应援，必可大获利益也。

六二：鸿渐于磐，饮食衎衎，吉。

《象传》曰：饮食衎衎，不素饱也。

磐者，水中平石，"衎衎"，和乐之貌。"鸿渐于磐"，有水可饮，有蒲鱼稻粱可食，为足乐也，犹女子嫁得其夫，合卺而饮，共牢而食，自见"宜室宜家，和乐且耽"。二与五相应，即为配偶，妇人贤德，足以内助，固非虚食夫家之食者也。《象传》以"不素饱"释之，即此意也。

【占】问时运：既得安乐，又得醉饱无忧，吉。

　　○问战征：兵食充足，军心欢悦，自有安似磐石之象。

　　○问营商：二爻居巽之中，巽为商，为利。就爻辞言，自"干"进"磐"，有渐进渐高之势，吉。

○问功名：有嘉宾宴乐之象，成名必矣，吉。

○问婚姻：二与五相应，即以二五为婚；二五皆吉，可咏百年偕老矣。

○问家宅：此宅地基巩固，一门和乐，吉。

○问疾病：饮食过度所致，宜消食安胃，病即日可愈。

○问六甲：生女。

【占例】 明治二十三年，占某贵显气运，筮得渐之巽。

爻辞曰："六二：鸿渐于磐，饮食衎衎，吉。"

断曰：二爻居巽之中，巽，顺也。《爻辞》曰"鸿渐于磐"。鸿，大雁也，磐，山石之安者。贵下占气运得此爻，知贵下鸿运通顺，持躬涉世，皆得安如磐石，无人得而动摇。由"干"进"磐"，见鸿飞踪迹，逐步增高，喻贵下卒业东北学校，继复游学欧美各邦，学识亦渐步长进。且二爻与五相应，爻以夫妇和谐，即可见君臣之喜乐，至美衣饱食，和乐衎衎，本贵下所素有也，吉何如也！

○明治三十二年，占北海道厅气运，筮得渐之巽。

爻辞曰："六二：鸿渐于磐，饮食衎衎，吉。"

断曰：渐者渐进也，由乱而进于治，由衰而进于盛，皆有渐进之象焉。今占北海道厅气运，而得渐之二爻，爻辞曰"鸿渐于磐"，由"干"而进于"磐"，是亦渐进而渐高也，知北海道厅治象，当必日进日盛。爻又曰"饮食衎衎"，在北海一带，为鱼临蜃蛤之乡，其足供饮食者，出产饶富，民居斯土，获斯利，家室丰盈，雍雍和乐，自得"饮食衎衎"之喜。爻辞曰"吉"，信可知也。

九三：鸿渐于陆。夫征不复，妇孕不育，凶，利御寇。

《象传》曰：夫征不复，离群丑也。妇孕不育，失其道也。利御寇，顺相保也。

"陆"，高平之地，鸿所集也。九三阳刚为夫，六四阴柔为妇，三又与六正应，六亦曰"陆"。自内往外为征，三往就外之陆，而遂弃内之陆，故"不复"。上互离，离为大腹，孕之象；下互坎，坎为灾，为鬼，不育之象。三与四以比邻私通，坏彝伦之大纲，背渐进之大义，安能得室家和睦，夫妇偕老，生育以延嗣续之麻乎？故曰"夫征不复，妇孕不育，凶"。且雁呼芦避缴，巡呼警夜，飞则相随，止则相保，亦有御寇之象，故曰"利御寇"。夫鸿之有雌雄，犹人之有夫妇也，雄飞不返，是离其群矣；胎孕之道，期其长育，孕而不育，是失其道矣。雌雄相守，是所以"御寇"，是"顺相保"也。《象传》逐句释之，有以夫！

【占】 问时运：运途不正，防有外祸。

○问战征：利于守御，不利往征。

○问营商：难望获利，防有盗劫之虞。

○问功名：唯从事军政，可以得名。

○问婚姻：防有始乱终离之憾。

○问家宅：此宅于生产不利。

○问疾病：妇人生产，恐母子不能两全。

○问六甲：生女。

【占例】 昔余在囚之日，有狱吏和田某者，突然谓余曰：今兹罪案，曷不卜之？先是余自占气运，得艮之渐，断辞详记需三爻；今复一占，筮得渐之观。

爻辞曰："九三：鸿渐于陆。夫征不复，妇孕不育，凶。利御寇。"

断曰："夫征不复"，谓此案已往，不复追究矣。"妇孕"者，谓祸胎也；"不育"者，谓此案不致再生枝节矣。"御寇"者，谓审狱之官也；"顺相保"者，谓必能保护我身也。然所谓相保者，当必在和田氏矣。

后一二旬，前奉行退职，清水某袭其后，和田氏为奉行次席。于是二氏相谋，以五十月徒期，减为二十月，余乃得以出罪。

六四：鸿渐于木，或得其桷，无咎。

《象传》曰：或得其桷，顺以巽也。

四居巽之始，巽为木。鸿水鸟，本不栖木。"桷"者，枝柯之大而平者也，于木之中，而得方平之桷，则亦可以容足矣。"或"者幸得之辞，此以鸿之失所，喻妇之失所也。四夫在三，三"征不复"，四妇失其所矣，或得其桷而集之，亦无咎焉。巽顺自守，不失妇道之正、虽无夫可也。

【占】 问时运：运失其正，但以顺自处，随遇得安，亦可无咎。
○问营商：聊有所得，差足免咎。
○问战征：得其倚角，敌势已衰。
○问功名：从事角逐，所得亦微。
○问疾病：病在肝木太盛，宜顺气调养。
○问家宅：此宅多寡居之妇，有遇人不淑之感。
○问行人：在外失年，聊以将顺容身，一时不归。
○问六甲：生男。

【占例】 旧大垣藩主华族户田氏，奉侍萱堂，借余神奈川别墅，闲居养病者数月，医士户冢文海氏间日自东京来诊。一日户冢氏谓余曰：诊视户田太君之疾，四五日前，颇为可虑，近少轻快，惟老衰难期速效。余曰：顷日代为问卜，筮得渐之遁，今玩爻辞，知太君近病无妨，恐明后年命限有阻。

户冢氏俯首不语。有松野家老出而问曰：我太君之命，其终于明后年乎？余曰：请勿与外人道也！后三年，太君果仙逝。会葬之日，户冢氏追述前言，感叹《易》理之前知。盖渐为长女，卦为归魂，自四至上，三爻为三年，由是推之，死期可预决也。

九五：鸿渐于陵。妇三岁不孕，终莫之胜，吉。

《象传》曰：终莫之胜，吉，得所愿也。

《尔雅》，"大阜曰陵"。又八陵，北陵、西俞、雁门是也。此陵当是北陵，雁之家也。《月令》："季秋鸿雁来宾"。鸿之南来为宾，北陵则为家，孕育则在家也。五与二正应，为夫妇，故以"鸿渐于陵"，喻夫妇之居家也。三至五互离，离为大腹，三动则离坏，故"不孕"；自二至五历三爻，象"三岁"。艮少男，巽长女，女及弃，而男犹未冠，是以不能生育，迨及时而阴阳和合，自然得孕矣。男少女长，似女偏胜，然二五正应，内外得当，夫倡妇随，故曰"终莫之胜"。时至而孕，各得所愿，吉可知也。又云：此卦三五皆言妇。九五以二为妇，正也；九三以四为妇，非正也。故三四相比为夫妇，虽孕而不敢育。女之归不以渐也，故凶；二五以相应为夫妇，不孕而得所愿，女之归以渐也，故吉。

【占】 问时运：运途中正，三年后，无往不利，吉。

　　○问战征：屯军大阜，三年后，所向无敌，吉。

　　○问功名：三年后必成。

　　○问营商：目下难望获利，至上爻自可独占厚利，盖在三岁后也。

　　○问婚姻：得子稍迟，吉。

　　○问家宅：宅在大阜之间，吉。

　　○问六甲：生男。

【占例】 某商人来请占气运，筮得渐之艮。

　　爻辞曰："九五：鸿渐于陵。妇三岁不孕，终莫之胜，吉。"

　　断曰：五居外卦之中，进步已高，得渐于大阜之上，无可再进也。足下占气运而得此爻，知足下营商多载，虽事业渐进渐高，而不得一时获利，如鸿鸟雌雄相随，而一大一小，未能即时生育。鸿待三年后可孕，知商业亦必待三年后，可获大利也。"终莫之胜"者，谓非他人所能及也。《爻辞》曰"吉"，吉可知也。《象》曰"得所愿"，知足下乎生之志愿，可遂矣。

上九：鸿渐于陆，其羽可用为仪，吉。

《象传》曰：其羽可用为仪，吉，不可乱也。

　　上与三皆处卦极，故并称"陆"。渐卦六爻，皆取象于鸿，以喻夫妇，即本《彖辞》"女归"之旨。三之渐"陆"，夫道不正，致妇失所，不如鸿之雌雄相守；上则犹是陆也，犹是渐也，而以礼相接，人咸称美，不特表闺阃之令范，且足树邦国之合仪矣。一羽本轻，而先王制礼，纳采问名，皆取以为用，非以其有偶而不乱乎？夫妇之道，亦如是焉，故曰"其羽可用为仪"。"女归"之"吉"，其以此乎？

【占】 问时运：气运正盛，可出而用也，吉。

　　○问战征：从平陆进军，威仪显赫，攻无不克。

　　○问营商：货美价高，定可获利。

　　○问功名：出而用世，可以仪表天下。

　　○问婚姻：吉。

　　○问家宅：此宅地位崇高，瞻观有耀，吉。

　　○问六甲：生男。

【占例】 明治十九年，虎列喇病流行于横滨，凡横滨店中家族，皆避疫于神奈川别庄，东京之友，皆归东京。余携远来学者八人，赴箱根木贺。一日有东京门人，判事尾藤某来状，其旨曰：今度拜命，赴越后高田裁判所长，临发自筮，爻象不吉，请为再占气运如何？筮得渐之蹇。

爻辞曰："上九：鸿渐于陆，其羽可用为仪，吉。"

断曰：全卦以渐进为义，爻至上六，渐进之义已终，进无可进，是暖回冰解，鸿鸟北还之时。今占尾藤氏气运，得此上爻，知为新授北国高田判事之任。《爻辞》所云"鸿渐于陆"，辞意适合，本是吉象，但此爻《易》三百八十四爻中，为归魂八爻之一，占者当此，生命有阻。因叹曰：氏为余门人中之翘楚，他日继余《易》学者，在此人也，大为可惜！

一时从者闻此断词，皆谓共在一堂，何得以一筮之下，遽断必死？后尾藤赴任高田，未几果殁。

䷵ 雷泽归妹

卦体震上兑下，震长男，兑少女。凡《象》之取象男女者，如咸之少男少女，如渐之长女少男，皆言夫妇，而独于震男兑女，取象兄妹。按女子先生为姊，后生为妹，诸侯一娶九女，姊嫁则妹媵。孔颖达曰："少女谓之妹，从姊而行，谓之归。"此卦之所以曰归妹也。

归妹：征凶，无攸利。

归妹少长非偶，夫妇之不正也。女子以夫为家，在男曰娶，在女曰归，故渐曰"女归吉"，咸曰"娶女吉"。"征"者，往也，是私奔也，故凶。所谓锁隙相窥，逾墙相从，父母国人皆贱之。女德若此，夫何利焉！故曰"无攸利"，是痛戒而深恶之也。

《象传》曰：归妹，天地之大义也。天地不交，而万物不兴。归妹，人之终始也。说以动，所归妹也。征凶，位不当也。无攸利，柔乘刚也。

三阳三阴之卦，皆自乾坤来，变乾上画为偶，而成兑，变坤下画为奇，而成震。兑女震男，卦名归妹。震兑之父母，则为乾坤，乾坤即天地也。天地相交而万物蕃兴，男女相交而生育繁昌，是"天地之大义"，即人伦之终始也。兑，悦也。震，动也，"悦以动"，是以情悦相从也，以此归妹，失其正也。"征凶"者，震为征，因悦而求进，是献媚工谗，意欲以媵而夺嫡也，故《传》斥之曰"位不当也"。"无攸利"者，以柔悦之性，乘刚动之势，一经得宠，便欲挟制乾阳，女权如此，不特不利于一身，必将不利于家国矣。《传》特明揭其不正之由，曰此所归之妹，乃"悦以动"者也。

以此卦拟人事，归妹者，女有家，男有室，人事之终始也。天地之道，以阴阳相交，而化生万物，夫妇亦一阴阳也，但女子之嫁也，以礼而聘，以时而归，如渐之止而动，故"女归吉"。反之，女悦男动，是私相从也。不待父母之命，媒妁之言，以悦而动，岂得谓归妹之正乎？其位以阳居阴，为不当也，故"凶"；且一阴据二阳之上，是"柔乘刚"也，故"无攸利"。《传》之一一垂诫，盖深警色升爱选，艳妻煽乱。妇德一乖，而家道因之而亏，此即人事之变也。牝鸡司晨，其祸盖有不可胜言者矣！

以此卦拟国家，妇之从夫，犹臣之从君。夫妇君臣，本人伦之大节，亦即“天地之大义”也。臣之容悦得位者，巧言令色，一以谄媚为工，极其奸谋所出，必将结援宫帏，联合阉寺，以作声势，且于佞媚之中，寓以箝制之用，一旦威权在握，几将藐视王灵，不复愿天位之有在，卒之凶祸来临，势败身亡。此女子小人，自古难养，圣人所以痛切而垂警也。归妹《象》辞，首揭“征凶，无攸利”五字，即此旨焉。《传》复进之曰，“悦以动，所归妹也”，盖谓归妹者人伦之常，“悦以动”，为归妹之变，其所以“征凶”而“无攸利”者，皆自“悦以动”阶之厉也。天下之事悦而动，未有能正者，女子与小人，其凶一也，有国家者，最宜凛凛焉。

通观此卦，归陈，少女也，少女无知，故称妹；情欲相感，见可悦而昏，动不以礼，是为归妹。姊未嫁而妹先归，紊其序也；躬居媵而思夺嫡，越其分也。妇德若此，凶莫大焉，夫何利乎？六爻柔上刚下，内外倒置：二四以阳居阴，男以不正而从女；三五以阴居阳，女以不正而从夫；上卦六五乘九四，下卦六三乘九二，夫屈于妇，妇制其夫；阴反居上，阳降居初，皆失其渐。故渐六爻多吉，至上愈吉，归妹初爻独吉，至上则“无攸利”矣。是以君子贵艮渐而戒轻悦也。

《大象》曰：泽上有雷，归妹，君子以永终知敝。

此卦反渐，上卦为雷，下卦为泽，雷动则泽水为之摇漾。以阴感阳，犹女子之挑而可动也，失身败德，不谨其始，安能保其“永终”乎？君子见此象，知悦牵于私，动失其正，始既不善，敝即在后。欲防之于未然，故宜“永终”以“知敝”，斯不以妾为妻，不以贱妨贵。嫡庶正而名分严，足以维大义之不敝也。

【占】 问时运：一时发动，恐难持久。
　　○问营商：货价升动，卖客喜悦，但恐不能图终。
　　○问功名：进不以道，防有后悔。
　　○问战征：地雷陡发，足以制胜，恐一胜以后，兵力疲敝，无以保终。
　　○问婚姻：徒恋一时情欲之私者，难期百年偕老也。
　　○问家宅：地磐有动，已嫁之妇，不宜同居母家。
　　○问疾病："永终"二字，独于占病不利，显见命限已终。
　　○问讼事：可以终结。
　　○问六甲：生女。

初九：归妹以娣。跛能履，征吉。

《象传》曰：归妹以娣，以恒也。跛能履，吉相承也。

六爻以五为尊，是正嫡也，其他皆为娣。初爻在最下之位，故曰"归妹以娣"。娣承嫡妻之命，不能专制，犹跛足之不能行，唯守为娣之分，行承顺之道而已，故曰"跛能履"。震为足，兑为毁折，有跛之象。九居初为当位，是能安于娣而在下，行不先人，知其无陨越也，故曰"征吉"。就全卦论，以悦而动，女子感情悦之私，故其征也凶；就一爻论，以刚居刚，女子有贤正之德，故其征也，吉。《象传》以"恒也"释之，谓妹而为媵，礼之恒也；以"相承"释之，谓百事承顺，是以吉也。

【占】　问时运：运途低微，祗可依人成事而已。

　　○问营商：不能自主，听命而行，幸得获利，吉。

　　○问功名：偏裨之位。

　　○问战征：非主帅也，能以偏帅制胜，吉。

　　○问家宅：此屋必是廊庑偏屋，吉。

　　○问疾病：必是足疾，不良于行，身命无妨。

　　○问六甲：生女，防有足疾。

【占例】　明治十六年，余游上毛伊香保，得通藤野正启先生。先生当代鸿儒，夙精《易》理，与余相知最久。兹得相聚客舍，晨夕晤谈，意甚得也。一日先生正襟而言曰：“幸为一占仆之气运。”筮得归妹之解。

　　爻辞曰：“初九：归妹以娣。跛能履，征吉。”

　　先生精义《易》，既得占爻，自能详判，余复何言？然前余为横滨某商，占得此爻，在此人久游欧美各邦，通晓各国事情，归国之后，横滨某商店，遂雇为主管。其人正道，又能勤勉，凡财货之出入，物品之优绌，以及时价之高低，罔不一一计划，其用心之诚笃，有足使人感者。未几商店解雇，一日某来请占，筮得归妹之解，余为之再三玩索，乃得其解雇之由也。盖娣者从姊而嫁，一切家政，皆当奉命而行，不得自主，譬跛者虽有其足，不能自行也。今某虽尽心从事，未免有专主之嫌，是以有咎。先生今日所占，爻辞正同，乃知先生秉道履中，刚方素著，但于当今世衰道微，所如不合，反若娣之随人，不能自主，先生能卑以自牧，故曰“征吉”，此就爻辞而断也。然余又可虑者，以归妹为归魂之卦，至六爻为命终之年，先生固达人也，自初至上，为六年，先生须为注意。先生微笑曰：“《易》理精妙，固如是也。”

　　后六年，先生果殁。

　　○某官员来请占气运，筮得归妹之解。

　　爻辞曰：“初九：归妹以娣。跛能履，征吉。”

　　断曰：初居天下，娣居人下，爻象卑微，是不能出人头地者也。足下占气运得此爻，知足下依人成事，不能独断独行，譬如娣之从姊而嫁，一以顺承为事，若欲擅自作为，反恐如跛者捷行，必致颠仆。不如随人步趋，斯无隕越矣，故曰“征吉”。

　　九二：眇能视，利幽人之贞。

　　《象传》曰：利幽人之贞，未变常也。

　　此爻阳刚得中，亦娣之贤者也。下互离，离为目，上互坎，坎为疾，有眇之象。眇，一目小也，两目之视正，一目之视偏。姜媵则处于偏者也，不敢正视，故取“眇能视”为喻。二与五正应，二能侧视，得其宠矣，然正未可以宠自恃，故又戒以“利幽人之贞”。“幽人”者，犹云静女也，女子行不逾閾，窥不出户，有幽人之义焉。《象传》曰“未变常也”，谓能守其道，安其分也。幽则至静而不动，贞则至贤而不渝，幽人不以不遇变其道，女子不以失偶改其节，其致一也。

【占】　问时运：运途不正，宜幽贞自守。

○问营商：以其窥察商情，有独见之明，颇有暗得之利。

○问功名：以高尚不仕为贵。

○问战征：能察幽窥微，有料敌如神之妙。

○问家宅：此宅最宜幽居。

○问婚姻：此女宜作偏房，若在嫡室，恐反目不和。

○问讼事：防有幽禁之灾。

○问六甲：生女。

【占例】 华族某访余别墅，时方霖雨，闷闷不乐。会招伊藤潮花，特设宴席，藉以侑酒。潮花见余床上筮竹，问曰：主公好《易》乎？余曰：然。潮花曰：拙生欲卜生命，请为一筮。筮得归妹之震。

爻辞曰："九二：眇能视。利幽人之贞。"

断曰：归妹者归魂之卦。今自二爻至上爻为五年，今后五年，子命殆将终乎？上爻之辞曰："女承筐无实，士刲羊无血"，"女承筐无实"者，谓家计赤贫，筐中无实也；"士刲羊无血"者，尸体之象也。

潮花曰：主公之言诚当。谚云"人生四十不为夭"，今吾已六十，命数亦不短矣。虽死期已迫，家计不可不预谋。由是奋然改革家政，计度产业，以期家室盈丰，得能积有余资，实出自主公所赐也。当时谈笑而去，后至五年六月，潮花竟尔病殁。

○明治三十一年，占台湾总督府气运，筮得归妹之震。

爻辞曰："九二：眇能视，利幽人之贞。"

断曰：卦体下互离，离为目。目所以视也，曰"眇"，只可偏视而已。"幽人"者，幽闲贞静之人也，谓人能幽闲贞静，必无作乱之事矣，故曰"利幽人之贞"。今占台湾总督府政略，得此爻辞，按台湾新入我版图，一切风俗，难以一时遽革，只得另眼相视。在政府总宜以静默镇之，故曰"利幽人之贞"也。

六三：归妹以须，反归以娣。

《象传》曰：归妹以须，未当也。

"须"者，贱女之称。三爻居兑之极，为悦之主，"归妹以须"者，以之为须也。三以柔乘刚，务为悦人，故于其始归也，降为之须。虽明知其未当，以故为抑之，不令其工研献媚，开以妾夺嫡之嫌，所以惩淫逸而正名分者，其旨严矣。迨三能反其悦之为，始得复归娣之位，故曰"反归以娣"。《象传》曰"未当也"，谓阴柔不正，不当位也。《正义》以须为待时也，以三未当其时，则宜有待，故曰"归妹以须"；既及其时，以娣乃行，故曰"反归以娣"。亦通。

【占】 问时运：运途尴尬，受人抑制，是宜忍耐，后可得伸。

○问营商：货价低落，不能获利，过后可望提升。

○问功名：所得卑微。

○问婚姻：必非正娶。

○问家宅：此屋非正宅，必是廊庑，地位低小。

○问疾病：待时可愈。

○问行人：且宜暂待，缓时可归。

○问讼事：待时可以断结。

○问六甲：生女。

【占例】某县人携亲友书来，占求官之成否，筮得归妹之大壮。

爻辞曰："六三：归妹以须，反归以娣。"

断曰：郑云，"须，有才智之称"。《正义》曰："须，女谓贱妾也"。是有才智而屈居下位者也。今足下求官，得此爻辞，知足下与某显官有旧，乞为代谋官阶，不料某抑之，不与以相当之位置，而授以微末之官阶，即"归妹以须"之象也。足下宜顺受之，切不可妄意干进，后当必有升迁。"反归以娣"，行有待也。

九四：归妹愆期，迟归有时。

《象传》曰：愆期之志，有待而行也。

九四以阳居阴，为动之主，动则急欲于归；但兑为少女，故曰"妹"，未可先姊而行也，是宜待年于闺，故曰"归妹愆期"。年及而归，未为迟也，故曰"迟归有时"。《诗·江汜》之篇，序谓媵有待年于国，而嫡不与之偕行，其后嫡悔而迎之，亦终归矣，即可作此爻之注脚也。三爻主悦，求贵而得贱；四爻主动，求速而反迟，皆深戒"悦以动"之必凶也。告之以迟归有待，所以遏其躁动之志，使知待时而行之为得也。

【占】问时运：须知顺时而动，行运有时，躁进无益。

○问战征：最宜审时度势，无取躁急轻进，致损兵力。

○问营商：待时得价，自可获利。

○问功名：躁进必败。

○问婚姻：待年而归。

○问家宅：宅运未来，未可迁居。

○问行人：一时不归。

○问讼事：宜缓，可了。

○问失物：迟久可得。

○问六甲：生男。

【占例】某商人来，请占买卖之机会，筮得归妹之临。

爻辞曰："九四：归妹愆期，迟归有时。"

断曰：女子待时而嫁，犹货之待价而贾也。"愆期"者，谓期限已过，"迟归"者，谓迟久可售也。足下占买卖之机会，得此爻辞，爻象与占象，辞意适合。"归妹愆期"，由于姊犹未嫁，妹因不得先行，故宜迟归待时；知足下必有前售之货，未曾销脱，故于后置之货，行当迟迟有待。此所行不能不待，所售不能不迟也。迟之要自得利，可无忧焉。

六五：帝乙归妹。其君之袂，不如其娣之袂良。月几望，吉。

《象传》曰：帝乙归妹，不如其娣之袂良也。其位在中，以贵行也。

"帝乙"者，殷纣之父。"君"者，小君之称，谓嫡妻也。"袂"者，袖也；"月"者，太阴之精，以象妇德；"望"者，谓月之圆满。"几"者，近也。五爻居震之中，震长男，下与二应，二居兑，兑少女，是兄妹也。所谓"帝乙"，乃为震兄，"归妹"者，是以天子之妹，下嫁于诸侯，故爻曰"其君"。《传》曰"以贵行"，即所称君夫人曰小君是也。卦体变乾成兑，乾为衣，故曰"袂"。《史记》"长袖善舞"，女子之态也，是袂足以取悦。月盈于望，八日兑见丁，十五乾盈甲，兑长至十五始盈，乾化兑，故曰"几望"。《京房易传》载汤嫁妹之词曰："阴之从阳，女之从夫，天地之义也。往事尔夫，必以礼义。"其训以礼义者，即戒其不可以袂美取悦，亦不可以恃贵而妄动也。六五爻辰在卯，仲春之月，嫁娶男女之礼，故吉。《传》曰"其位在中"，五居震中，二居兑中，以二嫁五，中与中应，其位悉当；且五爻最贵，故曰"以贵行也"。

【占】问时运：事事谦抑，不敢自夸，不敢自满，运途得中，是以吉也。

○问战征：降尊居贱，能得军心；从月夜进兵，出敌不备，可得全胜。

○问营商：前进货品，不如后进者良，约在望前可售，必得高价。

○问功名：如有兄弟，同出求名，弟必获隽。

○问婚姻：当有二女同归，吉。

○问家宅：宅位居中，当有喜事临门，吉。

○问行人：望前可归。

○问疾病：半月可愈。

○问六甲：生男。

【占例】有友来访，请占某氏赴任吉凶，筮得归妹之兑。

爻辞曰："六五：帝乙归妹。其君之袂，不如其娣之袂良。月几望，吉。"

断曰："归妹"者，以女从夫，犹士者出而从政也。今足下占友赴任吉凶，而得归妹五爻，细玩爻辞，知此友身分必贵，此次赴任，定是小受，如帝女之下嫁也。其才调之良，当必胜于前任，故曰"其君之袂，不如其娣之袂良"也。"月几望"者，喻其设施之周到，政体之光明，有如三五之月也，而又不敢以谄媚取悦，不敢以贵盛自待。以兹临民，吉可知也。

上六：女承筐无实，士刲羊无血，无攸利。

《象传》曰：上六无实，承虚筐也。

"士"者，未娶之称，"女"者，未嫁之称。《士婚礼》云："妇入三月而后祭行。"上，宗庙爻，故曰祭。三月祭行，而后成妇，未承祭，犹称女也。宗庙之礼，主妇奉筐，即《诗》所咏"于以盛之，维筐及筥"是也。兑为羊，少牢馈食，司马刲羊，"刲"杀也，承筐刲羊，皆助祭事也。《易》例阳为实，阴为虚。三四复位，变坤为虚，故曰"承筐无实"；四互坎，坎为血卦，三四复位成泰，坎象不见，故曰"刲羊无血"。按祭礼，执益者宗妇，荐豆者夫人，设黍者主妇，未闻有以娣妾从事者，使娣而与祭，是渎伦也，欲以示宠，适以启祸，亦何利焉？"永终知敝"者，可不戒哉！

【占】问时运：万事不利。

　　○问战征：糇粮不备，戈矛不修，以斯从征，必败之道。

　　○问营商：资本既虚，货物又匮，奚以获利？

　　○问功名：空手求名，其何能得？

　　○问婚姻：婚娶不正，维家之索。

　　○问家宅：此宅家范不端，防有妾嫡纷争之患。

　　○问疾病：是虚劳失血之症，不治之象。

　　○问失物：不得。

　　○问六甲：生男。

【占例】友人某来曰："近欲与友谋兴一业，就余私计，事既可喜，利亦颇丰，但未审吉凶如何？请为一筮。"筮得归妹之兑。

　　爻辞曰："上六：女承筐无实，士刲羊无血，无攸利。"

　　断曰：卦体兑悦震动，卦象兑女震男。悦不以道，故夫妇配合多不利，而凡以资财合业者，亦可推相而知矣。今足下为谋事业，占得此爻，《爻辞》曰"承筐无实"，"士刲无血"。筐无实，是橐空也。血流行一身，犹财之流通一国，无血则羊死，无财则业败。士与女为合业之人也，女既无实，士又无血，是财力两空，其何能成业乎？故曰"无攸利"。

䷶ 雷火丰

　　卦体震上离下。离本乾体，变乾中画而成离，离为日，日本悬象于天也；震本坤体，变坤之下画而成震，震为雷，雷本奋出于地也。"雷以动之，日以暄之"，万物化生，自然丰茂。震，动也，离，明也，明与动合而成丰，此卦之所以名丰也。

　　丰：亨，王假之。勿忧，宜日中。

　　《正义》曰："财多德大，故谓之丰。"财多则足以济世，德大则足以容人，事无窒碍，故"亨"。"王"指殷王，"假"，谓感假。萃涣之假，言殷王假庙也，丰之假，期纣之能假也。期能假夫丰亨之道，自足以统驭万国，照临下土，如日之正中，光明遍被，故曰"勿忧"。离为日，日中则明愈大，故曰"宜日中"。

　　《彖传》曰：丰：大也。明以动，故丰。王假之，尚大也。勿忧，宜日中，宜照天下也。日中则昃，月盈则食，天地盈虚，与时消息，而况于人乎？况于鬼神乎？

　　《序卦传》曰："得其所归必大，故受之以丰。"丰者，大也。卦体以离遇震。震为行，动必以健，离为光，明无不灼，明以动，动则有为，故得亨通而盛大也。"王"指九五，言丰之象本大，王能诚心感假，则更加大矣。五爻曰"有庆"，即庆王之能假也，丰莫大于是焉，假如是，复有何忧？"宜日中"者，是极言"明以动"之象，日至中，其明愈焕，其照愈远，万国九州，明无不被，可知王之"自明明德"，即可明"明德"于天下也，故曰"宜照天下"。然日过中则倾，月既盈则缺，阳极而阴生，盈虚消息，天地循环之运也。

《彖》曰"日中",丰至极盛,衰即伏之,《传》欲王益励夙夜之勤勉,明以继明,有以挽回乎造化,使明不为欲蔽,而丰得以长保矣。虽盈则必有虚,消则必有息,与时推移,鬼神亦不能自主,而所以转旋而补救者,总在于人也,人惟自明其"明德"耳。干宝曰:日中之象,殷水德,坎象昼败,而离居之,言周德当天人之心,宜居王位;故"宜日中"。

以此卦拟人事,上互兑,兑为泽,期其惠泽之丰盈也;下互巽,巽为利,期其财利之丰富也:有丰无歉,丰斯大矣。然丰于财者多昏,丰于欲者多乱,昏则不明,乱则妄动,无以假之,丰所在,忧即伏之矣。卦体上下互大过,大过者,过乎中也。日过中则昏,月过中则缺,此过盛必衰,过刚必折,盈虚消息,天地四时,自然之运,虽鬼神之盛德,不能过此,而况人事之微乎?《彖》曰"勿忧,宜日中",传释之曰"宜照天下",谓乾为日,离亦为日,丰为六月之卦,夏至日在离,气禀纯阳,日当午中,光明倍焕,离《大象》曰"明两作,离,大人以继明照于四方"者,此之谓也。明以静生,明亦以动见,譬如人闭目静坐,一物不见,一动则双目开豁,明足察物矣,此所谓"明以动,故丰"也。人事之忧,在不丰,不知不丰不足忧,所忧者最在不明耳。明则可静亦可动,可盈亦可虚,丰之所大,大在于明,亦大在于动也。是人事之极则,乃可出而与天下相见矣。

以此卦拟国家,国家之大势,不能静而无事,要必当动而有为,所患者动失其道,必至昏庸柔昧,上下交蔽,愈动而愈困耳。困则不亨,不亨则不丰,国事不可为矣。欲求其直,必先期其明,《彖》是以曰"明以动,故丰"。卦体上震下离。震为动,故能风动四方,离为明,故能向明出治。震又为帝,故称"王",离为光,故能照,王者克明"明德",道协大中,明足与天下相见,动可为天下更新,是能照假夫臣民,光大夫勋业,庶几就之如日,瞻之如云,一时熙熙攘攘,咸沐浴于光天化日之中,而若浑忘其帝力者,丰莫丰于是焉。然一治一乱,一盛一衰,国运也,亦天运也。所谓"日中则昃,月盈则食,天地盈虚,与时消息"世运推移,皆如是耳。要必文明柔顺,如文王之德之纯,上足以假君,下足以假民,如日月之照临,光被天下,乃能挽既去之天命,重得延祀之商社者,此文王之所以文王也。如是则可以长保此丰矣。

通观此卦,《京房易传》曰:"上木下火,气禀纯阳。阳为大,大则必丰。"卦以离遇震,震为君。君作于上,明烛于下,故得成崇隆丰大之业。然有丰必有歉。丰于功者傲,傲则必亡,丰于财者奢,奢则必败,傲与奢,皆由于动之失中也;动失其中则损明,损明则安能长保其丰乎?《杂卦传》曰,"丰,多故也"。"多故"是以难保也,道在有以假之耳。王者能推心置腹,上下交孚,假以生明,明以运动,期明无不照,亦动罔不臧,如午日正中,光明遍烛,此离象象所以为明也。明愈大,丰亦愈大,是可尚也,复何忧乎?卦体离日在下,震雷在上,互卦巽木为蒂,兑泽为水,雷施雨,木含日,故自二至四,有晦昧之象。圣人处此,虚以养其明,悦以霁其威,断以决其壅,使上下之情相通也。若六五动而得中,明良际会,则皎日澄空,氛翳全消,纯熙之运至矣,风雨晦冥,其何伤日乎?初爻如日初出,故"往有尚"也;二爻如日方中,故"有孚"吉也;三爻明为沫蔽;四爻明为斗掩;五与二相应,所以资明上则丰极而凶矣。六爻皆有明象,而为"灾",为"疾",为"沫",为"斗",为"凶",皆足以蔽其明而害其动,惟五独得其吉,《象》所谓"王假之,尚大也",在此爻矣。

《大象》曰:雷电皆至,丰,君子以折狱致刑。

此卦震为雷,离为电,雷电相合,威势盛大,电主明,雷主威,《象》曰"雷电皆至",

有威明兼备之象焉。明以"折狱"，则狱得其情，斯天下无遁情矣；威以"致刑"，则刑当其罪，斯天下无遗奸矣。君子见丰之象，推威严光明之德，洞悉奸伪，以明运威，故能察亦能决；以威济明，故无枉亦无私。天之震也，雷声之作，电火在先，此其象也。得离之明者，为噬嗑、贲、丰、旅四卦，《大象》俱有用刑之义。噬嗑明在上，象君子在上，故为"明罚敕法"；丰明在下，象君子在下，故曰"折狱致刑"。

【占】问时运：气运旺盛，但当丰不忘歉，斯丰可长保矣。

　　○问营商：财利丰盛，但须公平谨守，否则恐有讼狱牵连。

　　○问功名：雷电有威名发达之象，宜任刑官。

　　○问战征：雷电皆至，见兵威显赫，声势远扬，攻战必克。

　　○问婚姻：世称雷为公，电为母，是天合也。

　　○问家宅：宅向东南，财气颇丰。

　　○问疾病：是肝火上升之症，宜泄肝泻火之剂，尤宜静养。

　　○问失物：皆速追究，可得。

　　○问行人：防有讼事纠缠。

　　○问六甲：单月生男，双月生女。

**　　初九：遇其配主，虽旬无咎。往有尚。**

《象传》曰：虽旬无咎，过旬灾也。

　　"配"郑作妃。卦体震上离下，初本震爻，为诸侯。初与四应，故以四为"配主"。初九爻辰在子，九四爻辰在午，君南面，臣北面，初以修礼朝四，四以匹敌厚恩遇之，虽留十日，不以为咎。正以十日者，朝聘之礼，自行聘至问大夫，才五六日，即事毕请归。郑注谓主国留之，飨食燕献，无日数，尽殷勤也。主虽绸缪，而客行淹久，乐不可言。旬以内，尚不逾节，故"无咎"。"往有尚"者，其往或因助祭而行朝聘，或因入朝而遇助祭，留之经旬，神人欢洽，故为可尚。然以旬为限，过则非常。《象传》谓过则灾生，盖凛凛于日中之戒，示以盈满为惧也。或以旬始为星名，《史记·天官书》："旬始出于北斗旁，状如雄鸡"。二爻曰"斗"，三爻曰"沫"，斗沫皆星名，言其蔽明也。初以旬始为星，爻象相同，义亦可取。

【占】问时运：得其相助，可有十年好运。

　　○问营商：当有巧当货物可售，旬日之内，即可获利，过旬则不利。

　　○问功名："邂逅相遇，适我愿兮"，即日当有佳报。

　　○问战征：两敌相遇，当速进兵，十日外，恐有败象。

　　○问婚姻：姻缘相当，即日可成，迟则不谐。

　　○问疾病：得遇良医，旬日可愈，迟久不治。

　　○问讼事：得遇良吏，即可断结，迟缓不了，恐有外祸。

　　○问失物：宜速寻。

　　○问六甲：生女。

【占例】 明治三十一年，占英法两国交际，筮得丰之小过。

爻辞曰："初九：遇其配主，虽旬无咎。往有尚。"

断曰：丰者，雷电相遇，百物丰饶之卦。以国家交际拟之，是两雄并峙，有各不相下之势。今占英法两国交际，得此初爻，初与四应，当以初爻属英，四爻属法。爻象内外相应，就两国外势观之，臣相和好，而实则两阳相轧，各挟猜疑，势必隐相侵夺。何则？内离明，外震动，明者多谋，动者多勇，各为其国，亦各用其长，明与勇遇，适足相敌，故曰"遇其配主"。英善谋略，是明也；法长雄武，是勇也。"旬"，均也，谓其势力相均也。由此而更进焉，明者不自恃其明，且进而明其德，勇者不自恃其勇，且进而勇于义，斯丰者可长保其丰矣，故曰"往有尚"也。

六二：丰其蔀，日中见斗。往得疑疾，有孚发若，吉。

《象传》曰：有孚发若，信以发志也。

六二居离之中，为明之主，日中之象也。"蔀"，虞谓日蔽云中，王弼谓蔀，覆，暖障光明之物。郑作菩，《说文》，"菩，草也"；《广韵》"蔀，草名"。震为草，故取象于草。离夏之时，草木蒙密，故曰"丰其蔀"。按诸说取象虽不同，而为蔽明则一也。"斗"者星名，《春秋·运斗枢》曰：北斗七星，第一至第四为魁，第五至第七为杓，合为斗。九四震动，斗柄之象，斗柄左旋，日体右转。日中非见斗之时，"日中见斗"，则有斗无日矣。喻言殷纣昏乱，奸臣弄权，俨如昼日掩光，而宵斗腾辉也，故曰"日中见斗"。当群奸蔽惑，虽周文之圣，犹不免羑里之囚，故曰"往得疑疾"。"有孚"者，即《象》所云"王假"也，文以忠贞服事，至诚相假，是以纣志可回，蔽障开而疑疾自去矣，故"有孚发若"，转凶而为吉也。《象传》曰"信以发志"，为言后世人臣，忠而被谗者，能以积诚感主，无不可假也。

【占】 问时运：能以蒙难艰贞，自得逢凶化吉。

○问营商：见识不明，浑如白昼昏暗，不能办事，致生疑忌。当以至诚待人，得人扶助，方可获利。

○问功名：始凶终吉。

○问战征：屯军于丰林茂草之间，伏藏不发，往则恐有不利；必待敌兵内应，一发必得大胜。吉。

○问婚姻：始疑终谐。

○问家宅：此宅花木太盛，日光被掩，致窗牖失明，必须开豁明亮，方吉。

○问疾病：是胸襟不明，积疑成疾，宜以婉言开导，疑窦一开，病体自愈。

○问失物：被尘污所掩，宜拨开芜草，可寻得之。或在斗升之间。

○问六甲：生女。

【占例】 明治三十一年，占自由党气运，筮得丰之大壮。

爻辞曰："六二：丰其蔀，日中见斗。往得疑疾，有孚发若，吉。"

断曰：《爻辞》曰"日中见斗"。日阳象，斗为星，星阴象。"丰其蔀"，蔀草也，草亦阴象。日阳为君，星为臣，草则庶民也，白昼见斗，是阴蔽明，臣蔽君也。今占自由党气运，得丰二爻，自由党者，本是庶民之私议，欲以上干政府也，其议皆出自草莽之徒，故谓之"丰其蔀"。以下犯上，即以阴掩阳，犹如妖星而犯日也，故谓之"日中见斗"。自由党魁曰星亨，可谓明证矣。星氏论说狂妄，干世疑忌，人多疾恶，故曰"往得疑疾"。自由党如能翻然悔悟，不以势力相凌，而以贞诚相感，斯发言盈廷，咸得顺从也，故曰"有孚发若，吉"。

自由党于十二议会，以反抗政府，致于解散。后当十三议会，星氏有所悔悟，遂顺从政府之议，得以无咎。

九三：丰其沛，日中见沫。折其右肱，无咎。

《象传》曰：丰其沛，不可大事也。折其右肱，终不可用也。

毛西河引刘熙云："沛者，水草相生之名"，《公羊传》"草棘曰沛"是也。"丰其沛"，喻言纣朝，群奸在下，如水草丛生，蒙密而蔽明也。三居内外之间，得巽气，巽之刚爻为木，柔又为草，故取沛为水草。"沫"，郑作昧，服虔云"日中而昏"是也。《王莽传》"地皇元年，二月壬申，日正黮，莽恶之，下书曰：日中见昧，阴薄阳，黑气为灾"即引《易》此文为证。九家《易》云：沫，斗杓后小星，即辅星也。按辅星在斗第六星左；《汉书·翟方进传》，辅沉没，张晏曰，辅沉没不见，则天下之兵销，是辅见则有兵祸。二说为昏为星，所据不同，要皆为周兴殷亡之兆。"折其右肱"者，臣以君为元首，君以臣为股肱。文为西伯，故曰"右肱"，纣听谗言，囚文于羑里，是"折其有肱"也。然当时虽三分有二，文能笃敬止之节，终身事纣，故右肱虽折而无咎。《传》曰"不可大事"，三居离之极，谓人心既离，天下大事，其已去矣。《传》又曰"终不可用"，三与上相应，上处震之极，为卦之终，上爻曰"阒其无人"，纣之所以为匹夫，故曰"终不可用"也。

【占】问时运：运途颠倒，明明白昼，浑如黑夜，防有灾祸。幸一时身命，尚无恙也。
○问战征："沛"或作"旆"，谓幡旆飘扬，率军前进，防风云有变，卒时昏暗，右军有失。
○问营商：防货价涨落不测，致被耗折。
○问功名：终不可用。
○问疾病：防有肱有损。
○问家宅：田园荒芜，水草丛生，有庑已倾，暂居而已，终不可用也。
○问六甲：生女。

【占例】友人某来，为加入某会社，请占会社之吉凶。筮得丰之震。
爻辞曰："九三：丰其沛，日中见沫。折其右肱，无咎。"
断曰：三爻处震离之间，震为草，离为光，曰"丰其沛，日中见沫"，象为震草蒙密，以致日色无光。以会社言，必是社中小人众多，反令君子无权，盖以草喻小人，播弄其间，卒令白昼昏黑，不见天日，即所谓日中而昏也。"折其右肱"者，社中用事之友，即为社中之手足也，手之动用，全在有肱，折者，执而去之也，谓去其社中弄权之尤者，斯会社可无咎矣。爻象如此，劝君以不入为可。友人闻之，因此中止。
后会社未几果闭，友人于是感《易》占之妙也。

九四：丰其蔀，日中见斗。遇其夷主，吉。

《象传》曰：丰其蔀，位未当也。日中见斗，幽不明也。遇其夷主，吉行也。

四居外卦之始，为动之主，其爻象与二同。四之蔀，"犹二之蔀也，四之斗，犹二之斗也。但二以阴居阴，离日被掩，四则阳刚发动，王心感假，障蔽开而疑疾消矣。"夷主"之遇，即《象》所云"王假"也。二以疑疾而困，四以遇主得释，遇则吉矣，故曰"吉"。《象》曰"王"，文所称也；爻曰"夷主"，周公据其实而夷之也。丰沛见斗，《传》独于四释之。邪之害正，其蔽始于近习，故曰"位不当"；阴之掩阳，其灾见于白昼，故曰"幽不明"。震为行，行得所谓，故曰"吉行"。

【占】 问时运：曩时被人蒙蔽，今能翻然改作，得好际遇，可以获吉。
〇问战征：兵入幽谷，不知去路，不见天日，幸遇向导，得以前行也。
〇问营商：前因货物，真赝混杂，难以销售，今始得遇受主，方可获利。
〇问功名：得此绝好际遇，名可立就，吉。
〇问婚姻：良缘巧遇，吉。
〇问家宅：此宅苦于地位不当，幽暗不明，得遇其人，动作一新，则吉。
〇问疾病：病在目中生翳，所视失明，得良医，病可治也。
〇问六甲：生男。

【占例】 豪家支配人某来，请占气运。筮得丰之明夷。

爻辞曰："九四：丰其蔀，日中见斗。遇其夷主，吉。"

断曰："丰其蔀"，言草之盛也；"日中见斗"，斗而昼见，是昼晦也，其害皆足以蔽明。四以阳居阴，爻象是阳为阴所蔽。幸四入震，为动之主，一动则拨开云雾，得以重见天日，以得"遇其夷主"。今足下问气运，得此爻象，知足下曩时必为人所抑制，不得自明，今幸得遇逢其主，可以谋事。但此主素性昏庸，故称曰"夷主"，惟足下诚实素著，得以信任无疑。《传》曰"吉行"，可以获吉矣。

六五：来章，有庆誉，吉。

《象传》曰：六五之吉，有庆也。

五居外卦之中。五与二应，二言"往"，五言"来"，盖五视二为来也。"章"，美也；"庆"，赏赐也；"誉"，声誉也。二既得以"往"而"有孚"，五乃因其"来"而"有庆"。盖隐指文献文马，纣赐弓矢之事也，庆出于纣，誉归于文。丰在是，吉亦在是焉，所谓一人有庆，兆民赖之；二之庆，亦五之庆，故二五之吉同也。

【占】 问时运：盛运大来，实至名归，吉莫大焉。
〇问营商：货物往来，无不获利，更可得名。
〇问功名：得膺恩赏，名利兼全，大吉。
〇问婚姻：天合良缘，门楣既显，嫁资亦丰，吉。
〇问战征：可不战而成功也，奏凯而还，得邀封赏，吉。

○问家宅：必是族表名门，吉。

○问疾病：有名医自来，即可痊愈。

○问讼事：讼了，且可得赏。

○问行人：即日可归，且有喜事。

○问失物：不寻自来。

○问秋收：大有丰年。

○问谋财：不求自来。

○问六甲：生男，主贵。

【占例】 亲友某富翁来，请占气运，筮得丰之革。

爻辞曰："六五：来章，有庆誉，吉。"

断曰：卦名曰丰，必是丰富之家；五爻居尊，为一家之主也。《爻辞》曰"章"，曰"庆"，曰"誉"，曰"吉"，皆全美之象，占者得此，气运之盛，不待言矣。但全卦论之，有离明被蔽之象，必是家臣弄权，家主被惑，以致善恶不分，百事颠倒。惟二爻为正直可靠，五能听从二爻之言，知二之美而嘉纳之，赏赐之，二之庆，即五之庆，吉莫大焉。足下于家臣中，宜慎择其人，去邪任贤，斯家道日隆，身运日旺。爻象如此，吉与不吉，即在转移间也。

○岩手县闭伊郡田老村商人落合总兵卫者，余之旧交也，虽其人已故，而音问不绝。本年六月，传闻该地海啸，村民死亡靡有孑遗，探问未得复报，心深忧之，乃为一筮，得丰之革。

爻辞曰："六五：来章，有庆誉，吉。"

断曰："丰者，大也"，海啸者，灾害之大者也。《爻辞》曰"来章，有庆誉，吉"，料渠一家之中，必有幸脱此灾害者，近日当有来报也。

后确知该村当时被灾，全村漂没，落合氏家，惟次男总三郎，四男兵吉，以先时趋赴邻村，得以免祸云。

上六：丰其屋，蔀其家，窥其户，阒其无人，三岁不觌，凶。

《象传》曰：丰其屋，天际翔也。窥其户，阒其无人，自藏也。

"丰其屋"者，自高也。"蔀其家"者，自蔽也。丰大其屋，又障蔽其家，亦有"行其庭，不见其人"之象也。上六重阴，居卦之极，是动极成惫，明极生昏，丰极致衰，极其甚则宗社倾覆，宫室空虚，故曰"窥其户，阒其无人"。"阒"即无人之状。干令升以上爻为说纣之亡，为独得其旨焉。上为宗庙，"三岁不觌"，是必三岁不祀也。《书》曰：自成汤至于帝乙，罔不明德恤祀，至纣不肯事上帝，弃厥先神抵不祀，故庙中虚旷，"三岁不觌"也。纣惟深藏于瑶台璇室，以自娱乐，所谓七世之庙，可以观德者，未几而为丰草矣，故曰凶也。《传》所释"天际翔也"，"际"或作降，"翔"郑王作祥，谓天降祥。祥，变异之通称。又所释"自藏也"，"藏"诸家作戕，王作残，郑作伤，皆谓国灭而自亡也。

【占】 问时运：有屋无人，大凶之象。

○问战征：营垒空虚，败亡之象。

○问营商：货物空存，无人经理，凶。

○问功名：身既不保，名于何有？

○问婚姻：凶。

○问家宅：田园虽富，必是破落之户，人烟稀少，凶。

○问疾病：命不久矣，凶。

○问行人：归聚无期。

○问六甲：生男，防不育。

【占例】 明治十五年某月，予因事至横滨洋银取引所，晤西村氏等三人。谓予曰：今以大藏省增税过重，愿求减轻，未知政府许否？请一筮决之。筮得丰之离。

爻辞曰："上六：丰其屋，蔀其家，窥其户，阒其无人，三岁不觌，凶。"

断曰："丰者，大也"，盛也，当洋银取引所之盛大，日出纳数十万金，其商况之盛，全国罕见，是为"丰其屋，蔀其家"之象也。然取引所出纳虽属丰盛，恐就其内而窥之，亦有所不足矣。至所云愿请减税者，亦恐有其议，未必有其人也，即所谓"阒其无人"也。谓即使请减有人，恐迟之三岁，政府亦未必见许也，故曰"三岁不觌，凶"。

于是三氏互相惊视，无语可答。至翌日，该店果然闭歇。

䷷ 火山旅

为卦内艮外离，艮，山也，离，火也，山者得主而有常，火者附丽而不定。有常者，象所寓之地，不定者，象寄寓之人。"离者，丽也"，别也，别其家，丽于外，此卦之所以名旅也。

旅：小亨，旅贞吉。

旅，羁旅也。人当失其本居，寄迹他乡，所谓远适异国，昔人所悲，亦安得曰大亨以正哉！但求得其所依，足自存，是亦羁旅之"小亨"也。旅中之"贞吉"，即在此矣，故曰"旅贞吉。"

《彖传》曰：旅，小亨，柔得中乎外，而顺乎刚，止而丽乎明，是以"小亨，旅贞吉"也。旅之时义大矣哉！

《序卦传》曰："丰，大也。穷大必失其居，故受之以旅。"旅，众也。众在外，谓之旅。三阳三阴，卦从乾坤来，坤三上居乾五，变离，作外卦之主；乾五下居坤三，变艮，作内卦之主。艮止为体，离明为用，止则得其所，明则知其往，斯不患穷大失居矣。其所以"小亨""贞吉"者，柔而"顺乎刚，谓刚不忤物，柔不损己；"止而丽乎明"，谓止而能定，明而能察，旅道之正在斯矣，是以得其"小亨"，贞而获吉也。古人学问，多从羁旅阅历而来，往往于耳之所闻，目之所见，皆足增其知识，故曰"旅之时义大矣哉"。

以此卦拟人事，男子之生似桑弧蓬矢，射天地四方，为志在四方也，故士者负笈而游，商者载货而往，凡有一技一艺，罔不远客他乡，各谋衣食。是旅本人事之常，至离父母，背乡井，廓落无友，惆怅自怜，其穷厄而不亨也，亦无足怪。于不亨之地，而欲求其亨者，道唯在柔和以涉世，明察以审几而已。柔则以悦相亲，而与世无忤，明则以诚相接，而与人无欺，纵不能大有所得，亦可"小亨"，所谓"贞吉"者在此矣。夫行旅之不得其贞者，无他，患在过刚，亦患在不明耳。过刚者傲，刚则无以和众，不明则昧，昧则无以保身，旅道穷矣。《彖传》曰柔而"顺乎刚，止而丽乎明"，所贵刚与柔之适中，明与止之相附，以是为亨，亦即以是为吉也。人生涉世，一往一来，皆旅之时，一动一静，即旅之义。天子有行在，诸侯有朝会，士大夫出疆，农夫越畔，皆旅也，旅之为时为义，所关岂不大哉？

以此卦拟国家，国家之要，首重财用，而所以使财用之流通者，唯赖商旅耳。端木子结驷连骑，管夷吾官山富海，皆所以开商旅之源也。故善策富强者必计内外交通之益，广海陆运输之程，便舟车之往来，课东南之美利。财用由是而亨，而行旅则由是而劳矣。夫遗人有候居之馆，行役无失路之悲，斯行客亦可少安矣。《大象》曰"山上有火"。火光所烛，近者蒙其照，远者见其明，喻言商者，明能烛奸，远近无欺，故曰"旅小亨，旅贞吉"。盖重财利，轻离别，商贾之所以营生也；权什一，通有无，朝廷亦藉以致富也。方今之时，欧美各邦，国税所关，专以商务为重，是以海禁宏开，洋舶辐辏，凿绝岛穷崖而开市，率东夷北狄而来商，商旅之道，于斯为盛。《易》有前知，故曰"旅之时义大矣哉"。

通观此卦，艮山止而在内，离火明而烛外。下卦为旅客远行之象，上卦为于时庐舍之象，互卦有大过，为行迈跋涉之象。六爻中曰"所"，曰"次"，曰"处"，曰"巢"，各有其地也；曰"灾"，曰"焚"，曰"丧"，曰"亡"，各有所失也；曰"怀"，曰"得"，曰"誉"，各有所获也。大凡羁旅之人，宜柔和谐众，不宜刚暴自恃，故六爻以柔为吉，以刚为凶。初以柔居下，是旅之微贱者；二柔中，故兼得；三过刚，故"丧"；四刚居柔，虽得"不快"；五柔中，小费大得；六刚遇高，大丧而凶矣。卦与丰反，聚则成丰，散则成旅。旅而能止，是旅之寄迹于外也；旅而遇明，是旅之择地而蹈也。总之，明有誉，昏有灾也；得于柔，丧于刚也；为"笑"为"号"，时为之也；曰"贞"曰"厉"，义所在也。圣人之栖栖者，为道而行也；庸人之攘攘者，为利而往也。夫非为旅之故与？其为则同，而其义要各有不同者焉。

《大象》曰：山上有火，旅，君子以明慎用刑，而不留狱。

"山上有火"，与贲之"山下有火"，相对之文也。艮为山，离为火，有火焚山之象，野火烧山，过而不留，君子取其象以听讼，片言即折，故"不留狱"也。明取离之照，慎法艮之止，执法如山，不可移动也，烛奸如火，无可掩蔽也，以斯用刑，刑无枉矣。卦上互兑，兑为刑人，故曰"用刑"。反卦丰，丰象"折狱"，故曰"不留狱"。

【占】 问时运：运未全盛，宜明以察之，慎以防之，即有灾害，可随即解脱。
　　○问营商：宜出外贩运，随来随售，不可留积。
　　○问功名：火在山上，有光明远烛之象，升用在即。
　　○问战征：须用火攻。
　　○问家宅：慎防火灾。
　　○问婚姻：即日可成。
　　○问疾病：是肝火上炎之症，其势可危，生死在即，宜慎。

○问讼事：即日可了。

○问行人：即归。

○问六甲：上半月生女，下半月生男。

初六：旅琐琐，斯其所取灾。

《象传》曰：旅琐琐，志穷灾也。

初居卦之最下，是始为旅人者。"琐琐"，小也。"斯"，《尔雅》曰"离也"；"所"，即《诗》"爰得我所"之所，谓居处也，与二三爻曰"次"，四曰"处"，皆为旅舍之地也。"斯其所"者，谓旅行在外，因琐琐细故，遂致离其旅处。《序卦》曰，"旅而无所容"，离其所，则必无地可容矣，故"取灾"，言其灾由自取耳。《传》推本于"志穷"，以其较量于琐琐之故，一有不遂，则离其旅处，不特旅穷而志亦穷矣，穷则招灾，故曰"志穷灾也"。

【占】问时运：出身既微，行运亦陋，孤身作客，恐难获利。

○问营商：资财微细，生业亦卑，难免灾祸。

○问功名：虽得亦卑。

○问战征：按五百人为旅，军力单薄，有败无胜。

○问家宅：地位委琐龌龊，必小户之家也。慎可免灾。

○问婚姻：《诗》"琐琐姻娅，则无膴仕"，知非名门大族也。

○问疾病：有小灾悔，初起可治。

○问六甲：生男。

【占例】友人某来，请占气运，筮得旅之离。

爻辞曰："初六：旅琐琐，斯其所取灾"。

断曰：旅，羁旅也，为远出他乡，孤身只影，羁旅无亲。爻象以柔为吉，以刚为凶，盖惟柔顺和众，斯不为孤立也。初爻为初次行旅。"琐琐"，小也，为量浅陋，锱铢必较，以是取灾，灾由自取耳。今足下占气运，得此爻辞，夫人生如寄，天地本逆旅也，散财和众，则四海皆兄弟，敛财取怨，则坦途成荆棘。人苟委琐龌龊，逐逐为利，势将无地容身，所谓"旅而无所容"也，灾祸之来，必难免矣。足下宜大度宽容，无吝财，无招怨，和悦处世，所谓"言忠信，行笃敬，虽蛮貊可行"焉。

六二：旅即次，怀其资，得童仆贞。

《象传》曰：得童仆贞，终无尤也。

"即"者，就也；"次"者，舍也；"资"者，货也。幼者童，壮者仆，艮为童仆，故曰"童仆"。离为资斧，故曰怀资。二爻柔中居正，有"即次"之象。以虚承实；有怀资之象；柔顺，则童仆亦尽其忠信，三事皆得其便宜。内不失己，而已无不安，外不失人，而人无不与，皆由柔顺中正之德所致也，故曰"旅即次，怀其资，得童仆贞"。不言吉者，旅寓之际，得免灾厉为幸耳。《象传》之意，亦不外此也。

【占】问时运：有财有人，运途中正，自无忧也。

○问营商：得财则可以谋利，得人则可以共事，千里作客，可以无忧矣。

○问功名：是以财捐纳者。

○问战征：资财，即军饷也，"童仆"，即军卒也，饷足兵强，攻无不克。

○问家宅：必是寄居之宅，喜得财用充裕，童从顺正，家室和平，自无咎祸也。

○问婚姻：有富室赘婿之象。

○问疾病：旅处得病，喜有童仆，尽心服侍，可以调养痊愈。

○问六甲：生男。

【占例】 明治十七年，余漫游九州。一日往观某石灰坑，其夜有社员过访予寓，曰："君精于干事，今日巡视敝坑，定有高见，幸请教示。"余曰："炭坑之业，余素所未谙，辱承诸君下问，敢为一占以决之。"筮得旅之鼎。

爻辞曰："六二：旅即次，怀其资，得童仆贞。"

断曰：本社在东京出店，远隔九州，营谋坑业，诸君皆行旅在外者也，故曰"旅即次，怀其资，得童仆贞"。知此坑业，有财有人，可大可久，其所经办，上下用人，皆正直无私，本可无忧矣。但三爻有焚次丧仆之象，明年防有火灾；四爻曰"得其资斧"，后年可以获利，偿斯所失；五爻小失大得，坑业声名，得以上达，是为坑务全盛之时；惜上爻曰"鸟焚其巢，先笑后号咷"，此象可虑，约应在五年之内也，宜预为慎防。

九三：旅焚其次，丧其童仆，贞厉。

《象传》曰：旅焚其次，亦以伤矣。以旅与下，其义丧也。

三爻处内卦之极，出艮入离，离为火，故有焚象。艮为居，为舍，"次"，旅舍也，故曰"焚其次"。童仆随侍于次者，次焚，而童仆亦丧，是背主而去者也。艮为童仆，故曰"丧其童仆"。旅次焚，祸起不测，有由童仆之不戒者，亦有不由于童仆者。三爻"童仆贞"，然虽贞亦危，故曰"贞厉"。旅次经焚，身危资失，旅客固受伤矣，而在童仆，向承使令，一经焚灾，深恐主人责问，舍此而去，亦其义也，故《象传》两释之。

【占】 问时运：运途颠倒，破败重重，大为可危。

○问战征：谨防火攻，尤虑军心涣散，不战自遁。

○问营商：防有不测之祸，可危。

○问功名：目下难望，必二年后，至五爻曰"终以誉命"，可以成名矣。

○问婚姻：一时不成，难偕其老。

○问家宅：防有祝融之灾。

○问疾病：本人可愈，儿女或童仆，难以保全。

○问失物：必是童仆所窃。

○问六甲：生男。

【占例】 真言宗高僧云照律师，博识释风俗，为一宗之觉士也。余昔游高野西京，时得相晤。明治十八年夏初，云照师偶访余庐，谓余曰：贫衲以虚无为宗，吉凶悔吝，无复挂念，所以眷誉不忘者，惟在宗教之盛衰耳，敢烦一占。筮得旅之晋。

爻辞曰："九三：旅焚其次，丧其童仆，贞厉。"

断曰：夫旅亲寡之卦也。在禅家离凡脱俗，身入空门，以四大为禅房，以六道为逆旅，凡一生所涉，悔吝吉凶，悉属幻境而已。今律师占宗教盛衰，得旅三爻。在律师脱离本山，云游世外，到处天涯，何有旅舍？随身衣钵，何有童仆？八妄皆空，无所谓贞也；九根无碍，无所谓厉也；三昧之火既消，无所焚也；四禅之缚既脱，无所丧也。爻象所示，不足为律师挂虑。按旅三变而为晋，晋《象传》曰"晋，进也，明出地上"，离者，日也，象如佛日长明，照大地。禅门之宗教，当有日进日盛之象，是可为律师庆也。

九四：旅于处，得其资斧，我心不快。

《象传》曰：旅于处，未得位也。得其资斧，心未快也。

四居离之始，离为见，四之旅行，是往而求利见也。得位进于朝，不得则旅于处，故《传》曰"未得位也"。离为资斧，故曰"资斧"，即《春秋传》所谓"居则具一日之积，行则备一夕之卫"是也。资与二怀资不同。二之资，由我而具，四之资，自外而来，故曰"得"。离为干戈，有斧象，斧所以为卫也。四之所以仆仆行旅者，惟期得位乘时耳，乃所得而仅在资斧，所愿未偿，故"我心不快"也。以四初入离爻，文采未彰，名誉未显，故禄位犹未得也。

【占】 问时运：盛运未至，所得亦仅耳。

　　○问营商：出外贩运少有获利，未能满望。

　　○问功名：一时未得，容待来年，定可成就也。

　　○问战征：可以掳得敌粮，未能遽获大胜。

　　○问婚姻：嫁资颇厚，但是偏房，非正嫡也。

　　○问家宅：地位不当。

　　○问疾病：是心疾也，因谋望不遂，忧郁所致。

　　○问失物：可得。

　　○问六甲：生女。

【占例】 明治十八年某月，某贵显来访，曰：余知友某氏，今受外国公使之命。在某氏尚别有希望，不知成否？请劳一筮。筮得旅之艮。

　　爻辞曰："九四：旅于处，得其资斧，我心不快。"

　　断曰：旅者，出内向外之卦，出使外国，即旅行之象。凡使臣远适异国，行则授餐，宿则授馆，固其宜也，故曰，"旅于处，得其资斧"。至舍使任而别谋位置，是得陇望蜀，恐未能如愿以偿，宜其中心不快也。追五爻曰"终以誉命"，则所谋可遂矣。

六五：射雉，一矢亡，终以誉命。

《象传》曰：终以誉命，上逮也。

五爻柔顺文明，为离之主。离为雉，又为弓矢，故取象"射雉"。五动体乾，矢动雉飞，故"一矢亡"。五自坤三来，坤为终，离为誉，下互巽，巽为命，故曰"终以誉命"。古者士以雉为贽，射雉而得，是士之进身有阶也。五以远适他邦，得以射雉著能，一时翕然称美，名誉上闻，而来赐命之庆也。故《传释》之曰："上逮也。"

【占】 问时运：运途柔顺，小往大来，终有庆也。
○问营商：虽小失，有大得也，名利兼全。
○问功名：晚运亨通，声名上达。
○问战征：有一篑成功之象。
○问家宅：翚飞鸟革，善美堪称。
○问婚姻：二五得应，世称佳偶。
○问疾病：想是身临矢石，以忠殉难，得有赐命之荣。
○问六甲：有桑弧蓬矢之兆，男喜也。

【占例】 明治二十四年，占某贵显气运，筮得旅之遁。

爻辞曰："六五：射雉，一矢亡，终以誉命。"

断曰：五处文明之爻，雉，鸟之有文者也，故"离为雉"。射雉得之，言能取法文明也。矢发于近，及于远，有旅之象；一矢虽亡，一雉可获，小费大得，宜其志誉上闻也。今贵下占气运，得此爻，就卦象论，知贵下有奉命远游之象；就《爻辞》论，知贵下有小往大来之庆。自维新以来，国家政令，多取法欧美，今贵下皇华奉使，远适异国，一以敦两邦之好，一以观上国之风，彼所谓日进文明者，何难一举而得之？譬如射雉，可一矢而中的矣。则贵下之声誉，可远播于四方，贵下之使命，定荣邀夫三赐。是可为贵下预贺焉。

上九：鸟焚其巢，旅人先笑后号咷。丧牛于易，凶。

《象传》曰：以旅在上，其义焚也。丧牛于易，终莫之闻也。

离为鸟，艮为止，故曰"巢"。离为火，互巽为木，故曰"焚其巢"。鸟之有巢，犹旅之有次也，三居内卦之极，刚而过中，故其次焚；上居全卦之极，高而忘危，故其巢亦焚，辞虽不同，其义一也。三至五互兑，兑为悦，为口，有笑之象；离五曰"出涕沱若"，有号咷之象。先互兑，后入离，故曰"先笑后号咷"。离本坤体，坤为牛，亦为丧，故曰"丧牛"。牛性最顺，旅卦全体，以柔顺者吉，刚暴者凶，上以刚处极，失其顺矣，是谓"丧牛"。"易"，不难也；丧其牛，势必凶矣。《象传》以旅处上极，犹如离木上槁，故曰"其义焚也"。"终莫之闻"者，"丧牛于易"，犹客死于外，无室无家，终无人过而问之者矣。大壮曰"丧羊"，丧其狠也；旅曰"丧牛"，丧其顺也。狠可丧，顺不可丧也。

【占】 问时运：行运已极，高而无与，乐极悲来，凶之道也。
○问战征：防有焚营劫寨之危。
○问营商：先小利，后大损，凶灾叠至，可危可危。
○问功名：有丧无得。
○问家宅：有覆巢累卵之危。
○问婚姻：先成后散，先喜后悲，凶。
○问疾病：属牛者必凶。
○问六甲：生女，不育。

【占例】 明治二十四年五月，余游寓大孤。一日侵晓，有新闻记者数人，访余旅舍，曰："今回有一大事变，请为一占。"余询为何事，曰："大津事变也。"筮得旅之小过。

爻辞曰："上九：鸟焚其巢，旅人先笑后号咷。丧牛于易，凶。"

断曰：卦名曰旅，无论为名为利，或贵或贱，凡北马南船，邀游天涯，皆旅人也。旅人驰逐风尘，犹鸟之翱翔云霄；鸟之栖集有巢，旅之止宿有所，其义同也。上居高位，有贵人之象；高而可危，有焚巢之虑。巢之未焚，安栖可喜，巢之既焚，失所可悲，故有"先笑后号咷"之辞。牛所以驾车而行也，"焚其巢"，既不得其栖；丧其牛，又不便于行，不几伥伥无之矣！占大津事变，得旅上爻，上爻处艮之极。艮反为震，震为主器，有太子之象；上爻又在位外，有太子出游在外之象。离为火，火炎上，巢于树上，故象为"鸟焚其巢"，是巢之焚，以高而在上取凶也。今番大津之变，亦因俄为强国，太子又在高位，是以有此非常之祸。离又为刀，故伤为刀击，伤在头部，亦应上爻。当俄太子始来我国，礼遇之丰，彼此欢洽，忽罹此变，彼此惊叹，即所谓"先笑后号咷"也。是日俄太子游至大津，意在轻车简易，不驾舆卫，不知此一击，正因其易而来，故曰"丧牛于易"。离为牛，故取象于牛；离又为甲，闻太子之帽，中有铁甲，故无重伤。卦至上已终，出卦为巽，巽为归，知太子必即罢游归国矣。《象传》曰"终莫之闻"，料知太子无恙归国，在俄国亦以狂暴目之，置之不闻而已。至凶犯津田三藏之罪，旅《大象》曰："君子以明慎用刑，而不留狱"，当以速决无疑。

余明晰以断，新闻记者咸皆惊服。此占为关两国交际，未许刊揭报纸，谨录以呈扈从诸大臣。后见大阪《朝日新闻》报刊载副岛伯所论，谓津田凶犯，宜速处决，此言正合《易》旨也。

䷸ 巽为风

《序卦传》曰："旅而无所容，故受之以巽。巽者，入也。"为卦二阳在上，一阴伏下，阳实阴虚，虚则能入。风无形无色，本虚象也；风之所行，无隙不入。是物之虚而善入者，莫如风。巽下画二偶为虚，故象风。以卑顺为体，以善入为用，此卦之所以名巽也。

巽：小亨，利有攸往，利见大人。

巽本乾体，乾德元亨，亦称大亨，初动成巽，纯刚化柔，故为"小亨"。卦《象》言"利有攸往"者，大过、恒、益，皆取巽也，过刚之人，所往必穷，巽以坤初一阴入乾，以柔济刚，黾勉前往，巽为利，故"利有攸往"。"大人"，指二五。巽二五皆乾体，乾二五皆"利见大人"，巽之《象》辞，从乾来，乾为利，上互离，离为见，故巽《象决》亦曰"利见大人"。

《象传》曰：重巽以申命。刚巽乎中正而志行，柔皆顺乎刚，是以小亨，利有攸往，利见大人。

卦象上下皆巽，谓之"重巽"。巽为命，申亦重也。"申命"者，一再告诫也。卦以初四为柔，得坤气为卦之主，四刚在上，为卦之用，故《传》特著之曰"刚巽"。用刚之过，患在不得其中正，而用刚莫善于巽，故《传》又曰"刚巽乎中正"。夫是以柔之行，皆刚之行，刚之行，亦柔之行，斯令出风行，捷如影响，而无不如志也。初四之阴柔，适协夫二五之阳刚，故又曰“柔皆顺乎刚”。阳为大，阴为小，故曰“小亨”。自下往上，谓之往，阳刚在上，故利于往。“大人”者，秉阳刚之德者也，故利于见，是即所谓“顺乎刚”也。“顺乎刚”者，必善用柔，此巽之所以为巽也。

以此卦拟人事，《正义》曰：若施之于人事，无所不容。能自卑巽者，亦人事之善，莫善于用巽也。卦体上下皆巽，显见巽而又巽，凡有作为，只能附刚而立，不克自树，所成不大，故曰“小亨”。夫人不能无所往也，亦不能无所见也，往必求其利，见必以大人，固人之所愿也。然卦体一阴为主，二阳俯从，全在用巽，象为“重巽”，是其人秉性柔顺，一言一语，必为之审慎周详，从容晓谕，所谓巽与之言是也。然巽言而人不绎者，弊在偏于巽耳，故巽必兼以刚而巽乃善，谓之刚巽。是法与巽并用，婉而得中，顺以为正，斯令出唯行，谓之“刚巽乎中正而志行”也。究之其志得行，其道未宏，何也？以其“柔皆顺乎刚，是以小亨”。巽为进退，进即往也，风无往而不入，故往有攸利。《说卦传》曰，“齐乎巽，相见乎离”，离象为大人，故巽曰“利见大人”。盖人以身涉世，行则有往，用则求见，道宜刚柔相济，义以中正为衡，《大象》曰，“君子以申命行事”，道亦不外乎是矣。

以此卦拟国家，巽之为象，行于天上为风，行于国中为命。风者，彼苍之号令，其入也又无所不至。故上卦为政府，上顺天命以发命令，而无拂民心；下卦为人民，顺承朝廷之条教，而无敢背违。上以巽道化下，下以巽道事上，上下皆巽，所谓“君子之德风，小人之德草”，草上之风必偃者，为国家安泰之象也。然天下之事，济以阳刚则道宏，处以阴柔如量隘。此卦以阳为主，才力弱，而展布者微，谋为疏，而设施者浅，不中不正，虽亨亦小矣。《系辞传》曰：“巽，德之制也”，又曰“巽以行权”，所谓德者，必柔克刚克之相兼也，所谓权者，必可立可权之并行也。昔者于变之朝，谟陈九德，宽栗刚塞，相辅而行，发号施令，罔不用中于民，而四方于以风动者，有由来矣，此即所谓，“刚巽乎中正而志行”也。《大象》曰，“随风，巽”，《说卦传》曰，“挠万物者莫疾乎风”，诰四方者莫不有命，风流令行，政教如此其远布矣。往者以顺而往，见者以顺而见，六爻以其柔顺乎刚，是以多吉，上爻失其所以为巽，则凶矣。

通观此卦，卦体一阴伏二阳之下，阳上阴下，情本相得，而阴又能下。其入阳也，阳遂俯听其令，是以阴为主而阳为从也。故巽之阴，能权能制，非优柔而寡断也。卦画一偶象虚，凡物虚则能入，风亦虚也，故取其象于风。风行而万物鼓舞，令出而万民率从，风有声无形，命亦有声无形，故取其象。善令民者，卑虚以察闾里之情，然后从容晓谕；命之既申，然后划一遵守，以考服成。所谓“刚巽乎中正而志行”，四之所以“有获”，五之所以“无不利”也。惟其柔顺乎刚，故六爻多吉。初之“进退”，二之“纷若”，其谋审也，故其命顺。若谋不审，是非不明，可否不衷，徒以甘言为欢娱，其谁顺之！不巽之咎，起于自用，故下卦谋顺出命，上卦行命为事。初“志疑”而不断；二详审折衷；三不中正，不能谋，又不能断；四以断有功，五制命中正而志行；上巽懦无能，甚于九三，其究为躁，故凶。巽者，选也，与算通，算故能权，权者，谋也；巽“称而隐”。非唯诺诌奉之谓也，“以天下之至柔，驰骋天下之至刚。爻辞曰“武人”，曰“田获”，曰“资斧”，其象为高，为长，故巽非徒柔也。阴阳刚柔，相济为用，若以阳乘阳，则阳无所施，以刚用刚，则刚无所入。阴虚以承阳，柔顺以用刚，故用刚莫如巽，此《象》所以谓之“小亨”

也。然则五之《象》曰"先庚""后庚"者,何也? 巽与兑相往来,巽位东南,天干甲木,兑位正西,天干庚金。木柔而能刚,故从直;金刚而能柔,故从革。木之性上遂,归根于土,故顺下;金之性下沉,利于致用,故悦上。顺故从绳而理解,悦故从革而响利。巽之时为春,兑之时为秋,万物齐于巽,悦于兑,一出一人,一始一终,而天地西南之用毕。二卦相资,金反为木,则为"后甲",故随之兑,反为蛊之巽,兑为"先甲",自秋还春,有事之象也。木反为金,则为"后庚",故巽上反为兑下,则巽为"先庚",自春往秋,悦利之象也。巽入而隐伏,则不悦,故反兑;兑出而毁折,则不顺,故反巽。然兑未有不而能悦者,金未有不资本而能利者。故巽以阳顺阴而来下,兑以阳悦阴而往上,往来屈伸,自然之法象也。此巽之不为蛊者,唯以九五之一爻而已。圣人戒人君,制命于未乱,因以蛊之《象》辞,为巽之爻辞。在蛊振饬更新,治乱相循,故"先甲""后甲""终则有始";在巽勿劳更始,惟"申命行事",故"先庚""后庚",无初而自有终也。盖甲有初,庚无可为初,庚后三日,以癸终而已;苟颠覆自用以为命,与委靡阿顺以为巽者,皆非申命之治,而蛊且至也。是爻所以戒九五也。

《大象》曰:随风,巽,君子以申命行事。

"随"者,相继之义。"申命行事"者,申告君命而奉行之也。巽为从,从者,随也;又巽为风,以风随风,无乎不入,故曰"随风"。"随风"者,犹言从风,即"重巽"之谓也,风行相随,所向皆靡;号令所施,顺合民心,民无不从,所谓"君子之德风"也。又上卦之巽,为大君施命之象。下卦之巽,为臣民奉命之象,夫君命臣行,君臣之大义也,故曰"君子以申命行事"。

【占】问时运:运途顺遂,百事盛宜。

　　○问营商:商业最宜随机应变,听命而行,斯可获利。

　　○问功名:"风从虎",有虎变之象焉。

　　○问战征:军令之行,捷如风火,令出唯行,无可迟疑。

　　○问婚姻:凭父母之命,媒妁之言,礼之正也。夫唱妇随,百年偕老,吉。

　　○问疾病:是风痹之症,须人扶持而行。

　　○问讼事:须重申禀诉。

　　○问失物:为风飘失,须重番寻觅,或可复得。

　　○问六甲:生女。

初六:进退,利武人之贞。

《象传》曰:进退,志疑也。利武人之贞,志治也。

初爻阴柔居下,为巽之主。巽,顺也,柔顺少断,故象为进退。狐疑不决,每见于发念之初,蓄疑败谋,此志之所以不治也。巽反成兑,兑为武人,武人果决,足以断疑,故曰"利武人之贞"。"贞"者,正也,斯刚强奋发之气,可以矫逡巡畏缩之偏。《象传》释以"志治",是以武治疑,即以兑制巽也。

【占】问时运:运途不正,心神犹豫,是以谋事皆颠倒无成。

　　○问营商:巽本为利,因疑而败,以断而成,知犹豫者必难获利也。

○问功名：就武可成。

○问婚姻：不在彬彬文士，而宜桓桓虎臣。

○问家宅：此宅朝东南，地位不当，进退不便，宜改朝西为利。

○问六甲：生女。

【占例】 友人某来，请占气运，筮得巽之小畜。

爻辞曰："初六：进退，利武人之贞。"

断曰：巽者，风也，风之为物，或东或西，来去无常，犹多疑之人，进退无定也。"武人"者，取其刚果能断也。今足下占气运，得此初爻。巽为七八月之卦，巽又为木，知足下现交木运。时值初秋，木因风吹，摇动不定，喻言人心疑虑，以致进退不决。"武人"者肃杀之象也，天以肃杀而成秋，犹人以刚决而成事，足下一味巽柔，临事不断，浑如随风飘荡，毫无定见，本为畏事，不知反以多事。劝足下当以沉潜刚克处之，为得其正矣。

九二：巽在床下。用史巫纷若，吉，无咎。

《象传》曰：纷若之吉，得中也。

巽为床，床下为初。巽以一阴在下，故曰"床下"。凡阴气中人，必使其人神魂不定，疑鬼疑神，若有物凭之者焉，非用刚克，不能去其疑妄。"史"者掌卜筮之官，"巫"者掌祓禳之官，皆取诸兑象。兑又为附决，用史以释疑，用巫以禳灾，斯得感格于上下神祇，而吉祥汇集也，故曰"纷若，吉"。"纷"，众多之称，"若"，语辞。《象传》以"得中"释之，谓能行得其中，以感孚夫神祇，是以有"纷若"之吉也。

【占】 问时运：得神明保佑，运途多吉。

○问营商：凡贩运货物，有不决者，宜问诸卜筮，自能迪吉。

○问功名：得有神助，吉。

○问战征：地位既低，进退两难，当此之时，惟告求神明，自可获吉。无咎。

○问婚姻：卜之则吉。

○问家宅：宜祷。

○问疾病：宜祭祷床公床婆，自得无咎。

○问六甲：生女。

【占例】 某缙绅来，请占方今时势，筮得巽之渐。

爻辞曰："九二：巽在床下。用史巫纷若，吉，无咎。"

断曰：巽者，柔顺也，其为人必柔弱无能，亦优柔寡断。九二曰"巽在床下"，有匍匐床下，俯首乞怜之状也。足下占时势，得此《爻辞》，知方今时势，朝野上下，一以巽谀成风，以忠厚为迂疏，以奸诈为得计。所谓伺候于公卿之门，奔走于形势之途，今之士大夫所恃为进身之要策也。不知愈趋愈下，世道日衰，而祸患之来，皆其自取。《爻辞》曰"用史巫纷若，吉"，盖明示以卑巽之道，用之权贵，则谓谄谀，用之于神明，则谓诚求，诚求于神，神必佑之，是以吉而无咎也。足下有心挽回时势，可知所从事矣。

九三：频巽，吝。

《象传》曰：频巽之吝，志穷也。

三爻以阳居阳，处下巽之极。"频"者，数也，下巽终而上巽接，故曰"频巽"。所谓"刚巽乎中正"，固非徒取夫巽也，九三乃亟亟于巽以继巽，若一巽为不足，而又加一巽焉，是第知巽之为巽，而不知制巽之道，偏于巽者也。偏则吝矣，吝则穷矣。《象传》以"志穷"释之，三居巽之终，志卑道屈，是终穷也。

【占】问时运：目下运途卑低，未免为人所贱。
　　○问战征：一味委靡，力弱志衰，难以免辱。
　　○问功名：卑而又卑，所得亦微矣。
　　○问营商：巽顺过甚，未能与人争强，何能获利？
　　○问婚姻：门户低微，成亦可羞。
　　○问家宅：屋宇低小，必是贫穷之户。
　　○问讼事：柔弱被欺，咎亦自取。
　　○问六甲：生女。

【占例】友人某来，请占气运，筮得巽之涣。
　　爻辞曰："九三：频巽，吝。"
　　断曰：九三处内外卦之间，巽而又巽，谓之"重巽"是一味委靡，不能免祸，反致启羞。足下占气运，得此爻辞，知目下气运柔弱，无力奋兴。当以《象传》所谓"刚巽乎中正"者处之，斯巽得其济，而足以自强，则其志可行，其道不穷矣。
　　○明治三十年，占贵族院气运，筮得巽之涣。
　　爻辞曰："九三：频巽，吝。"
　　断曰：爻曰"频巽"，是上下皆巽。《正义》以频为频蹙忧戚之容，谓志意穷屈，不得申遂，处巽之时，只得受其屈辱，故曰"频巽，吝"。今占贵族院，得此《爻辞》，知方今院中议员，皆以巽顺为怀，行巽之道，处巽之时，志穷力弱，只得受其屈辱，以致频蹙不乐也。本年贵族院，必无功绩可见。

六四：悔亡，田获三品。

《象传》曰：田获三品，有功也。

四为重巽之主，得正而顺乎刚，故"悔亡"。四与初同体，初曰"利武人"，取离之为甲胄，为弓矢，四曰"田"，亦取离之为网罟也，其象亦相同。《周礼》四时之田，皆前期示戒，及其听命，即《大象》所云"申命行事"之义也。"获"，田所获也。"三品"者，一为干豆，二为宾客，三为充君之疱。《象传》以"有功"释之，如《诗·豳风》所咏："献豜私豵，载续武功"，谓致禽馌兽而有功也。一云，解九二曰"田获三狐"，言去小人也；巽九四曰"田获三品"，言用君子也。

【占】问时运：运途得正，灾悔俱亡，出而有功也。

○问战征：从东南进兵，自得斩获有功。

○问功名：当以献功获赏，出身成名。

○问营商：当以采办皮革羽毛等品致富。

○问婚姻：婚礼，古时弋凫射雀，亦田象。

○问疾病：曰"悔亡"，病必可愈。

○问失物：可得。

○问六甲：生女。

【占例】 横滨某商来谓曰：仆今欲谋一事，请占其得失。筮得巽之姤。

爻辞曰："六四：悔亡，田获三品。"

断曰：巽为近市利三倍之卦，六四为重巽之主，足以当之。今占得四爻，四"悔亡，田获三品"，是明言无悔而有获也。子之谋事，其有大利可知也。子勿疑，举全力而从事可也。

某大喜，乃汇集资金，直赴日光会津地方，采买人参，转售与清商，果得大利云。

九五：贞吉，悔亡，无不利，无初有终。先庚三日，后庚三日，吉。

《象传》曰：九五之吉，位中正也。

九五居卦之尊，中而且正，是即"刚巽乎中正"之大人也，故诸吉俱备。"先庚三日"为丁，丁者，取叮咛告诫之意；"后庚三日"为癸，癸者，取揆度周详之义。卦体五动成蛊，蛊六五曰"先甲三日"辛，"后甲三日"丁，巽九五曰"先庚三日"丁。蛊终于丁，而巽则始于丁，不始于"先甲"之辛，为"无初"也；癸为十干之终，巽终"后庚"之癸，为"有终"矣，故曰"无初有终"。蛊为三月之卦，春旺于木，故用甲；巽为八月之卦，秋旺于金，故用庚。木腐生虫成蛊，巽用金克之，斯不至变而为蛊矣，故蛊用甲，而"小有悔，无大咎"；巽用庚，乃得，"贞吉"，而"悔亡"。《象传》即以位释之，谓其"中正"而得吉也。凡六十四卦中，于九五言"贞吉悔亡"者，惟此一卦而已。

【占】 问时运：逢丁癸日作事，无往不利，大吉。

○问营商：生业宜取木爻，日辰宜用金日，初有小悔，后必大利，吉。

○问功名：位得中正，爻曰"贞吉"，逢丁癸之年，必得成名。

○问战征：其于师旅，必叮咛以告诫，其于地势，必周详以揆度。临事好谋，先后不息，故战无不胜，大吉。

○问婚姻：丁火癸水，水火相配，吉。

○问家宅：其宅坐北向南，地位中正，大吉。

○问疾病：三日可愈。

○问六甲：生女。

【占例】 明治二十四年，占某贵显气运，筮得巽之蛊。

爻辞曰："九五：贞吉，悔亡，无不利，无初有终。先庚三日，后庚三日，吉。"

断曰：据爻象而论，气运以金水为旺相，自丁至癸，七年间正交盛运，所谓"贞吉，悔亡，无不利"也。《大象》曰"位得中正"，知贵下本年必升晋显职，禄位益隆，正当有为之时也。卦体九五动，变六五为蛊。蛊者腹内虫也，喻言国政之内乱也。贵下能法乎巽之用庚，庚者更也，以巽行权，因时制宜，更旧从新，命必以叮咛申之，事必以揆度行之，《象传》所谓"刚巽乎中正而志行"者，是在贵下焉。

上九：巽在床下。丧其资斧，贞凶。

《象传》曰：巽在床下，上穷也。丧其资斧，正乎凶也。

上与初为终始。初在下多疑，既示以"武人之贞"；至于上居卦之极，位高责重，任事益当勇决，何得一味畏葸，自甘退伏，同于二之床下？宜其高而益危，无以自立也。"资斧"者，虞喜《志林》云资当作斋，斋戒入庙而受斧，谓上身居高位，入庙受斧，自足振其威权者也，盖即初利用武人之义；乃巽顺不断，失其威权，是即所谓"丧其斋斧"也。畏事而事益滋，避祸而祸反集，故曰"贞凶"。《传》以"上穷"释"在床下"，以上之高居廊庙，畏首畏尾，无异伏处床第，其穷为可哀也。以"正乎凶"释"贞凶"，明过巽者之失其正矣。失其正，是以凶也。

【占】问时运：运途不正，作事萎靡，愈高愈危，有丧无得，凶。
　　○问战征：身为主帅，畏首畏尾，必致丧师辱国，身亦危矣。
　　○问营商：可断不断，因循失时，耗损必大。
　　○问功名：必不能保其终也。
　　○问婚姻：有惧内之象，难期偕老，凶。
　　○问家宅：主有丧，凶。
　　○问六甲：生女。

【占例】明治二十四年，占国运治乱，筮得巽之井。
　　爻辞曰："上九：巽在床下，丧其资斧，贞凶。"
　　断曰：上九处卦之极，极则思反，正当有为之时。上爻地甚高，事既多，任事愈重，威权在手，正可独断独行。国家当此隆会，得此人材，奋然振作，力求富强，不以巽懦自安，则反弱为强，转贫为富，不难旦夕期之。所患安于目前，不期上理，萎靡不振，甘居人下，一切邦交等事，皆畏葸听从，不自争强。商务来往，既丧其财，国事交涉，又丧其威，是所谓"丧其资斧"也。维新以来，政府所急急图治者，虽以取法欧美为善策，然所取法者，多在皮毛，未得穷其精蕴，故事事出于欧美之下，是即所谓"巽在床下"也。为今之计，当重申命令，相期与天下更新，无因循，无苟且，当奋斧钺之威，以行其刚巽之志，斯武务修明，即驾于欧美之上不难矣。是治道日隆之休也，所愿秉国政者努力图之！

䷹ 兑为泽

卦体一阴出于二阳之上，二阳在下，上承一阴，象如泽之蓄水。泽以润生万物，犹兑以悦服万民，其义相同，此卦所以取象于兑为泽也。

兑：亨，利贞。

兑本乾体，坤三动来入乾，成兑，兑之"亨，利贞"，即乾之德也。乾之四德配四时，兑主秋，在夏冬之间，得兼三德，独不及元，故曰"兑亨，利贞"。

《象传》曰：兑，说也。刚中而柔外，说以利贞，是以顺乎天而应乎人。说以先民，民忘其劳，说以犯难，民忘其死，说之大，民劝矣哉！

《序卦传》曰："巽者，入也。入而后能悦之，故受之以兑。兑者，悦也。"卦体以二五为中，以三上为外，以九为刚，以六为柔。兑二五皆九，故曰"刚中"，三上皆六，故曰"柔外"，合之谓"刚中而柔外"。"利贞"者，刚中之德，诚于中也；"悦"者，柔顺之象，形于外也，故曰"悦以利贞"。卦以坤交乾，乾为天，亦为人，刚者天德，悦者人心，故曰"顺乎天而应乎人"。孔子论政，曰先之劳之，谓为政者当先以悦豫抚民，而后使民任劳，而民不辞其苦，使民犯难，而民不顾其身。是可逸可劳，可生可死，民皆相悦于无言，而莫知其故，悦之道于是为大。"劝矣哉"，谓民之已悦者固悦，即未悦者亦将闻风而悦服矣，为能使民之咸相劝勉也。

以此卦拟人事，《说卦传》曰，"兑，正秋也，万物之所悦也"，故曰"悦言乎兑"。盖时至秋而成熟，而人得其食用，喜其丰盈，斯百事亨通，人心自然欢悦矣，故《传》曰"兑，悦也"。兑为口舌，是笑言之出于口也；兑为辅颊，是欢容之见于面也。兑属柔，是谓"柔外"，世之好饰外貌者，往往以容悦为工，其品愈卑，其心愈伪，胁肩谄笑，无所不为。只各求悦，而不知悦在"利贞"也，只知媚人，而不知悦在顺天也。何也？以其无刚中之德也。兑之刚中在二五，故能"刚中而柔外"，"刚中"即"利贞"也。二五之爻，皆曰"孚"，"孚"者，孚于刚中耳。得其孚则事事皆亨，即人人皆悦，无劳可也，有劳而人亦不辞；无难可也，有难而人亦不惧。道在有以先之也，惟其先之，乃即所以劝之；有其劝之，乃即所以悦之。劝因悦，不劝亦悦，而人皆欣欣然有喜色矣，是人事之至顺也，亦顺天而已矣。

以此卦拟国家，兑《大象》为"丽泽"，"丽"，犹连也，是上下皆泽。上以泽敷下，下以泽感上，感斯悦矣。然一以柔顺抚民，有恩无威，民必悦而不惧；一以刚严御民，有威无恩，民必畏而不悦，是未足为利，亦未足为贞也，悦亦安可恃乎？兑之所以能悦者，在二五之刚得其中耳。二五之刚，主于中，三上之柔，施于外，谓之"刚中而柔外"。悦以柔，悦以刚，实悦以"利贞"也。上兑之悦，象取顺天，下兑之悦，象取应人，天德好刚，人心喜柔，顺天而天弗违，应人而人咸格，是所谓"顺乎天而应乎人"也。如是而悦以先民，民有任劳而不觉；悦以犯难，民有视死而如归。所谓以佚道使民，虽劳不怨，以生道杀民，虽死不怨杀者是也。是以未尝求民之悦，而民自中心而诚悦。忘劳忘死，悦之至也，故悦道之大，在使其民自动。《传》不曰"劝民"，而曰"民劝"，是不期其劝而自劝，其欢欣鼓舞之情，可从两忘字中，想象得之矣。上古之世，君臣之间，欢然莫逆，理之所是，则相与顺从，不以为悦，理之所非，则更相献替，不以为睽，如盐梅之相和，如水火之相济，此悦而正者也。即悦之大者也。六爻言兑，各分刚柔：四刚皆君子，二柔皆小人，"和兑""孚兑"得其吉矣；"有喜""有厉"，当其位矣。三"来兑"，来必多凶；六"引兑"，引亦未光。国家当此，宜抑柔进刚，斯悦得其道焉。

通观此卦，此卦次巽，巽者二阳在上，一阴入下，故阳顺而下来；兑者二阳在下，一阴出上，故阳悦而上往，与巽相反。于方位，兑者，西也，利美而和，其气为金，从革而新，其决断快利，其音响铿锵，故其德为悦。于四时，巽木，春也，离火，夏也，兑金，秋也，天以三时生物，木气发生，金气收敛，巽兑相反，而适以相成。中皆互离，三时相因，生克自然之运也。大抵兑悦之情，在和顺，而兑悦之气，主肃杀，和顺者柔也，肃杀者刚也。故以柔为悦，其弊必流于谄谀，以刚为悦，其德乃在于"利贞"。卦内初、二、四、五皆刚爻，得其正也；三上皆柔爻，失其正矣。初之"和兑"，得《象》之"利"；二之"孚兑"，得《象》之"贞"；四之"喜"，喜即在于利也；五之"厉"，厉即取其贞也；至三之"来兑"，悦以要结以来，故有凶；上之"引兑"，牵连而引，故"未光"。是《传》特著其德，曰刚中柔外，示其用，曰"顺天应人"，极其效，曰"民忘其劳"，"民忘其死"，而所以致其悦者，其道在先，其功在劝，其义则愈推而愈大。

《大象》曰：丽泽，兑，君子以朋友讲习。

"丽"者，连也。"丽泽"，谓两泽相丽，是互相滋益也。朋友者，以互相讲习为益，故象朋友；兑为口，故象讲习。《论语》首章，以"学而时习"为悦，以有朋远来为乐，是悦乐之要，莫大于"朋友讲习"，此君子所以取其象于兑也。四爻曰"商兑"，商者，相与讲论之义，其象亦取之丽泽。

【占】问时运：运途平平，能得众心，自然获吉，惟逢三六之年，不利。

　○问营商：得人扶助，可以获利。

　○问功名：赖朋友之力可成。

　○问战征：屯兵陂泽之地，宜于两后营相约进攻，可以获胜。

　○问婚姻：必是朋友旧好。

　○问家宅：宅临泽水，宜与朋友同居。

　○问疾病：宜延相熟医师并诊，方可痊愈。

　○问讼事：宜请朋友公评，不必涉讼。

　○问六甲：生女。

初九：和兑，吉。

《象传》曰：和兑之吉，行未疑也。

初居卦首，体得乾刚。"和兑"者，即和悦也。乾曰利物和义，是和即《象》之所谓利也。人当初交，便觉和衷相济，以斯而悦，悦得其正矣，故吉。《传》曰"行未疑也"，谓人私曲疑虑每生于转念，当其初，一片天心，固未尝间以人欲也。"和兑"在初，顺天而行，疑于何有？故不曰无疑，而曰"未疑"。

【占】问时运：运当初爻，以和为贵，万事获吉。

　○问战征：师克在和，民兵咸悦，有不战来归之象。

　○问营商：兑为正秋，万实告成，天地自然之美利也。营商得此，吉无不利。

　○问功名：得祥和之气，吉。

　○问婚姻：有家室和平之乐。

　○问家宅：一门和气，吉。

○问行人：行当即归，无疑。

　　○问讼事：即可和解。

　　○问六甲：生女。

【占例】　友人某来，请占谋事成否。筮得兑之困。

　　爻辞曰："初九：和兑，吉。"

　　断曰：此卦一阴在二阳之上，以柔之卑，居刚之上。初爻得阳刚，刚以严，柔以和，以刚制柔，所谓和而不流者也。今足下占谋事得此爻，爻属于初，知其事尚在初起。"和"者，为彼此同心，和衷共济。初与四应，四曰"商兑"，"商"谓商量也，正合谋事之意。初爻《传》曰"行未疑"，谓其事必成无疑也；四爻《传》曰"有庆"，谓其事成后，又有庆福也。足下安心从事可也。

　　九二：孚兑，吉，悔亡。

　　《象传》曰：孚兑之吉，信志也。

　　二居下卦之中，以阳居阴，即《象》所谓"刚中"也。二与五应，"孚兑"者，二孚于五，五亦孚于二。两相孚，即两相悦。二为臣，五为君，是君臣一心，相孚而相悦也，故吉。夫上下之心不相孚，则上下必不相悦，是以有悔。既得其孚，悔自亡矣。《象传》以"信志"释之，谓孚即信也，以其志之可信，故得吉也。

【占】　问时运：运得中正，众心交孚，是以有吉，无悔。

　　○问战征：上下一心，令出惟行，有匹夫不可夺之志，战无不克，吉。

　　○问营商：贸易虽在逐利，要必以信为本，有信则彼此无欺，而商业乃可通行矣。

　　○问婚姻：二五相孚，是阴阳相偶也，吉。

　　○问家宅："有孚挛如，富以其邻"，谓能与邻家，并力致富也。

　　○问功名：中孚二爻曰，"我有好爵，吾与尔靡之"，有父子同升之吉。

　　○问疾病：是因疑致疾，今既得相孚，灾悔自亡。

　　○问六甲：生女。

【占例】　友人某来，请占气运，筮得兑之随。

　　爻辞曰："九二：孚兑，吉，悔亡。"

　　断曰：九二爻得刚中。刚中而孚，孚非阿好；既得相孚，无不相悦，是以吉而悔亡也。人生气运，亦贵得其刚中耳。刚则任事有肝胆，中则任事无私曲，志气刚强，运途中正，自然事事获吉。今足下占得此爻，知足下目下气运旺相。论兑为金运，以金水两运为佳；兑为秋，岁时以属秋令为佳。《大象》取"朋友讲习"，足下当择朋友，远小人，近君子，自得相扶为益，悔去而吉来也。

　　○明治二十八年，占我国与美国交际，筮得兑之随。

　　爻辞曰："九二：孚兑，吉，悔亡。"

　　断曰：孚者信也，中孚《象传》曰"悦而巽，孚乃化邦"，是知邦交之道，最宜信义相孚，使两无诈虞，化干戈为玉帛，实两邦之幸福也。今占我国与美国交际，得此《爻辞》，可知我国与美，两国交际，此后最为亲密，谓之"孚兑，吉，悔亡"。

六三：来兑，凶。

《象传》曰：来兑之凶，位不当也。

三为兑主，即《象》所谓"柔外"也。以柔招悦，故谓之"来"。初曰"和"，二曰"孚"，是不期悦而自悦，有相悦于无言耳。若专以阴柔悦人，亦以阴柔而致人悦，则所以来悦者，皆不以其道，则上下相蒙，适以长诈伪之风也，故"凶"。《传》以"不当位"释之，谓一阴居二阳之上，其位不当，欲以柔道致悦，其悦也，皆由强致而来，是失刚中之德矣。

【占】 问时运：人品卑鄙，专以谄笑求悦，未免为人所贱矣。
　　○问营商：通商之来，固宜和悦相招，然悦不以道，尔诈我虞，是失商道之正也。
　　○问功名：奔竞而来，虽荣必败。
　　○问战征：要皆招徕乌合之众也，不能久持。
　　○问婚姻：有始合终离之象。
　　○问疾病：病有外祟，其象本凶。三至四隔一爻，早则一日，迟则一月，可望愈快。
　　○问讼事：是外来祸，凶。
　　○问六甲：生女。

【占例】 明治二十四年，有友某来，代占某氏气运，筮得兑之夬。

　　爻辞曰："六三：来兑，凶。"

　　断曰：兑者，悦也。其悦宜就心中而出，不贵外袭而来。中出者，诚也，外来者，伪也。三曰"来兑"，是专以饰外为悦者也。今君代友占气运，得兑三爻。三以阴居阳，为兑之主，位本不当，其象专属阴柔，好以巧言悦人，知此友心地不正，颇有口密腹剑之象，未免凶矣。《大象》曰"朋友讲习"，君既谊属朋友，当随时劝诫，务令去伪存诚，乃得化凶为吉。

九四：商兑未宁，介疾有喜。

《象传》曰：九四之喜，有庆也。

"介"，谓节操坚固之义，同豫之六二"介于石"之介；又两间曰介，四爻在三五之间，上承五之刚中，下比三之阴柔，是以一身介君子小人之间者也。"商"，商量也，兑为口，有商之象。四与初同体，初为事始，无所疑虑，故不待商；四则处上下之交，用刚用柔，皆须商榷，故曰"商兑"。商之而意难遽定，则中心游移，故曰"未宁"。因忧成病，故曰"介疾"。然未宁者终必宁，介然而疾，亦介然而喜矣。兑通艮，艮上兑下为损，损四曰"损其疾，使遄有喜"，其旨相同。《象传》以"有庆"释之，谓商而后宁，疾而有喜，则刚柔得中，天人相合，喜在一人，庆在天下矣。

【占】 问时运：运途未稳，逆则有忧，顺则有喜，万事宜斟酌行之。
　　○问营商："四多惧"，营商在外，必有忧惧不安之事。商量出之，方得有喜。

○问功名：功名必从艰苦患难而来者，方得大就。

○问婚姻：一时疑惧未成，必待媒妁再三说合，终得成合有喜。

○问家宅：现下宅中不安，致多疾厄。兑为秋，必待秋时，得以平安有喜。

○问疾病：病由心神不安所致，得逢喜事，胸怀宽悦自愈。

○问六甲：生女。

【占例】某氏来，请占某缙绅之气运，筮得兑之节。

爻辞曰："九四：商兑未宁，介疾有喜。"

断曰：兑者，悦也，"未宁"者，不悦也。兑而曰"商"，是介在悦不悦之中。"未宁"若有疾，得宁则有喜，赖此一商之功耳。四处内外之间，又当刚柔之交，孰轻孰重，皆须商酌，故曰"商兑未宁，介疾有喜"。今占气运，得兑四爻，知人生气运，亦无中立，从正则吉，从邪则凶，在人自取择耳。择而未安，譬若疾之在身，不能无忧，择之既定，自觉病去身安，喜从中来。四近君位，有贵人之象，能以商度事宜，上辅君德，下协民心，何庆如之？此功此德，正赖某缙绅也。

九五：孚于剥，有厉。

《象传》曰：孚于剥，位正当也。

五处外卦之中，秉乾之刚，即《象传》所谓"刚中"也。悦以"利贞"，五得其贞焉。兑为秋，剥九月之卦，当兑之未孚而至剥，是孚之极也。其不言兑者，至五兑悦既深，浑若相忘，故不见为兑，而只见为剥。剥者，即劳与难之事也，劳之难之，事虽为民，而王者则视之若剥也；忘劳忘死，王者虽以为剥，而民实不知其为剥也，故曰"孚于剥"。至此而民已视危为安，王者犹以安为危，故曰"有厉"。事本无厉，有者在君之心，亦凛凛乎其有也。五居尊位，固当然也。《传》释以"位正当"，谓居此位者，皆当存此心也。

【占】问时运：位得其正，运当其盛，盛极则剥，尤当预防，能时时防剥，斯时时得盛矣。

○问战征："孚于剥"者，谓当生死存亡之地，军兵一心，感激奋勇，而不以为剥，诚可谓众志成城，无往不克矣。

○问营商：剥者，剥削也，虽有剥削，而深信无疑，必有大利。

○问功名：能安命，虽剥必亨。

○问疾病：有剥肤之疾，速治则愈。

○问六甲：生女。

【占例】明治二十二年，友人某来，请占气运，筮得兑之归妹。

爻辞曰："九五：孚于剥，有厉。"

断曰：运当九五，阳刚中正，本属盛运，爻曰"孚于剥"，言其相悦无言，虽剥亦孚。安不忘危，有思患预防之象，亦有持盈保泰之道，《象传》所谓"悦以利贞"，唯五当之。今君占气运，得兑五爻，知君目下气运得当，刚中柔外，众心咸孚，虽有剥削，亦得相悦以解，事事安和，得行其志。但在君心中，若以为剥，若以为厉，则剥无不复，厉无不安也。五与二正应，五虽不言吉，二之吉，即五之吉也。

上六：引兑。

《象传》曰：上六引兑，未光也。

上六辰在巳，得巽气。巽为绳，有引之象；兑又旁通艮，艮为手，是以能引，故曰"引兑"。六与三同体，三失位，六引之使应己，是因其来而引之。来既不正，引亦不当，而悦更失其道矣。爻虽未判吉凶，要之后事之失，亦所难免，故《传》以"未光"释之。乾为光，六变乾为坤，故曰"未光"。凡《易》称"引"者，多在阴爻，萃六二曰"引吉"，自五引二，引而升也，引在于上，故吉；此爻曰"引兑"，以六引三，引其来也，引在于后，故"未光"。

【占】 问时运：上为卦之终，行运已极，必藉人引掖而能行。无吉无凶，平平而已。

○问功名：虽得他人荐引，亦已晚矣。

○问营商：得人引导，方可交易，上在卦外，是出洋经营也。"未光"者，未能大得利也。

○问战征：兑属正西，"引兑"者，相引而入西也。是引兵向西，与三合队，但当上爻，时会已迟，恐未必能奏功也。

○问疾病：内邪能引而外达，乃得望愈。

○问家宅：宅地纯阴，与三合体，防有内外牵引之患。

○问婚姻：爻象皆柔，恐是勾引而成，非夫妇之正礼也。

○问六甲：生女。

【占例】 明治二十二年，占某贵显气运，筮得兑之履。

爻辞曰："上六：引兑。"

断曰：上爻处外卦之极，无可复进，凡物极则变，有反而思退之象焉。今某贵显占得此爻，知贵显久居高位，意将引身退隐，以自娱乐，谓之"引兑"。

是年冬，某贵显辞职归隐。

䷺ 风水涣

卦体乾四与坤二易位，乾变巽，坤变坎，合而成涣。涣者，散也。坎为水，水之散，万派分流；巽为风，风之散，四郊遍被。巽上坎下，象取风行水上，是风水相遭。水则悠然长逝，风则过而不留，有涣之象焉，此卦所由名涣也。

涣：亨。王假有庙，利涉大川，利贞。

《正义》曰："散难释险，故谓之涣"；难散则理平，险释则心通，故亨。卦体三阴三阳，自乾坤来，乾为王，故曰"王"。旁通丰，丰《象》辞曰"王假之"，故曰"假"。上互艮，艮为宗庙，故曰"有庙"。坎为大川，巽为利，下互震，震为足，有涉之象，故曰"利涉大川"。庙者，鬼神之所在也。《中庸》言"鬼神之德，洋洋乎如在其上，如在其左右"，涣之至盛者也。“大川”，众流之所归也，注焉而不满，酌焉而不竭，涣之显著者也。于假庙见扬诩之盛，于涉川得利济之宏。然涣虽主散，形象则发扬于外，而精神贵凝聚于中，故曰“利贞”。

《彖传》曰：涣，亨，刚来而不穷，柔得位乎外而上同。王假有庙，王乃在中也。利涉大川，乘木有功也。

《序卦传》曰：“兑者，悦也。悦而后散之，故受之以涣。”盖以涣继兑，谓能悦则涣，涣则亨，是涣之亨，亦即兑之亨也。为卦坎刚自乾而来，坎水长流，无有穷极，故曰“刚来而不穷”。巽柔得位于外，巽风行水，飘然俱往，故曰“柔得位乎外而上同”是刚在中而不穷于险，柔在外而得与五同，所以能散释险难，而致亨通也。至险难既散，王乃有事庙中，得以精诚上假，故《传》释之曰“王乃在中”，是就其德而言之。涉川者涉难也。即《系辞》所谓“舟楫之利，以济不通，盖取诸涣”者是也，故《传》释之“乘木有功”，是就其象以譬之。

以此卦拟人事，一身所患，胸怀不畅则疾生，意气不舒则争启；一家所患，内外间隔则弊成，上下壅阻则乱作。有以涣之，则百弊解散，而万事亨通矣。譬如云雾阴冥，得风而消解；譬如沟浍污浊，得水而流通。此君子所以取象于涣也。人生作事，每患性质之多偏，亦患位置之不当，如能刚来而济柔，动于内而无险困之难，柔往而辅刚，止于外而无违逆之乖，斯无往不利，亦无事而不亨也。行见积其诚以事神，而鬼神来假，因其利以涉难，而舟楫有功，是皆因涣而推及之也。盖涣于内则气畅，涣于外而理顺，涣以处己即心平，涣以待人则情洽，一生疑虑，涣然冰解，涣之为用甚神矣。

以此卦拟国家，国家之于人民，欲其聚不欲其涣也；国家之于财用，宜其聚复宜其涣也，而独至于险难，则务取其涣焉。险不涣则危无以济，难不涣则乱无以消。王者秉刚中之德，处至尊之位，欲以解天下之纷乱，散天下之郁结，挽回国运之困厄，使斯民咸得其欢悦，此涣卦之所以次兑悦也。卦以九二为刚，二自乾来，故曰“刚来”；以六四为柔，四为阴位，故曰“得位”。刚不穷而涣乃见其亨，柔同上而涣自得其正焉。推之涣以享祖，假庙所以尽其诚也，于以见鬼神之德之盛矣；涣以致远，涉川所以济其险也，于以见舟楫之功之普矣。盖天以风之疏散，化育群生，地以水之流通，贯注四海。王者亦取其象，以平天下之乱，以解万事之纷者，莫如此涣而已。

通观此卦，“涣者，离也”，离者复合，散者复聚，故全卦有离合散聚之象。刚来不穷，柔而上同，卦之体也；王在庙中，“乘木有功”，卦之用也；曰“亨”，曰“贞”，卦之德也；曰“庙”，曰“川”，卦之象也。《大象》曰，“先王以享帝立庙”，即《彖》所谓假庙之旨也。盖庙立则昭穆之位定，王假则祭享之诚通，斯灵爽藉是而聚，即民心藉是而系焉。涣之正所以合之也，故萃亦言“王假有庙”。“萃者，聚也”，以萃而假，神志一焉；以涣而假，精诚通焉。萃与涣相反，而适以相须，故取象从同。至《易》言“利涉大川”者三，皆取巽木，益曰“木道乃行”，中孚曰“乘木舟虚”，涣则曰“乘木有功”，盖谓王者声名洋溢，内则孝享夫祖考，外则化被夫蛮夷，是以舟楫之利，独取诸涣者，此也。六爻言涣，皆隐寓聚象，故初遇险而顺，二阳来脱险，三临险忘身，四成涣忘人，五居尊忘天下，六超然遐举，涣以“远害”，所谓恭己无为，化驰若神者矣。故卦以三阴最吉，三阳次之。说者谓《易》道尚刚，一偏之论也。

《大象》曰：风行水上，涣，先王以享于帝立庙。

先王见风之虚，得鬼神之象，见坎之盈，得祭祀之象。夫风无形，遇水而成形，非水则风不可见；鬼神无睹，入庙而如睹，非庙则上帝祖考不可见。聚则为有，散则为无，鬼神之情状，犹风之行水上也。人心诚敬之所聚，莫如鬼神。故大难始定，人心未宁之时，享帝而告成功，立庙而事祖考，聚将散之神灵，安镇之以接天神，交祖考。盖物本于天，人本于祖，故享帝以报其生成之恩，立庙以报其功德之盛，使天下之人，皆尊尊亲亲，不忘其本，以聚人心之涣散，故曰"先王以享于帝立庙"。

【占】问时运：运途亨通，有乘风破浪之概。
　　〇问战征：利用海军。
　　〇问营商：财水流通，得天神护佑，大利。
　　〇问功名：风随帆转，水到渠成，有即日成名之象。
　　〇问家宅：宜祷告神祇，自然获福。
　　〇问婚姻：中男长女，自成佳偶。
　　〇问疾病："风行水上"，去而不留，病象危矣；"立庙"，有魂归窀穸之象，故凶。
　　〇问失物：难得。
　　〇问六甲：春夏生女，秋冬生男。

初六：用拯，马壮吉。

《象传》曰：初六之吉，顺也。
初处坎之下，坎为险，初乃始陷于险者也。陷坎者，利用拯，何以拯之？初与二近，二得乾气，乾为马，乾健故"马壮"。初得二拯，如马之因风而走，得以脱险也，故"吉"。
按：明夷亦曰"用拯，马壮吉"，明夷下互坎，二动为乾，故"用拯"亦取乾马，与涣初同象。《传》以"顺"释之，初本坤体，坤为顺，以坤之顺，用乾之健，是以吉也。明夷《传》曰"顺以则也"，其旨亦同。

【占】问时运：运多险难，幸而遇救，危而反吉。
　　〇问战征：初次临阵，赖战马精良，得以解围出险，故吉。
　　〇问营商：资本微薄，深幸同事相助，得以获利。
　　问功名：行午马运，必可成名。
　　〇问家宅：新建大厦，好有禄马临向，吉。
　　〇问婚姻：乾造以肖马者吉。
　　〇问疾病：病宜急治，得遇马姓医士为吉。
　　〇问行人：驿马已动，即日可归。
　　〇问六甲：生男。

【占例】友人某来，请占气运，筮得涣之中孚。
　　爻辞曰："初六：用拯，马壮吉。"
　　断曰：初六当坎之始，"坎者，陷也"，如身陷坎险，一时难以自脱。初爻偶体属阴，用以拯者必藉阳刚。马乾象，得乾刚之气，故足以拯之，是初以遇拯得吉也，即卜筮书所谓"绝处逢生"之象。今足下占气运,得初爻辞,知足下现时运途,正在困难之中,幸赖朋友,力为救护,得以脱离灾厄。足下惟当顺从其言,自可逢凶化吉。此友或系肖马,或系姓马,当必有暗合其象者。《易》占之神妙,往往不可测度,足下后当自知之。

九二:涣奔其机,悔亡。

《象传》曰:涣奔其机,得愿也。

九二以阳居阴,象取以阳假阴,故《象》云假庙,二当之。下互震,震为奔;上互艮,艮为坚木,有机之象;二与五应,机,谓五也。"涣奔其机",谓假庙而奔就神几。机几字通,即《家语》"仰视榱桷,俯察机筵"是也。王在庙中,洞洞属属,以其恍惚,以与神明交,斯涣者假矣,故"悔亡"。《象传》以"得其愿"释之,谓骏奔在庙,得受其福,故曰"得愿也"。

【占】 问时运:运途顺适,得如所愿,灾悔俱亡。
　○问营商:运货贸易,得所凭依,可以如愿而偿也,吉。
　○问功名:所愿必遂。
　○问战征:虽当涣散败奔,得所依藉,可图恢复,何悔之有?
　○问婚姻:内卦坤体,二变为乾成坎,坎为中男;外卦乾体,四变为坤成巽,巽为长女,此配必女长于男。木水相生,佳偶也。
　○问家宅:此宅眷属有奔败之难,幸在外得所凭依,所谓适我愿也。
　○问疾病:郁郁不乐,隐几而卧,得遇良医,可以无忧。
　○问六甲:生男。

【占例】 友人栀尾某曰:余曩以己地,出押于某华族,订立券证,约以后日得金,准许备价取赎。至今地价腾贵,照曩时押价,一增其三,某华族因之背盟,指不许赎。余遂使代言人及壮士逼索,某华族惧,乃挽余亲戚某,出为谈判。余不得已以若干金,酬报代言人与壮士,嘱为了事,而壮士意犹不满,迁怒于余,意欲要路狙击,余甚患之。请占其处置如何?筮得涣之观。

爻辞曰:"九二:涣奔其机,悔亡。"

断曰:内卦为坎,坎者险也,难也;外卦为巽,《系辞》曰"巽以行权",谓巽得行其权变也。二爻曰"涣奔其机","奔",奔避其难也。二与五应,谓奔就于五也。五处巽中,谓能"巽以行权",足以涣散其难,故得"悔亡"。就此爻象,教足下奔避于外,自得有人出而处置,可以无悔。

六三:涣其躬,无悔。

《象传》曰:涣其躬,志在外也。

三体坎水,上体巽风,三之趋上,如水过风而流,木得水而浮,有相待而涣散者也。故三至上互艮,艮为躬,曰"涣其躬,无悔"。《象传》曰"志在外",谓外卦也,志应夫上也。

【占】 问时运:三处坎之极,是运当坎险之时,忘身赴难,得以出险,可免悔也。

○问战征：能国而忘身，忠勇可嘉，去复何悔？

○问营商：运货在外，跋涉风波，备尝艰苦，有重财轻命之象。

○问功名：有杀身成仁，名垂竹帛之荣。

○问婚姻：有捐躯尽节之志，可悲、可嘉。

○问家宅：此宅临坎水之上，宅主宜出行在外，得可免灾。

○问行人：未归。

○问六甲：分娩在即，生男。

【占例】 友人某来，请占气运，筮得涣之巽。

爻辞曰："六三，涣其躬，无悔。"

断曰：涣之三爻，正当坎难之极，是身陷坎中而不能解脱也，惟赖上爻远来援救，斯得涣然消散，可以无悔。今足下占气运，得涣三爻，知足下运途淹塞，譬如行船入海，正遇风波之险，须得远来巨舟，相为救援，斯能共脱险厄，得远灾悔，以保身命。三爻居内外卦之交，内坎外巽，坎，险也，巽，顺也，有出险入顺之象，是以"无悔"。

六四：涣其群，元吉。涣有丘，匪夷所思。

《象传》曰：涣其群，元吉，光大也。

六四居巽之始，卦体本乾，下画化坤成巽。坤为众，坤化巽，则其群涣矣。坎刚中得乾之元，故曰"涣其群，元吉"。上互艮，艮为丘，丘，聚也，高也，谓既涣其坎险，又复聚而成为高丘，是涣中有聚也，故曰"涣有丘"。四为巽卦之主，《系辞》曰，"巽，德之制也"，又曰"巽称而隐"，谓巽能因事制宜，隐见无常，化裁之妙，有非寻常所可测度者，故曰"匪夷所思"。《传》以"光大"释之，谓四出坎入巽，所以化险为夷者，正赖此正大光明之作用也。坤曰"含宏光大"，四得坤气，四之"光大"，即自坤来也。

【占】 问时运：能解脱困难，复成基业，正大运亨通之时。

○问营商：绝大手段，能散财济危，又能独成丘垒。

○问功名：有独出冠时之概。

○问战征：军容之盛，忽散忽聚，忽高忽低，忽而万马无声，忽而一丘高峙，变化之妙，有出意表者，此神化之兵也。

○问疾病：散其外邪，又当聚其元气，病自疗矣。

○问家宅：邻居旷远，独成一家，自得幽趣，吉。

○问讼事："涣其群"，其讼必解矣，吉。

○问六甲：生女。

【占例】 长崎女商大浦阿启，明治七八年间，管理横滨制铁所。一日将乘名古屋船归乡，预电报知家人，期以某日到家。届期有报，名古屋船于周防遭难，家人惊愕，急以电信问余。余不知大浦氏果否乘船，亦不知此船有否遇险，无已，乃为一筮，筮得涣之讼。

爻辞曰："六四：涣其群，元吉。涣有丘，匪夷所思。"

断曰：此卦巽为木，坎为水，舟浮海上之象。其辞曰："涣其群，元吉。涣有丘，匪夷所思"。"涣其群"者,谓离众人而出险也;"涣有丘"者,谓出险而独在丘上也;"匪夷所思"者,谓不须忧虑也。由是观之,知必脱其难也。

余即以此占,电复长崎。长崎家人得此报,疑信未决。未几大浦有电到家,云已脱险,家人始安。

九五：涣汗其大号,涣王居,无咎。

《象传》曰：王居无咎,正位也。

五为尊位,《彖》所称"王假",五当之。号,令也,"大号",大政令也。五有刚中之德,以天下之险为己险,欲涣散天下之险,以发此"大号"也。"涣汗"者,刘向云：号令亥口汗,出而不返者。王者无私居,畿甸非近,要荒非远。一人之身,涣之即为万民,一人之心,涣之即为万几,布于四海,犹汗出于身,而浃于四体,故曰"涣汗"。天下之困苦,得仁政而解,一身之邪热、得汗出而消,其所涣一也。三至五体艮,艮为居。"王居"者,京师也。《论语》所云"譬如北辰,居其所,而众星拱之"者,王居之谓也。"涣王居"者,号令之涣,自近而远,其单敷万方者,要必正位凝命,自王居始也。"无咎",即"履帝位而不疚"之意,《象传》以"正位"释之,盖以九五为正位,王者居之,得以号令天下。以一亿兆之心,而济万民之险,皆由君德与君位正当之功也。

【占】问时运：运位得正,语默动静,百事皆吉。
　○问营商：地位正当,货物流通,所到无不获利。
　○问功名：位近至尊,名闻天下,大吉。
　○问战征：号令严明,军威整肃,得奏汗马之勋。
　○问婚姻：必得贵婿。
　○问家宅：此宅非寻常百姓之家。
　○问疾病：一汗即愈。
　○问六甲：生女,主贵。

【占例】明治二十七年六月,朝鲜有东学党之乱。有朝鲜人朴泳孝者,流寓我邦,眷念故国,实抱杞忧。请余一占,筮得涣之蒙。

爻辞曰："九五：涣汗其大号,涣王居,无咎。"

断曰："涣者,散也"。全卦大意,皆以散难释险为主。五爻居尊为王。"大号"者,王所散布之政令也;"涣汗"者,谓其令出必行,犹汗出于身而不返也。足见号令严明,可以解脱险难,奠厥攸居,斯无咎矣。今朴氏占问伊国治乱,得涣五爻,玩其爻辞,知伊国祸逼王居。九五者,王也,王当速发号令,诏告天下,涣散凶党,奠定王居,斯可保全而无咎也。卦体下互震,震属东方,则救护朝鲜者,必在我国也。朴氏可无忧焉。

　○明治二十七年六月,山田德明氏,偕美人某来问曰："今回日本兵渡航朝鲜,抑与朝鲜开战乎?"余曰："军事机密,非余所知,唯一占,则可以知之。"筮得涣之蒙。

爻辞曰："九五：涣汗其大号,涣王居,无咎。"

断曰：汗者肤腠之所出,出则宣人之臃满,愈人之疾苦,犹王者之有教令,释天下之难,使之各得其所也,故曰"涣汗其大号"。"涣王居"者,谓大号之宣布,始于王居,盖有自近及远，自内及外之旨焉。卦名曰涣，其义总在涣散险难也。今占我国与朝鲜机密军事，得涣五爻，乃知我国此番得闻朝鲜乱耗，速发号令，派遣军舰，远航韩国，旁观者以为我国将与朝鲜启衅，玩此《爻辞》，可信别无他意。

美人得此断辞，遂译作西文，揭布外国新闻。

上九：涣其血去逖出，无咎。

《象传》曰：涣其血，远害也。

上与三应，三体坎，为血卦，故曰"涣其血"。盖人身血脉以流通为安，以郁结致病，"涣其血"，斯体气舒畅，则忧患自消。"逖"，忧也，坎为逖，且上爻居涣之极，已出坎险，故曰"去逖出"。逖既去矣，咎自无也。《象传》以"远害"释之，谓上去坎已远，故害亦远矣。一说，谓上出卦外，逖，远也。身之有血，犹川之有水，喻言川流通达，风驰远去也。即取《大象》"风行水上"之意。

【占】 问时运：运途通达，灾去福来。

　　○问战征：卦体从乾坤来，坤上曰"龙战于野，其血玄黄"，有战则两伤之象。

　　○问营商：血者，资财也。商船远出，贸易亨通，可以获利，自无忧也。

　　○问功名：有投笔从军之象。

　　○问婚姻：有远嫁之象。

　　○问家宅：宅主防有血光之灾，远避可以无咎。

　　○问疾病：是气血淤结之患，宜疏通脉络，可以免灾。

　　○问失物：此物已去远，不可复得。

　　○问讼事：宜远出避之，无咎。

　　○问六甲：生女。

【占例】 友人某来，请占气运，筮得涣之坎。

　　爻辞曰："上九：涣其血去逖出，无咎。"

　　断曰：涣者脱难之卦，上处涣终，为困难消散之时也。今足下占气运，得涣上爻，知足下目下险难已解，譬如病者，血脉融通，忧患悉去，可以无咎矣。上爻涣象已终，此后出涣入节，节财节欲，足下皆当留意焉。

　　○明治三十一年，占英国与俄国交际，筮得涣之坎。

　　爻辞曰："上九：涣其血去逖出，无咎。"

　　断曰：涣卦三阴三阳，本从乾坤否来，上居巽极，即乾之上，阳亢则战，有"其血玄黄"之象，故曰"涣其血"。小畜所谓"血去惕出"，亦谓乾也。"逖"或作"惕"。小畜以阴阳感孚而"血去"，涣以风水相济而血涣，是涣卦本有险难，幸得涣散而无咎也。今占英俄两国交际，得涣上爻，俄在陆地，英属海疆，当以巽为俄，坎为英。陆地专以铁道称强，海疆专以轮船示武。陆战者得"胜，而后胜者又畏报复，败者更防再袭，扼要据险，不懈兵备，是俄国之所急急也。在英托名商船保护，派舰远出，窃窥海防，得乘其隙，即强生葛藤，逼使豁割地讲和，此英国之狡计也。是以陆地诸国，多困于军资，唯英国军资，年增年饶，独握富有之权，以争雄于海上，而俄则以陆军之强，陆地之险，蚕食邻邦，故近来宇内诸国，皆视英俄为虎狼之国也。俄尝于西伯利亚铁道未通，故生事端，为英所镇；地中海要处，为粮食弹药告乏，不能骤动大兵。英又以阿富汗、波斯等国既通于俄，恐印度有内乱；且自知久矣垄断富利，受各国之嫌恶。今字法与俄订为同盟，恐联约合谋，当必起一大役也，故欲教唆支那，以防俄国之跋扈。然英以有海军而乏陆军，亦不能如意，且一朝取败，则濠洲、加奈陀亚、弗利加等要地，恐亦不能保全，故扩张海军，以当各国。盖俄恃铁道之全通，英恃海军之扩张，恰似两雄相对，爻曰"涣其血"，谓两国宜通其声气，乃可无事，即各国亦可远害矣。此近时之形势也，故《传》曰"涣其血，远害也"。

䷯ 水泽节

为卦兑下坎上，兑为泽，坎为水。水之归泽也，盈则进，坎则止，水固自有其分量；泽之容水也，平则受，满则溢，泽亦自有其限制，即节之谓也。卦与困易位，泽在水上，是谓漏泽，泽漏则无水，故谓之困；水在泽上，是谓深泽，泽深则有水，故谓之节。此卦所以名水泽节也。

节：亨。苦节，不可贞。

卦体上互艮，"艮，止也"，下互震，震，行也；可行则行，可止则止，行止得中，乃谓之节。行止得中，是以能亨；若其矫枉过正，固执自守，节亦苦矣。节而苦，则无余地以处人，亦无余地以自处，有穷而无所容焉，故曰"不可贞"。

《彖传》曰：节，亨，刚柔分而刚得中。苦节，不可贞，其道穷也。说以行险，当位以节，中正以通。天地节而四时成，节以制度，不伤财，不害民。

《序卦》传曰："涣者，离也。物不可以终离，故受之以节。"节者，节也。节以节其过中，而使之中节也。卦以三阴三阳，阴阳适均。坎刚在上，兑柔在下，所谓"刚柔分"也。刚柔分而上下不乱，是得中也，得中则亨，故曰"节亨"。节不得中，如俭不中礼，射不中的，徒自苦耳，不可为正，奚以能亨乎？不亨则穷，非节之咎，节而不中之咎也。《象》特举而戒之，所以救其偏也。坎险兑悦，以兑节坎，使人有悦愉而无迫感，是为悦以行险也。五居尊位，为节之主，是为"当位以节"也。中而且正，位与德立，能裁制群伦，咸得亨通，是为"中正以通"也。卦体本自地天泰来，节之道，亦自天地始。日月代明，四时错行，寒暑往来，岁功以成，此为天地之节也，故曰"天地节而四时成"。法天地之节，以为制度，则以此节财，而财不伤，以此节民，而民不害，庶几天下皆乐就吾节，乃能行之无阻，放之皆准。其要惟在刚柔之得中焉，夫岂"苦节"之谓哉！

以此卦拟人事，饮食不节而致疾，言语不节则贻羞，财用不节则败家，色欲不节则伤身，皆人事之害也。矫其弊者，为之绝食，为之缄口，为之靳财，为之断欲，节虽节矣，不堪其苦，是节之不得其中，而反致其穷也，何以能亨乎？夫人事不亨者，皆由刚柔之失中耳，过刚者侈，过柔者吝，道是以穷矣。为卦坎上兑下，刚柔以分。以兑之悦，节坎之险，使心得其悦，而行忘其险，当其位以裁度万事，斯万事咸亨。中且正，无偏陂也；亨而通，无窒碍也。盖人之喜怒哀乐，即天之雨露雷霆也；人之起居食息，即天之昼夜晦明也。人身有自然之制度，天地亦自然之运行，所谓"天地节而四时成"者，此也。人事要不外夫天道而已矣。

以此卦拟国家，国家政务万端，一言蔽之，惟在节以制度而已。制度得其中，则其所节，有甘而无苦也，可亨亦可贞也。刚柔均分，而道乃不穷也；悦险相济，而位得其当也。以此理财，而财不伤，以此使民，而民不害，庶几四海之大，万民之众，圣人以制度节之，使人人感其悦，人人忘其险，亦人人乐从其节，所谓"当位以节，中正以通，"道在是矣。要之圣人本悦以节险，不偏于刚，不偏于柔，唯法天地之节以为节。天地节而四时成，圣人节而万民悦，其道一焉，就爻论之，"当位"，谓九五也，以其居中，故曰"甘节"。道穷指上六也，《象》之"苦节"，上六当之。六四得《象》之"亨"，故曰"安节"。初之"不出"，慎以节也。二之失位，失其中也。三之"嗟若"，咎自取也。总之，得中则吉，过中则凶，《彖传》所谓"节亨"，首在"刚柔分而刚得中"也。

通观此卦，卦象取下坎上兑，爻取刚柔均分，当位则吉。阳实阴虚，实塞而虚通。节者竹节也，竹之通处谓空，塞处谓节。凡所称立廉隅，分经界，皆节之义也。故人而无节，犹时而无序。夫寒暑晴雨，推移更代，若失其节，则天地闭塞，岁功不成；人而无节，则昏迷溃乱，行止皆穷，是咎在不知所节也。不知不节固凶，过节亦凶，欲期其节之贞，求其节之亨，唯要在刚柔之得中也。卦体内悦外险，刚柔均分，九五当位，刚得其中，悦以节险，中而能正，斯其道无往而不通矣。盖在圣人以至中者为节，其节也无心；在天地以循环者为节，其节也无形；在卦以坎兑相成者为节，其节也有象。圣人下袭水土，故取其象以示人。《象传》所曰"苦"，曰"穷"，戒其失也；曰"亨"，曰"通"，著其效也；曰"得中"，曰"当位"，示其则也；曰"不伤财"，曰"不害民"，美其德也。其卦爻自泰来，故于节亦可见天地交泰之象焉。水流坎止，有通塞之义，是以六爻皆取通塞，以为吉凶。初知塞而塞，故"不出"，"无咎"；二宜通而塞，故"失时"为凶；三不塞而"嗟"，咎复何辞？四塞而能"安"，得《象》之亨；五全卦之主，"中正以通"；六塞而不通，是谓"苦节"。大抵《易》道戒盈，节以防盈。防之过，或迟疑而败事，或鄙啬而失当。违天时，拂人情，均难免于凶咎耳。道以刚中为吉，此圣人所以贵时中也。

《大象》曰：泽上有水，节，君子以制数度，议德行。

"泽无水"曰困，泽有水曰节。有水而不节，则泽亦涸，是以君子取象于节也。"数度"者，权量法度之谓也；"德行"者，道德性命之事也。兑自坤变，坤为重，为寡，象"数度"；坎自乾变，乾为道，为性，象德行，坎为平，谓裁制得其平也；兑为口，谓议论出自口也，是以君子为之"制数度，议德行"。

【占】问时运：运途中正，财源富有，惟宜外节出纳，内节身心。吉。

　　○问战征：节制之军，登高涉险，可守可战。

　　○问营商：泽有水，富饶之象。法制既精，议论亦确，无不获利也。

　　○问功名：品行端正，律度精详，有鱼龙得水之象。

　　○问婚姻：坎男兑女，水泽相成，吉。

　　○问家宅：宅临大泽，家道富有，吉。

　　○问疾病：病宜节饮食，慎行动。

　　○问六甲：生男。

初九：不出户庭，无咎。

《象传》曰：不出户庭，知通塞也。

初以阳居阳，为节之初。阳实阴虚，初当阳刚，一画塞止兑口，故为"不出"。上互艮，艮为牖，为居，有"户庭"之象；艮又为止，有不出之象，故曰"不出户庭"。卦继涣后，初六涣散甫集，正宜塞而不宜通也，虽户庭之近，亦不敢出，则一步一趋，无非节也，故得"无咎"。初动体坎，坎水为智，智则能审时度势，可通可塞，可出可入，皆有节制，故《象传》以"知通塞"释之。

【占】　问时运：运途未盛，宜谨守户庭，得以免咎。
　　○问营商：宜坐贾，不宜行商，无咎。
　　○问功名：目下宜杜门静守，至四爻可以成名。
　　○问战征：初当离散之余，军民乍聚，宜养其锐气，不宜出战。
　　○问婚姻：初与四相应，四得承顺之道，即妇道之正也，故无咎。
　　○问疾病：宜安居静养，无害。
　　○问失物：尚在户庭之内，可寻得之。
　　○问行人：尚未起行。
　　○问六甲：生女。

【占例】　友人某来，请占家宅，筮得节之坎。
　　爻辞曰："初九：不出户庭，无咎。"
　　断曰：卦象为兑西坎北，爻象外户内庭。初居兑下，阳刚一画，如户庭之有锁钥，以节出入，故曰"不出户庭"；深居避祸，故曰"无咎"。今足下占家宅，得节初爻，此宅想是初次迁居，一切家事，正待整理，持盈保泰，宜守节俭之风，杜门谢事，可以无咎矣。

九二：不出门庭，凶。

《象传》曰：不出门庭，凶，失时极也。

户在内，门在外，初为户，二为门，由内而外也。初为内，坎水始至，塞之以防其漏；二则渐至于外，水既盛，宜通之，而犹曰"不出门庭"，是知塞不知通也。二爻有刚中之才，正当乘时应变，出而有为，使天下得节之用。卦自初至三互震，四至六互艮，乃不为震之行，而固守艮之止，杜门绝迹，坐失时机，是以凶也。故《象传》以失时之极斥之。

【占】　问时运：运途方盛，时会亦好，咎在因循自误，为可惜也。
　　○问战征：时可进取，乃畏首畏尾，固守不出，反致凶也。
　　○问营商：货物充积，时价得宜，本可获利，乃因拘墟失时，反致耗损。兑为毁折，是失象也。
　　○问功名：时会未逢，难望成名。
　　○问婚姻：桃夭失时，难免旷怨，凶。
　　○问家宅：门户闭锁，无人之象，凶。

○问疾病：病由步履艰难，几成痿痹。

○问失物：是内窃也。

○问讼事：恐有囚禁之祸。

○问六甲：生女。

【占例】 有警吏某氏来曰：吾友旧藩士某，维新之际，勤王死节，其后裔落魄无依。余眷念旧情，竭力赈助，以其子弟三人，招使来京，就学十数年。因之耗费，积累至六七千金，然犹以乡里田产，得值万金可偿。讵意利息倍增，迄今已万三千金矣，所有家产，又因价格低落，减数大半，欲偿则数无所出，不偿则债负不清，进退维谷，无以为计，遂至忧郁致病，不能供职。幸请教示。无已代为一占，筮得节之屯。

爻辞曰："九二：不出门庭，凶。"

断曰：九二处兑之中，《象传》谓"悦以行险"，二宜当之。二曰"不出门庭"，是安于陷险，而不能行险也，其不出也，故凶。足下占债负处置，得节二爻，爻曰"不出门庭，凶"，则知不出为凶，出则可以免凶矣。然所云"出"者有二：一则出外以避之，一则出所有以偿之，皆谓之出也。此中当必有节制矣，仆就《爻辞》之意，为足下债负计之。所负总数万三千金，乡里田产低价卖售三千金，偿抵债主；再以月俸所得二百金内八十金为家用所费，余百二十金，亦按月归偿，合计一岁中，得偿千四百四十金。是节有余以偿不足者也，约不十年，便可清偿矣。《爻辞》曰"不出门庭，凶"，若明为足下戒也。足下其勿因循畏葸，坐失时机，须当出而与债主相商，先以售产之金偿之，复以月俸之余归之，让其利息，缓其限期。债主而不许，则此债必难归给，债主而许之，则足下不至破产，债主亦终得金收，彼又何乐而不许也？兑为口，为友，有得朋相商之象；兑爻曰"商兑，未宁，介疾有喜"，正足下今日之时事也。足下速出而图之，毋失此时会也。

某氏闻而心喜，曰：此最妙之策也。后数日报来云，已遵此断词，出而了事矣。

六三：不节若，则嗟若，无咎。

《象传》曰：不节之嗟，又谁咎也。

三居兑之上，上画开口，为漏泽，不节之象。盖兑泽至三，坎水既盈，一时任意挹取，不知节省，至后将不继，不免咨嗟悔恨，故曰"不节若，则嗟若"。是为悦极生悲者，祸由己致，无所怨咎，故曰"无咎"。《象传》曰"又谁咎也"，谓当节不节，"不节"在己，"嗟若"亦在己，又将谁咎乎？

【占】 问时运：壮不自检，老大徒悲，其将谁怨乎？

○问战征：临时不谋，后悔难追。

○问营商：当其获利，骄奢无度，一旦耗失，便致哀嗟，咎由自取耳。

○问婚姻：有先喜后悲之象。

○问功名：随得随失。

○问家宅：三以阴居阳，地位不当，必致先富后贫。

○问疾病：病由不节饮食所致，幸无大咎。

○问失物：付之一叹，不须怨人。

○问六甲：生女。

【占例】 明治二十年十一月，旧大垣藩主户田氏共伯，任澳大利亚全权公使，偕眷属赴任，临发横滨，枉驾余宅。此时送者不下数十人，伯曰：请占海上平安。筮得节之需。

爻辞曰："六三：不节若，则嗟若，无咎。"

断曰：三爻居内外卦之交，正合贵下出外远行之兆；坎为水，兑为泽，有大海之象。三动体需，需《象》曰"险在前也"，知此行防有险难。卦反涣，涣象为"风行水上"，知必有风；兑正西，坎正北，知其风必自西而北。爻曰"不节若，则嗟若"，谓非秉节而行，必致咨嗟。今贵下皇华出使，节钺在身，必能使海若效顺，百神呵护，即遇风险，必无咎也。需《象》辞又曰"利涉大川，往有功也"，是可为贵下贺焉。

时送行者，如旧藩臣井田五藏、青森县知事菱田文藏、大审院判事鸟居断三、神道教正鸿雪爪咸皆在座。倾听之余，或谓照此判词，海上风波，浑如眼见，未来之事，皆得前知，疑余臆断，未必可信也。鸿雪爪君独云：高岛君《易》筮，素称入神，多为人所不解者也。余曰：余唯凭爻而断，应与不应，非余所知，然向所断，未尝有或爽者，殆可谓如响斯应者矣。诸土唯唯，不复有言。后四年，户田伯归朝，告余以当时海上困难，一如《易》断。

六四：安节，亨。

《象传》曰：安节之亨，承上道也。

四本坤体，坤为安，故曰"安"；居坎之始，坎为险，以兑节之，斯得化险为安，故曰"安节"。"安节"者，安而行之，不失其节，则何往不通？故曰"安节，亨"。四得位承五，五"中正以通"，四先通之，是以《象》之亨，唯归于四；四以承五得亨，而天下无不亨矣。《象传》曰"承上道也"，上指五，道即节之道，谓五以节风示天下，四比近五，能首承其道也。

【占】 问时运：一路平安。

○问战征：善战者在先安军心，军心安，则临危不惧，而所向有功。

○问营商：四在外卦之始，必是初次贩货出外，能事事节俭，斯得安居外地，而所谋亦得亨通矣。

○问功名：能承上意，必得成名。

○问婚姻：四以阴居阴，得位承阳，自得家室安全。

○问家宅：平安获吉。

○问疾病：病由口入，能节饮食，自得安泰。

○问六甲：生男。

【占例】 官吏某来，请占官位升迁，筮得节之兑。

爻辞曰："六四：安节，亨。"

断曰：六四重阴，爻象安静，事事中节，是以亨也。《象传》曰"承上道也"，上谓五，四与五比，能承上旨而行节也。今足下占官途升迁，得节四爻。四与初应，初"知通塞"，故四能安分守己，不失其节，唯承上之意旨而行，是以发皆中节，无往而不亨通也，升迁必矣。四与五间一爻，升迁当在明年。

九五：甘节，吉，往有尚。

《象传》曰：甘节之吉，居位中也。

五居尊位，为节之主，《象》所谓"当位以节，中正以通"，唯五当之。《象》首戒"苦节，不可贞"；反苦为甘，其道必贞，贞则吉矣，故曰"甘节，吉"。四居坎中，坎《象》曰"行有尚"节四之"往有尚"，盖即由坎《象》而来。"往"即，"行"谓能行斯而往，询可嘉尚。按五味以甘为得中，咸苦酸辛，皆偏也。节味之偏，而适其中，谓之"甘节"，甘则人皆乐从，而不病其难也，此"甘节"之所以为吉也。《象传》以"居位中"释之，《礼·月令》曰："中央土，其味甘"，甘位居中，五为君，君位亦居中，《象传》所释之意取此。

【占】问时运：运如嚼蔗，到老愈甘。

○问营商：稼穑作甘，当以贩运谷米为吉。"往有尚"往者往外也，尤当贩米，往外洋销售，定必获利。

○问功名：苦尽甘来，功名必显。

○问家宅：五爻得位，中央为甘，知此宅必地位中正，家风正直，节俭足以嘉尚。

○问婚姻：女之嫁曰往"往有尚"，谓往而成礼。"甘"者，甘心相从，有百年好合之象，吉。

○问疾病：病在中宫，甘则中满，须宜节食为要。

○问六甲：生男。

【占例】某商人来，请占商业盈亏，筮得节之临。

爻辞曰："九五：甘节，吉，往有尚。"

断曰：味之甘者，人所乐嗜，然过甘则味亦变。节之所以适其中，于味然，于万事亦无不然。"往有尚"者，谓由此以往，事皆可尚，事皆获吉矣。今足下占商业盈亏，得节四爻，知足下于商业，经营已久，向以不知搏节，致来嗟恨。去岁得安，今年爻必获甘味，所当裁而节之。事事从节，毋以盈满自侈，斯盈可长保其盈矣，故吉。"往"者，为遵此节道以往，"往有尚"，亦往有功也。足下此后，商业大利。

上六：苦节，贞凶，悔亡。

《象传》曰：苦节贞凶，其道穷也。

六重阴不中，居节之极，是过节者。《尔雅》，"卤，咸苦也"，坎水润下作咸。兑为刚卤，是味之苦者也。上与初相终始，初在泽底，节以防漏；上在泽口，出纳由之，而竟概节之，是不知通塞也，其困苦之状，物所难堪，有不可终日者矣，故《象》之"苦节"独归于上。"悔亡"者，谓奢不如俭，以此修身，悔自亡矣。《传》曰"道穷"，即以释《象》者释之。"苦节，贞凶"者，自古之龙逢比干，为国亡身，克全臣节，其祸虽凶，其道则正，足以表式万世，复有何悔？

【占】问时运：运途亦正，为固执不通，以致终身穷苦。

　　○问营商：机会已极，不知变通，以致穷迫，徒自苦耳。

　　○问功名：其人则守正不阿，困苦自守，难望成名。

　　○问战征：爻象重阴，柔弱无力，又当地穷势极，只知苦守不出，终必凶矣。

　　○问疾病：阴盛阳衰，病势已极，凶。

　　○问六甲：生男。

【占例】有商友某氏，请占株式高下，筮得节之中孚。

　　爻辞曰："上六：苦节，贞凶，悔亡。"

　　断曰：此卦泽上有水之象。泽有水，盈则通之，不盈则塞之。通塞者，是为水之节制也，上爻当泽之上口，宜通而塞，是过于节也。水流而不止，流水甘也，上塞而不流，则为停潦，甘亦苦矣，故曰"苦节，贞凶"。今足下占株式高低，得此爻象。株式者，财用之资，财源犹如水源，宜流通，不宜壅塞；况上爻当时位已极，若塞而不穷，好为垄断，以期高价，令人迫蹙困苦，无以为生，防苦极生变，则苦人者反而自苦，取凶之道，亦取穷之道也。宜速开通，斯可免凶矣。

　　其人闻之，即日卖脱。后其价随即低落。

　　○明治三十一年，占北海道厅之治象，筮得节之中孚。

　　爻辞曰："上六：苦节，贞凶，悔亡。"

　　断曰：上爻当兑泽之口，坎流既盈，又复节而不通，令人不得沾其惠泽，是谓"苦节"，其道必凶。今占北海道厅政治，得此爻象，知其施政，有不合地势，不通民情，上下拥塞，号令不行之象。上爻动为中孚，当速变通出之，斯可孚而化邦也。就外象论之，兑泽水盈，盈则必溢，兑，秋也，防秋时有洪水之灾。

　　是年九月，果有水难，人民苦之，凶象如是。

　　○明治三十一年，占外交形势，筮得节之中孚。

　　爻辞曰："上六：苦节，贞凶，悔亡。"

　　断曰：上爻之"苦节"，是过节者也。节得其中则甘，过之则苦。天下事皆贵适中，过则困苦随之，凶祸亦随之矣，是势所必然也。今占外交，得此爻象，知当今时势，正是泽水满溢，岌岌可危之际，所宜流通四海，变其节制，以适权宜，斯可免受困苦。若竟吝而不出，固执自守，其凶必矣。

䷼ 风泽中孚

卦体上巽下兑，巽为风，兑为泽。风之应时，春夏秋冬，不忒其候，风之信也；泽之受水，朝潮夕泛，不爽其期，泽之信也。卦象三、四二柔居内，是谓中虚，中虚则通，通则孚；二五两刚得中，是谓中实，中实则诚，诚亦孚也。此卦所以名中孚也。

中孚：豚鱼吉。利涉大川，利贞。

孚者，信也。"中孚"者，信发于中也。内卦兑，睽上曰"豕负涂"，"涂"谓兑泽亏下，足以牧豕，豕小为豚，故兑亦有豚象；外卦巽，巽为鱼，鱼得水泽以为乐。二物虽微，皆能得巽兑之性，以为生活，故曰"豚鱼吉。""大川"，即泽之大者。巽为木，"刳木为舟"，是涉川者所利用也，故曰"利涉大川"。其孚如此，宜无往而不利矣，然其中之邪正诚伪，又不可不辨，故曰"利贞"。

《象传》曰：中孚，柔在内而刚得中。说而巽，孚乃化邦也。豚鱼吉，信及豚鱼也。利涉大川，乘木舟虚也。中孚以利贞，乃应乎天也。

孚字，从爪，从子，如鸟抱子，不失孕乳之期，是其信也。发于外者为信，诚存于中为孚，谓之中孚，"中孚"者，其心虚灵，其行真实之谓也。为卦三四阴柔，合在两体之内，二五阳刚，各居一卦之中，柔内刚中各当所作，上巽下悦，相辅而行，乘天下之所顺，行天下之所悦，故曰"说而巽，孚乃化邦也。""豚鱼"，《正义》分为二物，吴草庐作江豚。江豚处大泽中，盖鱼类而豚形也，每当风起，拜舞江中，视其首之所向，即知风之所自，涉川者以之候风焉，俗呼谓拜江猪。"豚鱼"无知，而能感应风信，故曰"信及豚鱼"，孚之至也。《易》言"利涉大川"，多取巽象。巽为木，木能水上浮行，语曰"乘桴浮海"，亦取此耳。卦体中虚，故谓"舟虚"，"舟虚"者，中无一物，随风往来，与波上下，任天而行，中孚之象也。孟氏卦气，以中孚为十一月卦，十一月当天道贞固之时，中孚得之，故能以利贞应天。

以此卦拟人事，孚者，信也。信见于言，言发于外也；孚感于心，心存于中也。人心之用，灵则明，明则诚，内贵虚灵不昧，外宜真实无妄，是所谓"柔在内而刚得中"也。由我之所悦，以之而顺人，人亦以其悦者，顺从夫我，彼此相悦，悦乃孚矣。此不特在人己之间也，即推之于邦家，邦家亦相率而化矣；又不特在邦之大也，即极之于庶物，庶物亦相感而信矣，是以吉也。"大川"者，泽水之险者也，非舟楫不克以涉之。"中孚"者，以礼义为干橹，心中自有涉川之具，虽危可涉，无往不利。心中虚，故象虚舟，《语》云，"言忠信，行笃敬，虽蛮貊行焉"，此物此志也。卦中四刚皆得乾体，乾为信，是孚之最贞者也。人能以刚德合天，即所谓"中孚以利贞，应乎天也"，夫岂硁硁信果，所可同日语哉！

以此卦拟国家，《檀弓》曰："有虞氏未施信于民，而民信之。"施信而民信，孚犹后也；未施信而民信，孚在先也。盖不言而信，有不期其孚而孚者，孚由中出，在民亦不知其何以孚也，是无为而治之休风也。由是而气机所感，龟亦负图，鱼来献瑞，此即"信及豚鱼"之兆也。政教所覃，万邦协和，四海来同，此即"孚乃化邦"之象也。乃知圣天子德盛化神，大则蛮夷率服，小则鱼鳖咸若。治水而乘橇奏绩，济危而作楫有材，皆由履中居正，道协于中，德孚于外，是以天人感应，民物效顺，得以成风同道一之隆也哉。

通观此卦，此卦次节。凡事有节，则有常可守，无节则泛滥无据而不信。故喜怒哀乐，"中节"谓之"达道"，"达道"即信也。《序卦传》曰："节而信之，故受之以中孚"此中孚所以次节也。卦内三四两偶为虚，二五两奇为实。初上两奇包外，恰如甲壳；鸟覆育其卵曰孚，应期而化，子自中出，故曰中孚。卦体巽上兑下，巽者东南司春，兑者正西司秋。自春至秋，自东至西，天地生物之功毕；兑往而归于西北，化机敛藏，贞固而为孚甲，遇巽复还东南，所以兑巽合而为中孚也。在五行则兑为金，巽为木，金克木。造物之理，生杀相因，卵不裂，不可以成鸟，木不刳，不可以为舟，巽木之利涉，兑金之功。故兑毁折而后能悦，巽鸡伏雏，甲坼而后羽毛见。中孚取象于孚卵，小过取象于飞鸟，法象之自然也。初象鸟之伏子，其心专一，故有"有它不燕"之辞；二象卵之受伏，其化将成，故有"鹤鸣""子和"之辞；三象子之在壳，成败可忧，故有"得敌"之辞；四象卵之将成，盈满有时，故有"月几望"之辞；五象雏之成群，饮啄相呼，故有，"有孚挛如"之辞；上象雏之习飞，下上其音，故有"翰音""登天"之辞。在人则初上之实为躯，三四之虚为心，二五之实为情。然三四同虚，而有善有不善者，正则善，不正则恶；爻得位则正，失位则不正。初得位存诚，二得中相应，三不当位，四五当位，上九阳亢外驰，故初、二、四、五孚之善也，三上，孚之不善也。此贞谅之辨，圣人所谓惓惓者也。

《大象》曰：泽上有风，中孚，君子以议狱缓死。

《象》不曰风在泽上，而曰"泽上有风"，显见泽水本静，因风而生波，犹言人心本平，因争而速狱。巽曰"申命"，有议缓之象；兑为刑人，有死狱之象；卦下互震，震为议为生，为缓，有"议狱缓死"之象。吕刑曰，狱成而孚，是狱必孚乃定；然狱虽孚，犹必议而缓之，即所谓罪疑惟轻是也。"议狱"者，审其所可疑，"缓死"者，求其所以生，孚之至也，故曰"君予以议狱缓死"。

【占】问时运："泽上有风"，防有风波之险。

　　○问营商：宜仔细酌议，宽缓行事，斯得免害。

　　○问战征：当以不嗜杀人为心，斯为心咸孚，所向无敌。

　　○问功名：一时罪狱未平，功名难望。

　　○问婚姻：婚媾致寇，因之速狱，宜慎。

　　○问家宅：主有讼狱之灾。

　　○问疾病：危则危矣，一时生命可保。

　　○问讼事：一时未了。

　　○问六甲：生女。

初九：虞吉，有它不燕。

《象传》曰：初九虞吉，志未变也。

"虞"，虞人也。巽四曰"田获三品"，兑五曰"孚于剥"，《月令》，"冬日剥阴木"，《诗》云"九月剥枣，是谓斩木"。是巽兑皆有虞人之象，故中孚初爻取之。《王制》獭祭鱼，然后虞人入泽梁。按虞人入泽梁，在十月中。《周礼》山虞令万民斩材木，《贾疏》："草木零落，然后入山林"，亦在十月中。中孚为十一月卦，正当入泽梁，斩材木时也。岁有常期，则渔者樵者，受命于虞人，入泽入林，各从其取，故曰"虞吉"。顺中孚之时，不愆其候，不纷其志，无他求也；有他则上下不孚，渔樵失时，焚林竭泽，将自此起，不能安矣，故曰"有它不燕"，"燕"，安也。《象传》以"志未变"释"虞吉"，谓变即有他，有他即不吉矣。唯其初"志未变"，是以吉也。

【占】问时运：阳刚当令，用心专一，不惑于他途，故吉。

　　○问营商：安于本业，见异不迁，以交冬令为利。

　　○问功名：有志竟成。

　　○问战征：巽初爻曰"利武人之贞"，从禽从戎，其义相同，所当专心一志，踊跃前进，自可获胜。吉。

○问婚姻：有从一而终之象。

○问疾病：病可无虞，但恐有他变，变则危矣。

○问讼事：恐有别生枝节。

○问六甲：生女。

【占例】 友人某来，请占商业，筮得中孚之涣。

爻辞曰："初九：虞吉，有它不燕。"

断曰：爻曰"虞吉"，"虞"谓虞人。巽为鱼，兑为泽，故有虞人入泽梁之象。虞人入泽，得其所取，故吉，若他有所求，则取非其时，故不安。今足下占商业，得此《爻辞》，知所谋之业，必近木近泽，所谋之人，皆已众志相孚。事在初起，不必他求，业无不成。获利以冬季为宜，足下安心从事可也。

九二：鸣鹤在阴，其子和之，我有好爵，吾与尔靡之。

《象传》曰：其子和之，中心愿也。

"鹤鸣""子和"，喻中孚之相应也。鹤为阳鸟，二以阳处阴，故曰"在阴"。《春秋·说题》称，鹤夜半则鸣，亦为信鸟，有孚之象。盖鸣者在鹤，和者为子，一鸣一和，同声相应，同气相孚，有得中孚感应之妙者矣。"我"谓二，"尔"谓五，"我有好爵，吾与尔靡之"，"靡"，共也，为二得此"好爵"，愿与五共之。二五相应，志同道合，一如母子相依，有同鸣共栖之象，其至诚之感孚如此。或疑五为君位，不当言子，不知《易》尚变通，未可拘执一见也。《象传》曰，"中心愿也"，谓鸣和乃自然之应，中心相孚，孚之至也。

【占】 问时运：此唱彼和，适得我愿，正当运途亨通之会。

○问营商：主客同心，气谊相投，有交相获利之象。

○问功名：有父子同升之庆。

○问战征：上下一体，如以臂使手，以手使指，一气相连，有进则共进，退则共退之象，未易攻击者。

○问婚姻：得夫妇唱随之乐。

○问疾病：是传染之症。

○问家宅：必是贵显之家，且得孝贤之子。

○问六甲：生女。

【占例】 某贵显伤偶，鳏居数年，友人屡劝续娶不听。一日闻歧阜县土族，有一良妇，友人皆愿为执斧，恐某贵显固执不从，先为一筮以决之。筮得中孚之益。

爻辞曰："九二：鸣鹤在阴，其子和之，我有好爵，吾与尔靡之。"

断曰：此爻曰"鸣"曰"和"，有两心相得，同声同应之象。卦名中孚，孚谓鸟抱卵，有育子之象。占娶妇得此《爻辞》，知娶得此妇，必能夫唱妇随，家室和平，"鹤鸣""子和"，"好爵""尔靡"；且他日其子又能继承父业，共享荣贵，可谓既得佳妇，又有佳儿也，大吉之兆。占得此爻，友人又惧某贵显严肃，未敢启齿，余又占其媒之成否，筮得兑之随。

爻辞曰："九二：孚兑，吉，悔亡。"

断曰：得此爻，其成必矣。孚者，信也，兑者，悦也，既信且悦，复又何疑？余乃先往说，果得允诺。继而又有以阀阅一妇为媒者。或疑前约，将有更变，余再筮之，遇履之睽。

爻辞曰："九五：夬履，贞厉。"

断曰：履之三爻，为"虎尾"，五爻为虎背也。今某贵显骑虎之势，有不能中止之象，且五爻《象传》曰"夬履位正当也"是前约之妇，可为正婚也，知前约之妇，必不能罢。友人不听，进告贵显，责显决意不允，准从前约，因类记之。

〇明治三十年，占我国与美国交际，筮得中孚之益。

爻辞曰："九二：鸣鹤在阴，其子和之，我有好爵，吾与尔靡之。"

断曰："鹤鸣""子和"者，是谓母子相依，鸣声相和；好爵尔靡者，是谓天爵之尊，尔我共有，此中相亲相爱之情，中怀固结，有默相感召者也。今占我国与美国交际，得此爻象，知我二邦，邦交素笃，虽远隔重洋，浑如父子兄弟，共处一室，尔爱我怜，无诈无虞，各保天位，共修天爵。此后交际，当有益见亲睦也。

六三：得敌，或鼓或罢，或泣或歌。

《象传》曰：或鼓或罢，位不当也。

《易》例以俱刚俱柔谓敌应，此爻三四俱柔，敌体也，故曰"得敌"。二至四互震，震为鼓，又互艮，艮为止，止即罢也，故曰"或鼓或罢"。兑为口，能歌；巽为号，象泣，故曰"或泣或歌"。"或"者不定之辞，盖三与四敌，始怒而鼓，复惧而罢，继喜而歌，复悲而泣，皆由中心无主，言动改常，其象有如此者。夫人有孚，虽千里相应，孰非吾与？不孚，虽一室相违，皆为吾敌，固不在外貌之相亲，而在内心之相孚也。三居兑之极，悦不由衷，故进退无极，愆可知也。《象传》以"位不当"释之，谓三以阴居阳，位不当也。

【占】 问时运：目下运途颠倒。

〇问营商：忽盈忽亏，忽成忽败，皆由主谋不定。

〇问功名：升降无常，荣辱随之。

〇问战征：强敌在前，难以制胜。

〇问婚姻：反复未成。

〇问家宅：宅神不安，事多颠倒。

〇问疾病：时重时轻，防有鬼祟。

〇问行人：欲归复止，一时未定。

〇问失物：防得而复失。

〇问六甲：生女。

【占例】 知友某出仕某县，顷有书来，曰："奉内命，得升一级，自憾才力不能胜任，不如仍居现职，诸事熟练，僚友同心，幸无旷误也，请烦一占。"筮得中孚之小畜。

爻辞曰："六三：得敌，或鼓或罢，或泣或歌。"

断曰：爻以敌应在前，以致进退无恒，哀乐不定，有得不足喜，失不足忧之象。今足下占宦途升迁，得此爻象，知足下近有晋级之喜，然其中尚有转折可虑。《爻辞》所谓"鼓"者进也，"罢"者退也，"泣"者悲也，"歌"者乐也，是明言时事颠倒，心神缭乱，必有忌者为之播弄于其间也。是谓"得敌"，故虽升迁，不如不调，仍服原职为是。

六四：月几望，马匹亡，无咎。

《象传》曰：马匹亡，绝类上也。

六四重阴之爻，月，阴也，故象取月。月至"几望"而始盈，盈则中实，有孚之象。四与五比，五为君位，日也，四为月，月无光，得日之光以为光，是日月交孚也，孚之正者也，故曰"月几望"。"马"者，卦体本乾，乾为马，四动成巽，乾象已失，故曰"马匹亡"。"匹"谓初，以四与初，以类相应，谓之匹。巽为风，马之良者，能追风，中孚十一月，正胡马感北风之时，是中孚之气候，有以感之也。《象》以"绝类上也"释"马匹亡"，类初也。初亦乾体，象马，如马之离其群匹，绝初之类而上五也。"月几望"者，无盈满之嫌，"马匹亡"者，无党同之累，夫复何咎？窃又别得一说。按马得月之精气而生，月与马自相感孚，故月马并言。"几望"者，为月盈满之时，"匹亡"者，即《传》所谓"绝类"，是马之至良至驯者也。四爻重阴得坤气，坤为月，亦为牝马，爻象兼取之。以其一气相孚也。亦足备解。

【占】 问时运：运当全盛，宜保泰持盈，去私从公，得以无咎。
　　　○问营商："月几望"，喻财利之丰盈；"马匹亡"，喻谋事之快利。吉。
　　　○问功名：有春风得意之象。
　　　○问战征：宜于月夜进攻，马脱蹄，兵衔枚，奋勇而上，定可获胜。
　　　○问婚姻：愿望颇丰，"匹亡"者，恐不久有丧偶之灾。
　　　○问疾病：三五之期不利。
　　　○问家宅：此宅阴气太盛，恐同居中，难免死亡之祸。
　　　○问行人：十四五可归。
　　　○问六甲：生女。

【占例】 缙绅某来，请占谋事，筮得中孚之履。

爻辞曰："六四：月几望，马匹亡，无咎。"

断曰：爻象取月，取马，月则乘时而满，马者绝尘而趋，是为全盛之象。今足下占谋事，得中孚四爻，知足下所谋之事，约在望前可以成就。惟一时同谋诸友，其间有性情契合者，亦有意气不投者，所谓风马牛之不相及也。宜以其不投者，绝谢之，使不致败乃事矣，故无咎也。

九五：有孚挛如，无咎。

《象传》曰：有孚挛如，位正当也。

九五为孚之主，"有孚"一言，惟五足以当之。巽为绳，五艮为手，象挛。五居君位，二为臣位，五与二相应，即与二相孚。孚曰"挛如"，争之至也。孚于臣，孚于民，亦可孚于邦，《象》所谓"孚乃化邦"，由是而暨焉。小畜五爻，亦曰"有孚挛如"，中孚与小畜,同体巽顺,故同象。《象传》以"位正当"释之,谓二五之位适当,是以牵系不绝,故能有孚如此。

【占】 问时运:所谋所求,无不称心。

○问营商:同心协力,合伙经营,无不获利。

○问功名:有求必成。

○问战征:军心固结,戮力同心,自能制胜。

○问婚姻:有二人同心,百年好合之庆。

○问家宅:一家和乐,百室盈止。

○问疾病:病由肝风,致手足牵挛,带病延年,尚无咎也。

○问讼事:防有桎梏之灾。

○问六甲:生女。

【占例】 缙绅某来,请占婚,筮得中孚之损。

爻辞曰:"九五:有孚挛如,无咎。"

断曰:卦象为至诚感孚,心心相印,故曰中孚。五爻为卦之主,爻曰"挛如",正见其相孚之情,有固结而不解者矣。今占婚姻,得此爻象,知两家必是素相契合,有如手如足之好,此番缔姻,自然夫唱妇随,莫不静好。且五为贵爻,亦必是名门阀阅之家,大喜。

上九:翰音登于天,贞凶。

《象传》曰:翰音登于天,何可长也。

鸡曰翰音,鸡必振羽而复鸣。翰,羽翮也,鸡鸣不失时,孚之象也。鸡本微物,而翰音远闻,人无实德,而有虚声者似之。上居孚极,区区小忠小信,上彻九天,虽正亦凶。《象传》释以"何可长也",谓其绳盗虚声,何能久乎?

【占】 问时运:运途亦盛,但虚而无实,转觉可危。

○问营商:场面颇广,声势亦宏,有外观而无内蕴,恐其不能久也。

○问功名:绳盗灵声,君子所耻。

○问婚姻:恐难偕老。

○问家宅:此宅有牝鸡司晨之象,家业难保,凶。

○问疾病:肝风作痛,喊叫声声,病状颇苦,凶。

○问讼事:势将上控,凶。

○问六甲:生女,小儿善啼,恐难育。

【占例】 一日有自称天爵大神者来。余问其名之何来,并相访之意,彼曰:余爱知县士族也,为患道路险恶,行者苦之,乃携锹一挺,出东海道,独力修缮。凡至一乡,呼告村人,使咸相助力,率以为常。一日山田大臣经过其地,见余修路,促使相见,余乃陈述心愿,大臣赞之曰:忘身而图公益者,谓之天爵大神。余因之自号为天爵大神。问其来意,曰：今欲架一桥，劝募资助，余乃以金若干与之。大神又请占气运，筮得中孚之节。

爻辞曰："上九：翰音登于天，贞凶。"

断曰：一鸣而声闻于天者，鹤也，鸡乃家禽，而妄窃鸣鹤之声，绳盗虚声，恐干灾祸，故爻曰"贞凶"。今君占气运，得此爻象，适与君之作为，如合符节。君以苦心苦力，修缮道路，事非不正也，然好名之心太重，实欲藉此区区劳力，以博美誉。试观水无源者立涸，木无根者立枯，名而无实，其安能不败乎？且君称名骇异，即取祸之由也。须敛迹自晦，可以免害。

䷽ 雷山小过

为卦二阳在内，四阴在外。阴为小，谓之小，阴过于阳，谓之过。卦体震上艮下，震动也，艮止也，动止宜得其中，若过动过止，皆谓之过。震为雷，艮为山，若雷过猛，山过险，亦谓之过。以其所过，皆在小事，此卦所以名小过也。

小过：亨，利贞。可小事，不可大事。飞鸟遗之音，不宜上，宜下，大吉。

小过者，阴过乎阳，即"行过乎恭，丧过乎哀，用过乎俭"之谓也。过在细故，道乃可通，故曰"小过亨"。"利贞"者，矫世励俗，利在归正，故曰"利贞"。四阴擅权在外，二阳逼处于中，柔弱无力，不足以当大任，只可小受而已，故曰"可小事，不可大事"。震为鹊，又为音，故曰"飞鸟遗之音"，遗其音者，哀鸣之声也。飞鸟过高，欲下不得，哀鸣求救，上则愈危，下则犹得安，故曰"不宜上，宜下，大吉"，吉在下也。

《象传》曰：小过：小者过而亨也。过以利贞，与时行也。柔得中，是以小事吉也。刚失位而不中，是以不可大事也。有飞鸟之象焉，飞鸟遗之音，不宜上，宜下，大吉，上逆而下须也。

过当之谓过。过有大小，是以卦名亦分大小过。阳过乎阴，则过大；阴过乎阳，则过小，二卦内外反对，各有偏胜，故为过也。小过动而遂止，所过者小，小则可通，故曰"小者过而亨也"。一动一止。宜当其时，当时之谓正，时当小过，宜以小过处之，故《象》曰"利贞"。而《传》则曰"过以利贞，与时行也"，言其因过而得利贞，乃其时之当过也。"可小事"者，谨小慎微，力所优为，以二五之柔得中也；"不可大事"者，遗易投艰，才不胜任，以三四之刚失位也。"飞鸟之象"者，二阳在中，象鸟身，四阴在外，象鸟欲翼而飞也。鸟之徊翔审集，所以避害，一遭戈，则鸣声上下，呼群求救，如语所云"鸟之将死，其鸣也哀"，故曰"飞鸟遗之音"。乘上则逆，逆则必凶，承下则顺，顺则大吉，故曰"不宜上"，而"宜下"也。

以此卦拟人事，震动艮止，人事不外动止两端。动而过动，动即为过，止而过止，止亦为过，所过者小，是谓小过。在人不动不止，则可无过，然不动不止，则亦不亨，唯其有过，乃亦有亨，故曰"小过亨"。所谓过者，往往因时之过刻，而故崇其厚，因时之过猛，而故用其宽，过之不失正，以其能应时而行也。时而宜柔，人唯行其柔耳，柔得其中，故"小事吉"也；时而宜刚，人唯行其刚耳，刚失其位，故"不可大事"也。盖人事之所以得中失中者，唯以时宜为准而已，至所谓"不宜上，宜下"，观夫飞鸟而得其象焉。

"飞鸟"，象由中孚上六来，中孚上曰"翰音登于天，凶"，是即"不宜上，宜下"之旨也。飞鸟上则危，下则安，故曰"上逆而下顺也"。以喻人事，骄亢则危，逊顺则安，乃知谦卑下人者，虽大任不能当，而小事则无不吉也。唯在柔之能行夫时而已矣。

以此卦拟国家，国家之大典，如夏尚忠，殷尚质，周尚文，三王缔造，其制作皆因时而定也。故时宜忠而忠，时宜质而质，时宜文而文，各因其时，即各得其贞，而道无不亨矣；非其时则过于忠，过于质，过于文，皆谓之过也。其过虽小，亦不得谓之非过哉！此过所以分大小过也。大过四刚在内，才力盛大，故过亦大；小过四柔在外，智识浅少，识小故过亦小。譬如身任国政者，大权在握，其成大，其败亦大，小节自谨，其得小，其失亦小。此皆在刚柔之分也，故柔得中，则小事必吉，刚失位，则大事不可为矣。即凡政事之道，有顺有逆，有上有下，莫不由此而出焉。宜下而下，则谓之顺，宜下而上，则谓之逆，逆者凶，顺者吉。观夫鸟之高飞也，翱翔冥漠，不知所止，不下则不得其食，亦不得其栖，哀鸣嗷嗷，有欲下而不得者矣，凶之道也。为国家者，居高履危，当取象于飞鸟而自警焉，斯知所顺逆矣。

通观此卦，大过自颐来，口腹之养过度，则有死丧；小过自中革来，性情失常，则有灾眚。故小过之内，互为大过，不中不信，动而不止，必同至灭亡。《彖》曰"亨"者，谓人宜收敛改悔，则自亨通，使亦如大过之"不惧""无闷"，其咎反甚于大过。何则？大过有阳刚之才，而小过阴柔，飞扬躁扰，尤所深忌也。卦之取象于飞鸟者，亦由中孚上爻"翰音登于天"来也，故卦体中，二奇象鸟身，上下四偶象鸟翼。艮欲止而震欲动，四阴用事，二阳迫处凶惧之地，任阴所往，不能自止，如鸟之振翼高飞，身不自主，翼飞愈远，身愈不安，哀鸣疾呼，求援不得，所谓飞鸟遗音是也。故小过之时，下止则吉，上动则凶，所谓"不宜上，宜下"是也。六爻皆取鸟象：初上在外，为翼为翰皆凶；二五为翼，二无咎，下也，五虽中无功，上也；三四为身，三艮止之主，不能止而上应，故凶，四震之主，虽动而下应，故无咎。是以《传》所谓"上逆而下顺"者，道由是焉。

《大象》曰：山上有雷，小过，君子以行过乎恭，丧过乎哀，用过乎俭。

震雷者，动而不止，艮者，止而不动。山上有雷，是雷为山所止，雷必小矣，故为小过。君子取其象以制行，而行不嫌其过恭；取其象以居丧，而丧不嫌其过哀；取其象以致用，而用不嫌其过俭。盖曰"行"，曰"丧"，曰"用"，皆动也，象震；曰"恭"曰"哀"，曰"俭"，皆止也，象艮。其过恭、过哀、过俭，皆所以矫一时之弊也，以其非中行也，谓之小过，然亦足矫世而励俗焉。

【占】问时运：运途清高，有不屑于同污流俗之概。

○问营商：因一时价值过高，不合时宜，买卖均难。

○问功名：以其不谐时俗，反为人忌。

○问战征：屯营山上，地位过高，进退俱难。

○问婚姻：想是老夫女妻，年岁相去过远。

○问家宅：此宅想在高山。

○问疾病：是过寒过热之症，须调剂得中。

○问六甲：生男。

初六：飞鸟以凶。

《象传》曰：飞鸟以凶，不可如何也。

"以"者，即左右之曰以是也。鸟以翼而飞，初与上，象取两翼，故皆言"飞鸟"。小过"不宜上，宜下"，初在下，更不宜上，飞则振翼直上，欲下不能，其凶可知也，故曰"飞鸟以凶"。初居艮止之始，本无飞象，初与上相终始，上居震动之终，上之鸟，动而思飞。初上分为两翼，一翼飞，一翼不能独止，故飞则俱飞，凶亦俱凶。《象传》释以"不可如何"，谓"上逆而下顺"，初在下，乃不顺下而逆上，是自取其凶也，亦无可如何耳。

【占】 问时运：不安本分，妄思风腾上进，凶。

　　〇问营商：力小而图大，位卑而谋高，不自量力，必致败也。

　　〇问功名：宜卑小自安。

　　〇问战征：初在艮下，宜按兵不动。

　　〇问婚姻：宜门户相当，不宜攀结高亲。

　　〇问家宅：屋宇以低小为宜。

　　〇问疾病：神魂飞越，凶。

　　〇问六甲：生男。

【占例】 友人某来，请占谋事成否，筮得小过之丰。

　　爻辞曰："初六：飞鸟以凶。"

　　断曰：鸟本以栖集为安，以飞翔为劳，飞而不下，是鸟不得其栖息矣，是以凶也，犹如人惶惶道路，有不遑安处之状。今君占谋事，得此《爻辞》，知君所谋，意欲舍小图大，去低就高，为力谋上进之事。就爻象而论，鸟之飞，愈上愈危，欲下不得，喻言君之谋事，愈大愈难，不特其事不成，即他日欲退而就小，而亦不能也。劝君安心退守，不作妄想，斯可免凶也。

　　〇明治二十七年冬至，占二十八年我国与俄国交际，筮得小过之丰。

　　爻辞曰："初六：飞鸟以凶。"

　　断曰：初爻处艮之下，艮，止也，本不宜动，乃鸟以动而飞，是失艮之止，以从震之动，舍顺就逆，是以凶也。《象辞》曰"不宜上，宜下"，鸟能安其在下，则凶可免矣。今占我国与俄国交际，得此爻象，是当以内卦艮属我，外卦震属俄。在俄，虎视眈眈，只知动兵争强；我与清交战，乃俄若忌我之胜，有跃跃欲动之意。彼动而我亦不能不动，故初与上，皆言"飞鸟"，是象之发现在此。果若两动，则必两凶，当谨守宜下之戒，则可以免凶。

　　后我与清国媾和，法顺下之旨，乃得平和结局。

六二：过其祖，遇其妣，不及其君，遇其臣，无咎。

《象传》曰：不及其君，臣不可过也。

《易》例，阴阳相应，为君臣，为夫妇，取其配偶；无应者，或为父子，或为等夷，或为嫡媵，或为妣妇，取其同类。五为父母之位，亦为祖妣之位，阳爻为父为祖，阴爻为母为祖妣。五为父母，则必以二为子；五为祖妣，则必以二为孙。今二五皆阴，而不相应，有妣妇之配，故曰"过其祖，遇其妣"。常例五为君，此卦君当谓上，五则臣也，故臣谓二五。过四而与五遇，则止于五而不上，故曰"不及其君，遇其臣"。可过而过，不及而不过，为能得经权之中，无过不及之偏，故"无咎"。且二五以柔相亲，五尊二卑，卑之于尊，弗过则可承其礼遇，过则有逾越之嫌，故五视上虽为臣，而二不可遇也，不可遇，则二于上，但觉庙高堂远，瞻仰弗及矣。不可过而不过，安于"宜下"，夫复何咎？此小过之最善者也。《象传》之所释者以此。

【占】 问时运：运途平顺，不得其全，犹得其半，亦可无咎矣。
〇问营商：贸资以往，虽未得满载而归，亦足称十得其五矣。
〇问功名：不得其上，已获其中。
〇问战征：已得斩其将，拔其旗，夫复何咎？
〇问疾病：药力未到。
〇问婚姻：恐非正配。
〇问家宅：宅神不安。
〇问六甲：生男。

【占例】 明治十八年七月，余避暑游伊香保，有号其角堂主人者，工徘谐，访余旅寓，自云："近来徘谐道衰，是愚所叹息也。每年朝廷有和歌御制，许民间咸相赓和，独徘谐无闻，愚窃欲上徘谐天览之议，闻先生通晓神《易》，请占成否。"筮得小过之恒。
爻辞曰："六二：过其祖，遇其妣，不及其君，遇其臣，无咎。"
断曰：此爻六二重阴，柔弱无力，爻曰遇妣遇臣，所遇皆阴象，又曰"不及其君"，是明言不能上达君听也。足下占徘谐上呈，得此《爻辞》，在徘谐为和歌变体，主文谲谏，片字只句，颇得温和厚平之旨，固非徒玩弄风月已也。《爻辞》曰"过其祖，遇其妣，不及其君，遇其臣"，即此论之，虽不及上献之于宫闱，或陈之于贵显，当必有风雅相尚者矣，故曰"无咎"。
其角堂主人得此占，大为心喜。
〇明治二十九年六月，朝鲜人朴泳孝，归自美国，访我山在，曰："朝鲜政府，同志者以王内命，促余归国，余犹疑未决，请为一占，以定行止。"筮得小过之恒。
爻辞曰："六二：过其祖，遇其妣，不及其君，遇其臣，无咎。"
断曰：爻辞曰"不及其君，已可见促足下归国者，不出于君命，或出自臣下之意也。爻象六二重阴，阳多吉，阴多凶，去恐有祸。且卦体上动下止，贵国政府来召，应外卦之动，内卦艮止，已示足下不归之兆。爻象如此，在足下虽故国殷情，还宜自爱，切勿匆匆归去。
朴泳孝闻此占，遂绝归计。后闻朝鲜政府，党类倾轧，廷臣多有以冤罪就刑者。
〇明治三十年，占我国与英国交际，筮得小过之恒。
爻辞曰："六二：过其祖，遇其妣，不及其君，遇其臣，无咎。"
断曰：我国与英国，地隔重洋，相距数万里，两国所以联盟者，全藉使臣之通其好耳，即爻辞所云"不及其君，遇其臣"之谓也。就卦位言，内卦属我，外卦属英，二五各居卦中；就卦象言，全卦象取飞鸟，二五为鸟两翼，飞则两翼俱动，足见我两国联合之象，相挟相助，俨同一体，故"无咎"也。

九三：弗过，防之，从或戕之，凶。

《象传》曰：从或戕之，凶如何也。

三处下卦之上，重刚不中，《象》所谓"不可大事"者，三四当之。且三为多凶之地，过将焉往？故爻曰"弗过"。卦体刚阳，一画横亘其中，有防之象，艮，止也，有防之义。防者，止其过也，止其过，即当"弗过"。上互兑，兑为金刀，有戕之象，三窬防而过，或有从而戕之者矣。"或"虽为未然之事，而其势已岌岌可危，故"凶"。《象传》曰"凶如何也"，谓纯刚既足召祸，强进更必致灾，凶由自取，无如何也。

【占】 问时运：运途不正，谨慎自防，尚可免祸。
　　○问营商：贩运出外，防遇盗劫之凶，宜勿前进。
　　○问功名：切弗往求，求则有祸。
　　○问婚姻：非婚媾，则寇雠也，宜防。
　　○问家宅：有凶祸临门，宜谨防之。
　　○问疾病：防是刀伤，凶。
　　○问失物：不必追寻，方可免灾。
　　○问讼事：防干大辟。
　　○问六甲：生男，难育。

【占例】 横滨商人，桔屋矶兵卫氏来，曰："友人左右田金作，今朝遣店童送纸币三千元于三井银行，至午后未还，往问三井银行，云并未送来，于是驰人遍索，不得踪迹。请为一占，明示方向。筮得小过之豫。

爻辞曰："九三：弗过，防之，从或戕之，凶。"

断曰：卦体震上艮下，艮为少男，震为长男，三爻重刚不中，正当二男之象。辞曰"弗过，防之，从或戕之，凶"，三在内，四在外，言三须谨防，弗过四处，若窬防而过，恐遭戕贼之祸。据此爻象，此人必已遭害，在谋害者，必是相熟之人，非外来之盗贼也。爻在第三，三为鸟身，一时不能飞逸，五爻曰"公弋取彼在穴"，自三至五，为三日，不出三日，凶手必可捕获也。

后三日，果得此死尸于某之米柜中，谋害者名雨宫忠右卫门。捕执拘问，二人系同乡，常相往来，此日该童携三千金市，过忠右之宅，忠右知其赍大金，顿起不良，溢而杀之，夺其金，隐匿尸体于米柜中，以布裹之，意将托邻人而弃诸江云。

九四：无咎，弗过，遇之。往厉必戒，勿用永贞。

《象传》曰：弗过遇之，位不当也。往厉必戒，终不可长也。

四亦阳刚不中，四处外卦之下，以刚居柔，非若三之重刚在上也，故"无咎"。"弗过遇之"，遇者不期而遇者也。小过"不宜上，宜下"，不可前往，往则有危，故曰"往厉必戒"，所以戒其妄动也。《象》曰"过以利贞，与时行也"，时当夫动，以动为贞，时当夫止，以止为贞，贞在随时，不在固守，故曰"勿用永贞"。《象传》以"位不当"释"弗过遇之"，谓以阳居阴，刚而失位，示弗过五也。以"终不可长"释"往厉必戒"，谓往则有危，不可长守其正也。此爻《九家易》谓，四进则遇五，不复过，于卦象最合。汉人言象，固有至当不易者。

【占】问时运：运以当可之谓时，勿宜妄动轻进。

　　○问营商：得可而止，切勿过贪。

　　○问功名：不求躁进，自得巷遇之庆，若妄动希荣，恐反遭祸。

　　○问战征：四刚而失位，宜勿进攻，乃可无咎。

　　○问婚姻：自有良缘，得时则遇，宜勿急急媒聘。

　　○问家宅：安居为宜，无用迁移。

　　○问六甲：生男。

【占例】　友人某来，请占借贷钱财，筮得小过之谦。

　　爻辞曰："九四：无咎，弗过，遇之。往厉必戒，勿用永贞。"

　　断曰：四处震之始，震为动，动则思欲前往。自四往上，必先过五，爻曰"弗过"，当自有礼遇，礼遇即在五也。遇则反危，必当戒慎。今占借贷，得小过四爻，知足下为借贷而前往。四与五比，不可过也，"弗过"于五，必有相遇于五也。五爻曰"密云不雨"，则大惠必难望矣；爻曰"弋取彼在穴"，则小惠当必得也。若越五而往，不特无获，且致危厉，所当自戒。

六五：密云不雨，自我西郊。公弋取彼在穴。

《象传》曰：密云不雨，已上也。

"密云不雨"，与小畜《彖辞》同，言其不能济大事，即《彖辞》所云"不可大事"之义也。六五以阴居尊，阴之盛也，阴盛则有云雨之象。五互兑为密，故曰"密云"；兑又属西，故曰"西郊"；上震下艮，震动而艮止之，故曰"不雨"。盖小过盛阴在外，阳气伏藏，是以密云而不雨也。云之占自东而西则雨，自西而东则不雨，故曰"自我西郊"。《易》例，大事称王，小事称公，小过"可小事，不可大事"，故曰"公""弋"。卦自坎来，坎为隐伏，穴之象，坎又为弓，为弧，弋之象。弋所以取飞鸟也，故曰"公弋取彼在穴"。"密云不雨"，是"不可大事"也；弋取在穴，是"可小事"也。"不宜上"，故云在上而不雨，宜于下，故穴在下而可弋。五为卦主，故《象》之旨，皆于五发之。《象传》曰"已上也"，亦即以释《彖》"不宜上"之意也。

【占】问时运：运途平平，难成大事，只可小受。

　　○问营商：小利可占。

　　○问功名：伏处山林，当有弓旌下逮。

　　○问战征：敌于山穴中，设有埋伏，宜先攻取之。

　　○问婚姻：是钻穴隙以相从者，非正娶也。

　　○问天时：大旱。

○问失物：当就穴地中觅之。

○问疾病：宜用针刺之法治之。

○问六甲：生男。

【占例】 明治三十年，占陆军省气运，筮得小过之咸。

爻辞曰："六五：密云不雨，自我西郊。公弋取彼在穴。"

断曰：云行雨施者，动象也，震动而艮止之，故有云而不雨。艮为穴，震为逐，象弋取，是穴在下，而震取之，即《象》"宜下"之谓也。爻象谓雨不下降，是"不可大事"；谓穴而可取，是为可以小事。今占陆军气运，得此《爻辞》，陆为旱地，本不取雨；西方属金，金兵象，我国居东，兵必西行，西郊正行兵之地也。穴亦陆地，可以伏兵，"公"指陆军之大臣也。弋本军政所必需，或于军隙之暇、猎彼山野，弋取飞鸟，以供军食。弋本小事，无不可也，知本年陆军，无大动作，可相安无事也。

上六：弗遇，过之，飞鸟离之，凶，是谓灾眚。

《象传》曰：弗遇过之，已亢也。

上爻重阴不中，居全卦之极。上与初为终始，故初曰"飞鸟"，上亦曰"飞鸟"。四曰"弗过遇之"，上曰"弗遇过之"，其义大反。"弗过"者，谓弗过于五，而自得所遇，遇则无咎也；"弗遇"者，谓不过五，而复欲遇之，遇则必凶也。位处卦外，象为鸟翼，与初并飞，初当始飞，已知其凶，上则其飞已极，故凶尤甚。罗网高张，欲脱不得，《诗》所咏"鱼网之设，鸿则离之"是也。以亢致灾，违"不宜上"之戒也，故《象传》即以"亢"释之。

【占】 问时运：高而愈危，进而愈厉，不知退守，凶由自取也。

○问功名：躁进取祸。

○问营商：既不遇时，又复妄进，必致取败。

○问战征：凡行军前进，不遇敌兵，知敌军必于暗地设伏。宜即退军，否则必陷险难。

○问婚姻：防坠奸媒之计。

○问六甲：生男。

【占例】 友人某来，请占其子疾病。筮得小过之旅。

爻辞曰："上六：弗遇，过之，飞鸟离之，凶，是谓灾眚。"

断曰：卦象似飞鸟，上为鸟翼。鸿毛遇顺风，飞鸟之所顾也，乃不遇而复过之，是鸟之飞而不止者，取凶之道也。今足下占子病，得此《爻辞》，上处震之极，震为长子，知足下必长子患病，爻象重阴不中，知病必是过寒之症，医者不察其过寒，而复以寒凉之剂进之，是以病愈凶也。鸟离罗网，是谓活捕，尚未致死，其病犹可望生。此爻已终，下卦既济，既济者，谓得济夫险也，如此则病又可挽回矣。

水火既济

卦本地天泰，泰交故水火济。水在地中，未升于器；火在木中，尚丽于空。卦取润下者加诸火上，取炎上者搧诸水下，是谓既济。此卦所以名水火既济也。

既济：亨小，利贞。初吉终乱。

"济"者，渡也；"既"者，尽也。万事皆济，故曰既济。卦取坎离，坎水润下，离火炎上，相交为用，阴阳和会，百务就理，无有不亨。然既济之亨，亨犹其小者耳，故曰"亨小"。在处既济者，犹当勿侈其亨，在励其贞，贞于初，亦贞于终，斯有吉无乱矣，故曰"利贞"。若不能长保其贞，则亨通未久，危乱随之，故曰"初吉终乱"。

《彖传》曰：既济亨，小者亨也。利贞，刚柔正而位当也。初吉，柔得中也。终止则乱，其道穷也。

《序卦传》曰："有过物者必济，故受之以既济。"譬如有过人之才德者，然后可以济世，此既济所以继小过也。既济未济，处《易·下经》之终，其象皆取诸坎离。坎离者，天地之大道，水火者，人生之大用。水得火不寒，而资生之利普；火得水不燥，而烹饪之功成。水火相济，谓之既济，既济者，刚柔得中，物无不济，虽小亦通，故曰"亨小"。《传》曰"小者亨也"，小者尚亨，何况于大？盖亨之道，由既济而来，则得其亨者，更当保其既济，是宜，"利贞""刚柔正而位当"，既济之所以为既济者，在此矣，由是而得亨，由是而得贞，亦由是而有始，由是而有终，则有治无乱可也。《传》曰"初吉终乱"，正为不能持终者戒焉。故凡当既济之时，所贵防微杜渐，持盈保泰，斯汲汲求治，不至有初而鲜终也。若徒拘于目前，而志满气盈，不自乾惕，则治于此止，即乱于此起矣，可不慎哉！《传》以"柔得中"释"初吉"，谓柔小尚得其中，则刚大无不济矣，是以吉也。以道之穷释"终乱"，谓进修既以中止，则前功必难恃矣，是以乱也。

以此卦拟人事，人事之用，莫大乎水火。在人身则以血气为水，以心神为火；在日用则灌溉必需水，烹饪必需火。且水非火，亦无以奏其功，火非水，则无以成其用。盖水火虽相克，而实以相成，相成则相济，相济则相通。使小有来通，即不足谓之济也，既济则无不通矣，故曰"既济亨小"。既济在人事，大而邦家，小而身心，穷通得失，生死存亡之故，皆在其中。《传》曰"小者亨也"而大者要亦无不亨矣。卦体以柔居柔，以刚居刚，各得其正，即各当其位，譬如人事之无所偏曲，道在利贞，而邪僻自不得行也。"柔得中"，谓离之中虚，虚则明，离在下，故曰"初吉"；"终止则乱"，谓坎之中满，满则危，坎在上，故曰"终乱"。凡人事之靡不有初，鲜克有终，观夫既济，当知所戒矣。

以此卦拟国家，为卦内离外坎。坎，难也，离，明也，是以离明而济坎难，即明夷所云文明柔顺，而蒙大难之旨也。以明济难，而难定矣；是之谓既济，既济而视若未济，则济于初，亦济于终，斯亨者永亨，贞者永贞，而治道庶乎其不穷矣。若既济而自恃为既济，其道穷也，自古帝王精一危微之传，其在兹乎？《大象》所云思患预防者，正所以保既济之终也已。

通观此卦，《易》六十四卦，首乾坤，《上经》三十卦，终坎离，以其为天地之终也；

《下经》三十四卦，终既济未济，以其为坎离之交也。天下之事，未济则忧其不济，既济则宜图其永济，然无终不初，无往不来，一治一乱者，天也，一阴一阳者，道也，天无无阴之阳，世无不乱之治。今以爻观，六位得所，未有如既济者，奇偶各三，其数均也；以阴居阴，以阳居阳，其位当也；六爻上下，刚柔相配，其应正也。乾坤以来，三百七十二爻，循环往复，变化交错，而后得既济。离明在内，坎险在外，明以消险，以开济世成功之会，由此而慎始图终，有治无乱，固万世人民之幸福也，然乱极思治，治极思乱，天运剥复，卦象已示其机矣。下离而互坎，上坎而互离，反复之象也。以阴而乘阳，初治而终止，盛衰之兆也，故《象》曰"终止则乱"。可知造化之数，不能长治久安者，非人力之强排，可以终济也。又以图数推之，初刚，二柔，三刚，四柔，五刚，六柔，与天一，地二，天三，地四，天五，地六，其数正合，然至六而止，是亦天地无完数也，所以未济方来，皆自然之法象。故众人以既济为喜，圣人以既济为忧，何者？未治易治，既治难保。六爻之孜孜以保济者，各有次序焉：初为济之始，力求其济者也；二得济之中，不失其济者也；三涉济之险，言其济之甚难也；四处济之时，惧其济而复失也；五受济之福，喜其济之合时也；六当济之极，虑其济之不可久也。凡卦皆至终而穷，既济之终，则为未济，六十四卦穷于未济。既济变而为未济，岂但既济之穷而已哉！则"初吉"其可恃乎哉？

《大象》曰：水在火上，既济，君子以思患而豫防之。

水性润下，火性炎上。水在火上，火在水下，二者相资为用，得以成既济之功也。君子玩其象，而凛凛焉，不以既济为可恃，更以既济为可危。坎险在外，防患之象；离明在内，预思之象。祸每生于不测，害即伏于既安，预时而防之，则可以保其"初吉"，即可以戢其"终乱"，故曰"君子以思患而豫防之"。

【占】问时运：运途全盛，盛极必衰，须防后患。

　　○问营商：目下货物，得时得价，正当满足，须留后步。

　　○问功名：居高思危，得防其终。

　　○问战征：大难既平，大险既定，战胜功成，还宜图始保终，毋贻后患。

　　○问家宅：大厦既成，苟完苟合，贻谋孔远。

　　○问婚姻：有好合百年之兆。

　　○问疾病：大病既痊，更宜自保。

　　○问讼事：毋再涉讼。

　　○问六甲：春夏生女，秋冬生男。

初九：曳其轮，濡其尾，无咎。

《象传》曰：曳其轮，义无咎也。

既济爻义，大略与泰同。泰下卦三爻，为泰中之泰，上卦三爻，为泰中之否，既济亦然。其所以分内外者，离为明，坎为险，犹泰以乾为有余，坤为不足也。既济初爻，以济渡取义，故有曳轮濡尾之象。坎为轮，为曳，初为尾。"曳其轮"者，曳之前进，是用力而求济也。按《诗》"济盈不濡轨，始济而濡及马尾"，言济之难也，然尾虽濡而曳不倦，曳者济矣。初居济之始，力求其济如此，故"无咎"也，《象传》即以无咎释之。

【占】问时运：运未脱险，当自奋勉，可以无咎。

　　○问营商：初次经营，跋涉多艰，前而不止，虽危得济，无咎。

　　○问功名：先难后获。

　　○问战征：虽有车脱马蹶之危，鼓而进，当必可获胜也。

　　○问家宅：初次迁居，虽此宅或轮奂不美，或首尾不完，居之无咎。

　　○问婚姻：火为水妃，初聘则吉。

　　○问疾病：初病，虽危无咎。

　　○问六甲：初胎生女。

　　○问失物：物已沾水，当就车中觅之，可得。

　　○问行人：在途，稍有水灾，无咎。

【占例】　明治二十一年，缙绅某来，请占气运。筮得既济之蹇。

　　爻辞曰：初九：曳其轮，濡其尾，无咎。”

　　断曰："轮"，车轮，涉水之具；"尾"，马尾，为水所濡也。是为曳轮济水，马尾被濡，盖言初济之难。初能用力求济，终得无咎，足见人当涉险之时，奋力脱险，险无不可济也。今贵下占时运，得既济初爻，知贵下方今盛运已来，时安身泰，但险难初脱，尚小有灾害，可无患也。明后二三年，犹须谨戒，四年后，则吉福来临，全盛有庆，无往不利。

六二：妇丧其茀，勿逐，七日得。

　　《象传》曰：七日得，以中道也。

　　火为水妃，故二离象妇。"茀"，车蔽也。《尔雅》"舆革，前谓之艰，后谓之茀；竹，前谓之御，后谓之蔽"，曰"茀"，曰"蔽"，以竹革而异也。《诗》则统谓之茀："硕人翟茀以朝"。《孔疏》云：妇人乘车不露，车之前后，皆设障以自隐蔽，谓之茀，丧茀者，失其所蔽也。二当临济之时，驱车前进，车在前，茀在后，中途丧茀，停车而逐，将有欲济而不及者矣，故示之以"勿逐"。"七日得"者，得犹复也。阴阳之数，至七而复，一卦六爻，循环往复，自二后至七，又值二爻，故不过七日而自得也。《象传》以"中道"释之，日辰十二，七日正当中也。丧茀者，或云二乘车适五，四当其前，四坎为盗，是窃茀者也。其说亦通。茀，《释文》：茀首饰。按《诗》屡言茀，皆作车蔽，且初曰曳轮，二曰车茀，象正相合，当作车蔽。

【占】问时运：小小得失，切勿介意，方得脱大难，成大功也。

　　○问营商：有失而复得之象。

　　○问功名：七年内，定可复职。

　　○问战征：中途被劫，丧其辎重，七日内，必获胜仗。

　　○问婚姻：早则七月，迟则七年，可复团聚。

　　○问家宅：其宅被人居，七年后，即可归还原主。

　　○问疾病：七日必愈。

　　○问失物：不久可得。

　　○问六甲：七日内可产，生女。

【占例】　一友访余山庄，谈及某贵显，曰："贵显以未赐勋章为憾，请为一占。"筮得既济之需。

爻辞曰："六二：妇丧其茀，勿逐，七日得。"

断曰：茀为车蔽，言妇人乘车，设之所以自蔽也，丧茀则失其所蔽矣。"勿逐"者，谓区区小失，不必追逐，不久自可后得；喻言人当建大功，立大业，琐屑微物，得丧本不关荣辱也。今为某贵显占勋章，得此爻象，爻象所言，显然明示，劝贵显不必忧虑。"七日得"者，谓不久定可荣膺宠赐也。

后友人复来曰："占筮甚灵，某贵显已得宠赐勋章。《爻辞》之言，恰如为某贵显特设者也。"

九三：高宗伐鬼方，三年克之。小人勿用。

《象传》曰：三年克之，惫也。

"高宗"，殷中兴之主；"鬼方"，西羌国名。按《竹书纪年》，武丁三十二年伐鬼方，次于荆，三十四年，克鬼方，氐羌来宾，即"高宗伐鬼方，三年克之"，实事也。既济爻象，初二皆在济中，至三始济，故取三年克鬼方以为况。高宗贤主，鬼方小国，六师所加，三年乃克，师亦惫矣，以喻济坎之难如此。天下之事，每以艰难得之，安乐失之，当其始，数载经营而不足，其后一旦败坏而有余；而其弊皆由于远君子而近小人也，故戒曰"勿用小人"处既济者，所当凛凛焉。师上爻曰"开国承家，小人勿用"与此爻辞，意正同。

【占】　问时运：忍苦耐劳，所谋必成。

　　○问营商：数载经营，方可获利。

　　○问功名：辛苦而成。

　　○问战征：劳师久征，所攻虽得，然亦惫矣。

　　○问婚姻：三年内可完配。

　　○问家宅：此宅阴象太重，三年后，方可居住。

　　○问疾病：此病一时无恙，三年内，必难保全。

　　○问讼事：三年可了，防小人又复生事，宜戒。

　　○问六甲：生女。

【占例】　某商人来，请占谋事成否。筮得既济之屯。

爻辞曰："九三：高宗伐鬼方，三年克之。小人勿用。"

断曰："高宗伐鬼方"，历三年之久，而乃得克之，以喻三爻处内卦之终，历初二之难，而始得济之，其象正同，观此即可知谋事之非易易也。今君占谋事成否，得此《爻辞》，知君所谋之事，一时必难就绪，早则三月，迟则三年，方可合议成就。成后二年，定有大来之吉，但其事与君子合谋，自有利益，与小人合谋，必致败坏，君其尤当注意焉。

○明治三十年，杉浦重刚氏来，曰：足尾矿毒事件，纷纷滋议，朝野骚然，请占其结果如何？筮得既济之屯。

爻辞曰："九三：高宗伐鬼方，三年克之。小人勿用。"

断曰：按九三艮爻，艮为鬼门，故曰"鬼方"。三居坎离之间，坎为毒，为疾，离为大腹，三与上应，三至上三爻，故曰"三年"。"克之"者，治之也。象为腹受其毒以至死亡，其毒实起于离火，出自坎水，非一日矣。爻辞所云"高宗伐鬼方"者，"鬼方"，喻言其地之险也。高宗贤主，喻言必有能人治之也。今占足尾矿毒，得此爻象，按足尾铜山，每年出铜一千二百万斤，其价不下三百万元，政府收税，得十五万元，矿局夫役，约有一万八千人数，皆赖此为生活，是我国矿山之最大者也。毒由矿铜出丹矾，丹矾有毒，毒入河流，平时未闻其害，因洪水浸田，其毒遂滋。原洪水冲决，由于堤防不固，堤防之害，咎归土木局，至土木局修筑堤防，必需经费，其责又归大藏省。今矿毒事件，纷议未有的论，多为小人从中扇惑所致，恐此案亦将亘三年之久乎？必于此事无甚关系者，不许干涉，谓之"小人勿用"；修筑堤防，以杜坎水之害，此案自得终局矣。

六四：繻有衣袽，终日戒。

《象传》曰：终日戒，有所疑也。

按"繻"为采绘，"袽"，为敝衣。四处内外卦之交，出离入坎，繻有文明之象，盖取诸离；袽为败衣，坎为破，盖取诸坎。言四当既济之盛，衣冠济济，文物声名，焕然一新，然天命靡常，盛倏为衰，新倏成故，若不因时弥缝，曾不几时，立成败坏，犹是绘采之华裳，未几而为敝败之残絮矣，故曰"繻有衣袽。"既济，由乾坤二五相易而来，"终日戒"者，即乾"终日乾乾，外惕若"之意，当既济而益励危心，其戒慎无已时也，故曰，"终日戒"《传》释以"有所疑"，坎为疑，疑者，未然而忧其或然，亦戒也。"繻"，王弼谓宜作"濡"，衣袽谓以敝衣塞舟漏也。王弼之解，强从济字取义，谓济必有舟，舟或有漏则濡，濡则敝衣塞之。于爻辞"繻有衣袽"一语，添生枝节，自圆其说，未免矫强。

【占】　问时运：运当全盛，然不预防，衰即立至，所宜谨戒。

　　○问营商：如舟行，中流舟漏，急宜补修。

　　○问功名：有忽赐忽褫之惧。

　　○问战征：夺帜易帜，胜当虑败，所贵临事而惧。

　　○问婚姻：古人多以衣服比夫妇，为不可喜新而弃旧也。

　　○问疾病：是老弱之症也。

　　○问六甲：生男。

【占例】　一日西村舍三氏来，曰：予奉职土木局长，数年来为治水巡回全国，已三次矣。溯自维新以前，各藩自保疆土，堤防山林，各有禁令，是以林木畅茂，土脉坚固，无堤防溃决之患也；维新以降，政令一变，山阜陵谷，无不开垦，泥土流出，壅塞河道，以致河流不通，溢出堤上。洪水泛滥，为灾非浅，乏奠平之策，子幸一筮，以示处理之方。筮得既济之革。

爻辞曰："六四：繻有衣袽，终日戒。"

断曰：《爻辞》"繻有衣袽"，"繻"作濡，为濡漏之象，"衣袽"，敝衣，为塞漏之用。"终日戒"者，为危险之至，非一时可济，须终日防备也。舟漏虽小，而治水之法，爻已显示其象矣。足下占治水之方，得此《爻辞》，所谓危者防之，漏者塞之。爻曰"衣袽"，第即一物以喻之而已，或用沙土，或用木石，皆可以"衣袽"例之，因地制宜，由小及大，皆在足下酌行之耳。"终日戒",三字,最为切要,所当刻刻预防,不可稍懈,有危心无危地也。治水之道,无过于此。

○知人阪田春雄氏,尝奉命赴澳国博览会。余一日访其家,其母语余曰:"前有电信,报告归期,今愆期未归,并无后电,心甚忧之。"请余一占,筮得既济之革。

爻辞曰:"六四:繻有衣袽,终日戒。"

断曰:此卦上坎下离,离南坎北,今四爻出离入坎,是船已过赤道,而在北洋之象。依爻辞,知有行舟破漏之患,实为可虑,然离阴变为坎阳,生命无害。又进一爻,则五爻之阳,变而为阴,是水变为地,即全身上陆之象,其免难也必矣。

时其家有洋学生三人,闻此断语,窃相诽笑。余曰:"《易》理甚妙,非诸君所知也,诸君不信,待春雄君归时,可知灵验矣。"后数日,春雄氏归,曰船抵赤道以北,为暗礁所伤,是以着港,致迟延也。

九五:东邻杀牛,不如西邻之禴祭,实受其福。

《象传》曰:东邻杀牛,不如西邻之时也。实受其福,吉大来也。

五与二相应,犹东与西相对。五为君,二为臣。东邻为君,是纣之国中,西邻为臣,是文王之国中也。按纣都在东,岐周在西,东邻西邻,郑谓殷周是也。离为牛,坎为豕,杀牛而凶,不如杀豕受福,喻言奢而慢,不如俭而敬也。上卦处既济之后,下卦当甫济之时,殷天子祭用太牢,故杀牛;周西伯不得用牛,用豕,故为禴。当时殷道已衰,时为既济;周德方新,时为甫济。既济者,时已去,甫济者,时方来。已去不复也,方来者未有已也,则杀牛不足侈,而禴祭大可恃,故曰"东邻杀牛,不如西邻之禴祭,实受其福"。九五阳爻,阳为实,五体乾,乾为福。《象传》以"吉大来"释之。泰曰"小往大来,吉亨",自外而内曰来,卦以二五相易,为乾成泰,谓福自乾来也。

【占】 问时运:已盛则退,方盛则进,宜保俭约,毋侈奢华,吉凶皆由自取也。

○问战征:盛气在西,宜顺天修德,不宜暴兵耀武。

○问营商:合伙同业,殷富者亦奢,不如俭约者,实获其利也。

○问功名:已成者宜慎,未成者大可望也。

○问婚姻:宜就西邻订姻,吉。

○问家宅:宅以西首为吉。

○问疾病:宜祷。

○问六甲:生男。

【占例】 横滨辨天通橘屋者,余之所知也。其邻家,有岩井屋某,专售西洋家具。明治元年,余因橘屋介绍,卖与木材,价值数千元。岂知彼阳饰富裕,内实贫困,阅数日不偿其价,余乃忧之。以一占决之,筮得既济之明夷。

爻辞曰:"九五:东邻杀牛,不如西邻之禴祭,实受其福。"

断曰:爻言"东邻杀牛,不如西邻之禴祭"受福,卦以九五为东邻,以六四为西邻,五为主爻,五与二应,是主不如应也。今就所占论之,则以岩井之卖主为东邻,以橘屋之介绍为西邻,如此疑橘屋,有于中取利矣,我将向橘屋索价,橘屋必不能辞责。以橘屋当西邻，爻位属离，离火也；卖者为木材，木以生火，火得旺势，则坎水受煎，东邻亦不能不出而偿价也；且离为女，可着女人而往索之。

后余果与橘屋妻女相谋，乃得受值。

上六：濡其首，厉。

《象传》曰：濡其首，厉，何可久也。

上为首，初为尾，是首尾相接也。上处既济之极，反之即未济，已然者甫能过，未然时相待，进而不已，身虽未溺，首先犯焉，故曰"濡其首"。夏殷之盛，未几而坏于桀纣；文武之兴，未几而降为幽厉，所谓治日少而乱日多者，古今有同慨焉，故曰"厉"。《象传》曰"何可久"，所以戒之者深矣。

【占】问时运：好运已过，深为可危，宜慎。

〇问战征：上处坎险之极，上为首，恐首将有不利。

〇问营商：头番买卖，必难获利。

〇问功名：可许夺元。

〇问婚姻：原配有灾，续弦无咎。

〇问家宅：此宅长房不利。

〇问讼事：防首领难保。

〇问疾病：患在首面，可危。

〇问六甲：生男。

【占例】友人某来，请占行运，筮得既济之家人。

爻辞曰："上六：濡其首，厉。"

断曰：上处既济之终，不保其终，既济即转而为未济。上为首，是首先濡矣；喻言人生在世，前运既过，后运将来，既过者其险已平，将来者其险正多。知足下方今，正当交运之时，前运大佳，后运犹当谨慎，可以出险脱危。

䷿ 火水未济

未济反既济，以既济之上卦，反而居下，既济之下卦，反而居上。火与水相背不交，是炎上者未能成其炎，润下者未能致其润，此卦所以名火水未济也。

未济：亨，小狐汔济，濡其尾，无攸利。

不曰不济，而曰"未济"，非安处不济也，未耳。盖未济而自有可济，亦未亨而自有可亨，故曰"未济亨"。坎为小狐，"汔"，几也。济必登岸，始为既济，一步不至，犹未也，"汔济"安得为济哉！小狐力弱，中流失济，尾重不掉，难免濡矣，复有何利？故曰"小狐汔济，濡其尾，无攸利"也。

《象传》曰：未济：亨，柔得中也。小狐汔济，未出中也。濡其尾，无攸利，不续终也。虽不当位，刚柔应也。

此卦下坎上离，坎为水，离为火。火上水下，水火不相交，即水火不相为用，为天地昏而未旦，宇宙混而未开之会也。既济未济，《象》皆言"亨"，既济之亨，已然之亨；未济之亨，未然之亨。未然之亨，而终可得亨者，以其柔之得中也。小狐不能涉川，不自量力，贸然前进，虽几乎济，而终至不济，未能出险之中也。三四当卦之中，坎尽于三，故未出中；未出中，则飘泊中流，欲进不能，欲退不得，是足未登，而尾已濡矣。"不续终"者，谓续既济之终也。既济之终，乃未济之始，既济之首，乃未济之尾。既济之终而濡首，则既济几不保其终，所望未济续之耳。乃未济而濡尾，则不能续既济之首，即不能续既济之终矣。既济未济，首尾相接，终而复始，不续其终，譬如寒暑不错行，日月不代明，而天地亦几于息矣，况于人事乎？故"无攸利"。处未济者，所当原始要终，力求其济，勿效"小狐汔济"而濡尾也。在一时之未济者，无他，以其位之不当也，然位虽不当，要自有可济之理。既济之为既济，无非以刚柔之相应，未济亦同此刚柔，由未而既，在此一济，即在此一续，则未济之终，亦即为既济之终，而乾元亦由是而始焉。

以此卦拟人事，人生涉世，不能无险，不能不求其济。当其未济，固不可安于未济，所当黾勉以期其济；安于未济，则终不济矣；黾勉以期其济，虽一时未济，而终必可济也。未济而进为既济，既济之亨即可为未济之亨矣，故未济亨。处未济者，由此济彼，涉夫险中，即出夫险外，必求彼岸之登，不为中道之划。既济之首可续，未济之尾不濡，复何往而不利者哉！人事当此，绝而复续，终而复始，已然者保而无失，未然者进而无穷，如是则未济者必济矣。而一时犹有未济者，以其位之不当也。按爻位必火在下，则水受其煎；必水在上，则火奏其功，颠倒失位，是两不相用也；不相用，则不相济，然亦非终不济也。卦体上互离，下互坎，坎刚离柔，上下相互，即上下相应，既济之为既济，在此刚柔之相应，未济之进为既济，亦在此刚柔之相应耳。以柔济刚，即以终续始，复有何险之不济哉！天道循环，人事代更，要不外此刚柔之相应而已。

以此卦拟国家，国家之兴衰治乱，颠覆存亡，唯在既济与未济相续相保而已矣。作《易》者在殷周之际，论者谓既济之卦属诸殷纣，未济之卦属诸周文，文当蒙难艰贞，正值未济之时也，而小心翼翼，不回厥德，乃所以求其济焉。彼密崇之距侵，皆小狐之汔济，其何能济哉！惟文以柔顺文明，蒙此大难，率能无畔援，无歆羡，诞登道岸，其济也，其亨也，其得天人之相助，而成其济也，庶几大畏小怀，无往而不利者矣。乃能以周继殷，即周之未济，以续殷之既济，则殷之变而为周者，亦即此首尾之相续也。后世继周而值未济者，皆当取法于文也。《诗》云"淠彼泾舟，烝徒楫之"，可想见其济之亨也已。

通观此卦，既济者功已毕，未济者事复始，终而复始，有生生之义焉。"生生之谓《易》"，《易》所以终于未济也。既济者水在上，势欲下，火在下，势欲上，二气参和，交致其用；未济反是，炎上者上升，流下者反下，分背不交，不相为用。致用则其用已成，不相为用，而其用正有待也，此即五德相乘，四时递嬗，无绝不续之运会也。坎离之既未济，犹乾坤之泰否，泰极则否，既济而后未济，其象同焉。为卦下三爻为未济中之既济，上三爻则为未济中之既济，由未而既，故爻象视既济为吉。卦体坎上离下，离为日，坎为夜，离明坎暗，离虚坎实，德莫大于明，道莫神于虚，故坎降而离升，坎隐在内，离明在外，日丽天上，水行地下，乾坤正位，法象之自然也。圣人于此，当其既济，不忘未济之念；当其未济，倍切既济之图，业必慎于创始，功不隳于垂成，俾天运得以永贞，治道得以久安，岂不甚愿？无如阴阳倒置，爻位失当，坎离各安其宅，水火互藏其用，卦所以为未济也。在六爻，位皆不当，而刚柔则各相应也。初濡尾，无济之具也；二曳轮，得济之具也；三涉川，以躁动而凶也。内卦三爻，皆为欲济而犹未济者也。四"有赏"，以震伐而行志也；五辉光，以"有孚"而获吉也；上濡首，以饮食而失节也。外卦三爻，皆进未济而为既济者也。爻以二五为正应，故皆曰"贞吉"；初与四虽应，初当济之始，四得济之中，故初不如四吉；三与上皆处极位，三以未济而失利，上以既济而失节，故皆示以为戒，戒之正，所以保其终也。《易》之道以不终为终，乃无终而非始，故乾曰"无首"，坤曰"大终"。六十四卦，不终于既济，而终于未济，为既济者已尽，未济者无穷，以既启未，以未续既，乾坤之大用，即在坎离之相续也。

《大象》曰：火在水上，未济，君子以慎辨物居方。

火热水寒，物之各异其性也；离南坎北，方之各殊其位也。火在水上，是炎上润下，并失其位，两不相济也，故曰未济。君子观其象，而辨之居之：辨其物，使物得其宜，而不相混，居其方，使方从其位，而不相越。皆以审慎而出之，斯知之无不明，处之无不当，而其未济者乃可进于济矣，故曰"君子以慎辨物居方"。

【占】问时运：运途颠倒，诸事须慎。
　　○问营商：货物失当，地位不合，所当谨慎处置，方可获利。
　　○问功名：未也。
　　○问战征：营垒器具，各失所宜，不相为用，急宜慎重审察，斯可免败。
　　○问家宅：方向倒置，须当改易。
　　○问婚姻：门户不合。
　　○问疾病：上下焦血络不通，宜升不升，宜降不降，药方最宜审慎。
　　○问失物：辨明方位，可以寻得。
　　○问六甲：上月生女，下月生男。

初六：濡其尾，吝。

《象传》曰：濡其尾，吝，亦不知极也。

初居未济之始，《象》所云"小狐汔济，濡其尾"，初爻当之。未济之初，与既济之上，首尾相接。既济之上，以濡首而厉，初踵其后，见上之濡首，反而自惩，未济者亦可免于濡矣，乃前首后尾，同遭其濡，顽不知戒，故曰"吝"也。《象传》以"亦不知极"释之。谓前覆其辙，后又不知而踏之，故曰亦不知其极也。

【占】问时运：不审前后，不顾进退，鲁莽从事，是昏而无知者也。
　　○问营商：前既失败，后又不戒，覆辙相仍，其将何以了事乎？
　　○问功名：龙头既失，骥尾亦必难附。
　　○问婚姻：流离首尾，团聚难矣。
　　○问家宅：此宅前门后户，方位不正。
　　○问疾病：病在下身。
　　○问六甲：生男。

【占例】 友人某来，请占制造物品生业如何。筮得未济之睽。

爻辞曰："初六：濡其尾，吝。"

断曰：初居未济之初，正在济未将济之时。既济之终"濡其首"，未济之始"濡其尾"，有首尾不相顾之象。今君占制造生业，得此《爻辞》，知此业必是旧业，君接其后而重兴也。君乃不知前车之覆，贸然而蹈其后，以致制品所出，一时不能销售。以此质金，反致失利，得失不偿，进退两难，几同"小狐汔济"而"濡其尾"也，未免吝矣。至二爻曰"曳其轮，贞吉"，在明年当以车运出外，可以贩卖获利也，君可无忧焉。

九二：曳其轮，贞吉。

《象传》曰：九二贞吉，中以行正也。

二居坎之中，坎为轮，故曰"轮"。轮者，济之具也。既济初爻曰曳轮而濡尾，有济之具而濡者也；此曰曳轮，而不曰濡尾，有济之具而不濡者也，视既济之初为优矣，故曰"贞吉"。坎又为矫輮，按《周礼·考工记》，"行泽者反輮，行山者仄輮"，取其便于曳也。御轮济水，中道而行，其济以正，是为中行以正，吉何如之！《象传》所释，最为明著。

【占】 问时运：运如轻车渡水，中道以济，无往不利。
○问营商：有满载而归之象。
○问功名：二与五应，五为君，二为臣，二五皆吉，是君臣相济也。有后车以载之象。
○问战征：有曳柴伪遁之谋。
○问婚姻：有桓少君鹿车共挽之风，必得贤妇，吉。
○问家宅：有轮奂并美之象。
○问疾病：必是胸腹作鸣，辘辘如车声，宜开通三焦，使气机舒展，自愈。
○问六甲：生男。

【占例】 明治八年九月，朝鲜国炮击我云扬舰，物论汹汹，朝廷将兴问罪之师。时陆军大佐某氏来请一占，筮得未济之晋。

爻辞曰："九二：曳其轮，贞吉。"

断曰：水火不交，不相为用，谓之未济。然未济非不济也，时未至则不济，时至则济，故曰"未济亨"。为卦皆取水火，既济水在火上，初爻曰曳轮，是为陆道之轮车也；未济火在水上，二爻曰曳轮，是为海道之轮船也。今云扬舰被朝鲜炮击，爻曰"曳其轮，贞吉"，想虽被击，尚可曳轮而归，故不失其吉也。《象传》曰"中以行正"，言必得中和之道，以行其正，今年必不致构怨兴兵。至三爻曰"征凶，利涉大川"，恐明年有事于朝鲜。曰"征凶"者，恐陆军不利；曰"利涉大川"者，知海军必大胜也。九四曰"贞吉，悔亡，震用伐鬼方，三年有赏于大国"，自二至四为后年，必可解决朝鲜之事矣。且二爻变而为晋，晋者，进也，晋五曰"失得勿恤，往吉，无不利"；上曰"晋其角，维用伐邑，厉吉，无咎"，是皆征伐有功之占也。占象如是，知以后必获大功。但未济以外卦为既济，内卦为将济、占在二爻，故今年未能成事，必待外卦，乃得全济也。

后朝鲜事局平和，征讨不兴，于是某氏来曰："前日之占，事未甚验，余曰：《易》占无不灵应，但所应有不在一时也。现虽归和平，其"中以行正"一语，恰好符合，此后占象，君须缓以待之，无不应也。"

六三：未济，征凶。利涉大川。

《象传》曰：未济征凶，利涉大川，位不当也。

三爻以阴居阳，当内外卦之交，首尾俱不着岸，故爻曰"未济"。专以卦名归之，谓未济之所以未济者，在此爻也。三为坎之终，地当重要，进一步则出险，误一步即履危，鲁莽前进，一经失足，功败垂成，故爻曰"征凶"。然未济有可济之道，有险有出险之时，自古定大难，建大功者，罔非从"征凶"之时而兴起也。所谓"征凶"者，第戒其不可妄动，非欲其退缩不前。三之地，正当利涉之地，三之时，正当利涉之时，此而不济，则终不济矣，此而得济，则汔济者乃得济矣。《象传》曰"位不当也"，未济六爻，位皆不当，三为坎之终，故《传》专以不当释之。

【占】问时运：宜镇静待时，躁动则凶。
　　○问战征：宜会集海军，水陆并进，则凶者吉矣。
　　○问营商：以舟运为利。
　　○问功名：有涉川作楫之材。
　　○问婚姻：《诗》云"造舟为梁，亲迎于渭"，迎娶则吉，往赘则凶。
　　○问疾病：艮为狐，病由狐祟所致，宜涉川以避。
　　○问六甲：生男。

【占例】明治三十年，占众议院气运，筮得未济之鼎。

爻辞曰："九三：未济，征凶。利涉大川。"

断曰：此卦火上水下，水火不相为用，故曰"未济"。三爻居上下内外之交，出坎入离，正当未济之时，是以《爻辞》直曰"未济"。曰"征凶"者，指初之濡尾也；曰"利涉"者，指二之曳轮也，为利为凶，任人自为之耳。《传》则释曰"位不当"，于此即可见众议院之气运矣。盖在政府欲效欧美之文明，以图富强；在众议员，欲学欧美之自由，以图权利，犹之火上水下，两不相济也。且现时所选议员，多由贿赂而来，是明明位之不当也，由此以往，安得不凶？故曰"征凶"。然于议院之设，苟当其位，而"中以行正"，未始无利，故曰"利涉大川"。但此爻处坎之终。犹未出险，今年众议院，正当未济之地，难期盛旺。四爻曰"贞吉，悔亡，震用伐鬼方，三年有赏于大国"，知明年众议院，必得其人，能赞襄国家大事，劳邀厚赐，此盛象也。五曰"君子之光"，五为君，定当入观天颜，武功文德，并焕辉光矣。

九四：贞吉，悔亡。震用伐鬼方，三年有赏于大国。

《象传》曰：贞吉，悔亡，志行也。

未济在四，既济在三，未济之四，即既济之三，故《爻辞》皆曰"伐鬼方"。三居离之始，离为戈兵，故"用伐"。坎为鬼，故取象于"鬼方"。"震"者，威怒之象，所谓一怒而安天下之民也。未济则有悔，济则悔亡。故曰"贞吉，悔亡"。"三年"者，言其久也，即既济三爻所云"三年克之"也。"有赏"者，为献俘授馘饮，至大赏是也。"大国"谓殷，爻虽不明言高宗，要不出既济三爻之义也。《象传》曰"志行"，谓班师奏凯，威震遐方，主三军者，得行其志矣。既济三爻，《传》曰"惫也"，为劳师远征而言；此《传》曰"志行"，为振旅告捷而言。

【占】问时运：有此大运，"贞吉，悔亡"，名利俱全。

○问战征：率军远征，奏凯而还，得以荣邀赐命。

○问营商：行商远出，财利丰盈。

○问功名：声名远震，得承天宠。

○问婚姻：三年可成。

○问家宅：贞吉。

○问疾病："鬼方"二字不祥，三年后恐难保。

○问六甲：生女。

【占例】友人某来请占气运，筮得未济之蒙。

爻辞曰："九四：贞吉，悔亡。震用伐鬼方，三年有赏于大国。"

断曰：此卦下三爻为未济之时，上三爻为既济之时。今占得四爻，知年来困苦之事，渐次可奏成功，谓之"贞吉，悔亡"。"震用伐鬼方，三年有赏于大国"者，知君于此三年中，得以威名远扬，赏赐荣膺，为生平业成志满之时也。

○明治二十七年冬至，谨占二十八年圣运，筮得未济之蒙。

爻辞曰："九四：贞吉，悔亡。震用伐鬼方，三年有赏于大国。"

断曰：四爻当内外之交，出坎入离，为脱险难而进文明，是由未济而抵既济也。今占得四爻，爻曰"震用伐鬼方"，是为征清得胜也；"三年"者，谓战役之久；"有赏于大国"者，谓奏凯行赏也。

六五：贞吉，无悔。君子之光有孚，吉。

《象传》曰：君子之光，其晖吉也。

五为未济一卦之主，居离之中，与四相比，与二相应。二以居中行正，四以征伐有功，当此文德昭明，武功显著，臣下之勋业，要即为天子之威光也，故曰"君子之光"。柔得中，故"贞吉，无悔"。离为明，为光。德莫盛于明，业莫大于光，六五之君，和顺积中，英华发外，其光皆出于君子之身，天下莫不仰文明之化，故曰"有孚，吉"。《象传》以"晖吉"释之，谓其笃实辉光，自然昭著，吉何如也！

【占】问时运：运当全盛，百事皆吉。

○问战征：师卦曰"师贞，丈人吉"，可并占之。

○问营商：其营业必关系政府公干，或为军饷，或为军器，得沾朝廷之余泽，故吉。

○问功名：有入觐天颜之象。

○问家宅：此宅大吉，当邀旌赐之劳。

○问婚姻："君子好逑"，必得。

○问六甲：生女，主贵。

【占例】 某缙绅来，请占官阶升迁，筮得未济之讼。

爻辞曰："六五：贞吉，无悔。君子之光有孚，吉。"

断曰：五爻居离之中，离为日，为光，五当君位，日有君象，故曰"君子之光"。日光照临，下土遍被，故曰"有孚"。五与二应，二为臣，是先得"君子之光"者也。今足下占禄位升，得未济五爻，五为尊位，二爻属贵下。二爻曰"曳其轮，贞吉"，轮为日轮，曳轮者，有如羲和御日，是为天子之近臣，沐浴圣化，瞻仰龙光，君明臣良，可为贵下贺焉。

上九：有孚于饮酒，无咎。濡其首，有孚失是。

《象传》曰：饮酒濡首，亦不知节也。

上爻当未济之终，反为既济。坎险已脱，上下交孚，则饮食以燕乐之。《诗》"南有嘉鱼，君子有酒，嘉宾式燕以乐"，《序》："曰太平君子至诚，乐与贤者共之。"有孚于酒食之义也，故"无咎"。然酒以成礼，不及于乱，立监立史，所以示其节也，"濡其首"，则醉而不出，是谓伐德，亦何取于孚矣，故曰"有孚失是"。是始为有孚而饮酒者，继反为饮酒而失孚也，《象传》以"不知节"释之。《易》之为书，患太过，更甚于防不及，欲不可纵，乐不可极，持盈保泰，无非节也。此特于未济之终，借饮酒以为喻耳。

【占】 问时运：坎难已平，众心欢乐，能知撙节，可以永保无咎。
○问战征：此为得胜班师，饮酒策勋之时也。
○问营商：已得厚利而归，从此量入为出，富可永保矣。
○问功名：有得而复失之患。
○问疾病：必是饮食不节所致。
○问讼事：《序卦》曰"饮食必有讼"，知其讼必由于酗酒来也。
○问六甲：生女。

【占例】 明治二十八年七月廿七日薄暮，余与友闲叙于书楼，偶闻有叫新闻号外者，客曰："号外所报，不审何事，君试占之。"筮得未济之解。

爻辞曰："上九：有孚于饮酒，无咎；濡其首，有孚失是。"

断曰：号外所报，必因饮酒过度，醉溺水中之祸也。时女仆适赍号外来，展而阅之，为山阳铁道，汽车颠覆中途，致伤旅客之报也。

后数日，会该铁道会社员，问及当时情况，曰："会风雨暴作，劝令止车，机关师某不肯，临行且满酌火酒。启车而进，猝罹此祸，因此伤命云。乃知《爻辞》，果不虚也。"

《易》六十四卦，《上经》首乾坤，终坎离，《下经》首咸恒，终既未济。咸恒为夫妇，由乾坤而生也；既未济为水火，由坎离而化也。其变万殊，其旨一也。乾道尚虚，坤道尚实，坎象中实；离象中虚。《易》始于虚，亦终于虚。虚则灵，灵则变化神焉。交互错综，循环反复，始而复终，终而复始，究之无所谓始，无所谓终，无所谓虚，无所谓实。"变动不居，周流六虚"，《易》之妙用，无非以此虚灵二气，运用于三百八十四爻之中而已矣。

焦氏易林注

西汉·焦延寿 著

尚秉和 注

《焦氏易林注》叙

昔者，同年友尚君节之著《焦氏易诂》，河北大儒王晋卿先生见之，曰："此书将二千即年《易》家之盲词呓说，一一驳倒，使西汉易学复明于世，孟子所谓其功不在禹下。"陈散原与王晋卿书曰："读尚氏《焦氏易诂》，叹为千古绝作，以今世竟有此人著此绝无仅有之书，本朝诸儒，见之当有愧色。"夫王、陈二先生，皆老师宿儒，于《周易》，皆有著述，胡以倾佩此书若是之极哉！塽于《周易》夙未致力，徒震乎二先生之言，而莫明其所以然，乃即《焦氏易诂》而读之。久之，悉节之先注《易林》，复抽绎焦《易》，著为《易诂》，其大本大原皆在《焦氏易林注》中，然后知二先生倾佩之由，而绝非妄叹也。盖《易林》一书，二千年来无有通其义者，今所传元刊旧注，及陆敕先、顾千里、黄尧圃所考订，丁宴《易林释文》，翟云升、牟庭等之《易林校略》，统所释只二三百条，且只人物故事及字句之讹误，至于考及易象者，千余年来无一人也。独节之谓西汉释《易》之书，无如《易林》之完善，凡《易林》之辞，无一字不从象生，且无一象不本之《易》。于是搜求易象之根源，考稽林词之依据，校勘版本之沿革，纠正音韵之讹谬，逐字注释，使读者燎若观火，无一不解之词，亦无一无根之象。盖古圣人之作《易》，本由观象；后圣人之系《易》，亦由观象。《焦氏易林》之辞，仍不外观象而已。但其所用之正象、覆象，多半失传，故学者不解其所谓。岂知以艮为龟、为金，以兑为月、为老妇，以坎为矢，以乾为日，坤为水，皆本之《易》，而二千年来无有识者，故《易》多误解，《易林》之辞亦遂难通。今节之独得之，盖不知几经研考，几经印证，反复寻绎，不得不休，积之既久，始逐次领悟。又久之，始融会贯通。大义既通，不但为焦氏之功臣，实于易学所关至巨，其有功于后学甚大。至于爬梳字句，阐发幽滞，考稽故事，为先儒所不能释，或释之而误，为一一订正其失者，犹其余事也。乃《焦氏易诂》既付梓传世，《易林》之注以篇帙浩繁，印行匪易。小儿道益从先生游，筹之至再，力亦未赡。会丰润董宗之、董作人昆仲闻之，曰："是我后学之责也。"慨然相助，是书始得公之于世。夫以二千年人人爱读之书，而人人不能解其义，今忽冰消雾释，豁然得解，则是书之出，如剑光射斗，不能终湮者，理也。然非宗之昆仲之热心文学，亦不能成功若是之速。语云：附骥而名益彰，其是之谓乎！故并及之。己卯冬月，年愚弟蒲城仵埻谨识。

《焦氏易林注》例言

尚秉和

一、西汉释《易》之书，其完全无缺者，只有《焦氏易林》与杨子《太玄》。乃《太玄》，至汉末宋衷首为之注，吴陆绩因之作释失，范望更因宋、陆而集其成。至唐王涯、宋许翰、司马光等，更起迭为，而注益详。独《易林》无注者。乌程蒋氏影元本略注其故实，然甚尠，十卦九注未详，偶有注者，皆《左传》、《国语》所习见，无大益也。后牟庭作《校略》，丁晏作《释文》，陈乔枞据《易林》以解《齐诗》，顾千里、黄丕烈等于字句皆略有考订。而丁晏解汇为猬，以李耳为虎名，最为精当。然皆病其太略，且所释只名物故实。至于以卦象释《易林》文者，迄无一人。盖自东汉以来，《易》象即失传，后儒所知卦象，皆以汉魏人所用者为范围。而《易林》之辞，无一字不从象生，其所用之象，与《易》有关者，约百七十余，皆为东汉人所不知，故东汉人解《易》多误。后儒不知其误，而反疑《易林》，以其用象与汉魏人不合也。于是林辞之难解过于《易》矣。其详尽在《焦氏易诂》中。

二、《易林》虽不明解《易》，然能注《易》者，莫过于《易林》。如以坤为水、为鱼、为心志、为疾；以艮为牛、为龟、为国、为邑、为床，以兑为华、为老妇，以巽为少姬等逸象，《易》之不能解者，皆赖以得解。及其既解，然后知《易林》所取之象，仍本之《易》，至为明白。无如二千年学者，竟熟视无睹也。而尤要者，则在其正覆象并用。圣人叙卦，除乾、坤、坎、离、颐、大过、中孚、小过正覆不变外，余一正卦必次以覆卦；而《杂卦》震起、艮止、兑见、巽伏、咸速、恒久诸辞，尤示人以象正如此覆则如彼之义。乃自正覆象失传，凡《易》之言正覆象者，多不得解。独《易林》知之。凡遇正覆震相背者，不曰逆，即曰讼。于是震卦之"婚媾有言"，《左传》之以谦为逆得解。凡正反兑相背者，不曰逆佞，即曰争讼。于是困之"有言不信"，讼之"小有言"得解。其正覆震相对者，不曰此鸣彼应，即曰此唱彼和，于是中孚之"鹤鸣子和"得解。其余象覆即于覆象取义，象伏即于伏象取义者，亦皆本之《易》，而先儒皆不知，致《易》义多晦。故唯《易林》，能补二千年易注之穷。

三、《系辞》云："圣人观象系辞。"是所有卦爻辞皆从象生也。而说卦之象，皆举其纲领，使人类推，非谓象止于此也。又示人以复象，如乾为马，震、坎亦为马；坤为舆，震、坎亦为舆；坤为腹，离亦为腹。非谓某卦有某象，既不许某卦再有某象也，视其义何如耳。而其例甚繁，为笔所难罄，盖其详尽在口传。至东汉，口传一失，所有《易》象大都不知，而浪用卦变，不变不能得象。如颐、损、益之龟象，虞翻不知艮即为龟，必使某爻变成离，以取龟象。由汉讫清，几视为天经地义。至焦循遂以一卦变为六十四卦，而《易》学之亡，遂与王弼以来之扫象等矣。愚初亦惑其说，故读《易林》皆莫知其所指。及印证既久，始知《易林》之象，尽本于《易》，或本于《左传》、《国语》，近在眉睫，日睹之而不识。然后悟无情无理之卦变爻变，直同儿戏，又何怪王弼等之扫象不谈！

四、《易林》于《说卦》象，《九家逸象》，《左氏》、《国语》象，无不用之。惟《虞氏逸象》，其误者不见于《易林》，其不误者《易林》皆用之。故《易林》实为易象之渊薮。其为各家所无，《易林》所独有之象，遇之多年，皆莫知其所指。后与《易》回环互证，知其仍本之《易》。如以兑为华、为老妇，则本之大过；以艮为臣、为祖，则本之小过。如是者共百七十余象，其详说皆在《焦氏易诂》中，兹不复赘。

五、本注释以易象为重，易象得林辞与《易》辞始能解。次则《林》中所用故实，凡以前旧注所释者是也。总各家所注，寥寥无几，事兹重加搜讨，增旧注所无者约数千则，正旧注之误者约数十则。然《易林》所据之书，如《左》《国》《诗》《书》，尚易研讨。最难者，谈妖异，说鬼怪，其详盖在《虞初志》诸小说部中，而其书久佚，故明知其有故实，而不得其详。如恒之晋："雨师娶妇，黄岩季子。"元刊注引《博物志》，太公为灌坛令事当之，于事实不合，是不能注也。又如《兑之比》云："嵩融持戟，杜伯持弩。降观下国，诛逐无道。夏商（应作周）之季，失势逃走。"杜伯之鬼白日射死宣王，见《国语》，人皆知之。嵩融事必与杜伯相类，而注家皆不知。后读《墨子·非攻篇云》："有神谓商汤曰：'余得请于帝，帝命融隆火于夏之城。'"融隆即嵩融，《楚辞》及《淮南》又作丰隆，皆音同字异。由《楚辞》及《淮南》注知融隆为雷师。《国语》云："夏之亡也以回禄，帝命融隆火于夏之城。"即帝命雷师以雷火烧夏桀之城也。于国语及《林》辞，夏周之季皆合，而持戟事则不能详。又如涣之大壮云："鬼哭于社，悲商无后。"自来注家亦不知。后读《墨子·非攻篇》云："至商王纣，妇妖宵出，有鬼宵吟。"又《论衡》云："纣之时，鬼郊夜哭。"又云："纣郊鬼哭。"其事得矣，而太简略。如此者，无可如何也。

六、《易林》用韵甚古。凡亥皆音喜，殆皆音以，罢皆音婆，下皆音虎，家皆音姑，而尤与豪韵，真与东韵，如此者尤多。有注出者，有不及注者，读者知其例则无扦格矣。且可以正《易》韵俗读之失，如乾象辞下与普韵，中孚三爻罢与歌韵是也。

七、《易林》说《诗》之处最多。昔儒考其渊源，以焦氏学于孟喜。喜父孟卿，家传《齐诗》，故《焦氏》所说，皆《齐诗》。不惟于《毛诗》十九不同，于《鲁》《韩》亦多异。如《凯风》，《毛》谓"有母不安于室"，《焦》谓"母亡思母"。"蟋蟀"，《毛传》谓"刺淫"，《焦》谓"伤谗"。如此者有数百则之多。又其字与《毛》异而义胜者尤多，皆随文注出。然以其过多，恐有遗漏，故特举出，以见《易林》不惟能传《周易》绝学，且能传《齐诗》。《齐诗》至东汉末即亡，亦绝学也。

八、《林》辞重出者甚多，本宜全注。后详加观察，凡卦不同而辞同者，其象必同。如坤之离云："齐鲁争言。"离中爻互兑巽，巽齐兑鲁，又为正反兑，故曰"争言"。而比之蛊、谦之咸，亦用此辞。则以蛊初至四、咸二至上，亦兑巽也。注其一，余即可隅反，以期简约。

九、《易经》所有人名、地名，无不从象生。如《泰·五》之"帝乙"，以震为帝，坤为乙；《明夷》之"文王""箕子"，以坤为文，以震为王，故曰"文王"，震为子，为箕，故曰"箕子"。《既济》之"鬼方"，以坎为鬼也。《易林》之注，凡人名、国名、鸟兽名、地名，随手举来，无不与象妙合。如遇剥曰"高奴"，高奴，地名，见《汉书·地理志》，则以艮为奴，艮一阳在上，故曰"高奴"。遇谦曰"重耳"，互坎为耳，坤为重，故曰"重耳"。学者苟由是以求其机趣，必更有进于是者。

十、《易林》于既、未济等卦，偶用半象，又常用遇卦象。《左氏》云："震之离，亦离之震。"《易》于既、未济，盖兼用半象，故悉本之。凡遇此等，必先注曰："此用遇卦象，此用半象，以期易明。"

十一、《易》数至为繁琐，皆用汉儒常用之数注之。惟邵子所传一二三四五六七八之先天八卦数，汉儒无知者，而《易林》每用之，如遇兑每言二是也。注中遇此必指明，曰卦数几，以为区别，俾阅者知其所自来。八卦数之名，实愚所创，具详于《焦氏易诂》。后阅宋王湜《易学》，有专论八卦数一篇。谓一二三四以在阳位，故左旋而东；五六七八以在阴位，故右转而西。各起于南，而终于北。是则取八卦以制数，故起于一而终于八云云。（按：王湜专绍述邵学者，故能补邵子所未言。而其书只一卷，只通志堂有之，他无刊本。前未见之，故矜为创论，而不知宋时已言之。补详于此，以见余之陋，且喜余说之有本也。）

十二、本注意在指明易象，俾学《易》者有所裨益，以正旧解之误，而济《易》注之穷。至林辞义意有极浅显者，则不必注。有极奥深者，则详称博引，使昆仑之语明晰而后已，故又不免于繁冗，阅者谅之。

十三、初读《易林》，即疑其本象以系辞。无如初学《易》，于易象既不娴熟，于失传之象尤茫然不知其所谓，故求之十年之久，讫不能通其辞。后阅蒙之节云："三夫共妻，莫适为雌。子无名氏，翁不可知。"恍然悟节上坎，上互艮，下互震，三男俱备，下兑为女，故曰"三夫共妻"。震为子，艮为名，坎隐伏，故"子无名氏"。艮为寿、为祖，故曰"翁"。坎伏，故"不可知"。悟林辞果从象生，由是言正象者皆解。又久之，阅剥之巽云："三人同行，一人言北。伯仲欲南，少叔不得。中路分道，争斗相贼。"巽通震，震为人、为行，二至四覆震，上下震，故曰"三人同行"。震为南，上震下震皆南行，二至四艮，艮为少男，故曰"少叔"。震长为伯，坎中男为仲，故曰"伯仲欲南"，独少叔一人不南而北也。坎为中，震为道路，伯仲南，少叔北，故曰"分道"。艮为手，二至上正反艮相背，故曰"争斗"。坎为盗贼，故"相贼"。自通此辞，知林用覆象，神妙已极。于是凡言正覆象者皆解，《易经》亦然。而以此二林为入门之始，故特志之，以示不忘。

十四、《说卦》系自古相传之象。至《周易》愈演愈精，故《经》用象每与《说卦》异。如《说卦》以震为长男、兑为少女，《经》则间以震为小子、兑为老妇。盖以二人言，初生者长，后者少；以一人言，初少上老，此其义，唯《易林》知之。以《易林》书太古，尚存古义，能得《周易》真解，为后儒所不知。如《旅之大壮》云："独夫老妇。"以大壮上震为独夫，互兑为老妇也。又观之睽云："老女无夫。"亦以睽下兑为老女。又夬之中孚云："道路不通，孩子心愦。"以中爻震为孩子。又《家人之巽》云："孩子贪饼。"巽伏震，亦以震为孩子。皆以《易》随卦二三两爻，"系小子"、"失小子"为本。又《易林》遇巽，每曰少齐，亦以大过下巽为女妻为本也。又说卦以坎为月，而《经》则多以兑为月。至东汉马、郑、荀、虞诸儒，皆不知此义，故《经》多误解，于是后人并《易林》用象亦不知矣。

十五、《逸周书》所载《周公时训》之七十二候，与《卦气图》相附而行。后细按七十二候之辞，皆由卦象而生。如"蚯蚓结"，"识中孚"之候，则以中孚上巽为虫，为蚯蚓，而下兑为覆巽，正反巽集于中，故曰"蚯蚓结"。于复曰"麋角解"，复下震为鹿，艮为角，震为覆艮，角覆在地，则角解矣。于屯曰"水泉动"，屯上坎为水泉，下震故曰"动"。于屯上又曰"雁北乡"，则以屯上互艮为雁，坎北，故曰"北乡"。以艮为雁，于是《易》渐鸿象得解。统七十二候语，无不与卦密合，且用正象、用覆象无不精妙，而皆为《易林》之所本。故《易林》实集象学之大成。

《易林》逸象原本考

　　《易林》逸象，其与《易》有关，可以解经，并可以正《易》注之误者，其详皆在《焦氏易诂》中，凡百七十余象。其与《易》无关，推广之象，尚不知其几千百，皆省而不录。录其有关者，下注明其所本，以见此逸象仍原本于《易》，俾阅者不至再有疑惑。

　　乾逸象

　　为日（乾九三：君子终日乾乾。《象》：大明终始。大明即日。晋象传：顺而丽乎大明。是。）　河海（同人：利涉大川。）　山陵（同人：升其高陵。）　石（《说卦》：乾为玉。）　南（同人《荀注》：乾舍于离，相与同居。）　虎（《文言》：风从虎。履：虎尾。）　大川（见《同人》。）

　　坤逸象

　　为水（益：利涉大川。）　江淮河海　鱼（剥：贯鱼。）　蛇（上《系》：龙蛇之蛰。）　渊（讼《象传》：入于渊。）　云（小过：密云不雨。）　墟（升：虚邑。）　茅茹（否：拔茅连茹。）　逆（坤逆行。《乾凿度》：坤右行，阴时六。）　北（先天。）　心（益九五：有孚惠心。）　志（益九五：大得志。）　忧（泰九三：勿恤。升《象》：勿恤。）　疾病（复：出入无疾。损六四：损其疾。）　毒（师：以此毒天下。）　劳（坤：役天下，故劳。）　风（《文言》：风从虎。《内经》谓风，土气所生。）　野（龙战于野。）　郊（小畜：自我西郊。郊用伏坤。）　原（比：原筮，元永贞。）

　　震逸象

　　为武（《国语》：震，车也。车有震武。）　旗（《左氏》：火焚其旗。以震为旗。）　鸿（渐：伏象。）　隼（解上六：公用射隼。）　射（见上。《左传》射其元。皆以震为射。）　南（升：南征吉。《左传》：南国蹙。）　爵（中孚：我有好爵。）　樽（坎六四樽酒。）　食（颐：自求口食。）　鹤（中孚：鸣鹤在阴。）　君（归妹六五：其君之袂。）　征伐（谦六五：利用侵伐，征不服。）　周（《文言》：反复道也。周而复始。）　姬（周姓。）　瓮（井九二：瓮敝漏。伏象。）　胎（屯六二：十年不字。字，妊娠也。震象。）　舟船（中孚：乘木舟虚。）　飞翼（明夷初九：明夷于飞，垂其翼。飞、翼，皆指应爻震。）　老夫（大过九二：伏象。）　商旅（复《传》：商旅不行。）　公（解：公用射隼。）　父（蛊六四：干父之蛊。初爻用伏。）　口（颐：自求口食。）　羊（大壮、归妹上六皆曰羊。）　神（帝出乎震。帝即神。）　褚（既济，褚有衣。褚、繻通。）　缶（比初六：有孚盈缶。言阳来初成震。）　瓶（井：羸其瓶。用伏。）　辰（邵子以震为辰，本此。辰，时也。损、益皆曰：与时偕行，皆以震故。）　登（明夷：初登于天。）狩（明夷：于南狩。）　乘（解：负且乘。）　华（《说卦》：震为旉。干宝云：华也。）　羽翰（贲：白马翰如。）发（巽：寡发。巽反为震，故多毛。） 袂（《归妹》：其君之袂。） 东北（先天位。） 萌芽（解：百果草木皆甲坼。又为反生。） 箕子（明夷：箕子以之。） 孩子（随六二：系小子。明夷六五之箕子，即孩子。） 田（师：田有禽。） 山阴（中孚：鸣鹤在阴。震，艮之反，故为山阴。） 嘉（随五：孚于嘉。） 邻（泰六四、谦六五：以其邻。） 藩（大壮九三：羝羊触藩。）斗（丰九四：日中见斗。） 福（震：恐致福也。） 虚（归妹：承虚筐也。） 岁年（为辰，故为岁年。同人：三岁不兴。用伏。）

巽逸象

为母（小过：遇其母。蛊二：干母之蛊。） 齐（《说卦》：齐乎巽。） 姜（齐姓。犹震为周，故为姬。《左传》：若异国，必姜姓也。以巽为姜。） 少姜　少齐（大过：老夫得其女妻。以巽为少。）陨落（姤九五：有陨自天。《左传》云：夫从风，风陨。又，我落其实。） 豕（姤：羸豕孚蹢躅。井：羸其瓶。中孚：豚鱼吉。） 豚（见上。） 虫（《左传》：三虫为蛊。故巽为虫。） 蛊（大过：栋挠。虫在下也。） 腐（剥，烂也。） 敝漏（井：瓮敝漏。） 隙（下断，故有隙，漏之所由来也。以上数象，于《易》所关至巨。自此象失传，于是大过之有它吝，中孚有它不燕，恒之田无禽，井二之瓮敝漏，遂不知其故。） 袖（既济：繻有衣袖。） 盗贼（《杂卦》：巽，伏也。故与坎同。） 烂（杂卦：剥，烂也。烂始于巽。）寇戎（同人：伏戎于莽。） 病（为羸。《说文》：羸，病。） 枯（大过：枯杨。） 楝（马支云：麋也。未济之无妄：求麋耕田。以无妄互巽为麋。） 疑（丰六二：往得疑疾。巽初：进退，志疑也。）

坎逸象

为首（《说卦》：为下首。明夷：得其大首。） 大首（见上。） 肉　肺（噬嗑：噬干肉。噬干肺。噬腊肉。）夫（左传：夫从风。） 矢（噬嗑九四：得金矢。）鬼（既济：高宗伐鬼方。《说卦》：坎隐伏。） 孤（睽九四：睽孤。） 西（先天位。既济九五：不如西邻之禴祭。） 泥（需九三：需于泥。震九四：震坠泥。） 食（需九五：需于酒食。讼六三：食旧德。） 筮（蒙：初筮告。比：原筮，元永贞。）

离逸象

为星（丰九二：日中见斗、见沫。） 东（既济：东邻杀牛。） 金（鼎六五：金铉。外坚之义。） 巷（睽九二：遇主于巷。巷指六五离。） 肤（睽六五：厥宗噬肤。）

艮逸象

为火（旅·九二：焚其次。） 鸟（小过：飞鸟以凶。《左传》：离之艮当鸟。） 鸿（渐：鸿渐于干。）隼（《说卦》：艮为黔喙。） 面（革上六：小人革面。以伏艮为面。） 簪（豫：朋盍簪。） 须（归妹：以须。）祖（小过：过其祖。） 臣（蹇：王臣蹇蹇。） 臣妾（遁：畜臣妾吉。） 角（凡《易》言角，指上阳。） 啄（《说卦》：艮为黔啄。） 负（大畜：何天之衢。解：负且乘。）寿（《说卦》：坚多节。） 贵（随：官有渝。官贵。）邑　邦　国（无妄：邑人之灾。坎：王公设险，以守其国。《中孚》：乃化邦也。皆以艮为邑，为国，为邦。） 床（剥：剥床以足。） 斯析（旅：斯其所。） 贝（震：亿丧贝。） 金

（蒙：见金夫。） 观（颐：观颐。） 视（颐：虎视眈眈。） 光明（谦：天道下济而光明。） 龟（损、益：十朋之龟。） 西北（先天位。） 天（大畜上九：何天之衢？） 刀剑（萃：君子以除戎器。） 枕（《坎》：险且枕。） 牛（《无妄》：或系之牛。以艮为牛。） 豕（大畜：豮豕之牙。） 夫（蒙：见金夫。比：后夫凶。） 巢（旅：鸟焚其巢。） 僮仆（旅：得僮仆。）终日（豫六二：不终日。） 谷（井九二：井谷射鲋。伏象。）

兑逸象

为月（小畜：月既望。） 华（大过：枯杨生华。） 老妇（大过：老妇得其士夫。） 鲁（《说卦》：兑刚卤。鲁、卤通。） 资斧（旅：得其资斧。） 井（本井卦兑象。） 牙齿（大畜：豮豕之牙。） 鸡（居西。） 燕（中孚：有它不燕。） 耳（鼎六五：黄耳。《象传》：巽而耳目聪明。） 酒（兑水，故与坎同象。） 穴（需：出自穴。） 兵戎（萃：君子以治戎器，戒不虞。旅：得其资斧。） 雨（睽：往遇雨。）

右共一百七十余象，皆失传，为东汉《易》家所不知，故《易》解多误。兹所注，但明其所本，俾阅者不至再有疑惑。若其详义，皆在《焦氏易诂》中。凡注内遇此等逸象而不知其义者，可于以上各象求之。如乾林《注》：以乾为山、为石，乍阅之，必生疑，可于乾逸象中寻之。因《易林》逸象过多，注中不及详说其原本，故于篇首总揭其义，以补注中所未备。

焦氏易林注卷一

乾上
乾下　**乾之第一**

道陟石阪，胡言连謇。译暗且聋，莫使道通。请谒不行，求事无功。

乾为道，为陟，为山，故曰"石阪"。为言，在西北，故曰"胡言"。连謇，口吃也。震为鸣，坎为耳，艮为道，为请求。今为纯乾，乾三子俱不见，故曰"暗"，曰"聋"，曰"道不通"，曰"请求无功"。盖三子各分乾一爻也。又《林》辞所以不吉者，以卦为纯阳，阳遇阳则窒故也。此《易》之根本大义。自此义不明，而《易》多误解。

之坤　招殃来螫，害我邦国。病伤手足，不得安息。

乾变阴，故曰"招"，曰"来"。坤阴，为灾殃，为毒螫，为害，为邦国。艮手，震足，今纯坤，艮、震毁，故曰"病伤手足"。坤逆行，故曰"来"。《系辞》：来者，伸也。即谓坤逆行。

屯　阳孤亢极，多所恨惑。车倾盖亡，身常忧惶。乃得其愿，雌雄相从。

坎为孤，一阳居五，民皆归初，故曰"孤亢"。坎为忧疑，故曰"恨惑"，曰"忧惶"。艮为盖，震为车，坎破，故倾亡。坤为身。初阳四阴，二阴五阳，皆有应与，故曰"雌雄相从"。

蒙　鹁鸪鸤鸠，专一无尤。君子是则，长受嘉福。

艮为鸟，故曰"鹁鸪鸤鸠"。艮止，故专一。说鸤鸠义，与《毛》同。艮为君子，坎为法则，震为嘉福。

需　目瞤足动，喜如其愿，举家蒙宠。

互离为目瞤，亦动也。乾为喜，为宠。坎为宫室，为家。《西京杂记》：目瞤得酒食。故曰"喜"。足，疑为指讹。《左传》"食指动"是也。伏艮象。

讼　龙马上山，绝无水泉。喉焦唇乾，舌不能言。

乾为龙马，为山，在上。坎在下，而中为火，为日，故水泉绝。兑为喉舌，为唇，乃兑覆而与火邻，故焦渴不能言。

师　仓盈庾亿，宜种黍稷。年丰岁熟，民人安息。

坤为腹，为囊，仓庾象也。坤众，故曰"盈"，曰"亿"，曰"丰熟"。震为黍稷，坤为岁年，为民人，为安息。后《比之升》、《坤之恒》词同，亦皆以坤为仓庾。《诗·小雅·楚茨》云：我黍与与，我稷翼翼。我仓既盈，我庾维亿。又《甫田》云：曾孙之稼，如茨如梁。曾孙之庾，如坻如京。乃求千斯仓，乃求万斯箱。黍稷稻粱，农夫之庆。

比 中夜犬吠，盗在墙外。神明佑助，消散皆去。

坤、坎皆为夜，坎为中，故曰"中夜"。艮为犬，伏兑口，故曰"犬吠"。坎为盗，艮为墙，坎在外，故曰"在墙外"。伏乾为神，艮为明。坤消，故曰"消散"。

小畜 据斗运枢，顺天无忧，与乐并居。

通豫，艮为星，数七，故曰"据斗"。坎为枢，故曰"运枢"。乾顺行，故曰"顺天"。坎伏，故无忧。震为乐，艮为居。

履 空拳握手，倒地更起。富饶丰衍，快乐无已。

通谦，艮为拳，为手。坤为地，为下，震起，故曰"倒地更起"。坤为富饶，震为快乐，全用伏象。《易》卦爻词每如此也，《易林》无创例。

泰 不风不雨，白日皎皎。宜出驱驰，通利大道。

巽伏，故不风。半坎，故不雨。震为白，乾为日，震为出，为驰驱，为大涂，为通利。

否 载日晶光，骖驾六龙。禄命彻天，封为燕王。

坤为载，乾为日在上，故曰"载日"。伏震为龙，为驾，乾数六，故曰"骖驾六龙"。乾为禄，巽为命。乾在上，故曰"彻天"。伏震为王，兑为燕，故曰"燕王"。

同人 子号索哺，母行求食。反见空巢，訾我长息。

通师。震为子，为号，为哺，为请。请，求也，故曰"索哺"，曰"求食"。震为行，坤为母。艮为巢，坤虚，故曰"空巢"。震为长息。坎上下两兑口相背，兑为口舌，故曰"訾"。

大有 上帝之生，福祐日成。修德行惠，乐且安宁。

乾马上帝，为福，为德惠。通比，比乐、坤安，本象、伏象兼取。

谦 山险难登，涧中多石。车驰辖击，载重伤轴。担负差踬，跌蹉右足。

艮为山，为石，坎为涧。坎险，故难登。震为车，坎多眚，故辖击伤轴。坎为辖，为轴。艮为何，故曰"担负"。坎蹇，故差踬，故跌蹉。差同蹉也。震为足，艮伏兑，故曰"右足"。

豫 禹凿龙门，通利水源。东注沧海，民得安存。

震为帝，故曰"禹"。艮手，故曰"凿"。坤为门，震为龙，故曰"龙门"。坎水，坤水，故曰"水源"。震为通利，为东，坤为沧海，为民，为安。《禹贡》：导河积石，至于龙门。

随 乘龙上天，两蛇为辅。踊跃云中，游观沧海，民乐安处。

震为龙，艮为天，故曰"乘龙上天"。巽蛇，兑卦数二，故曰"两蛇"。辅，附也。互大坎为云，坎在上，震起，故曰"踊跃云中"。兑为泽，故曰"海"。艮为观，为安。

蛊 彭祖九子，据德不殆。南山松柏，长受嘉福。

艮为寿，故曰"彭祖"。彭祖，名篯，寿八百岁，即《论语》所谓老彭也。震为子，数九，故曰"九子"。艮为据，震为德。艮山，震南，故曰"南山"。巽为松柏，震为嘉福。

临 南山昊天，刺政闵身。疾悲无辜，背憎为仇。

通遁。艮为南山。乾盈巳，正当夏日，故曰"昊天"。本象坤为政，为身，为悲，为憎，故刺政悯身。艮为背也。南山、昊天，皆出《小雅》，皆刺幽王而悲悯时世也。刺政承南山而言，谓赫赫师尹，不平谓何也。闵身承昊天言，谓若此无罪，熏胥以铺也。

观 江河淮海，天之奥府。众利所聚，可以饶有。乐我君子，百福是受。

坤为江河淮海。艮为府，坤伏乾，故曰"天府"。坤为众，为利，为聚，为富饶。艮为君子，巽伏，震为乐，坤为我也。

噬嗑 坚冰黄鸟，终日悲号。不见白粒，但见藜蒿。数惊鸷鸟，为我心忧。

坎为坚冰。震为黄，艮为鸟，为终，离为日，故曰"终日"。坎为悲，震为号，为粒，坎隐，故不见。震为藜蒿，为惊。艮为黔喙，为鸷鸟，坎为心忧。《诗·小雅》：黄鸟黄鸟，无集于谷。此邦之人，不我肯谷。言旋言归，复我邦族。林似说此诗意。

贲 室如悬磬，既危且殆。早见之士，依山谷处。

艮为室，震为磬，上卦震覆，故曰"悬磬"。坎险，故危殆。震为士，为旦，故曰"早见之士"，离为见也。艮为山谷，艮止，故曰"依"。

剥 大禹戒路，蚩尤除道。周匝万里，不危不殆。见其所使，无所不在。

伏乾为王，故曰"大禹"。艮为路，伏兑为口，故曰"大禹戒路"。言警备也。坤为恶，故曰"蚩尤"。艮为道，为手，故曰"除道"。除，治也。反震为周，坤为万里。坤安，艮止，故不危殆。艮为僮仆，故曰"所使"。卦为大艮，故无不在。

复 三人为旅，俱归北海。入门上堂，拜谒王母，饮劳我酒。

震为人，数三，故曰"三人"。坤为海，为北，震为反，故曰"俱归北海"。坤为门户，震往，故曰"入"，曰"上"。坤为母，震为王，故曰"王母"。坤为我，为浆，故亦为酒。震为言，故曰"劳"。

无妄 传言相误，非干径路。鸣鼓逐狐，不知迹处。

震为言，艮败言，故曰"误"。艮为径路，为求。非干径路，言非所求之径路也。震为鼓，为鸣。艮为狐，震为逐，为迹，巽为伏，故无迹。

大畜　三羊争雌，相逐奔驰。终日不食，精气劳疲。

兑为羊，震数三，故曰"三羊"。兑为雌，艮为手，正反两艮相对，故曰"争雌"。震为驰逐。乾为日，兑为食，艮为终，艮止，故终日不食。乾为精气，争故劳疲。

颐　纯服素裳，载主以兴。德义茂生，天下归仁。

坤为黑，为裳，震为白，故曰"纯服素裳"。震为主，为载，为兴，故曰"载主以兴"。坤为义，震为德，为生，故曰"德义茂生"。坤为天下，震为归，为仁，故曰"天下归仁"。《史记》：武王载木主，观兵孟津，八百诸侯来归。故必素裳。

大过　桀跖并处，人民劳苦。拥兵荷粮，战于齐鲁。

伏坤为恶，故曰"桀"。巽为盗，故曰"跖"。坤为人民，为忧，为劳，故曰"劳苦"。伏艮为兵，为荷，震为粮，故曰"拥兵荷粮"。巽齐，兑鲁。正覆两艮相背，艮手，故曰"战"。

坎　黄鸟采菉，既嫁不答。念我父兄，思复邦国。

黄鸟、采菉，皆《小雅》篇名，皆伤怨旷，故曰"既嫁不答"。震为黄，为菉，艮为鸟，为采，故曰"黄鸟采菉"。震为嫁，为言，艮止，故曰"不答"。坎为思念，震为父兄，为复，艮为邦国。

离　胎生孚乳，长息成就。充满帝室，家国昌富。

通坎。互震为胎，为生，坎为孚，艮为乳，故曰"胎生孚乳"。震为长息，艮为成，故曰"成就"。震为帝，为昌，艮为室，为家国。全取旁通象。

咸　三人求橘，反得丹穴。女清以富，黄金百镒。

互乾为人，艮数三，故曰"三人"。艮为求，乾为橘，故曰"三人求橘"。兑为穴，乾为赤，故曰"丹穴"。巽为女，承乾，故富。乾为金，伏坤为黄，故曰"黄金"。乾为百。顾千里曰：清者人名，《货殖传》所谓巴寡妇清也。清家得丹穴。

恒　东山西岳，会合俱食。百家送从，以成恩福。

通益。互艮为山岳，震东，本卦兑为西，故曰"东山西岳"。坤为会合，震为食，正覆震，故曰"俱食"。艮为家，震为百，为从，为恩福，艮为成也。

遁　眵鸡无距，与鹊交斗。翅折目盲，为鸠所伤。

巽为鸡。《说文》：目眦伤曰眵。眦，眼角也。艮离目不全，故曰"眵鸡"。震伏，故无距。艮为鹊，为斗。震为羽翰，震覆，故翅折。离为目，目眦下裂，故为目盲。艮为鸟，为鸠，巽羸，故伤。

大壮 隙大墙坏，蠹众木折。狼虎为政，天降罪罚。高弑望夷，胡亥以毙。

通观。巽为隙，为坏，为墙，故曰"隙大墙坏"。巽为虫，为木，坤众，故曰"蠹众"。风陨，故木折。艮为狼虎，坤为政，故曰"狼虎为政"。乾为天，坤为罪罚，故曰"天降罪罚"。艮为宦寺，坤为弑，艮为观，坤为夷，故曰"高弑望夷"。言赵高弑胡亥于望夷宫也。坤为胡，居亥，又为毙也。虽人名、地名，无不从象生，本之《易》也。

晋 三痴俱走，迷路失道。惑不知归，反入患口。

坤为痴，爻数三，故曰"三痴"。互艮为道路，坤迷，故曰"迷路失道"。坎为惑，震为归，阳居四，不反初，故曰"不知归"。坎为患，四五形兑，故曰"患口"。

明夷 弓矢俱张，把弹折弦。丸发不至，道遇害患。

互坎为弓，为矢，震为张，故曰"弓矢俱张"。坎为弹，伏巽为弦，坎折，故曰"把弹折弦"。坎为丸，震为发，坤闭，故不至。震为道涂，坤为患害，故曰"道遇患害"。

家人 三人求夫，伺候山隅。不见复关，长思忧叹。

卦二离一巽，皆女象，坎为夫，故曰"三女求天"。艮为关，卦有两半艮形，故曰"复关"。坎伏，故不见。"不见复关"，《诗·卫风》语也。艮止，故曰"伺候"。艮山，故曰"山隅"。坎为忧思，故曰"长思忧叹"。

睽 阳旱炎炎，伤害禾谷。稼人无食，耕夫叹息。

重离，故曰"旱"。震为禾稼，二三四五半震，兑毁，故曰"伤害禾谷"。兑为食，坎失，故无食。震为耕，为夫，兑口，故耕夫叹息。

蹇 骑狁逐羊，不见所望。径涉虎庐，亡羝失羔。

坎为狁，伏兑为羊，半震为骑，为逐，故曰"骑狁逐羊"。坎隐，故不见，离为望也。艮为径，为虎，为庐。兑伏，故亡羝失羔。

解 暗昧冥语，转相诖误。鬼魅所舍，谁知卧处。

坎为暗昧，为冥，震为言，故曰"冥语"。坎上下两兑口相背，故曰"诖误"。坎为鬼魅，为舍，为伏，故曰"卧"。坎伏，故不知。

损 姬姜祥淑，二人偶食。论仁议福，以安王室。

互震为周，故曰"姬"。伏巽，故曰"姜"，巽为齐也。震为仁，故曰"祥淑"。震为人，兑卦数二，故曰"二人"。兑为食也。震为言，故论仁议福。震为王，艮为室，为安，故曰"以安王室"。

益 公孙驾骊，载聘东齐。延陵说产，遗季纻衣。

艮为孙，震为公，为骊，为驾，故曰"公孙驾骊"。震为东，巽为齐，震为载，故曰

"载聘东齐"。艮山，故曰"延陵"。震乐，震生，故曰"悦"，曰"产"。艮为季，坤为衣裳，震为纻，故曰"遗季纻衣"。《左传》：吴公子札聘于郑，见子产如旧相识，与之缟带，子产献纻衣焉。

夬 孤竹之墟，老妇亡夫。伤于蒺藜，不见少齐。东郭棠姜，武子以亡。

武子，崔杼也。棠姜，杼妻也。困三爻，据于蒺藜，入于其宫，不见其妻。杼占词也，事见《左传·襄二十五年》。"少齐"者，《左传》晋人。谓之少齐，言美也。伏剥。坤为寡，中虚，故曰"孤竹之墟"，坤为墟也。兑为老妇，本大遇也。艮为夫，艮伏，故无夫。余象多未详。

姤 仁政不暴，凤凰来舍。四时顺节，民安其处。

通复。震为仁，故曰"不暴"。坤为文，故曰"凤凰"。震为辰，卦数四，坤顺，故曰"四时顺节"。坤为民，为安，故民安其处。

萃 任劣力薄，羼弩恐怯。如猦见鹊，不敢拒格。

坤柔，故曰"任劣力薄"，曰"羼弩"。互大坎，故曰"恐怯"。巽为猦，艮为鹊，坤弱，故不敢拒格。《史记·龟策传》注：猦能制虎，见鹊则仰地。

升 卫侯东游，惑于少姬。亡我考妣，久迷不来。

震为警卫，为诸侯，为东游。大坎为惑，兑为少姬。震为父，坤为母，故曰"考妣"。坤死，故亡。坤为我，为迷。震往，故不来。卫文侯避国难游齐。少姬，卫女，齐桓夫人。

困 嘒嘒所言，莫如我垣。欢喜坚固，可以长安。

《诗》：嘒沓背憎。《笺》云：嘒嘒，对语，背则相憎。困三至上，正反两兑口相背，故《易》曰"有言不信"。其伏象则正反两震言相对，故曰"嘒嘒所言"。巽为垣墉，坎陷，故莫如我垣。兑悦而伏艮，故曰"欢喜坚固"，曰"长安"。

井 鼋鸣岐山，鳖应幽渊。男女媾精，万物化生。文王以成，为开周庭。

通噬嗑。互艮为鼋鳖，为山，下震两歧，故曰"岐山"。而初至四正反艮震，震为鸣，故上鸣下应，与《中孚·九二》"鸣鹤在阴，其子和之"，用象同也。坎为幽，坎男，离女，而坎为精，故"男女媾精"。震为万物，为生，为王，上离为文，故曰"文王以成"。艮为成也。艮又为庭，震为周，为开，故曰"为开周庭"。

革 玄黄尪陨，行者劳罢。役夫憔悴，逾时不归。

通蒙。互震为玄黄。《诗·毛传》：玄黄、尪陨，病也。蒙，坎为病，为罢劳，震为行，故曰"行者劳罢"。坎为夫，为劳卦，故曰"役夫憔悴"。艮为时，在外，故逾时不归。

鼎 弱足削跟，不利出门。市贾无利，折亡为患。

下巽，震伏不见，故曰"弱足剐跟"，故不利出门。《鼎·初六》"鼎颠趾"，即如是取象。三五伏艮，艮为门。巽为市贾，为利，兑折，故不利，故折亡。大坎为患。

震 悬貆素餐，居非其宫。失舆剥庐，休坐徙居。

悬貆素餐，《伐檀》诗语也。互艮为貆，伏巽绳，故悬貆。震为食，为白，故曰"素餐"。艮为居，为宫，艮覆，故居非其宫。震为舆，坎失，故曰"失舆"。艮为庐，艮覆，故剥庐。君子得舆，小人剥庐，《剥·上九》爻词也。艮为坐，为居，艮覆，故休坐徙居。

艮 民怯城恶，奸人所伏。寇贼大至，入我郢郭，妻子俘获。

《左传·成九年》：楚伐莒，莒城恶，众溃。艮为城，坎为民，为怯，为陷，故曰"民怯城恶"。坎为伏，为奸，互震为人，故曰"奸人所伏"。坎为寇贼，艮为郢郭，伏巽为入，故曰"入我郢郭"。震为子，伏兑为妻，艮止，故曰"妻子俘获"。

渐 阳低头，阴仰首。水为灾，伤我宝。进不利，难生子。

坎为首，坎伏，故低。坎阳卦而在下，离阴卦在坎上，故曰"阴仰首"。坎为水灾。震为玉，为宝，震覆故伤。震为行，为子，为生，震覆故不利，故难。

归妹 背北相憎，心意不同，如火与金。

兑伏艮，艮为背，坎为北，为憎，为心意。离为火，伏艮为金。《诗·十月之交》篇：噂沓背憎。

丰 太微帝室，黄帝所值。藩屏周卫，不可得入，常安无患。

离为星，故曰"太微"，曰"帝室"。"帝室"者，帝座，即紫微垣也。震为帝，伏坎为宫室，故曰"帝室"。震为黄，故曰"黄帝"。黄帝，轩辕星也。震为丛木，为屏藩，为周，为卫。巽入，巽伏故不可入。

旅 茧栗牺牲，敬享鬼神。神嗜饮食，受福多孙。

互巽，故曰"茧"。艮为果，故曰"栗"。离为牛，故曰"牺牲"。《礼》：祭天地之牛角茧栗。言其色似之也，故曰"茧栗牺牲"。伏坎为鬼，震为神，为饮食，故曰"神嗜饮食"。艮为孙，坎众，故多孙。

巽 出门逢恶，为患为怨。更相击刺，伤我手端。

通震。互艮，故曰"出门"。坎为恶，为患，为怨。初至四反正艮，艮手，故更相击刺。坎折，故伤手。

兑 鹢飞中退，举事不遂，宋人乱溃。

《左传》：六鹢退飞，风也。为宋襄公败征，故曰"宋人乱溃"。兑伏艮，艮为鹢，巽为退。互震为举，为人，艮为宋。《说文》：架木为屋曰宋。艮形似之，故林以艮为宋。

涣 跛踦相随，日暮牛罢。陵迟后旅，失利亡雌。

坎蹇，故曰"跛踦"。巽顺，故曰"相随"。艮为日，坎为暮，故曰"日暮"。艮为牛，坎劳，故曰"牛疲"。巽为陵迟，震为后，故曰"陵迟后旅"。巽为利，为雌，坎失，故曰"失利亡雌"。

节 龙角博颡，位至公卿。世禄久长，起动安宁。

震为龙，艮为角，震为颡。龙角，犹日角；博颡，大颡也，皆贵相。艮为位，震为公，坎为禄，艮为久长，故曰"世禄久长"。震为起，为动，艮为安，故曰"起动安宁"。

中孚 舜升大禹，石夷之野。征诣王庭，拜治水土。

震为帝，故曰"舜"、"禹"。艮为石，为野。按《洛书·灵准听》曰：禹出石夷，掘地代，怀玉斗。石夷不见于他书，而《蜀志·秦宓传》云：禹生石纽。又谯周《蜀本纪》：禹本汶山广柔县人，生于石纽。又《吴越春秋》：鲧娶女嬉，吞薏苡有感，剖胁而产高密，家于西羌，地曰石纽。又《地理通释》引皇甫谧曰：《孟子》称禹生于石纽，西夷人也。兹曰"石夷"，不知于石纽是否为一地，不能明也。震为王，艮为庭，震往，故曰"征诣王庭"。艮手为拜，伏大坎，坎为水，为土，故曰"拜治水土"。此以坎为土，与邵子同。

小过 从风放火，荻芝俱死。三害集房，叔子中伤。

巽为风，艮为火，巽艮连，故曰"从风放火"。巽为草莽，为荻芝，中爻互大过，大过死，故曰"荻芝俱死"。艮为房，数三，坎为害，在中爻，故曰"三害集房"。艮为叔子，兑毁，故中伤。以艮为火，邵子所本。三害，暴、虐、颇也。见《左传·昭十四年》注。

既济 梗生荆山，命制输班。袍衣剥脱，夏热冬寒。饥饿枯槁，众人莫怜。

卦有三震形，故曰"梗"，曰"荆"。又有半艮，故曰"山"。又有半巽，巽为命，为工，为输班，坎为制，故命制输班。震为襦，故曰"袍衣"。三震上下往复如剥脱然。言上六之初，即成未济也。坎冬寒，离夏热，离虚，为饥饿，为枯槁。坎为众，震为笑乐，故曰"莫怜"。

未济 长面大鼻，来解己忧。遗吾福子，惠我嘉喜。

艮为鼻，为面，三艮形，故曰"长面大鼻"。坎为忧，震为解，为福，为子，为嘉喜。此与上卦皆用半象，本之《易》也。

䷁ 坤上
　　坤下 **坤之第二**

不风不雨，白日皎皎。宜出驱驰，通利大道。

纯坤，无巽、兑象，故不风不雨。伏乾为日，大明。故曰"白日皎皎"。震为出，为驱驰，为通，为大涂。言阴极宜阳复成震也。

之乾　谷风布气，万物出生。萌庶长养，花叶茂盛。

《诗毛》传：谷风，东风也。阴阳和则谷风至。按乾纳甲，故曰"东风"。又阴变阳，故万物出生而茂盛。坤为万物，为萌庶也。

屯　苍龙单独，与石相触。摧折两角，室家不足。

震为苍龙，坤寡，故曰"单独"。艮为石，在上，故龙触石。艮为角，坤数二，坎折，故曰"折其两角"。艮为室家，坤穷，故不足。

蒙　城上有乌，自名破家。招呼酖毒，为国患灾。

艮为城，为乌，为家。坎破，故曰"破家"。坤为自，艮为名也。震为言，艮手，故曰"招呼"。坤为毒，为灾患，为国。

需　霜降闭户，蛰虫隐处。不见日月，与死为伍。

通晋。坤为霜。艮为户，坤闭，故曰"闭户"。坎伏，故曰"蛰虫"，曰"隐处"。坎月，离日，坎伏，故不见。坤为死。

讼　天之德室，温仁受福。衣裳所在，凶恶不起。

乾为天，为德，坎为室。乾为仁福，为衣，伏坤，为裳，为凶恶。坤伏，坎陷，故不起。

师　皇陛九重，绝不可登。谓天盖高，未见王公。

震为帝，故曰"皇"。震数九，自二至上，若阶陛然，故曰"皇陛九重"。坤为重也。震为登，坤闭，故不可登。乾为天，为王公，乾伏，故不见。

比　孔德如玉，出于幽谷，飞上乔木。鼓其羽翼，辉光照国。

艮坚，为金玉。坎为幽谷，在上，故曰"出"。艮为飞，为乔木。艮手，为鼓，为羽翼。艮为辉光，为国。《诗·小雅》：其人如玉。又伐木丁丁，鸟鸣嘤嘤。出自幽谷，迁于乔木。

小畜　五轭四軓，优得饶有。陈力就列，驺虞悦喜。

軓，辕端横木，驾马领者。軓，《论语》：小车无軓。注：軓，辕端持衡者。通豫，艮为小木，为軓，为軓。坎数五，震卦数四，故曰"五轭四軓"。乾富，故曰"饶有"。震为陈列，艮为驺虞。《毛传》：驺虞，义兽也。震为乐，故悦喜。陈朴园云：《礼记·射义》，驺虞，乐官备也。注：乐官备者，谓驺虞一发，五豝五豵，喻得贤众多也。故焦氏言陈力就列，驺虞悦喜也。又按：五轭四軓，言猎车之盛也。

履 敝筍在梁，鲂逸不禁，渔父劳苦。焦喉干口，虚空无有。

通谦。坤为敝，震为筐筥，为筍，艮为梁，故曰"敝筍在梁"。坤为鱼，为鲂，在外，故逸。乾为父，坎为劳，兑为口，离火，故曰"焦喉干口"。

泰 雷行相逐，无有攸息。战于平陆，为夷所覆。

震为雷，为逐，为战。坤为平陆，为夷狄。坤死，兑折，故曰"为夷所覆"。如卫懿公是也。

否 六龙争极，服在下饰。谨慎管钥，结禁无出。

乾为龙，数六，在上，故曰"六龙争极"。乾为衣，坤为裳，故曰"服"。坤为下，为文，故曰"下饰"。坤闭，故"管钥"，曰"结禁"。《坤·六四》曰"括囊"，是其义也。

同人 长男少女，相向共语，福禄欢喜。

通师。震为长男，巽为少女。大过以巽为女妻，故巽亦为少女。震为语，巽、震同声相应，故曰"共语"。又离上下两兑口相对，明夷谓曰有言，亦共语也。震为福，为乐。

大有 迁延恶人，使德不通。炎火为殃，禾稼大伤。

离为恶人，为炎火，为殃，余未详。

谦 修其翰翼，随风向北。至虞夏国，与舜相得。年岁大乐，邑无盗贼。

震为翰翼，坤为北，伏巽，故曰"随风向北"。坤为国，震为帝王，故曰"虞夏"，曰"舜"。坤为年岁，震为乐。坤为邑，坎为盗贼，坎隐伏，故无盗贼。

豫 铅刀攻玉，坚不可得。尽我筋力，胝茧为疾。

艮坚在外，为刀，坤柔，故曰"铅刀"。震为玉，艮为坚。"胝茧"者，足病。震为足。坎疾，故曰"胝茧为疾"。筋力象是否为艮，未详。

随 举袂覆目，不见日月。衣衾簠簋，就长夜室。

震为袂，为举，艮为目，为日，兑为月，巽为伏，故曰"覆"，曰"不见"。震为衣衾，为簠簋，艮为室，兑为夜。盖三至上互大过，大过死，故就夜室。言墓内无光，如长夜也。《礼记》：齐大饥，黔敖设食于路。有蒙袂而来者，黔敖曰，嗟，来食。曰，余唯不食嗟来食，以至于此。遂死。《士丧礼》：幂目用缁，方尺二寸。注：幂目，覆目者也。即袂也。

蛊 贼仁伤德，天怒不福。斩刈宗社，失其邦国。

巽为贼，为伤，震为怒，艮为天。艮手，为斩刈。震为宗，艮为社，四至上艮震反复，故曰"斩刈宗社"。艮为邦国，坎为失。

临 白龙赤虎，战斗俱怒。蚩尤败走，死于鱼口。

震为白，为龙，伏艮为虎，乾为赤，故曰"白龙赤虎"。震为战，为怒。坤为恶，故曰"蚩尤"。兑毁，故败。震为走，故曰"败走"。坤为死，为鱼，兑为口。《湘中志》：湘南有鱼口滩。唐李绅诗：洛阳城见梅迎雪，鱼口桥逢雪送梅。又兑亦为虎，兑纳丁，故曰"赤虎"，亦通。

观 北辰紫宫，衣冠中立。含和建德，常受天福。

坤为北，艮为星辰，为宫，故曰"北辰紫宫"。《天文志》：中宫曰紫宫，即紫微垣也。坤为衣裳，艮为冠，居中五，故曰"中立"。伏乾为德，为天福。

噬嗑 稷为尧使，西见王母。拜请百福，赐我喜子。

震为稷，为帝，为行，故曰"稷为尧使"。坎为西，震为王，伏巽为母，故曰"王母"。艮手，为拜。震为言，为请，为百福；为喜，为子，故曰"喜子"。

贲 三人异趣，反复迷惑。一身五心，乱无所得。

互震为人，数三，故曰"三人"。而三至上正覆震相背，故曰"异趣"，曰"反复"。坎为迷惑也。艮为身，坎数一，故曰"一身"。坎为心，纳戊数五，故曰"五心"。离为乱，离虚，故无得。

剥 南山大玃，盗我媚妾。怯不敢逐，退而独宿。

艮山，纳丙，又为玃，故曰"南山大玃"。坤为我，伏兑，为媚，为妾。坤柔，为怯。震为逐，震覆为艮，故不逐。震为进，震覆，则为退矣。坤为宿。《博物志》：蜀南山有大玃，妇人好者辄盗以去。《广韵》：玃，大猿也。

复 众鬼所逐，反作光怪。九身无头，魂惊魄去，不可以居。

坤为鬼，为众。震为逐，为反，为玄黄，故曰"光怪"。坤为身，震纳庚金，数九，故曰"九身"。乾为头，乾伏，故曰"无头"。伏乾为魂，坤为魄，震为惊。艮为居，艮覆，故不可居。

无妄 延颈远望，眯为目病。不见叔姬，使伯心忧。

艮为颈，为望，离为目。大离，故目病。《说文》：眯，草入目中也。震为草莽。而与大离连，故曰"眯"。《易林》小学之精，用一字无不与卦象确切如此。震为姬，艮为叔，故曰"叔姬"。震为伯，巽为心，为忧。

大畜 典册法书，藏在兰台。虽遭乱溃，独不遇灾。

伏坤为文，故曰"典册法书"。巽为伏，为香，故曰"藏在兰台"。艮为台也。坤为乱溃，为灾，乾福，故无灾。全用旁通象。

颐 自卫反鲁，时不我与。冰炭异室，仁道隔塞。

震为卫，为反，伏兑为鲁，故曰"自卫反鲁"。艮为时，坤为我，为冰。艮为火，为炭，为室，卦正覆艮相背，故曰"异室"。艮为道，坤闭，故道塞。

大过 瘤瘿秃疥，为身疮害。疾病癃残，常不远逮。

通颐。艮为节，故曰"瘤瘿秃疥"，曰"疮"。坤为身，为死，故疾病癃残，不能逮远。

坎 齐东郭卢，嫁于洛都。俊良美好，媒利过倍。

《战国策》：韩子卢者，天下之良犬。东郭逡者，天下之狡兔。《诗·齐风》：卢令令。《毛传》：卢，田犬。坎中爻艮为郭，为犬，震为东，伏巽为齐。又卢者，黑色，艮为黔，故曰"齐东郭卢"。举一字，于卦之象数皆合，神已！艮为都，震为嫁，坎为河，故曰"洛都"。按：此《林》屡见。嫁，往也。《列子·天瑞篇》：列子居郑圃四十年，人无视者，将嫁于卫。又，女子适人亦曰嫁。嫁于洛都者，往售于洛都也。故下云"媒利过倍"。"媒"者，因也，言因犬得利也。

离 齐鲁争言，战于龙门。构怨连祸，三世不安。

中爻巽齐兑鲁，而二至五正反两兑相背，兑为言，故曰"齐鲁争言"。伏坎，中爻震为战，为龙，艮为门，故曰"龙门"。又，坎为怨，为祸。离卦数三，故曰"三世"。离为乱，故不安。

咸 膏泽肥壤，农人丰敞。利居长安，历世无患。

兑为膏，为泽。艮为壤，乾为肥，故曰"肥壤"。伏震为农人，为丰敞。坤为长安，为世，震乐，故无患。

恒 仓盈瘐亿，宜种黍稷。年丰岁熟，民得安息。

通益。艮为仓庾，坤众，故盈亿。震为黍稷，坤为岁年，为民，为安息。详《乾之师》。

遁 鸱鸮破斧，邦人危殆。赖旦忠德，转祸为福，倾危复立。

艮为鸱鸮，兑为斧，兑覆，故曰"破斧"。鸱鸮、破斧，《豳风》篇名，皆咏周公之德也。伏坤为邦，震为人。兑毁，故危殆。震为旦，为德。坤为祸，震为福。

大壮 岁饥无年，虐政害民。乾溪骊山，秦楚结冤。

通观。坤为岁，为饥，为政，为民，为虐害。本卦兑为溪，下乾，故曰"乾溪"。《易》以乾为陵，为马，故曰"骊山"。兑西为秦，震为丛木，为楚。骊山，秦地。乾溪，楚地。灵王死乾溪，始皇葬骊山，故曰"结冤"。

晋 捝絜堨堨，缔结难解。嫫母衔嫁，媒不得坐，自为身祸。

捌，挩也。絜，《说文》：麻一端也。艮为手，言以手挩麻，缔结难解也。堁堁，尘起貌。坤为丑，故曰"媄母"。离为见，故曰"衒"。坎为合，为媒，坤为身，为祸，为自。

明夷　媄訾开门，鹤鸣弹冠。章甫进用，舞韶和鸾。三人翼事，国无灾患。

候卦坤居亥为门，互震为开，故曰"媄訾开门"。媄訾，亥辰也。震为鹤，为鸣。覆艮为冠，艮手向下，故曰"弹冠"。章甫，礼冠。震为进，为乐，故曰"舞韶"；为音，故曰"和鸾"。鸾，铃也。坎为和，坤文，为鸾凤。震为人，数三，又为翼，故曰"三人翼事"。翼，辅也，赞也。坤为事，为国，坎为忧患，震乐故无。

家人　弟姊合居，与类相扶。愿慕群丑，不离其友。

长女、中女，故曰"弟姊"。互坎为合，故曰"合居"。艮手为扶，离正反半艮，故曰"相扶"。《易》家人用半象，故亦用半象。互坎为愿慕，离为丑，义本《离·上九》也。重离，故曰"群丑"。离坎为友，体连，故不离。东汉人皆以阴与阴为友，岂知阴阳相遇方为友也。

睽　邯郸反言，父兄生患。涉叔忧恨，卒死不还。

坎正反兑口相背，故曰"反言"。坎为患，为忧恨。余象多未详，或用半象。《史记》：陈胜，字涉；吴广，字叔。陈胜遣武臣徇赵，乃反楚自立为赵王。陈王乃徙系武臣等家属宫中。后涉叔二人，皆为下所杀。林似用其事。

蹇　二人逐兔，各争有得。爱亡善走，多获鹿子。

震为人，三四及五上两半震，故为二人。震为兔，为逐，故曰"二人逐兔"。两震，故各争有得。震为争，为鹿，为子，艮为获。"爱亡"者，言喜走也。亡，往也。

解　北辰紫宫，衣冠立中。含和建德，常受天福。

坎为北，为宫室，为和。震为辰，为衣，为建，为福。余详观卦。

损　拜跪请免，不得其哺。俛首衔枚，低头北去。

艮为拜跪，震为言，为请；艮止，故曰"请免"。兑为哺，坤虚，故不得哺。艮为首，坤下，故曰"俛首"，曰"低头"。艮为小木，为枚，兑口，故曰"衔枚"。坤位北，震往，故北去。

益　鹤盗我珠，逃于东隅。求我郭墟，不见所居。

震为鹤，为珠，巽为盗。震往为逃，为东，故逃于东隅。艮为求，为郭，坤为墟。艮为居，巽伏，故不见。《说苑》：桓公至郭墟，问郭之所以亡。下二句用其事。又，此林屡见。鹤盗珠，必有故实，今不能考。

夬　一簧两舌，妄言谬诀。三奸成虎，曾母投杼。

兑为簧，为舌。《诗》：巧言如簧。乾卦数一，兑卦数二，故曰"一簧两舌"。乾为言，兑口亦为言，乃兑言与乾言相背，故曰"妄言谬诀"。《夬·九四》闻言不信，义与此同也。伏艮马虎，坤为奸，互三坤，故曰"三奸成虎"。坤为母，重坤，故曰"曾母"。曾、层通。凡《易林》用一姓一名，无不从象生，与《易》同也。艮为小木，为杼，艮手为投，故曰"投杼"。《战国策》：今有人言，市有虎，王信之乎？曰否。三人言之，则信矣。《史记·甘茂传》：昔鲁人有与曾参同姓名者，杀人。人告其母，织自若也。又一人告之，织自若也。又告之，其母遂投杼而走。古乐府：三夫成市虎，曾母投杼趋。林正用其词。

姤 孤独特处，莫与为旅。身日劳苦，使布五谷，阴阳顺序。

巽寡，故曰"孤独"，曰"无旅"。乾为日，通复，坤为身，万物皆致役，故曰"劳苦"。巽为谷，卦数五，故曰"五谷"。巽为顺。

萃 褰衣涉河，水深渍罢。赖遇舟子，济脱无他。

坤为衣，为河，艮手为褰，故曰"褰衣"。坤水，互大坎亦为水，故曰"河"，曰"水深"。坤为劳，故曰"罢"。罢同疲，音婆。三至五伏震为舟，为子；震出，故济脱。

升 凭河登山，道路阻难，求事少便。

坤为河，二阳临坤水，故曰"凭河"。本《泰·九二》也。震为登，为道路，互大坎，故曰"阻难"。坤为事，艮为求，三至五艮覆，故少便。山象，《升·六四》"王用亨于岐山"，即以震为山。

困 兔罝之容，不失其恭。和谦致乐，君子攸同。

离为网，为罝，伏震为兔，故曰"兔罝"。坎为和，兑悦，故曰"致乐"。伏艮为君子。《诗·周南》：肃肃兔罝。传：肃，敬也。故曰"不失其恭"。林说诗意。

井 三女求夫，伺候山隅。不见复关，泣涕涟如。

下巽，上互离，下互兑，故曰"三女"。坎为夫，本《左氏》也。二至四伏艮，为山；艮止，故曰"伺候"。艮为关，初至四正反艮，故曰"复关"。坎伏，故不见。坎为泣涕。二句《诗·氓》之语也。

革 螟虫为贼，害我五谷。箪笥空虚，家无所食。

互巽为虫，为伏，故为螟。螟食苗心，言其冥冥难见。巽为贼，为谷，卦数五，兑毁，故曰"害我五谷"。伏坤为我。伏震为箪笥，坤为虚。伏艮为家。兑为食，坤虚，故无所食。语语本象与对象互用。

鼎 望尚阿衡，太宰周公。藩屏辅弼，福禄来同。

离为望，巽为称，为权，故曰"望尚阿衡"。望尚，太公；阿衡，伊尹也。伏震为周，为福禄，艮为藩屏。

震 三牛生狗，以戌为母。荆夷上侵，姬伯出走。

艮为牛，数三，故曰"三牛"。互艮为狗，震为生，故曰"生狗"。艮先天居戌方，戌狗，故曰"以戌为母"。震为草莽，为荆，为侵，为姬，为伯，为走，故曰"姬伯出走"。

艮 涂遏道塞，求事不得。

艮为道涂，艮止，故遏塞。艮为求，坎陷，不得。

渐 探怀得蚤，所愿失道。

艮为手，为探，坎为怀，巽虫为蚤。坎为愿，为失，艮为道。

归妹 飞楼属道，趾多扰垣。居之不安，覆压为患。

艮为楼，震为飞覆艮，故曰"飞楼"。震为道，为趾，伏巽为垣。"趾多扰垣"者，言楼临道，行人多，搅乱不安也。艮为居，艮覆，故不安，故覆压。坎为患也。

丰 义不胜情，以欲自倾。几利危宠，折角摧颈。

艮为角，为颈，上卦艮覆，故曰"折角"、"摧颈"。又，兑亦毁折也。几利，言好利也。

旅 潼瀷蔚荟，扶首来会。津液下降，流潦滂沛。

互大坎为云，故曰"潼瀷蔚荟"。艮为首，为扶。《后汉书·舆服志》曰：凡先合单纺为一系，四系为一扶，五扶为一首。云气来会，与丝缕集合同，故曰"扶首"。互大坎，故曰"津液下降，流潦滂沛"。下《履之恒》词同，惟扶首作肤寸。何休注《公羊》云：侧手为肤，按指为寸。恒，震为反艮，艮反故象侧手，象按指。盖旅必作扶首，恒必作肤寸，方与卦象密切。近人不论卦象，概谓作扶首合，作肤寸非。疏矣。

巽 白驹生刍，猗猗盛姝。赫喧君子，乐以忘忧。

伏震为驹，巽白，故曰"白驹"。巽为草莽，故为生刍；为长，为高，故曰"猗猗盛姝"。姝，美也。二四伏艮，艮为君子。"赫喧"者，容仪盛貌。震为乐，故忘忧。

兑 车驰人趋，卷甲相仇。齐鲁寇战，败于犬丘。

伏震为车，为人，为驰。艮为甲，艮伏，故卷甲。巽齐，兑鲁。伏艮为犬，为丘。兑折，故败于犬丘。地名。《左传》：郑子然侵宋，取犬丘。《林》但取卦象，不必与事相符。

涣 举首望城，不见子贞，使我悔生。

震为举，坎为首，艮为城，为望。坎伏，故不见。震为于，艮止为贞。《诗·卫风》：乘彼垝垣，以望复关。子贞，盖犹《郑风》之不见子都、子充，不必有其人。

节 龙斗时门，失理伤贤。内畔外贼，则生祸难。

震为龙，中爻正覆震，故曰"斗"。艮为时，为门，故曰"时门"。《左传·昭十九年》"龙斗于郑时门之外"，是也。艮为贤，坎为失；为贼，在外，故曰"外贼"。震为生，坎为祸难。畔象未详。

中孚 安如泰山，福喜屡臻。虽有豹虎，不致危身。

互艮为安，为山；震东，故曰“泰山”。震为福喜，为至。艮为豹虎，为身；震乐，故不危。

小过 初忧后喜，与福为市。八佾列陈，饮御嘉友。

互大坎为忧。震为喜，为后，故曰“后喜”。巽为市，震为舞，佾舞，行列也。行数人数。纵横皆同。艮九宫数八，上下正反震亦正反艮，故曰“八佾”。取象之能，直同于《易》矣。震为陈列。兑口为饮，艮为友。艮阳在上，下乘二阴，《易》所谓一人行则得其友也。

既济 持刀操肉，对酒不食。夫行从军，少子入狱，抱膝独宿。

艮为刀，为持，坎为肉，故持刀操肉。坎为酒，兑为食；艮止，故不食。坎为夫；为众，故为军；在外，故曰“从军”。艮为小子，坎为狱，巽入，故曰“小子入狱”。艮为抱，为节，故曰“抱膝”。坎为宿，坎孤，故独宿。除坎外皆用半象。

未济 阴衰老极，阳建其德。履离戴光，天下昭明。功业不长，虾蟆大王。

首二语言阳皆居上，阴居下也。半震为履，半艮为戴，重离，故履离戴光，故天下昭明。震为功业，半震，故不长。震为鸣，为王，故曰“虾蟆大王”。《淮南子》云：驿牛被青紫，入太庙，用以求雨，不如黑蜮。注：黑蜮即虾蟆。古谓虾蟆能求雨。《大过之升》云：虾蟆群聚，从天请雨。又《随之临》：蛙池鸣呴，呼求水潦。故《春秋繁露》云：春旱求雨以甲乙日，为苍龙一丈八尺立于坛上，取五虾蟆错置社池中，方八尺深二尺，具清酒脯脩，拜跪陈词。又《淮南子·说林训》云：土龙刍狗，旱岁疾疫，则为帝。帝即大王，言当时尊贵也。“功业不长，虾蟆大王”者，言如虾蟆，天旱用以求雨，尊贵一时，已则弃置也。

☵ 坎上
☳ 震下 **屯之第三**

兵征大宛，北出玉关，与胡寇战。平城道西，七日绝粮，身几不全。

坎众，坤众，故曰“兵”。震为征，坎位西，故曰“大宛”。艮为关，震为玉，为出，坤位北，故曰“北出玉关”。坤阴为胡，坎为寇。正覆艮震，故曰“战”。艮为城，为道，坎为平，为西。震数七，伏乾为日；震为粮，坤虚，故曰“七日绝粮”。坤为身，为死，故曰“不全”。《史记》：高帝至平城，为匈奴所围，七日不得食。大宛，西域国名，《史记》有《大宛传》。坎、坤全用先天卦位。

之乾 泛泛柏舟，流行不休。耿耿寤寐，心怀大忧。仁不逢时，退隐穷居。

九家及荀爽皆以乾为河,《易林》亦以乾为江河,乃知荀及九家之所本。为河,故曰"泛泛",曰"流行"。乾由屯变来,屯之乾亦乾之屯。屯下震为木,为舟,故曰"柏舟"。坎为心,为忧,为隐。艮为时,为居,故曰"退隐穷居"。《左传》云:震之离亦离之震。林所本也。《诗·邶风》:泛彼柏舟,亦泛其流。《毛传》谓妇以柏舟自比。兹曰"退隐",义与《毛》异。

坤 采薪得麟,大命陨颠。豪雄争名,天下四分。

坤为薪;为文,故为麟。坤死,故曰"大命陨颠"。遇卦屯,震为豪雄;艮为名,初至五正反艮震,故曰"争名"。坤为天下,坤拆,故四分。《公羊·哀公十四年》:薪采者获麟,孔子闻之,反袂拭面,涕沾巾,自知死不久也。

蒙 山崩谷绝,大福尽竭。泾渭失纪,玉历既已。

二四艮覆,故曰"山崩",曰"谷绝"。乾为福,为大,三至五乾伏坤丧,故大福竭。坤水,坎水,混合漫流,故曰"泾渭失纪"。震为玉;为时,故为历。《论语》:天之历数在尔躬,天禄永终。"玉历既已"者,言历数尽也。《史记·周本纪》:幽王二年,三川竭,岐山崩。《竹书》:幽王二年,泾渭洛竭,歧山崩。后幽王被犬戎所杀,西周亡。

需 夏台羑里,汤文所厄。鬼侯输贿,商王解合。

通晋。艮为台,为里;上离,故曰"夏台"。《书·康诰》"羑",王肃云"道也"。艮为道,故曰"羑里"。坎为水,下有艮火,故曰"汤"。离为文。桀囚汤夏台,纣囚文王于羑里,故曰"汤文所厄"。坎为鬼,四为诸侯,故曰"鬼侯"。艮为贝,艮手为输,故曰"输贿"。乾为王,为言,故曰"商王"。坎为合。史称鬼侯进女于纣,女不喜淫,醢鬼侯。与此异。

讼 泥滓污辱,弃捐沟渎。所共笑哭,终不显录。

坎为泥滓,为污辱,为沟渎,为众。伏震为笑哭。坎为隐伏,故不显录。

师 李梅冬实,国多盗贼。扰乱并作,君不得息。

互震为李梅;乾为木果,坎为冬,故曰"冬实"。《左氏春秋》:僖公三十三年十二月,李梅实,书不时也。坤为国,坎为盗贼,坤众,故曰"多"。坤为配,震为扰,为作;为君,震行故不息。

比 獐鹿逐牧,饱归其居。反还次舍,无有疾故。

艮为獐鹿,坤为牧,反震为逐。坎中满,故曰"饱"。艮为居,为次舍,反震为反还。坎为疾,坤为死,为故;艮坚,故无有疾故。

小畜 夹河为婚,期至无船。摇心失望,不见所欢。

通豫。坎为河,四上下皆阴,故曰"夹河"。艮为时,为期,坎为婚。震为船,坎伏,故无船。坎为心,震为摇,艮为望;坤失,故曰"摇心失望"。震为欢,坎伏,故不见所欢。

履 百足俱行，相辅为强。三圣翼事，王室宠光。

通谦。互震为足，为百，为行，故曰"百足俱行"。百足，虫名。《淮南子》"百足之虫，至死不僵"，是也。兑为辅；坎为圣，震数三，故曰"三圣"。震为翼，坎为事，故曰"翼事"。震为王，坎为宫室，艮为光，故曰"王室宠光"。三圣，谓文、武、周公。

泰 坐位失处，不能自居。调摄违和，阴阳颠倒。

言与天尊地卑之义相反也，故曰"阴阳颠倒"。

否 登几上舆，驾驷南游。合从散横，燕齐以强。

艮为几，坤为舆。乾为马，为行，故曰"驾驷"。乾位南，故曰"南游"。坤为顺，故曰"合从"。艮东北，为燕，巽为齐。乾健，艮坚，故曰"强"。

同人 三系维弩，无益于辅。城弱不守，郭君受讨。

互巽为绳，故曰"系"；离卦数三，故曰"三系"。《后汉书·舆服志》"凡先合单纺为一系"是也。伏坎为弓，为弩。维，系也。言以三系之丝，系于弩上，太弱，故曰"无益于辅"。伏坤为城，坤柔，故曰"城弱"。坤为郭，伏震为君，为讨伐，故曰"郭君受讨"。郭，国名，灭于齐。

大有 河伯大呼，津不得渡。船空无人，往来亦难。

丁云：河伯，水神。《援神契》：河者水之伯。按：此用遇卦屯象，坎为河，震为伯，为呼，故曰"河伯大呼"。艮为止，故津不得渡。震为船，坤虚，故曰"船空"。震为人，坎隐伏，故无人。震为往，震覆，故往来难。

谦 甘露醴泉，太平机关。仁德感应，岁乐民安。

互坎为水，坤为水，故曰"甘露"，曰"醴泉"。坎为平，为机，艮为关。震为仁德，为岁，为乐。坎为心，故曰"感应"。坤为民，艮为安。旧注，《瑞应图》云：王者德至，则甘露降于松柏。《六帖》云：醴泉，太平则出。

豫 重茵厚席，循皋采蘜。虽颐不惧，复反其宅。

震为茵席，正覆震，故曰"重茵厚席"。艮为皋，震为蘜；艮手，故曰"采蘜"。坎为忧惧，为颐；震乐，故不惧。艮为宅，震为反，故曰"反宅"。

随 太乙驾驷，从天上来。征我叔季，封为鲁侯，无有凶忧。

太乙，星名，即北辰也。艮为星，震为马，艮在震上，故曰"驾驷"。否上之初，故曰"从天上来"。艮为叔季，为求，故曰"征我叔季"。兑为鲁，震为侯，故曰"鲁侯"。坎为忧，震乐，故无有凶忧。

蛊 南巴六安，石斛戟天。所指不已，已老复一。将釐乃嫁，墟敝室旧，更为新家。

丁云：“石斛、巴戟天，皆药草名。”《神农本草经》曰：“石斛，出六安……巴戟天，出巴郡。”按：震为南，艮为城邑，故曰“南巴”。互大坎数六，艮为安，故曰“六安”。艮为石，震为斛，故曰“石斛”。艮为刀，为戟，在上，故曰“戟天”。艮为指，震为反，为复。“已老复一”者，言已年老，复其一子，免其赋役也。艮为坚，故为釐。震为嫁，故曰“将釐乃嫁”。艮为墟，为室，巽为敝，故曰“墟敝室旧”。艮为光明，为新，为家。

临 家给人足，颂声并作。四夷宾伏，干戈韬阁。

通遁。艮为家，震为人，为足。震为音声，为言，为作，故曰“颂声并作”。震卦数四，坤为夷，故曰“四夷”。震为宾客。“宾伏”者，言四夷宾于王庭。巽为伏。兑为斧，为干戈，坤藏，故曰“干戈韬阁”。

观 东邻嫁女，为王妃后。庄公筑馆，以尊王母。归于京师，季姜悦喜。

通大壮。震为东邻，为嫁，兑为女，为妃。震为王，为木，故为桓。庄，讹字也。震又为公，故曰“桓公”。艮为馆，为筑，坤为母，伏乾为王，故曰“王母”。震为归，坤为京师。艮为季，巽为姜，伏震为喜。按，《左传·庄元年》：鲁为主，筑馆以逆王姬，非为王后。又《桓九年春》：纪季姜归于京师，为桓王后。《林》词全用此事。据《谷梁疏》：鲁为主方书归。为主，则必筑馆。然则庄为桓之讹字无疑。

噬嗑 陈妫敬仲，兆兴齐姜。营邱是适，八世大昌。

震为陈，坎为仲，艮为笃敬，故曰“敬仲”。坎为兆，伏巽为齐，为姜。互艮为营邱，震往故曰“适”。艮为世，数八，震为昌。妫，陈姓；敬仲，即公子完，庄二十二年奔齐。初，懿氏卜妻敬仲，曰：有妫之后，将育于姜。”故曰“兆兴齐姜”。八世之后，莫之与京。

贲 路多枳棘，步刺我足。不利旅客，为心作毒。

艮震为道路，坎为枳棘，为刺。震为步，为足，为旅客；坎险，故不利。坎为心，为毒。

剥 天官列宿，五神共舍。宫阙光坚，君安其居。

艮为官，为星，故曰“天官列宿”。汉乐章有《五神歌》曰：五神相，包四邻。如淳曰：五神相太一也。盖即五星也。艮为舍，反震为神，坤五行数五，故曰“五神共舍”。艮为宫阙，为光，为坚，为居，为安；一阳止于上，故曰“君安其居”，故曰“共舍”。言五阴承一阳也。

复 牧羊稻园，闻虎呻喧。惧畏惕息，终无祸患。

坤为养，为牧，震为羊，为稻。坤为园，为虎，震为喧。伏乾，乾阳，故惧畏惕息。坤为祸，震乐，故无。

无妄　鸣条之灾，北奔犬胡。左衽为长，国号匈奴。主君旄头，立尊单于。

震为鸣，为木，故曰"鸣条"。乾伏坤位北，坤又为胡，艮犬，故曰"北奔犬胡"。震为衽，为左，为长。《论语》：吾其被发左衽。胡俗也。艮为国，为奴仆，震为号，故曰"国号匈奴"。震为主，乾为君，为头，震为多发，故曰"主君旄头"。震为立，艮为尊，乾君，故曰"单于"。《史记》：汤伐桀于鸣条。又《匈奴传》，《索隐》引乐彦《括地谱》云：汤放桀鸣条，其子荤粥，妻桀之众妾，避居北野，随畜移徙，中国谓之匈奴。旄头，被发也。《汉官仪》"旧选羽林为旄头，被发先驱"，是其证。由《林》词观之，《括地谱》之说，与古故实合。

大畜　克身洁己，逢禹巡狩。锡我玄圭，拜受福佑。

艮为身，退在上，故曰"克身"。乾为王，震出，故曰"逢禹巡狩"。震为玄黄，为玉，乾为锡，故曰"锡我玄圭"。艮为拜，乾为福佑。

颐　冬华不实，国多盗贼。疾病难医，鬼哭其室。

艮为果实，坤为冬；震为花，坤虚，故花而不实。坤为国，伏巽为盗，正反巽，故多盗。坤为疾病，坤死，故难医。坤为鬼，震为哭，艮为室，故曰"鬼哭其室"。

大过　襄送季女，至于荡道。齐子旦夕，留连久处。

兑少，故曰"季女"。伏震为诸侯，故曰"襄"。震为大涂，故曰"荡道"。《齐风》：鲁道有荡，齐子发夕。刺齐襄与文姜乱也。巽为齐，伏震为子，震为旦，兑昧为夕。艮止，故留连久处。《左传·桓三年》：齐侯送姜氏于欢。注：欢，鲁地。繇词言齐襄与妹乱，既送至鲁境，而不忍别也。词皆本象与对象杂用。陈朴园云：《齐风》，齐子发夕。《释文》引《韩诗》云：发，旦也。今《焦氏》言齐子旦夕，是《齐诗》以发夕为旦夕，与《韩诗》训同。

坎　朽根倒树，花叶落去。卒逢火焱，随风偃仆。

通离。中爻巽为木，故曰"根"，曰"树"。巽敝，故曰"朽"，曰"倒"。巽陨落，故花叶落去。大过，兑为华。离上互也，离上下皆火。互巽风陨，故偃仆。

离　阴变为阳，女化作男。治道得通，君臣相承。

通坎。乾二五之坤成坎，坎为中男，为阳卦，故阴化阳，女作男。坎中爻艮为道路，为臣，震为君，故曰"君臣相承"。《五行志》：魏襄王十三年，有女子化为丈夫。

咸　炎绝续光，火灭复明。简易理得，以成乾功。

下艮为火，故曰"炎"；上兑为绝，故曰"炎绝"。巽绳，为续。艮为火，为光，巽伏，故光灭。乾日，故复明。乾简，坤易。中爻乾，故曰"以成乾功"。

恒　多载重负，捐弃于野。予母谁子，但自劳苦。

坤、震皆为车，坤厚载物，故曰"多载"。艮为负，坤重，故曰"重负"。坤为野，兑附决，故曰"捐弃"。坤母，震子，兑决，故无子。坤致役万物，故曰"劳苦"。多用伏象。

遁　江河海泽，众利室宅。可以富有，饮御嘉客。

乾为江河海泽，巽为利，艮为室宅。乾为富。伏兑为口，故曰"饮"。震为嘉客。

大壮　冬采薇兰，地冻坚坼。利走东北，暮无所得。

此用遇卦屯象。坎为冬，艮手为采，震为薇兰。坤为地，履霜坚冰，故曰"地冻坚坼"。震为东北，为走，伏巽为利。坤为暮，坤虚故无得。

晋　鸟鸣嘻嘻，天火将起。燔我室屋，灾及妃后。

《左传·襄十三年》：有鸟鸣于宋太庙，曰嘻嘻出出。宋火，伯姬被焚，卒。晋离为鸟。离正反皆兑口，故曰"嘻嘻"。离为火，艮为天，亦为火，故曰"天火"。艮为室屋，坤为妃后。火多，故曰"燔"，曰"灾"。

明夷　蚕室蜂户，螫我手足。不可进取，为身害速。

此用遇卦屯象。坎为室，为毒，坤为户，伏巽为虫，故曰"蚕室蜂户"。坎为棘，为刺，为螫。艮为手，震为足；为进取，坤凶，故不可进取。坤为身，为害，震为速。

家人　崔嵬北岳，天神贵客。温仁正直，主布恩德。闵哀不已，蒙受大福。

此用屯象。坎北，艮山，故曰"北岳"。震为神，为仁，为客。坎为忧，故曰"闵哀"。震为恩德，为大福。

睽　伯蹇叔盲，莫与守牧。失我衣裳，代己除服。

此用屯象。震为伯，坎蹇，故曰"伯蹇"。艮为叔，互大离，故曰"叔盲"。坤为牧，坤寡，故莫与守牧。震为衣裳，为服；坤丧，坎盗，故曰"失"。除，治也。言衣裳为人盗去，代我治理服用也。

蹇　为季求妇，家在东海。水长无船，不见所欢。

艮为季，为求，伏兑为艮妇。艮为家，互离为东，坎为海，为水。震为船，震覆，故无船。震为欢，震覆，坎伏，故不见。

解　山陵丘墓，魂魄失舍。精诚尽竭，长寝不觉。

此用屯象。艮为山陵，为丘墓。坎为舍，为心，为精诚，坎失，故竭尽。坎为夜，为寝；坤死，故不觉。

损　蹄牛失角，下山伤轴，失其利禄。

坤为牛，艮为角，兑毁折，故牛蹄，故角失。蹄，蹇也。艮为山，坤为下，坎为轴；兑折，故伤轴。伏巽为利，坤为失。

益　水载船舟，无根以浮。往来溶溶，心劳且忧。

坤为水，震为船，坤为载。巽下断，在水上，故曰"无根以浮"。震为往，又为反，故曰"往来"；坤水，故曰"溶溶"。伏大坎为心，为劳，为忧。

夬　有鸟来飞，集于宫树。鸣声可恶，主将出去。

屯，艮为鸟，为飞；为宫，为集，为木，故曰"集于宫树"。下震为鸣，为声，坤为恶。下震为主，为出。此用《左传》，见前晋卦。

姤　东徙不时，触患离忧。井泥无濡，思叔旧居。

通复。震为东，为徙；艮为时，艮覆，故不时。坤为忧患，震为触。坤为井，为泥；艮为叔，为居，坤为旧。剥穷上反下，言复旧为剥艮也。

萃　黄帝所生，伏羲之宇。兵刃不至，利以居止。

通大畜。震为黄，为帝，为生，故曰"黄帝所生"。巽为伏，艮为宇，故曰"伏羲之宇"。艮刚在上，为兵刃；艮止，故不至。巽为利，艮为居止。按，伏羲都陈，黄帝为有熊国君少典之子。皇甫谧曰：有熊，今河南新郑，非陈地。焦氏时古籍尚多，或别有所据欤？

升　东山拯乱，处妇思夫。劳我君子，役使休已。

艮为陵，为东，故曰"东山"。坤为乱，伏艮为手，为拯。巽为妇，在内，故曰"处妇"。坤为思，震为夫。坤为劳，震为君子。坤为役，艮止，故已；艮覆，故不已。词皆用《东山》诗意。

困　跛踬未起，失利后市，不得鹿子。

坎蹇，故跛踬。坎伏，故未起。互巽为利市，坎失，故失利后市。震为鹿，为子，震伏，故不得。

井　大蛇当路，使季畏惧。汤火之灾，切近我肤。赖其天幸，趋于王庐。

巽为蛇，伏震为大涂，故曰"大蛇当路"。伏艮为季，坎为畏惧。中爻离上坎，故曰"汤火"。伏艮为肤，为庐。震为王，为走，故曰"趋于王庐"。

革　从容长闲，游戏南山。拜祠祷神，神使无患。

通蒙。反正艮，艮止，故从容。震为游戏，为南，艮为山，故曰"南山"。艮手，为拜，为祠。震为祷，为神，坎为患，震乐，故无患。全用旁通。

鼎　区脱康居，慕义入朝。湛露之欢，三爵毕恩。复归野庐，与母相扶。

通屯。坤虚，故曰"区脱"。《史记·匈奴传》：东胡与匈奴中间，有弃地千余里，各居其边，为区脱是也。坎西，康居西方国，坤国，故曰"康居"。坤为义，坎为心，故曰

"慕义"。震往，故曰"入朝"。坎为露，震为欢；为爵，数三，故曰"三爵"。坤为野，艮为庐，震为反，为归，故曰"复归野庐"。坤为母，艮手为扶，初至五正反皆艮，故曰"相扶"。湛露，《诗》篇名，天子宴诸侯入朝之诗。

震 龟鳖列市，河海饶有。长财善贾，商季悦喜。

互艮为龟鳖，伏巽为市。坎为河海，坎众，故曰"饶有"。伏巽为利，为长，为商贾。艮为季，震为列，为善，又为悦喜。

艮 年常蒙庆，今岁受福。三夫采苢，出必有得。

互震为年，为庆，为福，为夫。数三，故曰"三夫"。艮手为采，震为苢。《诗·小雅》：薄言禾苢。《疏》：苢，似苦菜。震为出，坎为得。

渐 二人俱东，道怒争讼。意乖不同，使君恼恼。

通归妹。震为人，为东，兑卦数二，故曰"二人俱东"。震为大涂，为怒，故曰"道怒"。震言，兑亦为言，故争讼。坎为意，为忧，故为恼恼。震为君。恼同恼，惧也。

归妹 树我藋茞，为鹿兔食。君不慎护，秋无收入。

震为藋茞；为立，故为树。震为足，为走，故为鹿兔。兑口，为食。震为君。坎为忧恤。兑正秋，兑毁，故秋无收入。

丰 黄鸟悲鸣，愁不见星。困于鸷鸟，鹞使我惊。

震为黄，为鸟，为鸣；互大坎，故悲鸣，故愁。离为星，坎伏，故不见。伏艮为鸷鸟，为鹞；坎为困，震为惊。

旅 双凫俱飞，欲归稻池。经涉萑泽，为矢所射，伤我胸臆。

通节。兑卦数二，震为凫，为飞，故曰"双凫俱飞"。兑为池，震为稻，故曰"稻池"，故曰"萑泽"。震为涉，坎为矢，震为射。兑为伤，艮为胸臆。

巽 久客无依，思归故乡。霖雨盛溢，道未得通。

巽为商旅，为客，重巽故曰"久客"。伏坎为思，震为归，艮为乡。坎为雨，互大坎，故曰"霖雨"，曰"盛溢"。伏艮为道，坎陷，故不通。

兑 道路辟除，南至东辽。卫子善辞，使国无忧。

通艮，为道路。震为辟除，为南，先天震东北，故曰"东辽"。震为卫，为子，为辞；艮初至五正反震，故曰"善辞"。艮为国，互坎为忧，震乐故无忧。

涣 同枕共袍，中年相知。少贾无利，独居愁思。

艮为枕，震为袍，中爻正反艮震，故曰"同枕共袍"。震为年，坎为中，故曰"中年"。伏兑为少，巽为贾；为利，风散，故无利。巽为寡，艮为居，故曰"独居"。坎为愁思。

节 众神集聚，相与议语。南国虐乱，百姓愁苦。兴师征讨，更立贤主。

震为神，坎为众，故曰"众神"。坎为集聚，二至五正反震，故曰"相与议语"。艮为国，震南，故曰"南国"。伏离为虐乱。震为百，为人，故曰"百姓"。上坎为愁苦。震为征讨，坎众，故曰"兴师征讨"。互震为主，为立，故曰"更立贤主"。

中孚 北陆闭蛰，隐伏不出。目盲耳聋，道路不通。

通小过。中互大坎，坎为北陆。陆者，道也。《左传》，日在北陆而藏冰是也。坎为冬，为隐伏，故曰"闭"。巽为虫，亦为伏，故曰"闭蛰"，曰"不出"。本卦互大离，目睛涨大，故盲。小过互大坎，耳空塞实，故聋。艮震为道路，坎塞，故不通。

小过 痴狂妄作，心诳善惑。迷行失路，不知南北。

此用屯象。震为狂，坤迷，故曰"痴狂"。坎为心，为惑，正覆震相背，故"诳"。诳，妄语也。艮震为道路，震为南，坎为北；坎失，故不知。

既济 栋隆辅强，宠贵日光。福善并作，乐以高明。

此用屯象。坎为极，为栋，为车，为辅。大过，栋桡之凶，不可以有辅也。《诗》：勿弃尔辅。《毛传》：辅以佐车。辅，夹车木也。坎在上，故曰"栋隆"。艮坚，故曰"辅强"。艮为日，为光，为宠贵。震为福善，为乐；艮为高明。

未济 爱我婴女，牵衣不与。冀幸高贵，反日贱下。

此仍用屯象。震为婴孩，坤为女，坎为爱，故曰"爱我婴女"。震为衣，艮为手，为牵；艮止，故不与。艮为高贵，为求，故曰"冀幸高贵"。坤为贱下。

艮上坎下 蒙之第四

何草不黄，至未尽玄。室家分离，悲忧于心。

震为草，为玄黄；坤贞未，言草至未而将变色。《小雅》诗：何草不黄，何草不玄。《笺》：玄，赤黑色。艮为室家，二四艮覆，故曰"分离"。坎为心，为悲愁。

之乾 海为水王，聪圣且明。百流归德，无有畔逆，常饶优足。

乾为海，为水，为王；为聪圣，为明，为百。《禹贡》"江汉朝宗于海"，故百流归德。乾顺行，故无有畔逆。乾富，故常饶优足。

坤 左辅右弼，金玉满堂。常盈不亡，富如敖仓。

此全用蒙象。震为左，震反为右；震为辅弼，故曰"左辅右弼"。艮为金，震为玉，艮为堂，为廒仓。廒仓，所以盛粟。震为粟，故尤切。

屯 安息康居，异国穹庐。非吾习俗，使我心忧。

坎位西，安息、康居，皆西方国。又，中爻艮止，故曰"安息康居"。艮为国，为庐，为天，故曰"穹庐"。坤为我，为俗；坎为心，为忧。

需 范公鸱夷，善贾饰资。东之营邱，易字子皮。把珠载金，多得利归。

坎为毒，故曰"范公"。范，蠹也。《檀弓》"范则冠而蝉有緌"是也。伏艮为鸱。"鸱夷"者，革囊，盛酒器。杨雄《酒箴》所谓鸱夷滑稽，腹大如壶是也。艮又为革，坎为酒，故曰"鸱夷"。《易林》用一字兼数象，往往如是。"范公鸱夷"者，言范蠡适齐，号鸱夷子皮也。乾为资财。饰、饬通，治也。离为东，伏艮为营邱；为皮，伏坤为字，故曰"易字子皮"。艮为把，为金，反震为珠。坤为载，为利。兼用旁通。

讼 老杨日衰，条多枯枝。爵级不进，日下摧隤。

巽木，乾老，故曰"老杨"。离为日，为枯，为爵。巽为陨落，故摧隤。

师 小狐渡水，污濡其尾。利得无几，与道合契。

此用蒙象。上艮，故曰"小狐"，曰"尾"。坤、坎皆为水，故污濡其尾。坤为财，为众；坤虚，故得少。震为大涂，故曰"道"。坎为合，为信，故曰"合契"。

比 豕生鱼鲂，鼠舞庭堂。奸佞施毒，上下昏荒，君失其邦。

坎为豕，坤为鱼，为育，故曰"豕生鱼鲂"。丁晏云：《开元占经》引京氏云豕生鱼鲂，其邑犬水是也。艮为鼠，为庭堂，艮手为舞。《汉书·五行志》：燕有黄鼠，衔其尾，舞王宫。《京房易传》曰诛不原情，厥妖鼠舞门是也。坎为毒，为奸，坎上下兑口相背，故曰"奸佞"。艮为上。坎为下，为昏荒，为邦。震为君，震覆，故失邦。

小畜 天地配享，六位光明。阴阳顺叙，以成厥功。

乾天，伏坤为地。兑食，故曰"享"。乾数六，离为光明，伏艮为位，故曰"六位光明"。乾阳，巽顺，乾为功。

履 踵踵足伤，右指病痈。失旅后时，利走不归。

通谦。震为踵，为足；艮多节，故曰"肿"，曰"伤"，曰"痈"。《释名》：踵，钟也，聚也。义与肿同，与《易林》合。艮为指，兑为右，故曰"右指"。坎为孤，为失，故曰"失旅"。艮为时，震为后，故曰"后时"。震为走，为归，坎陷，故不归。

泰 异体殊患，各有所属。西邻孤媪，欲寄我室。主母骂詈，求不可得。

坤为体，为患害；乾阳坤阴，故曰"异体殊患"。六爻皆有应予，故曰"各有所属"。兑为西，为孤媪。伏艮为室，为寄。震为主，坤为母，震言、兑言，故曰"主母骂詈"。艮为求，艮伏，故求不可得。

否 操秅乡畝，祈贷稷黍。饮食充口，安和无咎。

艮手为操，巽为秬，为稷黍。坤为畝，乾为言，故曰"祈贷"。言以秬为祭而祈田也。伏兑为口，为食，坤为安。

同人 新受大宠，福禄重来。乐且日富，蒙庆得财。

离为新，乾为大，为宠，为福禄。重乾，故曰"重来"。离日，乾富，故曰"日富"。乾为庆，为财。

大有 举杯饮酒，无益温寒。指直失取，亡利不欢。

通比。坤为缶，为杯，艮为举，坎为酒，兑为饮。离温，乾寒，时之自然，非酒所能改易也。艮为指，为取，乾为直，故指直失取。言指僵不能取物也。坤贫，故亡利。震覆，故不欢。

谦 日月相望，光明盛昌。三圣茂承，功德大隆。

坎月，伏离为日，为目，故曰"日月相望"。艮为光明，震为盛昌。坎为圣，艮纳丙，数三，故曰"三圣"。震为茂，为隆；伏乾为功德。

豫 猾夫争强，民去其乡。公孙叔子，战于城南。

坎为奸猾，震为夫，为强。坤为民，为乡；震往，故民去其乡。艮为叔，为孙，震为子。正反两震相背，故曰"战"。艮为城，震为南，故"城南"。下二句故实未详。

随 猿堕高木，不蹂手足。保我金玉，还归其室。

巽为高，艮为猿，艮在震木上，故曰"猿堕高木"。艮手震足，兑折在外，故不蹂。蹂，折也。艮为金，震为玉，为归，艮为室。

蛊 逐狐东山，水遏我前。深不可涉，失利后便。

艮狐，震逐，震东，艮山，故曰"逐狐东山"。互大坎，故曰"水"，曰"深不可涉"。巽为利，坎为失，故曰"失利后便"。

临 凿井求玉，非卞氏宝。名困身辱，劳无所得。

震为玉，兑为井，伏艮为求。非卞氏宝，言求之非地也。艮为名，艮反，故名困。坤为身，为下，故为辱。坤虚，役万物，故劳无所得。

观 黄玉温厚，君子所服。甘露溽暑，万物生茂。

伏震为黄，为玉，坤为厚；艮火，故曰"温厚"，曰"溽暑"。艮为君子。坤为万物，为暑；兑为露。

噬嗑 画龙头颈，文章不成。甘言善语，说辞无名。

震为龙，艮为头颈。离为文章，坎隐伏，故不成。初至四正覆震，故曰"甘言善语"，曰"说辞"。艮为名，坎隐，故无名。

贲 招祸致凶，来弊我邦。病在手足，不得安息。

艮手为招，为致；坎为灾祸，为凶。艮为邦，伏巽为敝。坎为病，艮手，震足，坎居中，故病在手足。艮止，为安息；坎险，故不安。

剥 履位乘势，靡有绝毙。皆为隶圉，与众庶位。

艮为位，反震，为履位乘势。坤丧，故曰"绝毙"。艮为隶圉，坤为众庶。艮仆、坤众合居，故曰"与众庶位"。

复 獐鹿雉兔，群聚东圃。卢黄白脊，俱往趋逐。九酢十得，君子有喜。

此用蒙象。坤文，为雉。艮为獐，震为鹿，为兔。坤为群，为聚，为圃。震东，故曰"东圃"。卢，黑犬；黄、白，皆犬名。《史记·李斯传》：吾与汝牵黄犬。《西京杂记》：李亨有白望犬。震为玄黄，又为白也。震为追逐，为口，为酢。震数九，故曰"九酢"。坤数十，故曰"十得"。震为喜，艮为君子。

无妄 织锦未成，纬尽无名。长子逐兔，鹿起失路。见利不得，因无所据。

巽为帛，为锦，为纬。巽下断，故曰"未成"，曰"纬尽"。艮为名，巽为伏，故无名。震为兔，为长子，为逐；鹿，为起，为路。巽伏，故失路。震为后，巽为利；艮止，故不得。

大畜 天厌周德，命与仁国。以礼靖民，兵革休息。

震为周，为德；乾为天，兑绝，故曰"天厌周德"。艮为国，震为仁，故曰"仁国"。伏坤为民，为体。艮止，为靖。艮刚在外，为刀兵，为肤革；艮止，故休息。

颐 重译贡芝，来除我忧。善说遂良，与喜相求。

震为言，正反震，故曰"重译"。艮为芝，震为进，故曰"贡芝"。坤为我，为忧；震乐，故不忧。正反震，故曰"善说"，故曰"喜"。艮为求，正反艮，故曰"相求"。

大过 膏壤肥泽，人民孔乐。宜利居止，长安富有。

上卦兑，故曰"膏泽"。乾为肥，伏坤为壤，为人民，伏震为乐。巽为利，伏艮为居止。坤为长安，乾为富有。

坎 白龙黑虎，起鬐暴怒。战于涿鹿，蚩尤败走。居止不殆，君安其所。

震为白，为龙。艮为虎，为黔，故曰"黑虎"。震为起，为鬐，为威武，为怒，为战，为鹿。坎水，故曰"涿鹿"。坎为寇盗，故曰"蚩尤"。坎险，故曰"败走"。艮为居止，震为君。

离 抱关传言，聋跛摧筋。众贱无下，灾殃所在。

伏艮为关，为手，故曰"抱关"。正反兑口，故曰"传言"。坎为耳，震为行。坎伏，故聋；震伏，故跛。巽为殒落，兑毁折，故曰"摧筋"，盖伏坎为筋也。坎为众，离为灾殃。

咸　忧祸解除，喜至庆来。坐立欢门，与乐为邻。

通损。震乐，故忧祸解除，喜至庆来。艮坐，震立，震欢，艮门，故曰"坐立欢门"。

恒　折锋载殳，辇马放休。行军依营，天下安宁。

兑为锋，为殳，为折。艮覆，兑折，故曰"折锋"。震为车，故曰"载殳"。震为马，在外，故曰"放休"。坤为军，伏艮为营；艮止，故曰"依营"，言不出也。坤为天下，为安宁。

遁　至德之君，仁政且温。伊吕股肱，国富长安。

乾为君，为至德，为仁。艮火，故曰"温"。艮为臣，故曰"伊吕"。巽为股，艮为肱，故曰"伊吕股肱"。伏坤为国，为民；乾富，艮安。

大壮　千里望城，不见青山。老兔虾蟆，远绝无家。

震为千里，艮为城，为望，为山。震东方，色青，艮伏，故不见。震为兔，为虾蟆。艮为家，艮覆，故无家。

晋　有莘季女，为夏妃后。贵夫寿子，母字四海。

坤为茅茹。故曰"有莘"。艮为季，坤女，故曰"有莘季女"。离为夏，坤为妃后。艮为贵，为寿；坎为夫，为中子。坤为母，为字。"字"者，养也。坤为水，为海；震卦数四，故曰"四海"。有莘氏，大禹之母。

明夷　不虞之患，祸至无门。奄忽暴卒，痛伤我心。

坤为患，为祸，坎为忧虞。艮为门，三至五艮覆，故曰"无门"。坤死，故曰"卒"。坎为心，为痛，坤为我。《道德指归论》：道之为物，窥之无户，察之无门。无门，言不知祸之所自来也。

家人　飞鹰退去，不食雏鸡。忧患解除，主君安居。

此用蒙象。艮为鹰，为飞，震反，故退去。本卦离为雏，巽为鸡，兑为食，震为解除。上卦兑覆故不食。坎为忧患，为君主。艮为安居。

睽　跬蹉侧跌，申酉为祟。戌亥灭明，颜子隐藏。

二折震成兑，故跬蹉侧跌。兑西方金，故曰"申酉为祟"。艮居戌亥，艮为明，艮伏，故灭明。艮为颜，艮伏，故颜子隐藏。

蹇　司禄凭怒，谋议无道。商氏失政，殷人乏嗣。

《汉书·天文志》：司禄，文昌第六星。此用蒙象。艮为星，为官，故曰"司禄"。震为怒，为言，故为议。坎为心，故曰"谋议"。艮为道，坎伏，故曰"无道"。震为子，为人子者，殷商之姓。坤杀，故无子而乏嗣。

解 望鸡得雏，冀马获驹。大德生少，有廖从居。

巽为鸡，离目为望，巽伏，故不得鸡而得雏。震为雏也。坎为马，震为雏，为驹。下二句疑有讹字，义皆未详。

损 切切怛怛，如将不活。黍稷之恩，灵辄以存。

《诗·陈风》：心焉切切。传：切切，忧貌。坤为忧，故曰"切切怛怛"。怛，亦忧也。坤死，故曰"不活"。震为黍稷，为恩。坤虚为饿，故曰"灵辄"。《左传·宣二年》：初，赵盾田，见灵辄，饿食之。故曰"灵辄以存"。

益 噂噂嗫嗫，夜作昼匿。谋议我资，来攻我室。空尽我财，几无我食。

初至五正反震相对，故曰"噂噂嗫嗫"。噂嗫，对语也。此句宋、元本、汲古原作莫莫辑辑，于卦象不切，依《节之艮》校。坤为夜，与震连。故夜作昼伏。乾为大明，为昼，巽为伏，故曰"昼匿"。坤为财，为我，正反震，故曰"谋议我资"。艮为室，震为伐，为攻。坤虚，故财空。震为食，坤饥，故无食。

夬 天之所坏，不可强支。众口指笑，虽贵必危。

乾为天，兑毁，故曰"天之所坏"，不可强支。兑为口，为笑，坤众，故曰"众口"。伏艮为指，为贵。兑毁，一阴将尽，故危。

姤 目动睫瞤，喜来加身。举家蒙欢，吉利无殃。

《说文》：瞤，目动也。《西京杂记》：陆贾曰："目瞤，得酒食。"伏震为动，为喜，坤为身。目睫象未详。

萃 灶羹芬香，染指拂裳。口饥于手，子公恨馋。

艮为灶，坤为羹；巽为臭，故曰"芬香"。艮为指，为拂，坤水，故染指。坤为裳，艮手，故拂裳。兑为口，坤为饥。"口饥于手"者，言口饥而恃手也。于，依也。孔融书：举杯相于。曹植《乐府》：心相于。杜甫诗：良友幸相于。皆作依恃解，是其证。子公，郑公子宋也。《左传·宣四年》：楚人献鼋于郑灵公。公子宋与子家将见。子公之食指动，以示子家曰，他日我如此，必尝异味。及入，宰夫将解鼋，相视而笑。公问，子家以告。及食大夫鼋，召子公而弗与。子公怒，染指于鼎，尝之而出。林词全述其事。

升 天福所丰，兆如飞龙。成子得志，六二以兴。

伏乾，故曰"天福"，曰"丰"。震为飞，为龙，坤坼，为兆，故曰"兆如飞龙"。伏艮为成，震子，故曰"成子"。震为兴，巽为志，故曰"得志"。坤数二，伏乾数六，故曰"六二"。翟云升云：六二谓十二世也。愚按，《庄子·胠箧篇》：田成子十二世有齐国。《释文》云：自敬仲奔齐，至庄子九世，知齐政；自太公和至威王，三世而有齐国，共十二世。故曰"六二以兴"。

困 氓伯易丝，抱布自媒。弃礼急情，卒罹悔忧。

《诗·氓》之篇，氓之蚩蚩，抱布贸丝。匪来贸丝，来即我谋。布，币也。贸，即易也。伏震为伯，巽为丝，为布。巽为商贾，故抱布易丝。伏艮为抱，坎为合，为媒，为忧。

井 夏姬亲附，心听悦喜。利以搏取，无言不许。

通噬嗑。离为夏，震为姬。兑悦，故亲附，故悦喜。坎为心，为听。巽为利，艮为搏取。震为言。

革 南山昊天，刺政闵身。疾悲无辜，背憎为仇。

通蒙。震南，艮山，故曰"南山"。本卦离为夏，故曰"昊天"。《尔雅·释天》：夏为昊天。注言：气皓旰也。坎为刺，坤为政，为身。坎为忧闵，为悲，为疾，为憎，为仇。坤为辜，坤虚，故无。艮为背，下坎，故曰"背憎"。《诗·小雅》：节彼南山，不吊昊天。为刺讥厉王之诗。林辞全用其意。

鼎 三人为旅，俱归北海。入门上堂，拜谒王母。劳赐我酒，欢乐无疆。

通屯。震为人，后天数三；震为商旅，故曰"三人为旅"。坤为海水，位北，故曰"北海"。震为归，故归北海。艮为门堂，震为入，为上。艮为拜，震为谒，为王；坤母，故曰"王母"。坎为劳，为酒，坤为我。象全用旁通。

震 愆淫旱疾，伤害稼穑。丧制病来，农人无食。

愆者不及，淫者过也。艮为火，坎为疾，故曰"旱疾"。震为稼穑，艮火，故伤害禾稼。震为人，为农，为食，稼伤故无食。震初至四，与无妄初至四同。京房以无妄为大旱卦，自虞翻莫明其义，由艮火之象失传也。

艮 攫饭把肉，以就口食。所往必得，无有虚乏。

坎为饮，为肉；艮手为攫，为把。互震为口，为食，为往。坎为得，故无有虚乏。

渐 鸟飞无翼，兔走折足。虽欲会同，未得所欲。

离为鸟，为飞；震为翼，震伏，巽寡发，故无翼。震为兔，为走，为足；震伏坎折，故曰"折足"。

归妹 体重飞难，未能逾关。行坐忧愁，不离室垣。

此用蒙象。坤为身，为重，故曰"体重"。震为飞，坎陷，故难飞。艮为关，坤闭，故未能逾关。震为逾，为行。坎为忧愁，为宫室；坎陷，故不离。

丰 四雄并处，人民愁苦。拥兵西东，不得安所。

震为雄，卦数四，故曰"四雄"。互大坎为人民，坎忧故愁苦。兑为斧，为兵；坎聚，故曰"拥兵"。震东兑西。震动，坎险，故不安。

旅 译重关牢，求解已忧。心感乃成，与善并居。

通节。中爻反正震，故曰"重译"。坎为牢，震为开，为解。艮为求，坎为忧，为心。辞皆费解，必有讹字。

巽 患解忧除，王母相于。与喜俱来，使我安居。

通震为乐，故无忧患。震为王，巽为母。"相于"者，相依也，义已见前萃卦。震为喜，艮为安居，皆用旁通。

兑 冬生不华，老女无家。霜冷蓬室，更为枯株。

伏坎为冬，震为生，兑为华。冬，故不华。大过以兑为老妇，艮为家，艮伏，故老女无家。坎为霜，为冷。艮为室，震为蓬，故曰"蓬室"。巽为木，互离，故曰"枯株"。

涣 震慄恐惧，多所畏恶。行道留难，不可以步。

坎为恐惧，为畏恶。震为道，为行。坎陷，故留难，故不可步。

节 三夫共妻，莫适为雌。子无名氏，翁不可知。

节长中少三男俱备，祇兑为女象，故曰"三夫共妻"。适，主也。莫适为雌，言兑女无所适从也。震为子，艮为名，坎隐，故无名氏。震为父。"翁"者，父也。坎隐，又二至五正反皆震，故曰"不知"。此林为愚求索林词知其用象之始，故志其艰于此。

中孚 早凋被霜，花叶不长。非时为灾，家受其殃。

震为花叶，兑为霜；巽为陨落，故曰"凋"，曰"不长"。艮为时，为家；兑折，巽落，故为灾殃。

小过 雉兔之东，狼虎所从。贪饕凶恶，不可止息。

艮为鸟，为雉。震为兔，为东，为之。之，往也。艮为狼虎，震为从。兑为食，震亦为食，故曰"贪饕"。兑毁，为凶恶。艮为止息，坎险，故不可止息。

既济 马惊破车，主堕深沟。身死魂去，离其室庐。

此用蒙象。震为马，为车，为惊；坎破，故马惊破车。震为主，坎为陷，故曰"主堕"。坎为沟，在下，故曰"深沟"。坤为身，为死，故曰"身死"。震为神，为魂，为去；艮为室庐。

未济 山林麓薮，非人所处。鸟兽无礼，使我心苦。

此用蒙象。艮为山，震为林麓，故曰"山林麓薮"。震为人，坎险，故人不可处。艮为鸟，为兽。坤为礼，坎隐伏，故无礼。坎为心，为劳苦。

焦氏易林注卷二

䷄ 坎上 乾下 需之第五

久旱三年，草木不生。粢盛空乏，无以供灵。

通晋。离火，艮火，故曰"久旱"。离数三，坤为年，故曰"三年"。震为生，为草木；震覆，故不生。震为粢，为簠簋，故为盛。坤虚，故空乏。

之乾 火灭复息，君明其德。仁人可遇，身受利福。

此用需象。中爻离火，上临坎水，故火灭。然革象曰：水火相息。故曰"火灭复息"。乾为君，为德，为仁人。离为明。伏坤为身。

坤 温山松柏，常茂不落。鸾凤所庇，得其欢乐。

此仍用需象。乾为山，离为火，故曰"温山"。坎为木，为坚，故曰"松柏"，故曰"不落"。离为文章，故曰"鸾凤"。互兑为悦，故欢乐。

屯 西诛不服，恃强负力。倍道趋敌，师徒败覆。

坎位西，坤杀，故曰"西诛"。艮为负，为坚，故曰"恃强负力"。艮为道，震为大涂，故曰"倍道"。震为趋，正反艮震，故曰"敌"。坤为师徒，为丧，故败覆。丁晏云：《史记》，项梁西击，秦屡败之，有骄色，后败死定陶。林辞似用其事。

蒙 三涂五岳，阳城太室。神明所伏，独无兵革。

丁云：《左传·昭四年》，四岳、三涂、阳城、太室……九州之险。注：皆山名。正反艮，故山多。震为神明，坎为伏，艮为兵刃，为肤革，坤虚故无。

讼 三牛生狗，以戌为母。荆夷上侵，姬伯出走。

详《坤之震》。

师 凫游江海，没行千里，以为死亡。复见空桑，长生乐乡。

震为凫，为游行。坤为江海，为没，为千里，为死亡。二上体复，震为桑，坤虚，故曰"复见空桑"。震为生，为乐，坤为乡。《吕氏春秋》：伊尹生空桑。

比 太乙驾骝，从天上来。征召叔季，封为鲁侯，无有凶忧。

坤乙，艮星，故曰"太乙"。坤为马，五居坤上，故曰"驾骝"。艮为天，为求，为叔季。伏兑为征召，为鲁。坎为合，为封。坤为凶，坎为忧，坤虚，故无。

小畜　纤绩独居，寡处无夫。阴阳失志，为人仆使。

巽为纤绩，为独，为寡。震为夫，震伏，故无夫。伏坎为志，坤为失。艮为仆使。

履　兵征大宛，北出玉门。与胡寇战，平城道西。七日绝粮，身几不全。

通谦。与屯同象。解见屯林。

泰　楚灵暴虐，罢极民力。祸起乾溪，弃疾作毒。扶伏奔逃，死申亥室。

震为木，为楚，楚丛木也；为神，为灵，为暴。坤为害，为虐。坤役万物，故罢极。坤为民，为祸，兑为溪；下乾，故曰"乾溪"。坤为疾，为毒，弃疾，灵王弟。艮为扶，为伏。扶伏，匍匐也，言匍匐而逃也。震为奔逃。坤死，坤后天位申，消息卦居亥，故死申亥。伏艮为室。

否　雌单独居，归其本巢。毛羽憔悴，志如死灰。

坤为雌，为寡；艮为居，为巢。伏震为归，故曰"归其本巢"。巽为寡发，故毛羽憔悴。坤为死，为志。灰，盖艮象。

同人　两矛相刺，勇力钧敌。交绥结和，不破不缺。

兑为斧，为矛；下离两兑相对，故曰"两矛相刺"。乾健，故曰"勇"。伏坎为和，巽为退。交绥，退军名。见《左传·文十二年》交绥注。坎为破，为缺，坎伏故否。

大有　乘船济渡，载水逢火。赖幸免祸，蒙我生全。

通比。坤虚为船。坎为水，坤为载，故曰"载水"。互艮为火，故曰"逢火"。坤为祸，乾为幸。坤为我，乾为生。

谦　丧宠益尤，政倾家覆。我宗失国，秦灭周室。

艮为宠，坤为丧，为尤，为政。艮为家，坎陷，故倾覆。震为宗，坤为我，为国，为失。坎位西，故曰"秦"。震为周，艮室坤丧，故灭。

豫　冬无藏冰，春江不通。阴流为贼，国被其殃。

坎为冬，为冰，坤为藏；在下，故不藏。震为春阳，坎陷，故不通。坤为阴，坎为贼。坤为国，为殃。

随　田鼠野鸡，意常欲逃。拘制笼槛，不得动摇。

艮为鼠，巽为鸡，艮为田野，故曰"田鼠野鸡"。震为逃，艮为笼槛，为拘，故不得动摇。

蛊　佩玉蕊兮，无所系之。旨酒一盛，莫与笑语。孤寡独特，常愁忧苦。

互震为玉，为华，为蕊，艮为佩。巽为系，兑决，故无系。互大坎为酒，震为盛；坎数一，故曰"一盛"。震为笑语，巽寡，故无与。艮阳在上，故孤。巽寡，震阳在下，为独。兑为特，大坎为忧愁。凡六子，《易林》皆有。鳏寡孤独象。

临　没游源口，求鲛为宝。家危自惧，复出生道。

兑为源，为口；坤为水，震为游，故曰"没游源口"。坤禹鱼，为鲛。震为玉，为宝。伏艮为求，故曰"求鲛为宝"。《述异记》：鲛人居水中，如鱼，不废机织，眼泣成珠。故曰"求鲛为宝"。艮为家，艮覆，故家危。二至上体《复》，震为出，为生，为道，故曰"复出生道"。

观　河水孔穴，坏败我室。水深无岸，鱼鳖倾倒。

坤为河水，艮为孔穴。巽为败坏，艮为室，坤为我。重坤，故曰"水深"。艮为岸，巽敝，故无岸。艮为鳖，坤为鱼；巽漏，故倾倒。

噬嗑　教羊牧兔，使鱼捕鼠。任非其人，费日无功。

伏兑为羊，巽为鱼；震为兔，艮为鼠。巽为命，故曰"教"，曰"使"。艮手为牧，为捕。震为人，上离为日；坎失，故失任，故无功。

贲　升户入室，就温煨食。冰冻北陆，不能相贼。

艮为户，为室；震为升，伏巽为入，故曰"升户入室"。离火为温，震为缶，在离上，有若煨食。坎为食也。坎为冰，为冻，为北陆，为贼。震乐，故不贼。

剥　孤竹之墟，老妇亡夫。伤于蒺藜，不见少妻。东郭棠姜，武氏破亡。

坤为寡，坤虚，故为竹。坤为墟，故曰"孤竹之墟"。伏兑为老妇，震为夫。震覆坤丧，故曰"亡夫"。三四句用遇卦需象：坎为蒺藜，兑为少妻，坎伏，故不见。艮为城郭，震为武，震覆，故武氏破亡。武子者，崔杼，娶东郭偃之姊，棠公之妻。棠公死，武子吊，见棠姜而美之，遂娶之。事见《左传·襄二十五年》。

复　凶忧灾殃，日益明彰。福不可釐，三郤夷伤。

坤为凶忧灾殃，震为明彰。坤祸，故无福。釐，予也。《诗·大雅》"釐尔士女"是也。震，数三。三郤，郤锜、郤犨、郤至。伏巽为陨，坤丧，故夷。

无妄　载璧秉珪，请命于河。周公作誓，冲人瘳愈。

震为璧，为珪，为载，艮手为秉，故曰"载璧秉珪"。巽为命，震为请，上乾为河，故请命于河。震为周，为作，为誓，为冲人；为乐，故瘳愈。《史记·鲁世家》：成王病，周公为自揃其蚤沈之河，成王病果愈。冲人，成王也。

大畜　鸟飞鹊举，照临东海。龙降庭坚，为陶叔后。封坼英六，履福绥厚。

艮为鸟鹊，震为飞举。乾为海，纳甲，故曰"东海"。震多毛。龙，多毛犬也。艮为庭，为坚。艮为火，为陶，故曰"陶叔"。震为后，为英，乾数六；艮为封坼，故曰"封坼英六"。庭坚，皋陶字。言皋陶之后，封在英、六二国也。见《史记·陈世家》。又《左传·文五年》：楚人灭六，灭蓼，藏文仲曰，皋陶庭坚，不祀忽诸。又《楚世家》：成王二十六年，灭英张守节。疑英即蓼，非。据《杞世家》，英亦皋陶后。

颐 危坐至暮，请求不得。膏泽不降，政戾民忒。

艮为坐，坤暮。艮为请求，坤虚，故不得。上伏兑为膏泽，艮止，故不降。坤为政，为民，坤凶，故曰"戾"，曰"忒"。

大过 宜昌娶妇，东家歌舞。宴乐有绪，长安嘉喜。

通颐。巽为妇，震为娶；为东，为歌舞。艮为家，故曰"东家歌舞"。巽为绪，震为嘉乐。

坎 凿井求玉，非卞氏宝。名困身辱，劳无所得。

艮手为凿，为求，坎为井。震为玉，为宝。艮为身名，坎为困。楚卞和玉最良，然求之于井，非其地。坎为劳，为失，故无得。

离 鹄思其雄，欲随凤东。顺理羽翼，出次须日。中留北邑，复反其室。

通坎。震为鹄，为东。离文为凤，震为羽翼。艮手为理，互巽，故曰"顺理"。震为出，艮为次，离为日。艮止，故须日。艮为邑，坎北，故曰"北邑"。艮止，故留。震为复，坎至。

咸 早霜晚雪，伤害禾麦。损功弃力，饥无所食。

乾为冰，为霜雪。巽为禾麦；兑为伤，为害，为损弃。乾为功，兑为食。伏坤为饥，故无所食。

恒 蝙蟖生子，深目黑丑。虽饰相就，众人莫取。

蝙蟖，即蝙蝠。《尔雅注》：齐人谓之蝙蟖。巽为虫，震为生，为子。伏大离，故曰"深目"。伏坤为黑，为丑，为文饰，为众。震为人，艮手为取；艮覆，故莫取。

遁 去如飞鸿，避凶直东。遂得全脱，与福相逢。

艮阳在上为飞，艮为鸟，故为鸿。巽伏，故曰"避凶"。伏震为东，为脱，乾为福。

大壮 婚姻合配，同枕共牢。以降休嘉，子孙封侯。

此合对象言，震巽为婚姻，为合配。艮木为枕，震为盆，为牢。《史记·平准书》：官与牢盆。乐彦云：牢乃盆名。《礼记·昏义》：共牢而食。注：共牢者，共食一牲也。此则以震盆为象。震为休嘉，为子。兑为孙，震为诸侯。

晋 咸阳辰巳，长安戌亥。丘陵生止，非鱼鳞市。不可避阻，终无悔咎。

伏乾为阳，消息卦乾居辰巳。坤为安，消息卦居戌亥。互艮为丘陵，为止。坤为鱼鳞。言丘陵之地，非鱼市也。坎为阻。

明夷　螟虫为贼，害我五谷。簞笥空虚，家无所食。

伏巽为螟。螟，食苗心虫。坎为贼，坤为害。互震为谷，坤数五，故曰"五谷"。震为簞笥，坤为空虚，故无所食。

家人　蒙恩拜德，东归吾国。慷慨宴笑，欢乐有福。

象多未详。祇东归，及宴笑、欢乐，知用伏象。

睽　赍贝赎狸，不听我辞。系于虎须，牵不得来。

伏蹇。艮为赍，离为贝，艮为狸。震为辞，震覆，故不听。坎为听也。艮为虎，为须，为牵。艮止，故不来。

蹇　比目附翼，欢乐相得。行止集周，终不离忒。

伏重离，故曰"比目"。兑悦为欢乐，艮为止。

解　一指食肉，口无所得。染其鼎蕭，舌馋于腹。

坎为肉，数一，故曰"一指食肉"。一，或为以之讹字，不敢定也。震为口，在外，故无得。震为鼎蕭，故染指于鼎蕭也。离为腹。此仍用子公染指于鼎事，详《蒙之萃》。

损　曳纶江湖，钓挂鲂鲤。王孙利得，以享仲友。

通咸。巽为纶，艮手为曳，坤为江湖，故曰"曳纶江湖"。艮为钓，为挂，坤为鱼。震为王，艮为孙，故曰"王孙"。巽为利，兑为友，伏大坎为仲。

益　商纣牧野，颠败所在。赋敛重数，黎元愁苦。

坤为恶，故曰"商纣"。坤为野，为养，为牧，故曰"牧野"。坤丧，故颠败。坤为藏，故为赋敛。坤为重，故曰"重数"。坤为民，为黑；又艮黔，震苍，故曰"黎元"。伏大坎，为愁苦。

夬　北辰紫宫，衣冠立中。含和建德，常受天福。

通剥。艮为星，坤北，故曰"北辰"。艮为宫，为冠，乾为衣，兑为和。乾为天，为福。

姤　轻战尚勇，不知兵权。为敌所制，从师北奔。

通复。震为勇，为战。坤为兵，巽为权。坤迷，故不知兵权。震为征，为奔；坤为师，为北，故曰"从师北奔"。

萃　大口宣唇，神使伸言。黄龙景星，出应德门。兴福上堂，天下安昌。

兑为口，为唇，巽白为宣。伏震为神，为伸，兑为言。伏震为黄，为龙。艮为星，为明，故曰"景星"。艮为门堂。

升 凶子祸孙，仗剑出门。凶讼欢嚣，惊骇我家。

坤为凶祸，震为子孙。伏艮为匕，为剑。坤为门户，震出，故曰"出门"。初至四，正反两兑口相背，故曰"凶讼欢嚣"。震为惊骇，坤为我，艮为家，艮反，故惊骇我家。

困 祝伯善言，能事鬼神。辞祈万岁，使君延年。

三至上正反兑口，故善言。《易》所谓尚口也。故曰"祝伯"。祝史以口舌为用。伏震为伯，坎为鬼。伏震为神，为辞，为岁年，为万，为君辞，犹拜表、拜书。

井 珪璧琮璋，执贽见王。百里宁戚，应聘齐秦。

伏震为玉，为王。伏艮为手，为执。震为百里，坎为忧戚。巽为齐，兑为秦。百里奚用于秦穆，宁戚以饭牛，歌于齐桓也。

革 昧旦乘车，履危蹈沟。亡失裙襦，摧折两轴。

通蒙。震为昧旦，为乘，马车，为履，为蹈。坎险为沟渎，震上坎下，故履危蹈沟。坤为亡失，震为裙襦。坎折坤，坤数二，故曰"两轴"。坤为轴也。

鼎 胶著木连，不出牛栏。斯飨羔羊，家室相安。

通屯。坎为胶，震艮坎皆为木，故曰"木连"。又屯初至五，正反两震相合，亦有木连象。震为出，坤为牛，艮为栏，艮止故不出。本卦兑为羔羊，为食，故曰"飨"。艮为家室，为安。

震 卷领遁世，仁德不舍。三圣攸同，周国茂兴。

艮为领，坎伏，故曰"卷领"，曰"遁世"。震为仁德，艮止，故不舍。舍，发也。坎为圣，震数三，故曰"三圣"。艮为国，震为周，为兴，故曰"周国茂兴"。

艮 黍稷苗稻，垂秀方造。中旱不雨，伤风枯槁。

互震为禾苗，为秀，为造。造，作也。坎为中，为雨；艮火，故旱，故不雨。伏巽为风，离为枯槁。

渐 冠带南游，与福喜逢。期于嘉贞，拜为公卿。

艮冠，巽带，离南。伏震为福喜，为嘉。"贞"者，卜问。《周礼·天府》"季冬陈玉，以贞来岁之美恶"是也。艮手为拜，艮为官，故为公卿。

归妹 一巢九子，同公共母。柔顺利贞，出入不殆，福禄所在。

离为巢，坎数一，故曰"一巢"。震为子，数九，故曰"九子"。震为公，伏巽为母，故曰"同公共母"。震出巽入，震为勇，往故不殆。震又为福禄也。

丰 韩氏长女，嫁于东海。宜家宜主，柔顺以居，利得过倍。

《说文》：韩，干也。故震为韩，为长。兑为女，故曰"长女"。震为嫁，为东，兑为海。震为主，伏艮为家。巽为顺，为利；二四正反巽，故曰"倍"。

旅 因祸受福，喜盈我室，所愿必得。

通节。坎为祸，震为福喜，艮为室。

巽 晋平有疾，迎医秦国。病乃大秘，分为两竖。逃匿育上，伏于膏下，和不能愈。

通震为晋，坎平坎疾，故曰"晋平有疾"。医、醷同字，酒也。坎为酒，故借用以与象合。坎西，故曰"秦"。艮为国也。坎为病，为隐伏，故曰"病乃大秘"。互艮为僮仆，故曰"竖"；正反艮，故曰"两竖"。坎为心，为膏盲。《成十年》杜注：育，鬲也。心下曰膏。坎又为逃匿，为和；坎疾，故不愈。《左传·成十年》：晋景公疾，求医于秦，秦使医缓为之。未至，公梦疾为二竖子，曰：彼良医也，惧伤我，焉逃之？"其一曰：居育之上，膏之下，若我何？"医至，曰：疾不可为也，在育之上，膏之下，攻之不可，达之不及。

兑 牡飞门启，患忧大解。修福行善，不为身祸。

牡，门牡也。兑牡在艮，艮伏不见，故曰"飞"。艮为门，震为启，故曰"牡飞门启"。艮中爻坎为忧患，震为解，为福。艮为身，坎为祸，震乐，故不为身祸。《汉书·五行志》：成帝元延元年，长安章城门门牡自亡。或谓此事，为焦氏所不及见。岂知京房死于元帝时，真不及见此事者，而房有"厥妖门牡自亡"之占。可见此事，古已有之，不始于成帝时。

涣 追亡逐北，至山而得。稚叔相呼，反其室庐。

互震为追逐。艮止，故至山而得。艮为叔，中爻正反震，故曰"相呼"。震为反，艮为室庐。

节 鸟鸣葭端，一呼三颠。动摇东西，危栗不安，疾病无患。

震为苇，为葭，为鸣，艮鸟在上，故曰"葭端"。坎数一，震数三，震为呼，为颠，为动摇。震东，兑西。坎为栗，为疾病，为患；震乐，故无。

中孚 龙化为虎，泰山之阳。众多从者，莫敢粉藏。

震为龙，艮为虎，震反为艮，故龙化为虎。艮山，震东，故曰"泰山"。艮纳丙，丙南，故曰"山阳"。震为从，正覆震，故曰"众"。坎为藏，坎伏，故莫藏。

小过 焱风阻越，车驰揭揭。弃古追思，失其和节，忧心惙惙。

巽风，艮火炎上，故曰"焱风"。《尔雅》：扶摇谓之焱。注：暴风从下上。又《月令》：焱风暴雨总至。注：回风为焱。中爻正反巽，故曰"焱风"。越，散也，坠也。阻越，犹逾越也。《易林》用一字能含数象，此等虽《易》亦少也。震为越，为车，为驰。揭揭，驰貌。震为追，坎为思。坎为和，为失，为忧，为心。《诗·桧风》：匪风发兮，匪车偈兮。顾瞻周道，中心怛兮。思周道也。"弃古追思"者，言古周道灭绝，今追思之。正诗意也。或作弃名，则违诗意矣。

既济 游居石门，禄安身全。受福西邻，归饮玉泉。

此用需象。乾为石，为门，为行，故曰"游居石门"。乾为福，为禄，为玉，坎为西邻。兑口，故曰"饮"。石门，地名。《论语》：子路宿于石门。

未济 登高上山，见王自言。申理我谗，得职蒙恩。

震为登，艮为高，为山。震为王，为言，为申。坎离皆上下兑口相背，故曰"谗"。艮为官，故曰"得职"。多用半象，《易林》于既、未济通例也。

䷅ 乾上 坎下 讼之第六

文巧俗弊，将反大质。僵死如麻，流血漂橹。皆知其母，不识其父，干戈乃止。

通明夷。坤为文，坎为俗，巽为敝。震为反，为白，故曰"大质"。坤为死，震为麻，坎为血，为橹。坤水坎水，故流血漂橹。伪古文《尚书·武成篇》：血流漂杵。《孟子》同。杵，焦作橹。坤为母，乾为父。明灭，故不知。离为干戈。

之乾 文王四乳，仁爱笃厚。子畜十男，夭折无有。

此用遇卦讼象。乾王，离文，故曰"文王"。艮为乳，初二与三四皆形艮，故曰"四乳"。又巽数四也。乾为仁爱，伏坤为厚。震为子、男，坤数十，故曰"十男"。坤为死，故曰"夭"。坎为折，震生，故夭折无有。又全用讼伏。

坤 日入望车，不见子家。长女无夫，左手搔头。

此亦用遇卦讼象。离伏，在下，故曰"日入"。《易》所谓后入于地也。离为望，伏震为车，为子，坎为室家。讼巽为长女，坎为夫，坎隐，故无。伏震为左，反艮为手，为搔，坎为头。亦用讼伏。

屯 东上泰山，见尧自言。申理我冤，以解忧患。

艮山，震东，故曰"泰山"。震为帝，为言，故曰"见尧自言"。坎为冤，为忧患；震，解。

蒙 奎轸汤汤，过角宿房。宣时布和，无所不通。

艮为星，先天居西北；对兑，兑居东南，故曰"奎轸"。奎西北宿，轸东南宿；而坤坎皆为水，故曰"汤汤"。角、房皆东方宿，震为东，故曰"过角宿房"。艮为时，坎为和。为通。震为轸，艮为角、房，尤切。

需 引翼牵头，虽惧无忧。王母善祷，祸不成灾。

通晋。艮为引，为牵，为觲，为头。坎为忧惧，坤安故无忧。坤母，乾王。故曰"王母"。坎上下皆兑口，故曰"善祷"。坎为祸灾，坤安故不灾。

师 凫得水没，喜笑自啄。毛羽悦怿，利以攻玉。公出不复，伯氏客宿。

震为凫，坤水、坎水，故曰"没水"。震为喜笑，为口，为啄；坤为自，故曰"自啄"。震为毛羽，为悦怿，为玉。伏巽为利，坎为破，为攻，故曰"利以攻玉"。震为公，为出，为复；坤死，故不复。震为伯，为客，坎为夜，为宿。

比 水流趋下，欲至东海。求我所有，买鲂与鲤。

坎坤皆水，故曰"趋下"。坤为海，纳乙，故曰"东海"。艮为求，坤为我；为鱼，故曰"鲂鲤"。

小畜 獐鹿逐兔，安饱其居。反还次舍，无有疾故。

通豫。艮为獐鹿；震为逐，为兔，在前，故曰"獐鹿逐兔"。艮为居，为安，坎为饱。艮为次舍，震为反，故反次舍。坎为疾，震乐，故无疾。坤为死，为故。

履 树植藿豆，不得耘锄。王事靡盬，秋无人收。

通谦。震为藿豆，艮手为树植，为芸锄；坎陷，故不得。震为王，坤为事。震为行，故曰"靡盬"。靡盬，无定也，见《诗·唐风》注。震为人，震伏，故无。兑为秋。

泰 弱水之西，有西王母。生不知老，与天相保。

坤水，坤柔，故曰"弱水"。互兑为西，乾王坤母，故曰"王母"。震为生，乾为老，震乐故不知老。乾为天，震为健，故曰"与天相保"。

否 数穷廓落，困于历室。幸登玉堂，与尧侑食。

乾为阳九，居数之极，故曰"数穷"。乾为远，故廓落。艮为室，为时，故曰"历室"。艮止为困，乾为玉；艮为堂，乾行，故登玉堂。乾为帝，故曰"尧"。伏兑为食。

同人 子鉏执麟，春秋作经。元圣将终，尼父悲心。

通师。震为鉏，为子，坤文为麟，坎为获，故曰"子鉏执麟"。震为春，坤为秋，坤为文，故曰"春秋作经"。乾为圣，为元，坤死故曰"终"。乾为父，为山，故曰"尼父"。坎为心，为悲。按《左传·哀十四年》：叔孙氏之车子鉏商获麟。《公羊》、《谷梁》皆以孔子感获麟而作《春秋》。《后汉·班固传》注引《演孔图》云：孔子母征在梦感黑龙而生孔子，故曰"元圣"。《公羊》：孔子见麟，反袂拭面，涕沾袍。言孔子知将死而悲也。

大有 尹氏伯奇，父子生离。无罪被辜，长舌所为。

周尹吉甫，子伯奇，为后母所谗，被逐。故曰"父子生离"。林用其事。此用遇卦讼象。讼通明夷，互震为尹，为伯，为子。讼天水违行，故曰"父子生离"。讼上乾为善，故曰"无罪"。坎为刑，故曰"被辜"。兑为舌，明夷互震，似兑形而长，故曰"长舌"。

谦 播木折枝，与母别离。九皋难和，绝不相知。

坎为播，为折，震为木，为枝，坤为母。播，种也。言折枝种于他处，故此枝与母木分离。震纳庚，数九，艮为皋，故曰"九皋"。《诗》：鹤鸣于九皋。震为鹤，在山上，高远故难和。

豫 眇鸡无距，与鹊格斗。翅折目盲，为鸠所伤。

旁通小畜。上巽为鸡，半离，故眇目。《说文》：眇，目伤眦也。震为足，巽下断，故无距。离为鹊，为鸠，两兑口相对，故格斗。震为羽，坎折，故翅折。震形目无上眦，故目盲。兑决，故为鸠所伤。

随 甲乙丙丁，俱归我庭。三丑六子，入门见母。

震东方，故曰"甲乙"。艮纳丙，兑纳丁。艮为庭，震为归，故曰"甲乙丙丁，俱归我庭"。巽贞丑，震数三，故曰"三丑"。卦六子俱备，故曰"六子"。艮为门，巽为入，为母，兑见，故曰"入门见母"。

蛊 桑叶螟蟊，衣敝如络。女工不成，丝布为玉。

巽为桑，为螟蟊，为络。震为衣，巽为敝。言桑坏蚕饥，无所得丝，故衣敝如络。巽为女，为工，巽下断，故不成。巽为丝布，震为玉，言丝布贵如玉也。

临 开牢辟门，巡狩释冤。夏台羑里，汤文悦喜。

伏艮为牢门，震为开，为巡狩，为释。艮为台，为里，乾大，故曰"夏台"。夏，大也。艮为道，故曰"羑里"。羑，道也。震为帝王，故曰"汤文"。震为乐，故悦喜。

观 钦明之德，坐前玉食。必保嘉美，长受安福。

艮为光明，为坐伏，震为玉。兑为食，震为佳美，坤为安。

噬嗑 武夫司空，多口争讼。金火当户，民不安处，年饥无有。

震为武夫，艮为官，故曰"司"；离虚，故曰"司空"。震为口，正反震，故曰"多口"，故曰"争讼"。艮为户，为金，离火，故曰"金火当户"。金火，谓金星、火星也。《史记·天官书》：月、五星顺入，轨道，……其逆入，若不轨道，以所犯命之；中坐，成形，皆群下从谋也。金、火尤甚。故《后汉书·天文志》：孝和帝永元七年二月癸酉，金、火俱在参。戊寅，金、火俱在东井。特书其异。唐杨炯《浑天赋》：金火犯之而甚忧。兹曰"当户"，是金、火并见也。首二句似用《左传》宋华元使民筑城，民讴歌嘲笑华元故事。坎为民，坎险不安。震为年，离虚，故饥。

贲 紫阙九重，尊严在中。黄帝尧舜，履行至公。冠带垂裳，天下康宁。

艮为阙，坎赤，故曰"紫阙"。震数九，上震覆，故曰"九重"。艮贵，故尊严。震为帝，为黄，故曰"黄帝尧舜"。震为覆，为行。艮为冠，伏巽为带。震为裳，艮为反震，故垂裳。震又为康宁也。

剥 负牛上山，力劣行难。烈风雨雪，遮遏我前，中道复还。

艮为背，为负，为山；坤牛，故曰"负牛上山"。震为行，震覆，故行难。坤柔，故力劣。坤为风，为冰霜，故曰"烈风雨雪"。艮止为遮遏，坤为我。艮为道，反震为还，为复。

复 蹇兔缺唇，行难齿寒。口病不言，为身生患。

震为兔，伏巽下断，故曰"蹇"，曰"缺唇"。震为行，坤闭，故难行。震为齿，坤为冰霜，故寒。震为口，为言；坤害，故曰"病"。坤闭，故不言。坤为身，为患；震为生，故生患。

无妄 合体比翼，嘉耦相得。与君同好，使我有福。

艮为体，正反艮相对，故曰"合体"。震为翼，正反震相连，故曰"比翼"，故曰"嘉耦"。乾君，震君，故同好。乾为福，故曰"有福"。

大畜 口啄卒卒，忧从中出。丧我宝贝，无妄失位。

兑为口，为啄，震为卒卒。《汉书·司马迁传》：卒卒无须臾之间。注：卒卒，促遽也。乾为惕，为忧；震为出，为宝，艮为贝。兑毁，故丧。无妄覆，故曰"失位"。

颐 两心不同，或从西东。明论终日，莫适我从。

震起艮止，故两心不同。震东，伏兑为西，艮明，震论，艮终，伏乾为日，故明论终日。坤为我，震为从，下动上止，故莫适所从。

大过 哑哑笑言，与喜饮食。长乐行觞，千秋起舞，拜受大福。

兑为笑言，为饮食。伏震为喜，为乐，为觞，为起舞。兑为正秋，乾为千，故曰"千秋"。伏艮为拜，乾为大福。

坎 初忧后喜，与福为市。八佾列陈，饮御诸友。

坎为忧，震为喜，为福。艮后天数八，震为佾佾，乐舞八佾，横纵皆八。正反艮震，故用以为象。《易林》用象，其精妙不可思议如此。伏巽为市。震为列陈，为饮御。艮为友。

离 西徙无家，破其新车。王孙失利，不如止居。

中爻兑为西，艮为家，艮伏故无家。离为新，伏震为车，兑折故破。伏震为王，艮为孙，巽为利，兑折故失利。艮止，艮居。

咸 凤凰在左，麒麟处右。仁圣相遇，伊吕集聚。时无殃咎，福为我母。

通损。坤为凤凰，为麒麟。震左兑右，乾为仁圣。正反震兑口，故曰"伊吕"。伊，吾语声；吕，双口，皆取象震兑。坤为积聚，为殃咎，艮为时。乾福，坤母。

恒 区脱康居，慕仁入朝。湛露之欢，三爵毕恩。复归旧庐，与母相扶。

对象益中空，故曰"区脱"。兑西，故曰"康居"。震为仁，为朝，巽为人，故曰"慕仁入朝"。互大坎为湛露。湛露，《小雅》诗篇名，劳使臣也。震为欢，为爵，数三，故曰"三爵"。震为归，艮为庐。坤为母，正反艮手，故曰"相扶"。故实详《蒙之鼎》。

遁 疾贫望幸，贾贩市井。开牢择羊，多得大䍮。

独断云：天子所临曰幸，言或得赏赐而喜幸也。伏坤为贫，艮为望；乾为福，为君，故曰"幸"。巽为贾贩，为市井。艮为牢，伏震为开，兑为羊，为䍮。䍮，《说文》：牡羊也。乾为大，故曰"大䍮"。

大壮 处高不伤，虽危不亡。握珠怀玉，还归其乡。

伏巽为高，震乐，故不伤，不危亡。伏坤为亡也。震为珠，乾为玉，伏艮为握。震为归，坤为乡。

晋 右手弃酒，左手收桦。行逢礼御，饵得玉杯。

艮为手，伏兑为右，坎为酒。离为左。桦，食器也。震为桦，二四震反，故曰"收桦"。坤为礼，艮为玉，为杯。

明夷 养虎牧狼，还自贼伤。大勇小捷，虽危不亡。

坤为虎狼，为牧养。坤丧，故贼伤。坎为贼也。震为勇捷，乾大坤小。坎险，故危。震乐坤安，故不亡。

家人 戴尧扶禹，松乔彭祖。西过王母，道路夷易，无敢难者。

通解。震为帝，故曰"尧"、"禹"。下两半艮，艮为戴，为扶；为坚木，为寿，故为松乔彭祖。坎为西，震为王，巽为母，故曰"王母"。赤松子、王子乔，皆仙人。彭祖，名篯，寿八百岁。《穆天子传》：穆王西巡，宴王母于瑶池之上。艮为道路，坎为平，故曰"夷易"。"夷"者，平也。艮皆用半象。

睽 秋冬探巢，不得鹊雏。衔指北去，愧我少姬。

兑为秋，坎为冬，为巢。半艮为手，故曰"探巢"。离为鹊，兑为雏；坎失，故不得。兑口为衔，艮为指；坎北，故"北去"。坎为愧，兑为少姬。

蹇 两羝三䍮，俱之我乡。留连多难，损其食粮。

伏兑为羊，故"羝"，曰"䍮"。羝、䍮，皆牧羊也。兑卦数二，艮数三，故曰"两羝三䍮"。艮为乡。坎陷，艮止，故流连。坎为难。震为食，为粮；震覆，故曰"损"。

解 南徙无庐，鸟破其巢。伐木思初，不利动摇。

震为行，为南，艮为庐；艮覆，故曰"南徙无庐"。离为鸟，坎为巢；坎破，故鸟破其巢。震为木，为伐；坎为思，故曰"伐木思初"。《诗》：伐木丁丁，鸟鸣嘤嘤。言鸟尚知求友也。震为动摇，坎险，故不利。

损 争讼不已，更相牵击。张季弱口，被发北走。

二至上正反震，故争讼。正反艮，故相击。震为张，艮为季；坤柔兑口，故曰"弱口"。震为发；坤位北，故北走。

益 延颈望酒，不入我口。初喜后否，利得无有。

艮为颈，为望，兑为酒；又为口。坤我，口象覆，故不入我口。震为喜，为后；坤丧，故初喜后否。巽为利，坤亡，故利得无有。

夬 被发倾走，寇逐我后。亡失刀兵，身全不伤。

通剥。震为发；震反，故被发。"被"者，下垂也。震为走；震反，故倾走。艮阳在上，为刀兵；坤为亡失，故曰"亡失刀兵"。坤为身。

姤 麟凤所游，安乐无忧。君子抚民，世代千秋。

通复。坤为文，为麟凤。震为游，为乐。坤为忧，震乐，故安乐无忧。乾为君子；坤为民，为世，为千秋。

萃 褰衣涉河，水深渍罢。赖幸舟子，济脱无他。

坤为衣裳，艮手为褰。坤为水，故曰"涉河"。上兑，互大坎，下坤，皆为水，故曰"水深"。坎劳，故疲。伏震为舟，为子，为济。

升 愦愦不悦，忧从中出。丧我金罍，无妄失位。

坤迷，故曰"愦愦"。坤忧，故不悦。坤在外，故曰"出"。坤为丧，为我；伏艮为金，震为罍，故曰"丧我金罍"。伏无妄，故失位。

困 绊跳不远，心与言反。尼父望家，菩茵未华。

巽为绳，伏震为跳，故曰"绊跳"。震反，故不远。坎为心，三上正覆兑相背，故曰"心与言反"。《易》所谓有言不信者此。伏震为父，艮为山，故曰"尼父"。互离为望，艮为家，故曰"望家"。兑为华，为菩茵；巽落，故不华。

井 大牡肥牸，惠我诸舅。内外和穆，不忧饥渴。

通噬嗑。离为牛，为牡，为牸。震为父，为舅；正反震，故曰"诸舅"。坎为和，内大坎、外坎，故曰"内外和穆"。离为饥渴，坎为忧；震乐，故不忧。《诗·伐木篇》：既有肥牡，以速诸舅。林所本也。

革 黄帝建元，文德在身。禄若阳春，封为鲁君。

通蒙。震为黄，为帝。为“建元”者，首也，言黄帝始作甲子也。乾为首。坤为文，为身，为禄。震为阳春，为君。兑为鲁，故曰“鲁君”。

鼎　虎聚磨牙，以待豚猪。往必伤亡，宜利止居。

通屯。正反艮，艮虎，故曰“虎聚”。艮为磨，兑为牙；正反兑，故磨牙。坎为豚猪，艮止，故曰“待”。震为行，坎灾在上，故往必伤。艮为居止。

震　天地配享，六位光明。阴阳顺序，以成和平。

震为口，为食；上下震，故曰“天地配享”。艮为位，为光明。坎数六，故曰“六位光明”。阳遇阴则通，故曰“顺序”。坎为和平。

艮　猿坠高木，不踒手足。保我金玉，还归其室。

艮为猿，在震上，故曰“猿坠高木”。艮为手，震为足。坎为折，为踒；震行，故不踒。艮为金，为保。震为玉，为反，艮为室。

渐　营室紫宫，坚不可攻。明神建德，君受大福。

艮为宫室，为星。营室，宿名，居亥方，艮象也。《天文志》：紫宫为皇极之居。即北辰也。坎赤，故曰“紫”。艮为坚，为明。伏震为神，为建，为君，为福。

归妹　孤翁寡妇，独宿悲苦。目张耳鸣，无与笑语。

震为翁，坎为孤。伏巽为震妇，巽寡，故曰“寡妇”。坎为独，为宿，为愁苦。互离为目，震为张，为鸣；坎耳，故曰“目张耳鸣”。震为笑语，坎孤，故无与笑语。

丰　低头窃视，有所畏避。行者不利，酒酸鱼败，众莫贪嗜。

艮为头，为视。艮覆，故曰“低头”，曰“窃视”。巽为伏，故曰“畏避”。震为行，巽颠趾，故不利。巽为鱼，为臭，故曰“鱼败”。兑为酒，从木作酸，故酒酸。

旅　载金贩狗，利弃我走。藏匿渊底，悔折为咎。

通节。震为车，为载，为商贩。艮为金，又为狗，故曰“载金贩狗”。震为走，巽为利；坎失，故曰“利弃我走”。坤为渊，坎为隐，坎入坤中，故曰“藏匿渊底”。兑为折。

巽　行触大忌，与司命牾。执囚束系，拘制于吏。

伏震为行，为触。初至四大过死，故曰“大忌”。巽为命，初四正反两巽相背，故与司命牾。《晋书·天文志》：文昌六星，在北斗魁前。五曰司命。主寿。《礼记》五祀之一。伏艮为拘系，为官，故曰“拘制于吏”。

兑　执玉欢喜，佩之解挛。危详反安，使我无患。

通艮。艮为执，震为玉，为喜。中二句必有讹字，义未详。

涣　机杼纷扰，女功不成。长女许嫁，衣无襦袴。闻祸不成，凶恶消去。

坎为机抒。巽为绳，为女功。震为动，艮为成；二五正反震艮，故曰“纷扰”，曰“不成”。巽为长女，震为归，为嫁，为言，故许嫁。震为襦，巽为袴；坎隐，故无襦袴。下二句疑赘。

节　金人铁距，火烧左右。虽惧不恐，独得全处。

艮为金铁，震人，震距，故曰“金人铁距”。艮为火，震左兑右，故火烧左右。坎为忧恐，震乐艮安，故得全处。

中孚　谢恩拜德，东归吾国。舞蹈欣跃，欢乐受福。

艮为拜，震为谢，兑为恩泽。震为东，为归；艮为吾，为国。下二句皆震象。

小过　青牛白咽，呼我俱田。历山之下，可以多耕。岁乐时节，民人安宁。

艮为牛，震东方，色青，故曰“青牛”。巽色白，兑为咽，故曰“白咽”。咽，音燕，与田韵。震为呼，为耕。艮为山，兑为下，故曰“山下”。震为岁时，为乐，艮为安宁。

既济　白雉群雊，慕德朝贡。湛露之恩，使我得欢。

离为雉，震为白，为雊；重离，故群雊。坎为慕，震为朝。坎为露，为恩，震为欢。多用半象。

未济　避患东西，反入祸门。糟糠不足，忧思我心。

坎为避，为患，为西；离为东，故曰“避患东西”。艮为门，坎为祸。震为糟糠；离饥，故不足。坎为忧思，为心。艮、震皆用半象。

䷆ 坤上坎下　师之第七

鸟鸣呼子，哺以酒脯。高楼之处，子来归母。啬人成功，年岁大有，妬妇无子。

震为鸟，为鸣，为子，为哺。坎为酒，为脯；为室，坤为重，故曰“高楼”。坤母震子，震归，故曰“子来归母”。震为人，坤为吝啬，故曰“啬人”。啬人，乡官也。震为功，坤为年岁，为积聚，故大有。坎为妬，伏巽为妇；坤丧，故无子。

之乾　一簧两舌，佞言谄语。三奸成虎，曾母投杼。

此全用师象。震为音，故曰“簧”。坎数一，故曰“一簧”。震为舌，坤数二，故曰“两舌”。震数三，坤为奸，乾为虎，故曰“三奸成虎”。坤为母，为重，曾与层同，故曰“曾母”。坎为抒，事详《坤之夬》注。佞言谄语，言坎上下皆兑口。凡《易》云“有言”者，象皆如此。

坤 春桃生花，季女宜家。受福且多，在师中吉，男为邦君。

此用遇卦师象。震为春，为桃，为花，为生。坎为室家，伏巽为季女。《诗·召南》：桃之夭夭，灼灼其华。之子于归，宜其室家。坤为邦；震为长男，为君，故曰"男为邦君"。

屯 殊类异路，心不相慕。牝牛牡犋，独无室家。

艮、震皆为道路，相反，故曰"殊类异路"。心不相慕，坎为心也。坎为牡犋，坤为牝牛。艮为室家，坤寡坎孤，故无室家。

蒙 折若蔽日，不见稚叔。三足孤鸟，远其元夫。

《楚辞》：折若木以蔽日。若，木名也。坎为木，为折；离伏，故曰"蔽日"。艮为叔，为少；坎隐，故不见稚叔。震为足，数三；艮为鸟，故曰"三足孤鸟"。震为夫，为长，故曰"元夫"。

需 雀东求粒，误入罔域。赖仁君子，脱服归息。

通晋。离为雀，位东。艮为求，为反，震为粒，故曰"雀东求粒"。离为网罟。乾为仁，为君子。震为服，为归。震反为艮，艮止，故曰"脱服"，曰"归息"。《诗》：两服上襄。注：两服者，马之上驾也。脱服，即驰驾也。

讼 王孙季子，相与孝友。明允笃诚，升擢荐举，为国干辅。

通明夷。震为王，为子；反艮为孙，为季。坤顺，故孝友。离明，坎信，故曰"明允笃诚"。震为升擢、荐举。坤为国，震为辅。

比 刖树无枝，与子分离。饥寒莫食，独泣哀悲。

艮为刀，为手，为木，故曰"刖树"。坎为孤，故曰"无枝"。坎为寒，坤为饥。兑口为食，兑伏，故莫食。坎为独，为泣，为悲哀。第二句象未详。

小畜 舜升大禹，石夷之野。征诣王阙，拜治水土。

通豫。震为帝，为升，故曰"舜升大禹"。艮为石，坤为夷，为野，故曰"石夷之野"。《洛书·灵准听》"禹出石夷"是也。震为征，为诣，为玉。艮为阙，为拜。坎为水，为土。

履 义不胜情，以欲自营。见利危躬，灭君令名。

通谦。坤为义，坎为情，为欲。巽为利，艮为射；坎危，兑见，故曰"见利危躬"。震为君，艮为名，坎灭，故曰"灭君令名"。

泰 二人北行，六位光明。道逢淑女，与我骥子。

震为人，数三，故曰"三人北行"。坤为北。乾数六，伏艮为位，为光明，故曰"六位光明"。艮为道，伏巽为淑女，为震妇，故曰"与我骥子"。震为马，为子。

否 羿张鸟号，彀射天狼。柱国雄勇，斗死荥阳。

坤为恶，故曰"羿"。羿篡夏。《论语》：羿善射。鸟号，弓名。伏震为号，为射，艮为鸟，故曰"鸟号"，曰"彀射"。艮为狼，上乾，故曰"天狼"。星名也。坤为国，艮为柱，故曰"柱国"。乾健，故曰"雄勇"。坤为死，为水，故战死荥阳。荥，水名。按《史记·陈涉世家》：陈王以房君蔡赐为上柱国，后败死。不著死地。"死荥阳"者，为李归。又吴叔虽死荥阳，为部下所杀，非斗死也。林词或别有所据，抑蔡赐亦死荥阳欤？

同人 季姬踟蹰，结衿待时。终日至暮，百两不来。

离为日，伏坎为暮。乾为百，坤为大舆，数二，故曰"百两"。巽伏，故不来。季姬，指互巽。大遇以巽为女妻，《易林》本之，见巽即谓为少齐。季亦少也。陈朴园云：案《左传》，齐桓公有长卫姬，少卫姬。疑《易林》所云季姬，即少卫姬。又《同人之随》有"望我城隅，终日至暮，不见齐侯"之语，陈氏并谓其说《邶风》静女之诗。

大有 鸿雁翙翙，始怨劳苦。灾疫病民，鳏寡愁忧。

通比。艮为鸿雁，为飞，故曰"翙翙"。坎为怨，为劳苦，为灾病。坤为民，为寡。艮为鳏，坎为寡。

谦 穿胸狗邦，僵离旁春。天地易纪，日月更始。

坤为腹，为胸。卦一阳在五阴之中，坎为穿，故曰"穿胸"。坤为邦，艮为狗，故曰"狗邦"。坤死，故曰"僵"。离艮手，故曰"旁春"。坤地，艮为天。艮居丑寅，成始成终，故曰"易纪"，曰"日月更始"。坎月，艮为日，震为春，故更始。《尔雅·释》疏地：蛮类有八，五曰穿胸，七曰狗轵，八曰旁春。又《逸周书·王会》：正西，昆仑、狗国、贯胸、离丘。丁晏云狗邦即犬戎，非。又，《山海经》有贯胸国。《淮南子·坠形训》有穿胸民。《后汉书·南蛮传》有封离，杨竦破封离是也。又有那离，见《西羌传》。疑僵离或封离之音讹字。

豫 北山有枣，使叔寿考。东岭多栗，宜行贾市。陆梁雌雄，所至利喜。

艮为山，坤为北，艮为果，故曰"北山有枣"。艮为叔，为寿考。震为东，艮为岭，为栗。伏巽为贾市。艮为梁，伏离为雄，震为喜。

随 干旄旌旗，执帜在郊。虽有宝珠，无路致之。

震为木，为干，为羽，故为旄，为旌旗。《左传》：火焚其旗。即以震为旗。艮手为执，震为宝玉，为路。艮止，故无路。《诗·墉风》：孑孑干旄，在浚之郊。《毛》谓美大夫下贤。兹曰虽有宝珠，无路致之，是齐说与《毛》异。

蛊 精洁塞渊，为谗所言。证讯诘问，系于枳温。甘棠听断，怡然蒙恩。

震为精洁，兑为渊，坎为塞。《诗·鄘风》：秉心塞渊。《笺》：塞，充实；渊，深也。三上正反震，故曰"谗言"，曰"讯问"。艮为拘系。枳，地名，在魏郡；温，在河内。巽木为枳，艮火为温，故曰"枳温"。凡《易林》用字，无论地名、人名，无不从象生。巽为棠。初四正反兑，故曰"听断"。兑为耳，为听，为恩。按，以正反震兑为谗，为诘问，则《易》与《左传》用覆之处皆得解。系于枳温，《左传·僖二十八年》：会于温……卫侯与元喧讼……（于是）卫侯不胜……真诸深室。"甘棠听断"者，《诗·召南·甘棠篇》，鲁韩《诗》说皆谓召伯听讼棠下，兹曰"蒙恩"，似谓召伯能平反冤狱也。

临 玄黄瘣颓，行者劳罢。役夫憔悴，逾时不归。

震为马，为玄黄，坤弱，故曰"玄黄"。瘣、颓，皆病也，见《毛诗》《周南》注。震为行，坤役万物，故劳疲。坤为役。震为夫，为逾，为时，为归。坤丧，故不归。

观 肤敏之德，发愤晨食。虏豹禽说，以成主德。

艮为肤，巽为敏。伏震为发，为愤，为晨，为食。艮为拘系，为虏，为禽。艮为豹，伏兑为说，故曰"虏豹禽说"。豹，魏王豹；说，代相夏说也。见《史记·淮阴侯传》。伏震为主。

噬嗑 采唐沬乡，要我桑中。失信不会，忧思约带。

艮为采，震为唐。唐，采也。艮为乡，坎隐，故曰"沬乡"。沬，卫邑，见《卫风》。震为要，为桑，坎为中，故曰"桑中"。《诗》：期我乎桑中。坎为信，为失；艮止，故不会。坎为忧思，伏巽为带，为约。约带，即结带。按，《桧风·素冠篇》：我心蕴结。《曹风·鸤鸠篇》：心如结兮。《正义》云：言忧愁不散，如物之裹结。即约带之义也。杨慎谓即古诗衣带日以缓之义，非。

贲 伯宁子福，惠我邦国。蠲除苛残，使季无患。

震为伯，为子，为福。艮为邦国，为季。坎为患，震乐，故无患。

剥 谗父佞雄，贼乱邦国。生虽忠孝，败困不福。

通夬。兑为言，乾为言，兑口与乾言相背，故曰"谗父佞雄"。"父"，长者之称，言为谗人之长，佞者之雄也。坤为贼，为乱，为邦国。

复 渊泉堤防，水道利通。顺注湖海，邦国富有。

坤为渊，为泉，坤闭为堤防。震为道，坤水，故曰"水道"。震为通，伏巽为利。坤为顺，为湖海，为邦国，为富有。

无妄 江南多蝮，螫我手足。冤繁诘屈，痛彻心腹。

乾为江河，位南，故曰"江南"。蝮，毒蛇也。伏坤为螫，艮手，震足。正反震，故曰"冤繁"。正反艮，故曰"诘屈"。伏坤为心，为腹。

大畜 三人俱行，别离独宿。一身五心，反复迷惑，乱无所得。

震为人，为行，数三，故曰"三人俱行"。一阳止上，故曰"别离独宿"。通萃，坤为身，乾卦数一，故曰"一身"。巽卦数五，伏坤为心，故曰"五心"。三至上，正覆巽，坤迷，故反复迷惑。坤虚，故乱无所得。

颐 鸦鸣庭中，以戒灾凶。重门击柝，备不速客。

艮为鸦，为庭，震为鸣，坤为灾凶。古人常以鸦鹊鸣为占。艮为门，正反艮，故曰"重门"。震为柝，为鸣，艮为击，震为客。

大过 功成事就，拱手安居。立德有言，坐饬贡赋。

通颐。震为功，艮为成，坤为事。艮为拱，为手，为安居。震为立，为德，为言。艮为坐，坤为贡赋，震为饬。全用旁通。

坎 国乱不安，兵革为患。掠我妻子，家中饥寒。

中爻艮为国，震动，故不安。艮为兵，为革，坎为患。艮手，为掠，震子，伏巽为妻。艮为家，坎为寒，伏离为饥。

离 戴尧扶禹，松乔彭祖。西过王母，道路夷易，无敢难者。

通坎。中爻震为帝，故曰"尧禹"。艮为扶，为戴，艮坚，为松乔，为彭祖。解详《讼之家人》。坎为西，震为王，巽为母，故曰"王母"。艮为道路，坎平，故道路夷易。

咸 长尾蜾蛇，画地成河。深不可涉，绝无以北，惆怅喟息。

艮为尾，巽长，故曰"长尾"。巽为蛇，故曰"蜾蛇"。蜾蛇，虫名也。《管子·水地篇》"蜾，一头两身，其形若蛇，其长八尺"是也。通《损》。坤为地，为江河，艮为画。坤水，临大泽，故曰"深不可涉"。兑为绝，坤位北。兑口为喟息。喟息，犹叹息。

恒 乘龙从蜺，征诣北阙。乃见宣室，拜守东域。镇慰黎元，举家蒙福。

震为龙，为乘，巽为蜺。蜺，日旁气。伏艮为阙，坤为北。震往为诣，为宣明；艮室，故曰"宣室"。艮为拜，为守，震东，故守东域。坤为黑，为黎元。艮家，震福。

遁 土与山连，终身无患。天地高明，万岁长安。

艮为土，乾为山，故曰"土与山连"。艮为终，为身，伏震为乐，故终身无患。乾天坤地，巽高艮明，故曰"高明"。乾为万岁，艮安，巽长，故曰"长安"。

大壮 久旱水涸，枯槁无泽。虚修其德，未有所获。

通观。艮为火，故旱。故水涸。坤为水，巽为枯槁。枯槁，故无泽。坤为虚，虚故无获。

晋 依山倚地，凶危不至。上清下净，君受其利。

坤地艮山，艮为依倚，故曰"依山倚地"。坤为凶，坎为危，艮安，故凶危不至。艮上坤下，坎水，故曰"清净"。伏乾为君。

明夷 火烈不去，必殰僵仆。燔我衣裾，祸不可悔。

离火；震往为去，坎陷故不去。不去必僵仆，坤为死也。震为衣裾，离为燔。坤为我，为祸。

家人 配合相迎，利之四乡。欣喜兴怿，所言得当。

此用师象。坎为配合，巽为利，震为之。震卦数四，故曰"利之四乡"。坤为乡。震为乐，为兴，为言。

睽 清人高子，久屯外野。逍遥不归，思我慈母。

高子，高克。清，郑邑名。《诗序》：郑文公恶高克，使将兵河上，久不召，兵散，故赋《清人》诗。此似用遇卦师象。

蹇 武库军府，甲兵所聚。非里邑居，不可舍止。

此兼用师象。震为武，坤为军，为府库。艮为甲兵，坎为聚。艮为邑，为里居，为舍止。多兵，故不可舍止。

解 三德五才，和合四时。阴阳顺序，国无咎灾。

《书·洪范》：六，三德，一曰正直，二曰刚克，三曰柔克。五材，金木水火土也。震数三，故曰"三德"。坎数五，震木，故曰"五材"。坎为和，为合。震为时，卦数四，故曰"四时"。离坎杂居，故曰"阴阳顺序"。

损 解衣毛羽，飞入大都。晨门戒守，郑忽失家。

震为解，为衣，为毛羽，为飞。坤为大都。艮为门，震为晨，故曰"晨门"。艮为守，震言为戒，故曰"戒守"。坤为郑。《释名》：郑，町也；地多平，町町然也。町，田区畔也。故坤为郑，纯取卦形。坤亡，故曰"郑忽失家"。艮为家也。郑忽，郑昭公名。《左传·桓十一年》"郑忽出奔卫"是也。

益 刖根烧株，不生肌肤。病在心腹，日以焦枯。

艮为刀兵，为手，故曰"刖根"。巽下断，刖根之象。艮为火，故烧株。震巽皆为木株。艮为肤，巽落，故不生。坤为腹，为心，为病。艮火为焦枯，伏乾为日。是可为艮刀艮火证。

夬 文山紫芝，雍梁朱草。生长和气，王以为宝。公尸侑食，福禄来处。

通剥。艮山坤文，故曰"文山"。艮形似芝，乾舍离，离宫色紫，故曰"紫芝"。乾为大赤，故曰"朱草"。兑西，故曰"雍梁"。乾为生长，兑悦，故曰"和"。乾为王，为宝，为父，为公。坤为尸，兑为食。乾为福禄。《诗·大雅》：公尸来燕来处……福禄来下。陈朴园云：《凫鹥》诗。《郑笺》以为第三章为祭天地山川之诗。盖王者德配天地，紫芝朱草符瑞并臻也。

姤 多载重负，捐弃于野。予母谁子，但自劳苦。

通复。坤为多载重负，为捐弃，为野。坤为母，震为子，震伏坤死，故曰"谁子"。言无子也。坤役万物，故劳苦。坤为自。

萃 凫雁哑哑，以水为家。雌雄相和，心志娱乐，得其欢欲。

艮为凫雁，正反兑口，故曰"哑哑"。艮为家，坤为水。兑雌艮雄，坎为和，故曰"相和"。坎为心志，兑悦为娱乐，为欢。

升 耳目盲聋，所言不通。伫立以泣，事无成功。

兑为耳，坤闭，故聋。离为目，兑半离，目不全，故盲。兑口为言，坤闭，故不通。震为立，坎为泣。坤为事，坤丧，故无功。

困 天官列宿，五神所舍。宫阙坚固，君安其居。

通贲。艮为官，在上，故曰"天官"。艮为星，故曰"列宿"。坎亦为宿也。震为神，坎数五，故曰"五神"。五神，金木水火土五星也。艮为舍，为宫阙，为坚固，为安居。震为君。

井 范子妙材，戮辱伤肤。后相秦国，封为应侯。

巽为虫，故曰"范"。《礼·檀弓》：范则冠而蝉有緌。注：范，蜟也。伏震为子，故曰"范子"。巽为材，兑为毁折，离为肤，故戮辱伤肤。伏震为相，艮为国，兑西，故"相秦国"。艮为封，伏震为诸侯，为声，正反震相和答，故"应侯"。《史记·范雎传》：魏齐笞雎，摺胁，弃厕中，更溺之。后为秦相，封应侯。以应侯象正反震，神妙。

革 秋冬探巢，不得鹊雏。衔指北去，惭我少夫。

兑为秋，互乾为冬。艮为巢，为手，故曰"探巢"。兑为鹊雏，坤为失，故不得。兑口为衔，艮为指。坎为北，震往，故曰"北去"。艮为少夫，坎为惭，故曰"惭我少夫"。正伏象杂用。

鼎 子畏于匡，厄困陈蔡。德行不危，竟脱厄害。

通屯。震子，坎畏。匡，目匡，离象。坎陷，故厄困。震为陈，艮为龟，为蔡。事皆见《论语》。震为行，艮安，故不危，故脱厄害。坤为害。

震 鸿飞在陆，公出不复。仲氏任只，伯氏客宿。

互艮为鸿，为飞；为陆，故曰"在陆"。震为复，为公，为出；坎陷，故不复。坎为仲，为宿。震为伯，为客。首二语见《豳风》，美周公也。震为周，故因以起兴三句。见《邶风》。"任"者，《郑笺》：相亲信也。

艮 鹤鸣九皋，避世隐居。抱朴守贞，竟不随时。

互震为鹤，为鸣。艮为皋，震数九，故曰"九皋"。坎为隐避，艮为居；为抱，为守。震木为朴，艮为贞；为时，坎隐，故不随时。

渐 舜升大禹，石夷之野。征诣王庭，拜治水土。

解见《乾之中孚》，《师之小畜》。《渐》伏象，与前同。

归妹 左辅右弼，金玉满堂。常盈不亡，富如廒仓。

本象、对象杂用。解见《蒙之坤》。

丰 崔嵬北岳，天神贵客。衣冠不已，蒙被恩德。

通涣。巽高，故崔嵬。艮山，坎北，故曰"北岳"。震为神，为客，艮阳在上而贵，故曰"天神贵客"。艮为冠，震为衣，为恩德。

旅 空槽注器，猵玃不至。张弓祝鸡，雄父飞去。

艮为槽，互巽为猵玃。《庄子·达生篇》：以瓦注者巧。《释文》：注，击也。"注器"者，击器。使猵玃闻然，槽空无食，亦不至也。艮止，故曰"不至"。艮少，故曰"猵玃"。伏坎为弓，震为张，故曰"张弓"。巽为鸡，兑口为祝。"祝"者，呼声。《说苑》：犹举杖而祝狗，张弓而祝鸡。伏震为父，为飞。巽伏，故曰"飞去"。

巽 蛮夷戎狄，太阴所积。涸冰冱寒，君子不存。

初四大坎，故曰"太阴"。蛮夷、戎狄，皆阴类。坎为冰，为寒，艮为君子。二至四艮伏，故君子不存。

兑 甘露醴泉，太平机关。仁德感应，岁乐民安。

解见《屯之谦》。兑通艮，艮象与谦同。

涣 恶来呼伯，慎惊外客。甲守闭宅，以备凶急。临折之忧，虽灭无灾。

丁云：恶来，纣臣名。然此似非用事。恶来，犹闻凶耗也，故呼伯为助。震为呼，为伯。巽为旅客，在外，故不惊外客。震为惊。艮为甲，为守，为宅。坎闭，故曰"闭宅"。伏兑为急，为毁折。坎为忧，为灭，为灾。震乐，故无灾。

节 日月相望，光明盛昌。三圣茂功，仁德大隆。

坎为月，艮为日，为观；正反艮，故曰"相望"。艮为光明，震为盛昌。坎为圣，震数三，故曰"三圣"。震为茂，为功，为仁德，为隆。三圣，指文、武、周公。

中孚 葛藟蒙棘，华不得实。谗佞乱政，使恩壅塞。

震为葛藟，伏大坎为棘，故曰"蒙棘"。兑为华，艮为实；巽陨，故不实。中爻正反震，故曰"谗佞"。正覆艮，艮止，故壅塞。兑为恩泽。葛藟，本《唐风·葛生篇》。《毛》谓刺晋献公好攻战。兹谓刺谗佞，与《毛》异。

小过 邻不我顾，而望玉女。身多癞疾，谁肯媚者？

震为东，故曰"邻"。艮阳在上，为望。震为玉，兑为女，故曰"玉女"。艮为身，多节，故曰"癞疾"。兑为媚。

既济 精诚所在，神之为辅。德教尚忠，弥世长久。三圣茂功，多受福祉。

此用师象。坎为精诚，震为辅，为教。坎为忠，故曰"尚忠"。坤为世，重坤，故曰"弥世长久"。坎为圣，震数三，故曰"三圣"。震为功，为福佑。

未济 钻木取火，掘地索水。主母饥渴，子为心祸。

此仍用师象。伏同人，巽木离火；师，坤地坎水。坤为母，震为主，故曰"主母"。震为子，坎为心。

坎上
坤下 **比之第八**

鹿得美草，鸣呼其友。九族和睦，不忧饥乏。

艮为鹿，反震为草，为鸣呼。阴阳相遇为友，艮为友，以阳遇阴也，此谓九五也。坤为族，《汉上易》谓坤数九，以乙至癸也，故曰"九族"。坎为和睦，为忧。坤虚，为饥乏；比乐，故不忧。

之乾 继祖复宗，追明成康。光照万国，享世久长。

乾为祖宗，为大明，为光，为久长。伏坤为万国。

坤 麟子凤雏，生长嘉国。和气所居，康乐温仁，邦多哲人。

坤为文，为麟凤，为国，为邦。遇卦比，坎为和，为明哲。艮火，故曰"温仁"。

屯 灼火泉源，钓鲤山巅。鱼不可得，火不肯燃。

坎为泉，坤亦为水，而坎在上，故为泉源。艮为火，在坎下，故曰"灼火泉源"。艮为山，坤为鱼，艮手为钓。故曰"钓鲤山巅"。坤虚，故二者皆不可得。

蒙 彭生为豕，白龙作灾。盗尧衣裳，桀跖荷兵。青禽照夜，三日夷伤。

艮为寿。故曰"彭老"。彭寿八百。震为生，坎为豕，《左传》：豕人立而啼，从者曰：公子彭生也。震为白，为龙。坎为灾，为盗。震为帝，故曰"尧"。震衣坤裳。坤为恶，故曰"桀跖"。艮为兵，为荷。震为马。青禽、照夜，皆马名。震东方，色青，艮鸟，故曰"青禽"。艮火，坤夜，故曰"照夜"。坤为夷伤，伏离为日；震数三，故曰"三日"。

需 黍稷醇醴，敬奉山宗。神嗜饮食，甘雨嘉降，庶物蕃殖。独蒙福祉，时灾不至。

坎为酒，故曰"醇醴"。乾为宗，伏艮，故曰"山宗"。坎为饮食，为雨。伏坤为庶物，乾为福祉。

讼 李花再实，鸿卵降集。仁哲权舆，荫国受福。

通明夷。震为李，为花，乾为实。震为鸿，为卵，坤为降集。震为仁，坎为哲，巽为权。震为舆，为荫，坤为国。

师 千岁之墟，大国所屠。不见子都，城空无家。

坤为千岁，为墟，为国；为杀，故曰"屠"。震为子，坤为都，故曰"子都"。坎伏，故不见。《郑风》语也。坤为城，为虚，故曰"城空"。艮为家，艮覆，故无家。家，音姑。

小畜 公子王孙，把弹摄丸。发辄有得，家室饶足。

通豫。震为公子，为王；艮为孙，故曰"王孙"。坎为弹丸，艮手为把，为摄。震为发，坎为得。艮为家，坎为室，坤为饶足。

履 骊姬谗喜，与二嬖谋。谮杀恭子，贼害忠孝。申生以缢，重耳奔逃。

乾马，兑姬，故曰"骊姬"。正反兑相对，故曰"谗"。谗喜，言喜谗也。伏坎为谋，为嬖。嬖，爱也。兑卦数二，故曰"二嬖"。《左传·庄二十八年》：骊姬嬖，……赂外嬖梁五、东关嬖五，使谮太子于公而杀之。伏坤为杀，震为子，巽为贼，坤为害，坤顺为忠孝，故曰"贼杀忠孝"。震为申，为生，巽绳为缢，故曰"申生以缢"。坎为耳，坤为重，故曰"重耳"。震为奔逃。

泰 长生无极，子孙千亿。柏柱载梁，坚固不倾。

震为长生，为子。伏艮为孙，乾为千万。又坤众，故曰"千亿"。伏艮为柏，为梁柱；为坚固，故曰"不倾"。

否 失意怀忧，如幽狴牢。亡子丧夫，附托寄居。

卦否，而象全用遇卦比。坎为意，为忧怀，为牢狴。坎陷，故曰"幽"。艮为子，为夫；坤为丧亡，故曰"亡子丧夫"。附托寄居，言阴顺阳也。艮为居。

同人 仁智隐伏，麟不可得。龙蛇潜藏，虚居堂室。

通师。震为仁，坎为智，为隐伏。坤文为麟，坤亡，故不可得。震龙巽蛇，巽伏，故曰"龙蛇潜藏"。坤为虚，坎为室，故曰"虚居堂室"。

大有 捝洁堁堁，缔结难解。嫫母衔嫁，媒不得坐，自为身祸。

捝，掍也。洁絜同度也。《庄子·人间世》"见栎社树……絜之百围"是也。堁，尘起貌。《淮南子·主术训》"扬堁而弭尘"是也。卦通比，比互艮手，故曰"捝洁"。言掍转洁度而堁堁尘起也。下重坤，坤土，故曰"堁堁"。坎陷，故缔结难解。坤恶，故曰"嫫母"。反震为嫁，离明在上，故曰"衔嫁"。坎为和合，为媒，艮为坐；坎陷，故不得坐。

坤为自，为身，为祸。

谦 蜩飞坠木，不毁头足。保我羽翼，复归其室。

伏巽为蜩。震为飞，为木，为足。艮为头。艮坚，故不毁。震为羽翼，为归。艮为室。

豫 陈妫敬仲，兆兴齐姜。乃适营邱，八世大昌。

详《屯之噬嗑》。象多同，故辞同。

随 过时不归，雌雄苦悲。徘徊外国，与母分离。

艮时，震归；艮止，故不归。兑、巽雌。艮、震雄。中互大坎，故曰"苦悲"。艮为国，为外；艮止，故徘徊外国。巽为母，震行为离。

蛊 齐鲁争言，战于龙门。构怨结祸，三世不安。

解见《坤之离》。蛊初至四，与离中爻正反兑同，故语同。皆《易·困》有言不信的注。

临 府藏之富，王以赈贷。捕鱼河海，笱网多得。

坤为府藏，为富。震为王，为赈。赈，振也。坤为鱼，为河海，伏艮为捕。震为笱，伏巽为绳，为网。

观 鸣鹤北飞，下就稻池。鳣鲔鲲鲤，众多饶有。一笱获两，利得过倍。

通大壮。震为鹤，为鸣，为飞。坤北，故北飞。兑为池，震为稻，坤下，故曰"下就稻池"。巽坤皆鱼，故曰"众饶"。震为筐，为笱。乾卦数一，故"一笱"。兑卦数二，故曰"获两"。巽为利市三倍，故曰"过倍"。

噬嗑 苍梧郁林，道易利通。元龟象齿，宝贝南金，为吾福功。

震为丛木，故曰"苍梧郁林"。皆南方郡。艮为郡，震南，故象之尤切。震艮皆为道路，坎为平，故道易利通。易，平易也。离艮皆为龟，艮黔，故曰"元龟"。震为齿，艮为象，故曰"象齿"。震为宝，艮为贝，为金；离南，故曰"南金"。《诗·鲁颂》：元龟象齿，大赂南金。

贲 两火争明，虽斗不伤。分离且忍，全我弟兄。

艮火离火，故曰"两火"。三至上正反艮，故曰"争明"，曰"斗"。坎和，故不伤。坎为分离，为忍。震为伯，为兄，艮、坎皆弟；震福，故得全。

剥 伯夷叔齐，贞廉之师。以德防患，忧祸不存。

震为伯，震覆，故伯夷。夷，伤也。艮为叔，卦为大艮，故曰"叔齐"。艮为贞，为廉。廉，侧隅也。《前汉·贾谊传》：廉远则堂高。艮阳在上，故曰"廉"。坤为师，为患；

艮为防，故曰"防患"。坤为忧祸，艮安，故无祸。

复　伯去我东，发梼如蓬。展转空床，内怀忧伤。

震为伯，为去，为东。坤为我。震为发，为蓬。《卫风》诗语也。伏巽为床，坤虚，故曰"空床"。震动，故曰"展转空床"。展转，动貌也。坤为内，为怀，坤丧，故忧伤。

无妄　百足俱行，相辅为强。三圣翼事，王室宠光。

乾为百，震足，故曰"百足"。震为行，为辅，为强。《淮南子》：百足之虫，虽死不僵，以扶之者众也。扶、辅义同。乾为圣，震数三，故曰"三圣"。震为翼，伏坤为事。艮为室，震王，故曰"王室"。乾为宠，艮为光。

大畜　壅遏堤防，水不得行。火盛阳光，阴蜺伏藏，退还其乡。

艮为壅遏，为堤防，乾为江河。艮止，故水不得行。艮为火，为光，阳在上，故曰"阳光"。巽为虫，故曰"蜺"。巽伏，故藏。震为归，艮为乡，故曰"退还其乡"。

颐　腾蛇乘龙，年岁饥凶，民食草蓬。

《左传·襄二十八年》：蛇乘龙……宋郑必饥。《尔雅》：腾蛇，龙类，能兴云雾。坤为蛇，震为龙，为乘；坤在上，故曰"腾蛇乘龙"。坤为年岁，坤虚，故饥凶。坤为民，震为食，为草蓬。

大过　铅刀攻玉，坚不可得。尽我筋力，胝茧为疾。

通颐。上艮为刀，坤柔，故曰"铅刀"。震为玉，艮为攻，为坚胝。茧，手足病。《荀子·子道篇》：手足胼胝。注：皮厚也。《战国策》：足重茧而不休息。注：皮皴似茧也。艮为肤，为坚，故"胝茧"。又上艮手，下震足，尤切。凡《易》用一字，含数象，每如此。

坎　恒山浦寿，高邑具在。阴气下淋，洪水不处，牢人开户。

翟云升云：《地理志》，常山郡有灵寿、浦吾，皆山邑。故曰"高邑"。按中爻艮山，坎北，故曰"恒山"。恒山，北岳也。坎为浦，艮为寿，为高，为邑。坎水，故曰"阴气下淋"。上下坎，故曰"洪水"。震行，故不处。坎为牢，震为人，为开，艮为户。

离　比目四翼，来安我国。福善上堂，与我同床。

重离，故曰"比目"。伏震为翼，卦数四，故曰"四翼"。伏艮为国，为安，为堂，为床。

咸　杜口结舌，心中怫郁。去灾生患，莫所告冤。

兑为口舌，互大坎，故杜口结舌。或取艮止，亦通。坎为心，为忧，故怫郁。坎为灾患，为冤。兑口为告，在外，故无可告。

恒 牵尾不前，逆理失臣，卫朔以奔。

通益。艮为尾，为牵；坤下，故不前。坤为理，为逆，为臣；坤失，故曰"失臣"。震为卫，为奔，坤北为朔，故曰"卫朔以奔"。《左传·桓十六年》：卫朔奔齐。朔以谗构得国，致急于、寿子皆死。逆理失臣，谓朔不义，为二公子所逐也。

遁 早霜晚雪，伤害禾麦。捐功弃力，饥无所食。

详解在《需之咸》。遁初至五与咸同，彼以兑为伤害，此以巽落。

大壮 适戍失期，患生无知。惧以怀忧，发藏闭塞，邦国骚愁。

通观。艮为守，故曰"适戍"。艮为时，坤失，故曰"失期"。坤迷，故曰"无知"。坤为患，为忧惧，为藏，为闭塞。震为发，坤为邦国。

晋 昊天白日，照临我国。万民康乐，咸赖嘉福。

离为夏，故曰"昊天"，曰"白日"，曰"照临"。坤为我，为国，为万民。反震为乐，为嘉福。

明夷 元吉无咎，安宁不殆。时行则行，勿之有悔。

震为元吉，坎为殆，震为行。之，往也。言勿往则悔也。

家人 懿公浅愚，不受深谋。无援失国，为狄所贼。

通解。震为公，为懿。懿，善也。坎为谋，艮为手，为国。艮覆，故无援，故失国。坤为夷狄，坎为贼。丁晏云：《列女传》，许穆夫人……初许，求之齐，亦求之懿公，将与许女……曰：许小而远齐大，而近倘有戎寇，赴告大国。懿公不听。故曰"不受深谋"。

睽 城上有乌，自名破家。呼唤鸩毒，为国患灾。

通蹇。解详《坤之蒙》。蹇、蒙象同，故辞同。惟此以互离为乌。

蹇 长股善长，趋步千里。王良嘉喜，伯乐在道，申见王母。

巽为股，为长，故曰"长股"。《竹书》：黄帝五十九年，长股氏来宾。又，《淮南·坠形训》：海外三十六国，自西北至西南，有修股氏。高诱曰：修，长也。《淮南》以父讳长，故改为修。股长，故善走。半震为走，为步，为千里；为王，为良，为嘉喜；为伯乐，为道。离为见。

解 耕石山巅，费种家贫。无聊虚作，苗发不生。

震为耕，半艮为石，为山，为家。震为种，离虚，故贫。震为苗，为发；离燥，故不生。

损 二人共路，东趋西步。千里之外，不相知处。

震为人，兑卦数二，故曰"二人"。震为路。震东兑西，震为趋，为步。坤为千里，坤迷，故不知。

益 纯服素裳，载主以兴。德义茂生，天下归仁。

坤为服，色黑，故曰"纯服"。震为白，坤为裳，故曰"素裳"。震为主，为载，为兴，为德。坤为义，为天下。震为茂生，为归，为仁。《史记·周本纪》：武王载木主，观兵孟津，八百诸侯皆归周。

夬 玉铣铁颐，仓库空虚。贾市无盈，与利为仇。

乾为玉，为金，兑为铣，为颐。铣，钟口两旁也。伏艮为仓库，坤虚，故空。巽为贾市，为利；巽覆，故不利。

姤 登昆仑，入天门。过糟丘，宿玉泉。同惠欢，见仁君。

乾为山，为行；在西北，故曰"登昆仑"。乾为天，为门户。《内经》以戌亥为天门。巽入，故曰"入天门"。巽为糟。乾为山，故曰"糟丘"。乾为玉，伏坤为水，为夜，故曰"宿玉泉"。伏震为乐，乾为君，为仁。《六韬》：殷君喜为糟丘，回船酒池。又《南史·陈暄传》：暄好饮，语兄子秀曰，速营糟丘，吾将老焉。

萃 团团白日，为月所食。损上毁下，郑昭出走。

乾为日，为圜；兑为月，乾上缺，故曰"为月所食"。兑为毁折，在上，故曰"损上"。互巽，故曰"毁下"。坤为郑，艮为光明，为昭，故曰"郑昭"。伏震为出走。《左传·桓十一年》：郑昭公立，四月出奔卫。

升 仓盈庾亿，宜稼黍稷。年岁有息，国家富有。

伏艮为仓、庾，为多，故曰"盈"、"亿"。震为稼，为黍稷，为年岁；为生，故曰"息"。坤为国，为富有。

困 虎狼结谋，相聚为保。伺啮牛羊，道绝不通，伤我商人。

通贲。艮马虎狼，坎为谋，为聚。艮止为伺，兑为羊，为啮。离为牛，故曰"伺啮牛羊"。艮为道，坎陷，故不通。兑为伤，震为商人。

井 中年摧折，常恐不活。老赖福庆，光荣相辅。

坎为中，兑为摧折，伏震为年。初四大过死，故曰"不活"。坎为恐也。伏艮为寿，为老，震为福庆。艮为光荣，兑为辅。正伏象互用。

革 同载共车，中道分去。丧我元夫，独与孤居。

通蒙。震为车，为载，坤亦为车，故曰"同载共车"。艮为道，震为去；正反艮亦正反震，所向不同，故曰"分去"。坤为丧，震为夫，为长，故曰"丧我元夫"。艮为居，为独，震为孤；艮震对，故独与孤居。

鼎 饮酒醉酬，距跳争讼。伯伤叔僵，东家治丧。

兑为饮。通屯。坎为酒，坤迷，震为决躁，故曰"醉酬"，曰"距跳"。正反震，故争讼。震为伯，艮为叔；坤死为僵，为伤。震为东，艮为家，坤丧；艮手为治，故曰"东家治丧"。

震 出值凶灾，逢五赤头。跳言死格，扶伏听命，不敢动摇。

震为出，坎为灾凶。坎数五，为头，为赤，故曰"逢五赤头"。震为言，为跳。艮手为格，初四伏大过死，故曰"死格"。扶伏，丁晏云：与扶服同，即匍匐也。坎伏，故曰"匍匐"。坎为耳，故曰"听"。伏巽为命。震摇动，坎惧，故不敢。

艮 狼虎争强，礼义不行。兼吞其国，齐鲁无王。

艮为虎狼，三至上正反艮，故曰"争强"。坤为礼义，艮止，故不行。言坤变艮也。震口为吞，艮为国。伏巽为齐，兑为鲁。震为王，震覆，故无王。

渐 南国少子，才略美好。求我长女，贱薄不与。反得丑恶，后方大悔。

艮国，艮少，离南。艮巽皆为材，伏兑为美好。艮为求，巽为长女。坎为薄，离为丑恶。伏震为后，坎为悔。此林屡见，殆有故实。陈朴园云：观《明夷之噬嗑》云仲氏爱归。及此林，乃知南国本求婚长女，而女家不与，但以仲女往媵迫嫡，不以媵备数。故《明夷之噬嗑》云"不我肯顾，乃大悔恨。后其长女，反得丑恶"，故亦悔也。其他林词类此者，皆指此事。

归妹 一身两头，莫适其躯。无见我心，乱不可治。

通渐。艮为身，坎数一，故曰"一身"。坎为头，兑卦数二，故曰"两头"。坎为心，为隐，故不见。互离为乱。

丰 李耳汇鹊，更相恐怯。偃尔以腹，不能距格。

丁晏云：《广雅·释兽》：李耳，虎也。《尔雅·释兽》：汇，毛刺。注云：今猬。《史记·龟策传》：猬能伏虎，见鹊仰腹。虎畏猬，猬畏鹊。故云更相恐怯。按卦通涣，坎为耳，震为李，故曰"李耳"。坎为棘，为猬。艮为鸟，为鹊。坎为恐怯。离为腹，在下，故曰"偃"。震为距格，巽顺，故不能。

旅 柏桂栋梁，相辅为强。入敷五教，王室宁康。

艮禹木，为坚，故曰"柏桂"，曰"栋梁"。兑为辅，为强。巽卦数五，又为命令，为入，故曰"入敷五教"。艮为室，伏震为王；为乐，故曰"宁康"。

巽 雀行求食，暮归孚乳。反其室舍，安宁无故。

通震。艮为雀，震为行，为食。艮求。坎为暮，为孚。《说文》：卵，孚也。杨子《方言》：鸡伏卵而未孚。艮为乳，为室舍，震为反。艮为安康。

兑　四尾六头，为凶作妖。阴不奉阳，上失其明。

通艮为尾，震卦数四，故曰"四尾"。坎为头，卦数六，故曰"六头"。坎为凶，为妖。兑上下卦阴在上，故曰"阴不奉阳"。兑昧，故上失其明。

涣　一衣三关，结缉不便。歧道异路，日暮不到。

震为衣，坎数一，故曰"一衣"。艮为关，数三，故曰"三关"。关即结束如今之纽扣。坎为合，故曰"结缉"。坎陷，故不便。艮震皆为道路，二五正反艮震，所向不同，故曰"歧道异路"。坎为暮，离为日，离伏，故"日暮不到"。

节　牙蘖生齿，室堂启户。幽人利贞，鼓翼起舞。

牙、芽通。震为牙蘖，兑为齿。言齿初生，若草木之芽蘖也。艮为堂户，震为启。艮为幽人。又，坎为幽，震为人，亦合。震为鼓，为翼，为起舞。

中孚　春鸿飞东，以马货金。利得十倍，重载归乡。

震为东，为春，为鸿，为飞，为马。艮为金，震为商旅；与艮对，故曰"以马货金"。《玉篇》：货，卖也。巽为利，兑数十，故曰"十倍"。震为载，为归，艮为乡。

小过　欢悦以喜，子孙具在。守发能忍，不见殃咎。

震为乐，为子，艮为孙，故曰"子孙具在"。"具"者，备也。艮为守，为忍，震为发。

既济　精神销落，形骸丑恶。龃龉顿挫，枯槁腐蠹。

此用比象。坎为精，坤死，故销落。坤为形，为丑恶。伏兑为齿牙，正反兑，故曰"龃龉"。伏离为枯槁。

未济　登高上山，见王自言。申理我冤，得职蒙恩。

艮为山。震为登，为王，为言，为申明。坎为冤。艮为官，坎为恩，故曰"得职"。多用半象。

焦氏易林注卷三

☴ 巽上
乾下 小畜之第九

白鸟衔饵，鸣呼其子。斡枝张翅，来从其母。伯仲叔季，元贺举手。

巽为白，离为鸟，兑口为衔，巽为饵。通豫。震为鸣，为子，为枝，为羽，为斡，为张。坤为母。震为从，为伯。互坎为仲，艮为叔季，为手。"元贺"者，贺元日也。举手，揖也。

之乾　东遇虎蛇，牛马奔惊。道绝不通，商困无功。

此用遇卦象。离为东，乾虎，巽蛇，故曰"东遇虎蛇"。离牛乾马，伏震为惊奔，为道。伏坎，故不通。巽为商贾。

坤　子锄执麟，春秋作经。元圣将终，尼父悲心。

依汲古《讼之同人》校。此用小畜象。

屯　灼火泉源，钓鱼山巅。鱼不可得，火不肯燃。

详《比之屯》。

蒙　机关不便，不能出言。精诚不通，为人所冤。

坎为机关，坤闭，故不便，故言不能出。震为言，为出。坎为心，为精诚；坤闭，故不通。坎为冤，震为人。

需　故室旧庐，稍蔽绂组。不如新巢，可以乐居。

坎为宫室，为庐。乾为故旧。伏坤为帛，为绂组。坎为蔽。离为巢，为新。兑悦，故曰"乐居"。

讼　蜲蛇循流，东求大鱼。预且举网，庖人歌讴。

巽为蛇，为鱼。委蛇，行貌。离位东，坎为流水。乾大，故曰"大鱼"。预且，宋渔人名。《庄子》：神龟见梦于元君，不能避余且之网。离为网。离火，故曰"庖人"。伏震为歌讴。

师　凿山通道，南至嘉国。周公祝祖，襄适荆楚。

艮覆，故曰"凿山"。震为大涂，为通，故曰"通道"。震为南，坤为国。震为周，为公，为祝；为荆楚，为诸侯，故曰"襄适荆楚"。《左传·昭七年》：公将往楚，梦襄公祖。梓慎曰：襄公之适楚也，梦周公祖而行。按，《诗》云：仲山甫出祖。《毛传》：祖，祭道神也。"周公祝祖"者，谓襄公适楚也，梦周公祖而行也。

比　鹊近却缩，不见头目。日以困急，不能自复。

艮为鹊，坤为近，为退，故曰"缩"。却缩，退也，言鹊近人而避也。离为目，乾为首；离、乾伏，故不见。艮为时，坎为困，震为复；震覆，故不能复。

履　五舌啄难，各自有言。异国殊俗，使心迷惑，所求不得。

互巽卦数五，兑为舌，故曰"五舌"。舌多，故啄难。正反兑相对，故各自有言。通谦。坤为国，为俗；艮亦为国，正覆艮，故曰"异国殊俗"。坤为迷，坎为心，故曰"使心迷惑"。艮为求，坤丧，故不得。

泰　天门开辟，牢户寥廓。桎梏解脱，拘囚纵释。

乾坤皆为门户，而乾居戌亥，故曰"天门"。《乾凿度》云：乾为天门。《庄子·庚桑楚》云：天门者，无有也，万物出乎无有。本之《易》也。互震，故曰"开辟"。坤闭，故曰"牢户"，曰"桎梏"，曰"拘囚"。震为人，人闭坤中，故有此象。而震为通达，故得解脱。纵，释也。

否　坚冰黄鸟，啼哀悲愁。数惊鸷鸟，雏为我忧。

艮为坚，乾为冰。坤为黄，艮为鸟。伏震为啼，为惊，坤为悲愁。艮为鸷鸟，兑为雏；兑覆，故忧。

同人　日走月步，趣不同舍。夫妻反目，主君失居。

通师。离日坎月。震为步，为趣，为夫。巽为妻，初至三两半离相对，故曰"反目"。震为主君，艮为居。艮覆，故失居。《小畜·九三》：夫妻反目。即以两半离相对，为反目也。

大有　金牙铁齿，西王母子。无有祸殃，候舍涉道，到来不久。

兑为齿牙，乾为金铁。兑位西，乾王坤母，故曰"西王母子"。坤为祸殃，坤伏故无。候舍涉道，未详。疑有讹字。

谦　式微式微，忧祸相绊。隔以岩山，室家分散。

式微，《邶》诗篇名。坤柔，故曰"式微"。坎为忧，伏巽绳，故曰"绊"。艮为岩山，为室家；正反艮，故曰"分散"。

豫　众神聚集，相与议语。南国虐乱，百姓劳苦。兴师征伐，更立贤主。

解详《屯之节》。节中爻艮震，与豫体同。

随 虎狼争食，礼义不行。兼吞其国，齐鲁无王。

艮为虎狼，初四正反艮，震口，故曰"争食"。坤为礼义，否初往上，坤形毁，艮止，故不行。艮为国，兑口，故曰"吞"。巽齐兑鲁，震为王，正反震故曰"无王"。言列国互相兼并，周王不能制止也。

蛊 寄生无根，如过浮云。本立不固，斯须落去，更为枯树。

《汉书·东方朔传》，著树为寄生。师古曰：寄生者，芝菌之类，为雨淋著树而生。故曰"无根"。上艮形似寄生，巽下断，故无根。互大坎，故曰"浮云"。巽下断，故本不固，故落去。艮为时，为待，故曰"斯须"。言寄生顷刻即枯落也。离为枯。丁据《诗正义》，以茑释寄生，非。茑固名寄生，然非斯须落去之物，与此不合。

临 子啼索哺，母行求食。反见空巢，啬我长息。

详《乾之同人》。

观 驾驷逐狐，轮挂荆棘。车不结辙，公子无得。

伏震为驾，为驷，为逐，艮为狐。伏乾为圜，为轮。震为荆棘，艮止，故曰"挂"。坤为车，艮为道路，为辙。坤闭艮止，故曰"车不结辙"。言轮不动而无辙迹也。震为公子，坤虚，故无所得。正伏象杂用。

噬嗑 方喙广口，仁智圣厚。释解倒悬，家国大安。

通井。兑为口，艮为喙。震为仁，坎为圣，为智，艮为厚。井巽绳为悬，兑为倒巽，故曰"倒悬"。震为解释。艮为国家，为安。

贲 驾福乘喜，东至嘉国。戴庆南行，移居安宅。

震为驾，为乘，为福喜；为东，为嘉。艮为国，为戴。震为庆，故曰"戴庆"。离为南，故曰"南行"。艮为宅，为居，为安。

剥 孔鲤伯鱼，北至高奴。木马金车，驾游大都。王母送我，骓牝字驹。

坤为鲤，为鱼，中虚故为孔。坤位北，艮为奴，艮山在上，故曰"高奴"。高奴，地名。《项羽本纪》，董翳王上郡高奴是也。坤为马，艮木，故曰"木马"。坤为车，艮金，故曰"金车"。坤为都，伏乾为大，故曰"大都"。乾王坤母，坤我，故曰"王母送我"。坤为马，为牝，故曰"骓牝字驹"。《史记·平准书》：乘字牝者，不得集会。字，乳也，即牝也。

复 三足无头，不知所之。心狂精伤，莫使为明，不见日光。

震足，数三。乾为头，乾伏，故曰"三足无头"。震为之，坤迷，故不知所之。震为狂，为精神，坤为伤，故曰"精伤"。坤黑，故不明。乾为日，乾伏，故不见。

无妄 骓牝龙身，日驭三千。南止苍梧，与福为婚。道里夷易，安全无忌。

震为马，为龙，巽为牝，艮为身。乾为日，震为驱驱也。为三千，为南，为苍梧。艮止，震巽为夫妇，故曰"婚"。艮为道，为里，震为夷易。艮安震乐，故无忌。

大畜 辰次降娄，王驾巡狩。广佑施惠，安国无忧。

降娄，即奎娄，戌分。艮先天位戌，故曰"辰次降娄"。乾为王，震为驾，为巡狩。乾为广，为施惠。艮为安，为国，震乐故无忧。

颐 望幸不到，文章未就。王子逐走，马骑衔伤。佚迹不得，曷其有常。

蔡邕独断云：天子所至，辄有赏赐。故曰"幸"。言人民冀幸得赏也。艮为望，震为王，为行，为幸。艮止，故不到。坤为文章，艮止，故不就。震为王子，为走；为马，为骑，为口，故为衔。坤伤，故曰"衔伤"。震为迹。佚，避也，言遁迹不得也。

大过 中原有菽，以待飨食。饮御诸友，所求大得。

乾为郊，故曰"中原"。下巽为菽。兑为饮食，为友。伏艮为求。

坎 乱茅缩酒，灵巫拜祷。神怒不许，瘁愁忧苦。

伏巽为茅，坎为酒。祭时灌酒茅上，曰缩酒。缩，漏也。《井·九三》云：瓮敝漏。巽为漏也。伏兑为巫，为祷，艮为拜。震为神，为怒。坎为劳瘁愁苦。

离 李花再实，鸿卵降集。仁哲以兴，荫国受福。

详《比之讼》。

咸 源出陵足，行于山趾。不为暴害，民得安处。

通损。坤为水，艮陵。震为足，为趾。上山下足，水从山出，故曰"源出陵足，行于山趾"。坤为害，艮安故不害。坤为民。

恒 客入其门，奔走东西。童女不织，士弃耕亩。暴骨千里，岁饥民苦。

通益。震为客，艮为门，巽入。震东兑西，震为奔走。兑少，故曰"童女"。巽为织，艮止，故不织。震为士，为耕，坤为亩；艮止，故不耕。兑为骸骨，坤为千里。艮火在上，故曰"暴骨千里"。坤为岁，为民，为饥。

遁 天之所予，福禄常在。以永康宁，不忧危殆。

乾为天，为福禄。艮安，故不危。

大壮 蝗食我稻，驱不可去。实穗无有，但见空藁。

伏巽为蝗，兑为食，震为稻，为驱。艮为果蓏，为实穗。艮伏，故无有。坤虚，故曰"空藁"。

晋 牛骥同槽，郭氏以亡。国破空虚，君奔走逃。

艮为槽，坤牛坎马。皆与艮连体，故曰"同槽"。《说文》：槽，马食器也。艮为郭，坤亡，故曰"郭氏以亡"。郭，国名，为齐所灭。坤为国，为空虚；坎破，故曰"国破"。乾为君，乾伏，故曰"君逃"。

明夷　狗无前足，阴谋叛北。为身害贼，何以安息。

艮为狗，初爻阳，故曰"无前足"。坎为谋，为伏，故曰"阴谋"。震为反，为叛。坤为北，为身，为害。坎为贼。震行，故不息。

家人　两轮自转，南上大阪。四马共辕，无有屯难，与禹笑言。

通解。坎为轮，重坎，故曰"两轮"。离为南，震为上，为阪。坎为木，为辕；震为马，卦数四，故曰"四马共辕"。坎为屯，震乐，故无有屯难。震为笑言，为王；坎劳，故曰"与禹笑言"。

睽　芽蘖生达，阳昌于外。左手执箎，公言锡爵。

此用小畜伏象。伏震为芽蘖，为生达。在上，故曰"昌外"。艮为手，为执。震为左，为箎；为公，为言，为爵。全用小畜伏象。

蹇　秋花冬萼，数被严霜。甲兵当庭，万物不生。雄犬夜鸣，民扰大惊。

此用小畜象。兑为花萼，为秋。乾为冬，为霜。离为甲兵，伏艮为庭。当庭，疑有讹字。震为万物，兑折，故不生。艮为犬，坎夜，震为扰惊。

解　霜降闭户，蛰虫隐处。不见日月，与死为伍。

详《坤之需》。

损　身载百里，功加四海。为文开基，武立天柱。

坤为身，为载，为百里，为海。震为功，数四，故曰"功加四海"。坤为文，艮为基。震为武，艮为天，为柱。

益　禹作神鼎，伯益衔指。斧斤高阁，憧立独坐。卖庸不仇，苦困为害。

震为王，为禹，为神，为鼎，为伯。坤为聚，为益。艮为指，震口为衔。伏兑为斧斤，艮为高阁，言斧斤阁置不用也。憧，《说文》：意不定也。《咸·九四》：憧憧往来。"憧立"者，言徙倚不定也。又《集韵》：憧音蠢与骏同。憧立，犹痴立也。尤与坤迷象合。震立艮坐，坤寡，故曰"独坐"。庸、佣同。艮为庸，巽为市易，故曰"卖庸"。《汉书·乐布传》：穷困，卖庸。注谓受雇也。坤害，故不仇。《汉书·高祖纪》：每留酤，仇数倍。如淳曰：仇，售也。坤为困苦。为害。丁晏云：《吕览》：周鼎著倕而龁其指《淮南子·本经》训：周鼎著倕，使衔其指。注：明不当太巧也。兹作伯益，乃传闻异词。凡子书述故事多如此。

夬　福祜之聚，喜至忧除。如鱼逢水，长乐受喜。

乾为福，重乾，故曰"聚"。伏坤为鱼，为水。兑悦，故喜。

姤 苍龙隐伏，麟凤远匿。寇贼同处，未得安息。

震为苍，为龙，震伏故曰"隐"。坤文，为麟凤，坤伏故曰"匿"。巽为寇贼，在内，故曰"同处"。消阳，故不息。

萃 白鹤衔珠，夜食为明。怀安德音，身受光荣。

伏震为鹤，为珠。兑口为衔，为食。坤为夜，艮为光明，故曰"夜食为明"。言得珠而明也。伏震为音。坤为身，艮贵，艮光，故曰"光荣"。

升 旦生夕死，名曰婴鬼，不可得祀。

震为旦，为生。坤为夕，为死。兑为婴儿，坤为鬼。兑食，为祀。坤闭，故不可得。

困 行役未已，新事复起。姬姜劳苦，不得休息。

通贲。震为行役，正反震，故不已。离为新，震起。震为姬，巽为姜。坎为劳，故不息。

井 忧患解除，喜至庆来。坐立欢忻，与乐为邻。

详《蒙之咸》。

革 晨风文翰，大举就温。昧过我邑，羿无所得。

晨风，鹯也。通蒙。艮为鹯。震晨，巽风，故曰"晨风"。坤为文，震为翰，故曰"文翰"。文翰，详《大过之豫》。艮火，故曰"就温"。坤为我，为邑，坤黑，故曰"昧过我邑"。坤为恶，故曰"羿"。坤虚，故无得。陈朴园云：《诗》，鴥彼晨风，郁彼北林。疑《齐诗》作温彼北林，故林词屡言就温。温、蕴通用。《云汉》诗：蕴隆虫虫。《韩诗》作郁。蕴、郁义同。《毛传》：郁，积也。就温，犹集菀耳。

鼎 下田种黍，方华生齿。大雨淋集，纷涝满瓮。

通屯。坤为下，为田。震为黍，为华，为生。本卦兑为齿。坎雨坤水，故曰"大雨淋集"，曰"纷涝"。震为瓮，在下承之，故满瓮。

震 鸟庇茂木，心乐愿得。君子碌碌，见者有谷。

艮为鸟，为庇，震为茂木。艮为君子，艮止，故碌碌。坎为心愿，震为乐，为谷。谷，善也。

艮 折臂蹷足，不能进酒。祠祀阔旷，神怒不喜。

艮为臂，坎折；震为足，坎蹇，故曰"折臂蹷足"。坎为酒，坎陷，故不进。震为祠祀，艮止，故阔旷。震为神，为怒，为喜；坎忧，故不喜。

焦氏易林注

渐 学灵三年，仁圣且神。明见善祥，吉喜福庆。鸤鹊知来，告我无忧。

学灵，小儿学语也。小畜兑为雏，为口；正反兑相对，故曰"学灵"。乾为年，离卦数三，故曰"三年"。伏震为仁，坎为圣，震为神，为善。艮为明。"祥"者，兆也，吉凶之先见者也。惟明者能先见之。震为喜庆，为鸤鹊。震覆为艮，口向内，故曰"来"。震为言，故曰"告"。坤为我，坎为忧；震解，故无忧。顾千里曰，《淮南·氾论训》：乾鹊知来而不知往。郑注《大射仪》引为鸤。愚按，《广雅》：鸤鹊，鹊也。《广韵》：鸤鹊，鸟名。陆贾云：乾鹊噪而行人至。鸤鹊、乾鹊，实一物，即今俗所云喜鹊也。

归妹 三妇同夫，志不相思。心怀不平，至常愁悲。

兑为妇，震数三，故曰"三妇"。震为夫，坎为心志，坎陷故不平。坎忧，故愁悲也。

丰 中田膏黍，以享王母。受福千亿，所求大得。

坎为土，为中，互大坎，故曰"中田"。巽为黍，为母，兑食为享；震为王，故曰"以享王母"。震为福，为千亿，伏艮为求。

旅 阳火不灾，二耕庆来。降福送喜，鼓瑟歌讴。

离艮皆为火，中互大坎；坎水，故不为灾。旁通节。震为耕，兑卦数二，故曰"二耕"。春耕、秋耕也。震为喜庆，为福，为鼓瑟，为歌讴。

巽 阳明不息，君无恩德。伯氏失利，农丧其力。

互离火，故明不息。震为君，为恩德，为伯。震伏，故无，故失利。巽为利也。震为农人。震伏，故丧力。

兑 燕雀衔茅，以生孚乳。兄弟六人，姣好悌孝。各得其愿，和悦相乐。

兑为燕雀，为衔；互巽为茅，故曰"衔茅"。伏坎为孚，艮为乳。震为生，为兄。艮、坎为弟，坎数六，故曰"兄弟六人"。兑为媚，为悦，故曰"姣好"。互巽为顺，故曰"悌孝"。兑悦，故曰"和乐"。艮为鸷鸟。凡雕鸮之属皆为艮象。兑与艮对，燕、雀皆小鸟，故为兑象。俗象离，非。

涣 鹑尾贲贲，火中成军。虢叔出奔，下失其君。

《左传·僖五年》：龙尾伏辰……鹑之贲贲……火中成军，虢公其奔。杜注：鹑，鹑火星；尾，尾星。言丙子平旦，鹑火中，军事有成功也。艮为火，为尾，为星，又为鸟，故曰"鹑火"，曰"鹑尾"。贲贲，星体之象。互震为武人，故"军"。艮手，艮虎，故"虢"。《说文》：虢，虎所攫昼明文也。艮为少，故"虢叔"。震为奔，为君。坎为失，为下。

节 两人相距，止不同舍。夫妻离散，卫侯失居。

中爻正反艮，故曰"相距"。正反震，故曰"两人"。又兑卦数二，亦两人象。艮为舍，为止。正反艮，故不同舍。震夫巽妻，巽为风而伏不见，故曰"离散"。震为诸侯，为卫，故曰"卫侯"。艮为居，坎陷，故失居。

中孚 魃为旱虐，风吹云却。欲止不得，反归其宅。

艮为火，故曰"旱虐"。震为神，与艮火连体，故曰"魃"。《诗·大雅》：旱魃为虐。《毛传》：魃，旱神也。巽为风，兑口为吹。大坎为云，坎伏，故曰"云却"。却，退也。艮为止，为宅，震为归，故曰"反归其宅"。

小过 关雎淑女，配我君子。少姜在门，君子嘉喜。

艮为城关，为鸟，故曰"关雎"。兑女，震善，故曰"淑女"。艮为君子，兑者艮妻，故曰"配"。巽为姜，大遇以巽为女妻，故曰"少姜"。艮为门，震为喜。

既济 慈母赤子，飧赐得士。夷狄服除，以安王家。

此用小畜象。伏坤为母。震子，坎赤，故曰"赤子"。兑为宴飧，震为士。伏坤为夷狄，坤顺，故服。震王，艮家。

未济 三足孤乌，灵明督邮。司过罚恶，自贼其家，毁败为忧。

《汉志》：日中有三足乌。小畜伏震为足，数三，故曰"三足"。离为乌，伏坎，故曰"孤乌"。离为明。坎为贼，艮为家。伏坤为过恶，艮为司，坎为罚。

☲ 乾上
兑下 **履之第十**

十乌俱飞，羿射九雌。雄得独全，虽惊不危。

元刊《易林》旧注云：尧时十日并出，羿射其九日，九乌皆死。离为乌，兑数十，故曰"十乌"。离为恶人，故"羿"。伏震为射，数九，故曰"羿射九雌"。坤为雌。坤伏，乾出，故曰"雄得独全"。伏震为惊，坎为险；坎伏，故不危。

之乾 东向蕃垣，相与笑言。子般执鞭，围人作患。

此用履象。巽为蕃垣。蕃垣，墙也。蕃与藩通。《诗·大雅》，四国于蕃是也。离象，故曰"东向"。初至五两兑口相对，故曰"相与笑言"。伏震为子，为般。般，反也。伏艮为执，巽为鞭，故曰"执鞭"。艮为围，坎为患。《左传·庄三十二年》：雩，女公子观之。围人牵自墙外与之戏，子般鞭之。后牵弑闵。林全用其事。

坤 循河榜舟，旁淮东游。渔父举网，先得大鳝。

坤为河，为淮。履伏震为舟，为东，故曰"东游"。坤为聚，为渔，乾为父，故曰"渔父"。离为网，坤为鳝，巽亦为鳝，兼用遇卦。

屯 辕折轮破，马倚仆卧。后旅先宿，右足跌蹉。

震为辕，坎为轮，为折，为破。震马，艮仆；艮止，故马倚仆卧。震为后，为行旅。坎为宿。震为足，遇险故跌蹉。

蒙 两人相绊，相与悖戾。心乖不同，讼争凶凶。

震为人，正反震，故曰"两人"。伏巽为绳，正反巽，故相绊。坎为悖戾，两人相背，故悖戾，故不同。坎为心，震为言；正反震，故讼争。

需 北辰紫宫，衣冠立中。含和建德，常受天福。

详《坤之观》。

讼 游居石门，禄安身全。受福西邻，归饮玉泉。

详《需之既济》。惟此以巽为石，乾为门。

师 羊肠九萦，相推稍前。止须王孙，乃能上天。

坤为肠，震为羊；数九，故曰"九萦"。震为王，伏乾为天。详《蛊之剥》。

比 争讼相倍，和气不处。阴阳俱否，谷风母子。

坎上下两兑口相倍。倍，反也。坎为和，相倍故不和。谷风，《邶》诗篇名。《毛》谓为夫所弃。兹谓无子，是《齐诗》义也。坤为风。

小畜 郭叔矩颐，为棘所拘。龙额重颡，祸不成殃，复归其乡。

旧注皆云故实未详。盖所据者，古今无其书。但以象论，似无讹字。卦通豫。艮为郭，为叔，兑为颐。坤方，故曰"矩颐"。坎罚棘，艮拘。震龙，艮为额，为颡。坤为重，故曰"重颡"。坤为祸，震解，故不成殃。艮为乡，震为复，为归。

泰 蚕室蜂户，螫我手足。不得进止，为吾害咎。

详《屯之明夷》。

否 怒非其怨，因物有迁。贪妬腐鼠，而呼鸱鸢。自令失饵，倒被困患。

伏震为怒。坤为物，为嫉妬。艮为鼠，巽敝，故曰"腐鼠"。艮为鸱鸢，震为呼。《庄子》：鸱得腐鼠，鹓雏过之，仰而视之，曰嚇。《林》似本此而变其意，言贪得腐鼠，呼鸱鸢相助，岂知反为所夺而失饵也。

同人 婴孩求乳，母归其子，黄麂悦喜。

此用履伏象。震为婴孩，艮为乳，为求。震为子，为归，坤为母。坤舍震上，故曰"母归其子"。震为鹿。麂，鹿子也。坤黄，故曰"黄麂"。震为喜。

大有 针缕徒劳，锦绣不成。鹰逐雉兔，爪折不得。

此用履象。伏坎为针，巽为缕，为锦绣。兑毁，故曰"徒劳"，曰"不成"。伏艮为鹰，离为雉。震为兔，为足，为爪。坎塞，故爪折不得。本象、对象杂用。

谦 雨潦集降，河渠不通。齐鲁闭塞，破费市空。

坤水，坎水，故曰"雨潦"，曰"河渠"。坎为塞，故不通。伏巽为齐，兑为鲁。坤闭，故曰"齐鲁闭塞"。坎破，巽为市；坤虚，故市空。

豫 封豕沟渎，水潦空谷。客止舍宿，泥涂至腹，处无黍稷。

坎为豕，为沟渎。《天官书》：奎为封豕，为沟渎。主江河之事，故曰"水潦"。坎为水，艮为谷；坤虚，故曰"空谷"。震为旅客，艮止。艮舍，坎为宿，为泥涂。坤为腹，故曰"至腹"。震为黍稷，坤死故无。

随 三奸相扰，桀跖为友。上下骚离，隔绝天道。

震数三，巽为伏，为奸，震为扰。正反震，故曰"相扰"。兑刚，故曰"桀"。巽为盗，故曰"跖"。艮上兑下，互大坎，故隔绝。艮为道。

蛊 齐景惑疑，为孺子牛。嫡庶不明，贼孽为患。

巽为齐，互离日，故曰"齐景"。互坎，故疑惑。艮为孺子，离为牛。震为嫡子，兑为孽，为庶。坎为贼，为患，为孺子牛。事见《左传·哀六年》：鲍子曰，汝忘君之为孺子牛而折其齿乎？孺子，名荼。

临 三羊俱亡，奔走南行。会暮失迹，不知所藏。

兑为羊，震数三，故曰"三羊俱亡"。"亡"者，逃也。震为亡，为奔走，为南。坤为暮，震为迹；坤迷，故失迹。坤为藏，坤黑，故不知。

观 请伯行贾，岱山之野。夜历险阻，不逢危殆，利如浇酒。

通大壮。震为伯，为商贾。艮为山，震东，故曰"岱山"。坤为野，为夜，艮为险阻。巽为利。酒，疑坤水象。

噬嗑 桑之将落，陨其黄叶。失势倾侧，而无所立。

侧为桑，伏巽为落，为陨。震为黄，故曰"陨其黄叶"。坎陷，为倾侧，为失。

贲 山求鱼，入水捕狸。市非其归，自令久留。

震上艮山。艮求，下离为鱼。坎为水，艮为捕，为狸。狸在上而于下坎水捕之，鱼在下而于上山求之，当然不得。伏巽为市。归，聚也，言所市非地。艮止，故久留。

剥 名成德就，项领不试。景公耋老，尼父逝去。

艮阳在上，为名，坤为成。艮为项领。《诗·小雅》：有莺其领。传：领，颈也。又，四牡项领。传：项，大也。《笺》：但养大其领，不肯为用。兹曰"不试"，与《诗》义同也。艮止，故不试。艮为火，为景，坤为老。伏乾为父，艮山，故曰"尼父"。坤死，故逝去。《论语》：景公曰，吾老矣，不能用也。孔子行。《左传》：孔子卒，公诔之曰，哀哉尼父！勿自律。

复 天之奥隅，尧舜所居。可以存身，保我国家。

伏乾为天，坤方大，故曰"奥隅"。震为帝，故曰"尧舜"。坤为聚，为居，为身，为国家。坤安，为保。

无妄 涉伯殉名，弃礼诛身。不得其道，成子奔燕。

《左传·定十年》："晋赵鞅围卫……讨卫之叛……曰'由涉佗、成何'……遂杀涉佗，成何奔燕。君子曰：'此之谓弃礼。'"震为伯，艮为名。坤为礼，为身；坤伏，故曰"弃礼诛身"。震为道，巽伏，故不得。艮为成，震为子，为奔，为燕。

大畜 两人俱争，莫能有定。心乖不同，讼言起凶。

震为人，三上正反震。故曰"两人"，曰"相争"，曰"无定"，曰"心乖"不同，而"讼"也。伏坤为凶。

颐 雎鸠淑女，贤圣配偶。宜家受福，吉庆长久。

艮为鸟，为雎鸠，震淑坤女。伏乾为圣贤，乾坤为配偶。艮为家，震为福，为吉庆。艮为长久。

大过 逾江求橘，并得大栗。烹羊食炙，饮酒歌笑。

伏坤为江河，震为逾；艮为橘，为求。乾为大，为木果，故为大栗。兑为羊，为饮食。大坎为酒，震为歌笑。正伏象杂用。

坎 山险难行，涧中多石。车驰频击，重载折轴。担负差踬，跌踬右足。

详《乾之谦》。

离 允利孔福，神所子畜。般乐无苦，得其欢欲。

互巽为利。伏震为孔，为福；为神，为子；为般乐，为欢。

咸 鸟鹊食谷，张口受哺。蒙被恩福，长大成就。柔顺利贞，君臣合德。

艮为鸟，兑为食，巽为谷。兑为口，为哺。为恩福。伏震为长，下艮为成。坤为柔顺，巽为利。乾君艮臣，故曰"合德"。

恒 潼瀷蔚荟，肤寸来会。津液下降，流潦滂沛。

详《坤之旅》。惟彼曰扶首来会，以艮为扶，互坎为首，巽为丝缕，故必曰扶首乃切。此则震为覆艮，艮为手。《公羊传·僖三十一年》：何休注此句云，侧手为肤，按指为寸。艮覆，象侧手按指，故必曰肤寸方切。或者不论何卦，谓扶首、是肤寸非者，殊不知林词林字皆由象生也。

遁 路多枳棘，步刺我足。不利旅客，为心作毒。

详《屯之贲》。

大壮 虺蝮所聚，难以居处。毒螫痛甚，疮不可愈。

通观。巽为虫，为虺蝮，坤聚。艮居，坤害，故不可居。坤阴，为毒螫。艮为节，为疮；坤丧，故不可愈。

晋 麟凤相随，察观安危。东国圣人，后稷周公。君子攸同，利以居止，长无忧凶。

离文，坤文，故曰"麟凤"，曰"相随"。离为观，艮安坎危。坤为国，离东，故曰"东国"。坎为圣，坤上为后稷。反震为周，为公。艮为君，为居止。坤为忧凶，离明在上，故不凶。

明夷 桀乱不时，使民恨忧。六趾为笑，君危臣羞。

离为恶人，坤亦为恶，故曰"桀"。离为乱，坤亦为乱。艮为时，艮覆，故"不时"。坤为民，坎为忧。震为趾，坎数六，故曰"六趾"。震为笑，为君；坤为臣，为羞。坎险，故危。

家人 黄帝所生，伏羲之宇。兵刃不至，利以居止。

详《屯之萃》。

睽 雀行求粒，暮归屋宿。反其室舍，安宁如故。

详《比之巽》。

蹇 太仓积谷，天下饶食。阴阳和调，年岁时熟。

此用履伏象。艮为仓，震为谷；坤聚，故曰"积谷"，故曰"饶食"。坎为食也。坎为和，坤为年岁，艮为时。

解 干旄旌旗，执帜在郊。虽有宝珠，无路致之。

详《师之随》。

损 履尾蹈颠，坠入寒渊。行不能前，足蹜不便。

震为履蹈，艮为尾，为颠。坤为渊，为寒；坤下，故坠。震为行，艮止，故不能前。兑折，故足蹜。

益 衔命上车，合和两家。蛾眉皓齿，二国不殆。

巽为命，震口为衔，为上，坤为车。艮为家，正反艮相对，故曰"和合两家"。巽为蛾，艮为眉，震为齿，为白，故曰"蛾眉皓齿"。坤为国，数二；震乐，故曰"二国不殆"。此似有故事，待考。

夬 吉日车攻，田戈获禽。宣王饮酒，以告嘉功。

乾为日，为吉。伏坤为车，为田。艮为禽获。乾为王，乾又为大明，故曰"宣王"。兑为饮，为告。乾为功。《吉日》《车攻》，皆《小雅》美宣王诗篇名。禽、攻为韵。与《易·比·九五》象辞禽、中韵正合。

姤 金帛贵宝，宜与我市。嫁取有息，利得过母。

乾为金，为贵，为宝。伏坤为帛，为我。巽为市。震为嫁，为生，为息。巽为母。

萃 延颈望酒，不入我口。深以自喜，利得无有。

详《讼之益》。

升 牧为代守，飨食甘赐，得吏士意。战大破胡，长安国家。

此用李牧事。坤为养，为牧，为邑；为北，故曰"代"。伏艮为守。兑为飨，坤为甘。震为吏士，为战。兑为折，坤为胡，故曰"破胡"。坤为安，为国家，巽为长。

困 日出温谷，临照万国。高明淑仁，虞夏配德。

离为日，为温，兑为谷，故曰"日出温谷"。伏艮为国，震为万，为临，离日为照，故曰"照临万国"。艮为高，为明。震为淑仁，为帝王，故曰"虞夏"。

井 逐兔索乌，破我弓车。日暮不及，失利后时。

通噬嗑。震为兔，为逐；艮为求，为乌，故曰"逐兔索乌"。坎为破，为弓，为车。离日，坎暮；坎塞，故不及。巽为利，震为后，为时，坎为失，故曰"失利后时"。

革 讹言妄语，传相诖误。道左失迹，不知所处。

二上正反两兑口相背，故曰"讹言妄语"，曰"传相诖误"。《战国·韩策》：诖误人主。《汉书·景帝纪》：诖误吏民。言疑误也。艮为道，震为左，为迹，伏坎为失。

鼎 履虎蹑蛇，贬损我威。君子失车，去其国家。

此用伏象屯。震为履蹑，艮为虎，坤为蛇。坤柔，故损威。震为威也。艮为君子。坤为车，为丧，故失车。坤为家国，震为去。

震 本根不固，华叶落去。更为孤妪，不得相视。

通巽，下断，故曰"本根不固"，华叶落去。兑为华，巽损落。妪，老母也。巽为母，为寡，故曰"孤妪"。离目为视。

艮 五轭四軏，优得饶有。陈力就列，驺虞喜悦。

详《坤之小畜》。惟彼作四軏。此作軏，音月。《说文》，辕端持衡者。皆取艮象。驺虞，亦艮象，白虎黑文。

渐 黄帝紫云，圣哲且神。光明见祥，告我无殃。

通归妹。震为帝，为黄，坎为云。九宫，九色紫。离九，故曰"紫云"。坎为圣哲，震为神，为福祥。坎为殃，震解，故无殃。震为言，故曰"告"。

归妹 五利四福，俱田高邑。黍稷盛茂，多获藁稻。

通渐。巽卦数五，为利，故曰"五利"。震为福，卦数四，故曰"四福"。巽为高，艮为邑。震为黍稷，为盛茂，为稻。离枯，故曰"藁稻"。

丰 群虎入邑，求索肉食。大人卫守，君不失国。

通涣。艮为虎，正反艮，故曰"群虎"。巽人，艮邑。艮求，坎为肉，为食。五为大人，艮为守，故曰"大人卫守"。震为君，艮为国，坎失；震为主，故不失国。

旅 乌子鹊雏，常与母居。愿慕群侣，不离其巢。

离为乌鹊，伏震为子，兑为雏。巽为母，艮为居。伏坎为心，为愿慕。离为巢，艮止，故不离。

巽 蹇驴不材，骏骥失时。筋劳力尽，疲于沙丘。

通震，为马。坎蹇，故曰"蹇驴"。震为材，坎折，故不材。震为骏骥，艮为时；坎陷，故失时。坎为劳疲，艮为沙，为丘。丁晏云：《列子·说符篇》，穆公使九方皋求马，三月而反，曰，得之矣，在沙丘。按，坎为脊，为要。筋力，或为坎象。

兑 玄鬣黑额，东归高乡。朱鸟道引，灵龟载庄。遂抵天门，见我贞君。

通艮。坎为玄，震为鬣，艮为额，坎为黑，故曰"玄鬣黑额"。互震为东，为归。艮为高乡，为鸟。坎赤，故曰"朱鸟"。艮为龟，居西北，故曰"天门"。震为君，艮为贞，故曰"贞君"。载庄，言载运行李也。

涣 探巢得雏，鸠鹊来俱，使我音娱。

艮为巢，为探，伏兑为雏。离为鸠，震为鹊，故曰"鸠鹊来俱"。震为音，为娱。

节 安上宜官，一日九迁。升擢超等，牧养常山，君臣得安。

互艮为官，为安；阳在上，故曰"安上"。伏离为日，坎数一，故曰"一日"。震为迁，为升；数九，故曰"九迁"。艮为山，为臣，震为君。

中孚 大头明目，载受嘉福。三雀飞来，与禄相得。

伏大坎，故曰"大头"。互大离，故曰"明目"。震为载，为嘉福，为雀；数三，又为飞，为禄，故曰"三雀飞来"，与禄相得。

小过 远视千里，不见黑子。离娄之明，无益于光。

震为远，为千里，艮为视。互大坎隐伏，故不见黑子。坎为黑，震为子也。伏大离，故曰"离娄之明"。艮为光，居坎下，故无益于光。

既济 三女为奸，俱游高园。背夫夜行，与伯笑言。不忍主母，为失醴酒，冤尤谁告。

此用履伏象谦。坤为女，震数三，故曰"三女"。坤为奸，故曰"三女为奸"。艮为园，巽为高，故曰"高园"。坎为夫，为夜，艮为背，震行，故曰"背夫夜行"。震为伯，为笑言；正反震，故曰"与伯笑言"。坤母震主，故曰"主母"。坎为忧，故曰"不忍"。坎为酒，为失，为冤尤。坎隐伏，故无可告语。

未济 日辰不良，强弱相振。一鸟两雏，客胜主人。

此仍用履伏象。

䷊ 坤上乾下 泰之第十一

求玉陈国，留连东域。须我王孙，四月来复。主君有德，蒙恩受福。

坤为国，震为玉，为陈，为东。伏艮为流连，为须，为孙。乾为王，故曰"王孙"。兑为月，震为复，卦数四，故曰"四月来复"。震为主，为君，乾为德，为恩福。

之乾 伯夷叔齐，贞廉之师。以德防患，忧祸不存。

详《比之剥》。此用泰象。震为伯，坤杀，故曰"伯夷"。夷，灭也。伏艮为叔，巽为齐，故曰"叔齐"。

坤 济深难渡，濡我衣裤。五子善櫂，脱无他故。

坤为水，故曰"济深"，曰"摊渡"，曰"濡"。坤为我，为衣裤。

屯 倚立相望，适得道通。驱驾奔驰，比目同床。

艮倚，震立。艮望，正反艮，故曰"相望"。震为道，为通，为驱驾奔驰。艮为目，初至五正反艮相对，故曰"比目"。艮为床，坤众，故曰"同床"。

蒙 葛藟蒙棘，华不得实。谗佞为政，使恩壅塞。

详《师之中孚》。

需 四足无角，君子所服。南征述职，与福相得。

此用泰象。震为足，卦数四，故曰"四足"。艮为角，艮伏，故无角。乾为君子。震为南，为征。乾为福。

讼 踝踵足伤，左指病痈。失旅后时，利走不来。

详《蒙之旅》。通明夷。震为足，为踒踵。坎为伤，为病痛。震为左。因明夷互震，中互坎，故有此象。

师 春城夏国，生长之域。可以服食，保全家国。

坤为城，为国，震为春；伏离为夏，故曰"春城夏国"。震为长生，为食。坤为家，震乐，故保全。

比 望骥不来，拘蹇为忧。雨惊我心，风感我肌。

艮为望，乾为骥。乾伏，故不来。坎为蹇，为忧，为雨，为心。坤为我，为风。艮为肌肤，为撼。

小畜 久客无床，思归我乡。雷雨满盈，道不得通。

巽为旅客，为床，兑毁折，故无床。伏坎为思，震为归，坤为我，为乡。震为雷，坎为雨；坤亦为水，故曰"满盈"。艮为道，坎陷，故不通。

履 方船备水，傍河燃火。积善有征，终身无祸。

通谦。坤为方，震为船，坎为水。方，并也。《诗》方舟为梁是也。以船为梁，故曰"备水"。坤为河，艮为火，故曰"傍河燃火"。坤为积，震为善。坤为身，艮为终，坤为祸。

否 陟岵望母，役事不已。王政靡盬，不得相保。

互艮为山，为望，坤为母，故曰"陟岵望母"。《尔雅·释山》：有草木曰岵。坤为役，为事。乾为王，坤为政。《诗·魏风》：陟彼岵兮，瞻望母兮。又《唐风》：王事靡盬。传：盬，不攻缴也。坤恶，故曰"靡盬"。

同人 多载重负，捐弃于野。予母离子，但自劳苦。

通师。坤为载负，为重，为野；为丧，故曰"捐弃"。坤为母，震为子，坎为劳苦。

大有 生直地乳，上皇大喜。赐我福祉，寿算无极。

通比。坤为地，艮为乳。《洛书甄耀度》：政山左昆仑，西南为地乳。王勃《九成宫颂》：峰横地乳。翟云升释地乳为醴泉，非。乾为帝，为皇。艮高，九五独尊，故曰"上皇"。乾为大，兑为悦，故曰"大喜"。坤为我，乾为福祉。艮为寿，坤多，故曰"寿算无极"。

谦 翕翕輷輷，陨坠山颠。灭我令名，长没不全。

详《否之离》。

豫 东邻嫁女，为王妃后。庄公筑馆，以尊王母。归于京师，季姜悦喜。

详《屯之观》。

随 伯虎仲熊，德义渊闳。使布五谷，阴阳顺序。

震为伯，坎为仲，艮为熊虎。巽为谷，卦数五，故曰"五谷"。

蛊 敏教劲疾，如猿升木。彤弓虽调，终不能获。

巽风为敏捷，为木。艮为猿，在巽上，故曰"升木"。互大坎为弓，为玄黄，故曰"彤弓"。

临 举袂覆目，不见日月。衣裘簟席，就长夜室。

详《坤之随》。

观 忍丑少羞，无面有头。耗减寡虚，日以削消。

坤为丑，为羞。艮止为忍，又为面，巽为广颡。艮在下，巽伏，故无面。广颡在上，故有头。坤为耗，为虚，巽为寡。伏乾为日，坤为消。

噬嗑 涸阴冱寒，常冰不温。凌人惰怠，雹大为灾。

坎为阴寒，为冰。离为温，居坎上，故不温。震为人，为凌，故曰"凌人"。艮止，故曰"怠"。离为灾，坎为雹。言冬不藏冰，夏致雹灾。

贲 夏麦麸麷，霜击其芒。疾君败国，使我夭伤。

离为夏，震为麦，为麸麷。坎为芒，为霜。艮手为击，故霜击其芒。坎为疾，震为君，艮为国，坎为败，为民。艮为少，伏兑折，故夭伤。

剥 渊涸龙忧，箕子为奴。干叔陨命，殷破其家。

坤为渊，艮火在中，故涸。震为龙，震覆，故忧。又坤亦为忧。《萃·初六》云：忽恤。《升·象》云：勿恤。以坤为恤，是其证。震为箕子，艮为奴。上震覆为艮，故曰"箕子为奴"。艮为叔，为求，故曰"干叔"。殷比干也。坤死，故曰"殒命"。殷，子姓。震为子，震覆，故曰"殷破其家"。艮为家也。《明夷·象传》云：箕子以之。由此可证箕子指震。

复 跛踦相随，日暮牛罢。陵迟后旅，失利亡雌。

震为行，坤退，故跛踦。坤为夜，故曰"暮"。为牛，为役，故罢。震为后，为旅。巽为利，巽伏故失利。坤为雌，为亡。

无 妄桑之将落，陨其黄叶。失势倾侧，如无所立。

《诗·卫风》：桑之落矣，其黄而陨。震为桑，巽为陨落。震为黄，为叶，为立。巽为倾，故曰"失势倾侧"，如无立也。

大畜 生长以时，长育根本。阴阳和德，岁乐无忧。

震为生长，艮为时。震为根荄，二五相应与，故曰"阴阳和德"。和，合也。震为岁，为乐。

颐 童女无室，未有配合。阴阳不和，空坐独宿。

伏巽为童女，震为夫。坤寡，故无夫。上下卦皆男象，故未有配合，故不和。艮为坐，为宿；坤为寡，为夜，故曰"空坐独宿"。

大过 春令原宥，仁德不周。三圣攸同，周国茂兴。

通颐。震为春，巽为命，故曰"春令"。古者霜降申宪，立春息刑，故曰"原宥"。震为仁，为周，震伏故不周。震数三，乾为圣，故曰"三圣"。坤为国。

坎 金精跃怒，带剑过午。两虎相距，虽惊无咎。

坎水为金精，震为跃怒。艮为剑，纳丙，故曰"过午"。艮为虎，正覆艮，故曰"两虎相距"。震为惊。

离 危坐至暮，请求不得。膏泽不降，政庚民忒。

详《需之颐》。离中爻亦伏颐，故语同。

咸 老杨日衰，条多枯枝。爵级不进，日下摧颓。

详《蒙之讼》。

恒 蔡侯适楚，留连江滨。逾日历月，思其后君。

巽为蔡，震为楚。乾为江河，为日，兑为月。乾为君。

遁 右抚剑佩，左援钩带。凶讼不止，相与争戾，失利市肆。

艮为剑，为钩，巽为带。乾为言，兑口与乾言反，故曰"讼"，曰"争"。巽为利市。风陨故失。

大壮 水流趋下，远至东海。求我所有，买鲔与鲤。

详《讼之比》。

晋 登几上舆，驾驷南游。合纵散横，燕齐以强。

详《屯之否》。

明夷 求兔得獐，过其所望。欢以相迎，高位夷伤。

震为兔，艮为獐；艮覆，故得獐。离目为望，震在上，故曰"过望"。震为欢。伏巽为高，艮为位；艮覆，故夷伤。

家人 过时不归，道远且迷。旅人心悲，使我徘徊。

震为时，为归；震伏，故不归。又震巽相反覆，震究为巽，故曰"过时"。震为道，坎伏故迷。巽为商旅，坎为心，为悲。

睽 魂孤无室，御宿舍食。盗张民溃，见敌失内。

坎为魂，为孤，为室。坎隐，故无室。兑为食。坎为宿，为盗，为民。

蹇 居如转丸，危不得安。东西不宁，动生忧患。

坎为丸，坎险，故曰"危"，曰"不宁"。离东坎西。坎为忧患。

解 坤厚地德，庶物蕃息。平康正直，以绥百福。

此用泰象。坤为厚，为庶物，震为蕃息。震大涂，故曰"平康正直"。乾为百福。

损 树蔽牡荆，生蘙山旁。仇敌背憎，孰肯相迎。

震为树，为荆；震阳卦，故曰"牡荆"。震为生，为蘙，艮为山。二至上正反两艮震相背，故曰"背憎"，曰"仇敌相背"，故不相迎。

益 凤凰衔书，赐我玄珪，封为晋侯。

坤为凤，为书。震口为衔，为玄，为珪。艮为封，震为晋，为诸侯。

夬 作凶不善，相牵入井。溺陷辜罪，祸至忧有。

兑毁折，故曰"凶"。又通剥，下坤为凶。艮手为牵。坤为渊，为井；为辜罪，为忧祸；为水，故溺。

姤 悲鸣北行，失其长兄。伯仲不幸，骸骨散亡。

通复。震为鸣，坤为悲，为北，为失。震为长兄，为伯，震伏故失。兑为骸骨，兑覆风散，故曰"散亡"。

萃 羔衣豹裘，高易我宇，君子维好。

兑为羔，互艮为豹，坤为衣裘。巽为高，艮为宇，为君子。

升 日中为市，各抱所有，交易货赍。贪珠怀宝，心悦欢喜。

通无妄。巽为市，乾为日。艮手为抱。巽为交易，乾为货赍。震为珠玉，为悦喜。

困 振急绝理，恒阳不雨。物病焦干，华实无有。

通贲。下离火，艮又为火，故曰"旸日不雨"。互坎为雨，为病，离火为焦乾。艮为果，为实，兑为华。

井 狐狢载剥，徙温厚蓐。寒棘为疾，有所不足。

坎为狐狢，伏艮为手，为剥。巽为茅蓐。坎为寒，为棘，为疾。震为足，震伏故不足。

革 履践危难，脱执去患。入福喜门，见诲大君。

通蒙。震为履践，坎险，故曰"危难"。震为脱，为去。坎陷，故曰"执"。坎忧，故曰"患"。艮为门，震为福喜，巽为入。乾为大君，震为诲。

鼎 四乱不安，东西为患。退止我足，无出国域。乃得全完，赖其生福。

通屯。坤为乱，震数四，故曰"四乱"。震东坎西，坎为忧，故曰"东西为患"。震为足，艮止。坤为国，艮为域；上坎陷，故不出。震为福。言见险能止，故得安全而生福也。全用对象。

震 南国少子，才略美好。求我长女，贱薄不与。反得丑恶，后乃大悔。

详《比之渐》。

艮 妄怒失理，阳孤无辅。物病焦枯，年饥于黍。

互震为愁，坎为失。阳止于上，故曰"孤"，曰"无辅"。坎为病，艮为火，故物病焦枯。震为黍，为年。焦枯，故饥。

渐 倬然远咎，辟患害早。田获三狐，巨贝为宝。

风散，故倬然远咎。坎为患害，巽出险，故能辟患。艮为狐，数三，故曰"三狐"。坎为获。艮为贝，巽为高，为长，故曰"巨贝"。

归妹 逐鹿山巅，利去我西。维邪南北，无所不得。

震为鹿，为逐。艮覆，故至山颠。兑为西。离南坎北。维邪，呼声。

丰 龙蛇所聚，大水来处。滑滑沛沛，使我无赖。

震龙，巽蛇。互大坎，故曰"聚"，曰"大水"，曰"滑滑沛沛"。

旅 从风吹火，牵骐骥尾。易为功力，因摧受福。

巽为风，兑口为吹。离在上，故曰"吹火"。艮为尾，为牵，伏震为马。兑为摧折，震为福。

巽 泽狗水凫，难畜少雏。不为家饶，心其亟遁。

通震。互艮为狗，兑为泽，故曰"泽狗"。《说文》，獭如小狗，水居食鱼是也。震为凫，坎水，故曰"水凫"。二者皆野物，故难畜。震为子，为雏；震伏，故曰"少雏"。互艮为家，坎为心。震往，故曰"遁"。言泽狗水凫，不为家畜，时时欲逃也。

兑 水坏我里，东流为海。龟凫钄器，不见慈母。

通艮，为里。互坎，为水。互震为东，兑为海。艮为龟，震为凫；为乐，故曰"钄器"。巽为母，坎伏，故不见。

涣 褰衣涉水，水深渍罢。赖幸舟子，济脱无他。

节 龟厌江海，陆行不止。自令枯槁，失其都市。忧悔为咎，亦无及己。

艮为龟，兑为河海。震为行，艮为陆。互大离为枯槁。巽为市，坎为忧。

中孚 同本异叶，乐仁政德。东邻慕义，来兴我国。

互大离为东邻，艮为国。

小过 桃李花实，累累日息。长大成熟，甘美可食，为我利福。

震为桃李，兑为花。艮为实，为成。巽为长，兑为食。震为福，巽为利。

既济 重瞳四乳，聪明顺理。无隐不形，微见千里。灾害不作，君子集聚。

此用泰象。伏艮为目，坤为重，故曰"重瞳"。艮为乳，巽数四，故曰"四乳"。艮明，坤顺。巽伏，故隐。兑为见，坤为千里，为灾。乾为福，故不灾。艮为君子，坤为积聚。文王四乳，舜目重瞳，见《淮南子》。

未济 实沈参墟，以义讨尤。次止结盟，以成霸功。

按《左传·昭元年》：迁实沈于大夏，主参。故参为晋星。泰伏艮，艮为星，故曰"实沈"，曰"参"。而实沈与参，皆晋墟。震为晋也。皆用泰象。文意似指晋文伐楚事。止，首止。《僖五年》：齐侯会诸侯于首止。

䷋ 乾上 坤下 否之第十二

秦为虎狼，与晋争强。并吞其国，号曰始皇。

此全用伏。兑为秦，为虎狼。震为晋，为争。兑为吞。乾为皇，为始。

之乾 江河淮济，天之奥府。众利所聚，可以饶有，乐我君子。

此用否象。坤为江河淮济。乾为天，坤为府，为众。巽为利，坤为聚，故曰"饶"。艮为君子。

坤 天之所灾，凶不可居。转徙获福，留止忧危。

否，坤为灾，为凶。伏震为转徙；震为福，故曰"获福"。艮为留止，坤为忧危。言弗化也。

屯 名成德就，项领不试。景公耋老，尼父逝去。

艮为名，为成，为项领。坎伏，故不试。震为诸侯，艮为光，故曰"景公"。坤为老，艮为山，故曰"尼父"。震亦为父也。坤亡，故曰"逝去"。《论语》：景公曰，吾老矣，不能用也。孔子遂行。

蒙 持善避恶，福禄常存。虽有豺虎，不能危患。

艮手为持，伏乾为善，坤为恶；坎隐，故曰"避"。震为福禄。艮为豺虎。坎为危患。震出险，故无患。

需 避患东西，反入祸门。糟糠不足，忧动我心。

详《讼之未济》。

讼 珪璧琮璋，执贽见王。百里宁戚，应聘齐秦。

详《需之井》。惟此以乾为珪璧琮璋。

师 扬水潜凿，使石洁白。裹素表朱，游游皋沃。得君所愿，心志娱乐。

坎为水，震为扬，坎为潜伏。巽为石，为白，为素。伏乾为表，为朱。震为戏游，为陵，为皋。坎为沃。震为君，为乐。坎为心志。《诗·唐风》扬之水，白石凿凿，素衣朱襮，从子于沃。注：凿凿，洁白貌。襮，领也。然则此所谓潜凿，亦取伏巽象也。又襮，即表。《吕氏春秋·忠廉篇》：臣请为襮。高诱注曰：襮，表也。兹《焦》亦训襮为表，与《毛传》训领异。又读衣为裹，尤异也。

比 官爵相保，居之无咎。求兔不得，使伯恨悔。

艮为官爵，为居，为求。震为兔，为伯。震覆，故求兔不得。坎为忧，故曰"悔恨"。

小畜 戴元无裈，裸裎出门。小儿作笑，君子忧患。

通豫。艮为戴，坎为首，故曰"戴元"。元，首也。坤为裈，坤伏，故曰"无裈"。艮为皮肤，为身，故曰"裸裎"。艮为门，震出，故曰"出门"。震为子，为笑乐。艮小，故曰"小儿作笑"。艮为君子，坎为忧患。

履 把珠入口，为我利宝。得吾所有，欣善嘉喜。

乾为珠玉，兑口，伏艮为手，故曰"把珠入口"。伏坤为我，为利，为吾。乾为嘉喜。

泰 行不如还，直不如屈。进不如退，可以安吉。

内刚外柔方泰，乾进而外则否矣。故林词以为戒。乾为行，为进。震为反。坤为安。

同人 众鬼瓦聚，中有大怪，九身无头。魂惊魄去，不可以居。

通师。坤为鬼，坎亦为鬼；坎众，故曰"众鬼"。震为瓦，坤为聚。坎为怪。坤为身，震数九，故曰"九身"。坎为头，坎伏，故曰"无头"。震为神，为魂，坤为魄。震又为惊，为去也。

大有　家给人足，颂声并作。四夷宾服，干戈橐阁。

此用否象。艮为家，伏震为人。坤聚，故曰"给足"。震为颂声，为作。坤为夷，震卦数四，又为宾客，故曰"四夷宾服"。艮为干戈，坤为橐。艮止，故曰"橐阁"。言偃武不用也。

谦　人面鬼口，长舌如斧。斫破瑚琏，殷商绝嗣。

震为人，艮为面，坤为鬼，震为口，故曰"人面鬼口"。兑为舌，震形长于兑，故曰"长舌"。伏兑为斧。艮为斫。震为玉，故曰"瑚琏"。震为子，子为殷商姓。坤为杀，震子被坤杀死，故殷商绝嗣也。

豫　南山之峻，真人所在。德配唐虞，天命为子。保佑歆享，身受大庆。

震为南。艮为山，为真人，为保佑。震为唐虞，为子，为庆。伏乾为天，为命。坤为身。

随　春桃生花，季女宜家。受福多年，男为邦君。

详《师之坤》。

蛊　鸱鸮破斧，冲人危殆。赖其忠德，转祸为福，倾危复立。

艮为鸱鸮。兑为斧，为毁折，故曰"破斧"。艮为少子，故曰"冲人"。互大坎为忠德。震为福，为立。殆，音以。鸱鸮、破斧，《豳风》诗篇名。冲人谓成王，忠德指周公。

临　猿堕高木，不踬手足。保我金玉，还归其室。

详《讼之艮》。

观　天之奥隅，尧舜所居。可以存身，保我邦家。

详《履之复》。

噬嗑　伯蹇叔盲，足病难行。终日至暮，不离其乡。

震为伯，坎为蹇。初四互大离，坎为叔，故曰"叔盲"。震足为行，坎病，故难行。离为日，艮为终，坎夜，故曰"终日至暮"。艮为乡，艮止，故不离。

贲　日月相望，光明盛昌。三圣茂功，仁德大隆。

详《师之节》。

剥　桃李花实，累累日息。长大成就，甘美可食。

详《泰之节》。

复　入和出明，动作有光。运转休息，所为允康。

入巽，故曰"和"。出震，故曰"明"。震为动作。震旦，故曰"光明"。震出，故运转。龙潜在下，故休息。出入无疾，故允康。

无妄 阴衰老极，阳建其德。履离戴光，天下昭明。功业不长，虾蟆大王。

详《坤之未济》。此以巽为虾蟆。

大畜 行役未已，新事复起。姬姜劳苦，不得休止。

震为行役，为起伏。坤为事，艮为光明，故曰"新事"。震为周，故曰"姬"。伏巽为齐，故曰"姜"。艮为休止，震起，故不得休止。

颐 狐鸣室北，饥无所食。困于空丘，莫与同力。

艮为狐，震为鸣。艮为室，坤北。故曰"室北"。坤为饥，震为食。艮为困，为丘；坤虚，故曰"空丘"。

大过 雄圣伏，名人匿。麟远走，凤飞北。扰乱未息。

乾为雄，为圣。伏艮为名。巽伏，故曰"名人匿"。坤文为麟，坤伏不见，故曰"远"。坤为凤，为北；坤伏，故曰"走"，曰"飞"。按韵，前四句，句皆三字，第五句乃为四字。汉魏丛书本竟以四字断句，非。

坎 疾贫望幸，使伯行贩。开牢择羊，多得大羣。

详《讼之遁》。

离 翕翕蓇蓇，陨坠颠崩。灭其令名，长没不存。

详《泰之谦》。

咸 华落实槁，衣敝如络。女功不成，丝布如玉。

兑为华，巽为陨，故华落。艮为果实，艮火，故槁。巽为络，为敝，伏震为衣。巽落，故曰"女功不成"。巽为丝布，伏震为玉。

恒 温山松柏，常茂不落。鸾凤所止，得其欢乐。

详《需之坤》。

遁 失恃母友，嘉偶出走。攫如失兔，傫如丧狗。

坤伏风陨，故曰"失恃"。艮为友，巽寡，故毋友。坤为偶，震为嘉，为走；坤、震皆伏，故曰"嘉偶出走"。艮手为攫。攫，扑也。震为兔，为失。失、佚古通。佚兔，言兔逸也。艮为狗，巽寡，故曰"傫如"。伏坤为丧。

大壮 太乙驾骊，从天上求。征我叔季，封为鲁侯。

通观。坤纳乙，居北，而互艮为星，故曰"太乙"。本卦震为驾，为骊，为从。乾为天，伏艮为求，故曰"从天上求"。艮为叔季。兑为鲁，震为诸侯，故曰"鲁侯"。

晋　双凫俱飞，欲归稻池。径涉莦泽，为矢所射，伤我胸臆。

详《屯之旅》。

明夷　深坑复平，天下安宁。意娱心乐，赖福长生。

坎陷，故曰"深坑"。坎又为平，故曰"复平"。坤为天下，坤顺，故曰"安宁"。震为娱乐，坎为心意。震为福，为长生。

家人　俱为天民，云过吾西。风伯雨师，与我无恩。

此用否象。乾天坤民，故曰"天民"。坤为云，伏兑为西。巽为风，伏震，故曰"风伯"。伏兑为雨，故曰"雨师"。独断云：风伯箕星，雨师毕星。艮为星，故曰"风伯"，曰"雨师"。《小畜》云：密云不雨，自我西郊。"与我无恩"者，言上风下火，雨泽不至也。

睽　野鸟山鹊，来集六博。三枭四散，主人胜客。

伏艮为鸟，为山野。坎为集，数六，故曰"来集六博"。枭、雉，皆博采名，故曰"野鸟山鹊"。兑上缺，故曰"三枭"。离卦数三。三枭四散，必当时六博采名。《战国策》云：夫枭綦之所以能为者，以散綦能佐之也。夫一枭不胜五散，明矣。兹曰"三枭四散"，孰胜孰负，皆不能解。

蹇　北阴司寒，坚冰不温。凌人惰怠，大雹为灾。

详《泰之噬嗑》。

解　伊伯智士，去桀耕野。执顺以待，反和无咎。

震为音，为伯，故曰"伊伯"。伊吾，读书声也。坎为智，故曰"智士"。离为恶人，故曰"桀"。震为耕。否，艮为野，为执，为待。坎为和。

损　秋风牵手，相从笑语。伯歌季舞，燕乐以喜。

兑为秋，坤为风，艮手为牵。震为笑语，为从。二上正反震，故曰"相从笑语"。震为伯，为歌舞。艮为季。兑为燕。

益　徙巢去家，南过白马。东西受福，与母相得。

艮为巢，为家。震为徙，为去，为南。巽为白，坤为马，故曰"白马"。白马，津名，在大伾山南。震为东，伏兑为西，震为福。坤为母。

夬　鸟飞跌跛，两两相和。不病四肢，但去莫疑。

伏艮为鸟，为飞。兑折，故跌跛。坤数二，重坤，故曰"两两"。兑为和，坤为病，为疑。坤伏，故不病，不疑。

姤 三牛生狗，以戌为母。荆夷上侵，姬伯出走。

详《坤之震》。

萃 破筐敝筥，弃捐于道。坏落穿败，不复为宝。

通大畜。震为筐筥，兑为破，巽为敝。艮为道，艮止不用，故曰"弃捐"。兑毁，故曰"坏落穿败"。震为玉，为宝；震覆，故不为宝。

升 结纽得解，忧不为祸。食利供家，受福安坐。

巽为结纽，震为解；为乐，故忧不为祸。坤为忧，为祸也。巽为利，兑口，故曰"食利"。伏艮为家，为安坐。震为福。

困 白日扬光，雷车避藏。云雨不行，各自还乡。

巽白，离日，震雷。震伏，故曰"避藏"。坎为云雨，日出坎上，故云雨不行。伏震为反，艮为乡，故曰"各自还乡"。

井 杜口结舌，心中怫郁。去灾生患，无所告冤。

兑为口舌，坎伏，故杜口结舌。坎为心，为忧患凶灾，为冤。上坎，下互大坎，故无所告冤。

革 赍贝赎狸，不听我辞。系于虎须，牵不得来。

详《需之睽》。

鼎 鸣鹤抱子，见蛇何咎。室家俱在，不失其所。

通屯。震为鹤，为子，艮手为抱。巽为蛇，兑见，故曰"见蛇"。鹤以蛇为粮，故无咎。艮为室家。

震 逐兔山西，利走入门。赖我仁德，获为我福。

震为兔，为逐。艮山坎西，故曰"山西"。伏巽为利，艮为门。震为仁德，为福。

艮 兴役不休，与民争时。牛生五趾，行危为忧。

互坎为劳，故曰"兴役不休"。坎为众，为民。艮为时，三上正反艮震，故曰"争时"。震为生，为趾。坎纳戊，数五，故曰"五趾"。艮为牛。坎为忧，为危，震行。按《汉书·五行志》：兴徭役，夺民时。厥妖牛，生五足。秦孝文王五年，有献五足牛者，刘向以为近牛祸。此自旧事，《五行志》述之。不得谓林本《汉书》。

渐 春栗夏梨，山鲜希有。斗千石万，贵不可贩。

艮为果，故曰"栗"、"梨"。伏震为春，离为夏。艮为山，巽为鱼，故曰"山鲜"。梨、栗至春夏即坏，故曰"希有"。艮为斗，为石，为贵，为求。伏震为千万。

归妹 悲号北行，失其长兄。伯仲不幸，骸骨散亡。

震声，兑口，坎悲，坎北，故曰"悲号北行"。震为长兄，坎隐伏，兑折，故曰"失其长兄"。震为伯，坎为仲。兑为骸骨，兑折坎险，故曰"不幸"，曰"散亡"。

丰 赋敛重数，政为民贼。杼轴空虚，去其家室。

坎为聚，故曰"赋敛"。互大坎，故曰"重数"。坎为民，为贼，为杼轴。离虚，故曰"空"。艮为家室，艮覆，故去。

旅 履服白缟，殃咎并到，忧不能笑。

通节。震为履，为服。巽为白，为缟。坎为殃咎，为忧。震为笑。

巽 杜口结舌，言为祸母。代伯受患，无所祷免。

互兑为口舌，为言。正覆兑相背，故曰"杜口结舌"。巽为母，震为伯。震巽相往来，故曰"代伯受患"。兑为患。兑口为祷。

兑 免冠进贤，步出朝门。仪体不正，贼孽为患。

通艮。艮为冠，互震为进，为贤。进贤，冠名也。《汉书·贡禹传》：见责，免冠谢。故曰"免冠进贤"。震为步，为出，艮为朝门。互坎为贼，为患。坎曲，故不正。艮为身体。

涣 娶于姜女，驾迎新妇。少齐在门，夫子悦喜。

巽为姜，震为娶，为驾。巽为妇，为少齐。《左传·昭二年》，晋人谓之少齐是也。艮为门。震为夫子，为悦喜。

节 牧羊稻园，闻虎喧譁。畏恐悚息，终无祸患。

详《屯之复》。

中孚 老妾据机，纬绝不知。女功不成，冬寒无衣。

兑为妾。老妾，本《大过·九五》也。巽为进退，为机，为纬；兑折，故纬绝，故女功不成。《左传·昭二十四年》：嫠不恤其纬，而忧宗周之陨。乾为冬，为寒，为衣。今上下乾象皆缺，故无也。

小过 黑龙吐光，使阴复明。燎猎载圣，六师以昌。

震为龙，艮为黔，故曰"黑龙"。兑口为吐，艮为光明，故曰"吐光"，曰"使阴复明"。艮为火，故曰"燎"。震车为载，坎为圣。言文王出猎，载太公以归也。坎数六，坎众，故曰"六师"。震为昌也。

既济 东邻嫁女，为王妃后。庄公筑馆，以尊王母。归于京师，季姜悦喜。

详《屯之观》。

未济　灌颉东从，道顿跌踦。日辰不良，病为身祸。

离为恶人，故曰"灌颉"。离为东。言颠颉从公子重耳于东也。灌，疑为颠之音讹字。离为日，坎为病，为祸，为跌踦。

焦氏易林注卷四

橐置山颠，销锋铸刃。示不复用，天下大欢。

通师。坤为橐，震为陵。乾亦为山陵，为颠。艮为锋刃，艮覆，故销，故不用。坤为天下，震乐，故曰"大欢"。

之乾 一臂六手，不便于口。莫肯为用，利弃我走。

坤 獐鹿逐牧，饱归其居，安宁无悔。

屯 鸿鱼逆流，至人潜处。蓬蒿代柱，大屋颠仆。

艮为鸿，坤为鱼，为水，为逆，故曰"鸿鱼逆流"。鸿，大也。坎为圣人，在下，故曰"潜处"。坤为蓬蒿，震木为柱；坤在艮屋下，故曰"代柱"。坎陷，故颠仆。

蒙 三羖五牂，相随俱行。迷人空泽，经涉六驳，为所伤贼。

伏兑为羊，故曰"羖"，曰"牂"。艮纳丙，故曰"三羖"。坎纳戊，故曰"五牂"。互震为行，坤为迷，为虚，故曰"空泽"。坎陷，故曰"泽"。艮为驳，能食虎豹。然曰经涉，则非兽也。《诗·秦风》：隰有六驳。传：驳如马。《疏》：陆机云，驳马，梓榆也。树皮青白驳荦，遥视似驳马，故谓之驳。下章云：山有苞棣，隰有树檖。皆言木。此不应言兽。兹林词曰，经涉六驳，为所伤贼，正用《诗》语，亦以六驳为木，与陆诂合。坎数六，故曰"六驳"。坎又为贼。

需 黄帝出游，驾龙乘马。东上泰山，南过齐鲁，邦国咸喜。

离为黄，乾为帝。乾为马，故曰"驾龙乘马"。离为东，乾为山。兑为鲁，伏坤为邦国，兑悦为喜。

讼 履危不安，心欲东西。步走逐鹿，空无所得。

通明夷。震为履，坎为危，故履危不安。坎为心，为西，离为东。震为鹿，为走。坤虚，故空无所得。

师 望尚阿衡，太宰周公。藩屏汤武，立为侯王。

伏离为望，伏巽为权衡。震为主，为周，故曰"太宰周公"。又乾为圣人，伏重乾，故圣人多也。坤为城，为屏藩。坎水，故曰"汤"。震为武，为王，故曰"汤武也"。

比 白龙黑虎，起伏俱怒。战于阪泉，蚩尤败走，死于鱼首。

详《蒙之坎》。鱼首，地名。坎为首，坤为鱼，故曰"鱼首"。

小畜 载石上山，步跌不前。颠眉之忧，不得所欢，长思忧叹。

通豫。艮为石，为山，坤为载，故曰"载石上山"。震为步，坎陷，故步跌不前。坎为忧，故曰"颠眉"。艮为眉也。震为欢，坎伏，故不得。坎为忧。

履 周德既成，行轴不倾。申酉昳暮，耋老衰去，箴石不祐。

通谦。震为周，艮为成，故曰"周德既成"。震为行，坎为轴；坎平，故不倾。坤居申，坎先天居酉，故曰"昳暮"。言日至申酉而暮也。坤为老衰，坎为箴，艮为石。箴，针也。石，砭石，即石箴也。丁晏云：《山海经》，高氏之山，其下多箴石。注：可以为砥针者是也。坤死，故虽有箴石，不能祐助。

泰 乘云带雨，与飞鸟俱。动举千里，见我慈母。

坤为云，兑为雨。震为乘，伏巽为带。震为飞，为鸟，为举动，为千里。坤为母，为我，兑为见。

否 赍贝赎狸，不听我辞。系于虎须，牵不得来。

详《需之睽》。

大有 三翼飞来，是我逢时。俱行先至，多得大利。

离数三，为飞，为翼。伏艮为时，坤为我。乾为行，为先。伏坤为利。

谦 两足四翼，飞入我国。宁我伯姊，与母相得。

坤数二，震为足；为翼，卦数四，故曰"两足四翼"。震为飞，坤为国，为我。震为伯，伏巽为姊。坤为母。

豫 按民呼池，玉杖文案。鱼如白云，一国获愿。

艮手为按，坤为民，为河。震言坎水，故曰"呼池"。呼池，即呼沱河。《周礼·职方氏》作虖池。《国策》作呼沱。并同。震为玉，为杖，坤为文，艮为案，故曰"玉杖文案"。《后汉书·礼仪志》：仲秋，县道皆案民比户，年七十授以玉杖。八十九十，礼有加。文案，乃养老加礼。坤为鱼，为云，震白，故曰"鱼如白云"。

随 季姬踟蹰，望我城隅。终日至暮，不见齐侯，居止无忧。

兑为季姬，艮止故踟蹰。艮为日，为望，为城，为终。兑昧，故曰"终日"。巽为齐，震为诸侯，故曰"齐侯"。巽伏，故不见。艮为居止，震乐，故无忧。陈朴园云：案《左传》，齐桓公有长卫姬、少卫姬。《易林》所云季姬，即指少卫姬。《邶风》静女云：俟我于城隅。戴震云：此媵俟迎之礼。诸侯惟亲迎嫡夫人，媵则至乎城下，以俟迎者而后入。故《易林·师之同人》云"结衿待时，终日至暮"也。谓林词全说《静女》诗，而与《毛》异。

蛊　龙渴求饮，黑云影从。河伯捧觞，跪进酒浆，流潦滂滂。

震为龙，兑口为饮，艮为求。互大坎为黑，为云，为河。震为伯，故曰"河伯"。震为觞，艮手为捧，坎为酒浆，为流潦。

临　出门逢患，与福为怨。更相击刺，伤我手端。

震为出，坤为门，为患。坤祸，故不福。伏艮为击，对《遁》、《临》正反艮，故相击。兑为伤，伏艮为手，坤为我。

观　播天舞，光地乳。神所守，乐无咎。

艮为天，为手，为播，为舞。坤地，互艮为乳。艮为守，伏震为乐，坤为安。

噬嗑　两金相击，勇气钧敌。终日大战，不破不缺。

震为金，正反震，故曰"两金"。艮手为击，正反艮，故曰"相击"。震为勇，正反震，故曰"钧敌"。艮为终，离为日，震为战。兑为破缺，兑伏，故不破不缺。

贲　车虽驾，两靷绝。马奔出，双轮脱。行不至，道遇害。

震为车，为驾。伏巽为靷，兑卦数二，故曰"两靷"。兑折，故绝。震为马，为奔出。坎为轮，兑卦数二，兑毁，故曰"双轮脱"。坎陷，故行不至。震为道，坎陷为害。

剥　文山紫芝，雍梁朱草。长生和气，王以为宝。公尸侑食，福禄来处。

详《师之夬》。

复　把珠入口，为我畜宝。得吾所有，欣然嘉喜。

震为口，为珠玉，为宝。坤为我，为吾，为畜。震为嘉喜。

无妄　负牛上山，力尽行难。烈风雨雪，遮遏我前。中道复还，忧者得欢。

艮为负，为山，为牛。艮止，故力尽行难。互巽为风，乾为冰，故曰"雨雪"。艮止，故曰"遮遏"。艮为道，震反，故"还"。坎为忧，震乐，故曰"得欢"。

大畜　陶朱白圭，善贾息资。三致千金，德施上人。

艮火，故曰"陶"。乾为大赤，故曰"陶朱"。震为玉，为白，故曰"白圭"。二人皆善治生致富。乾为富，故曰"息资"。伏巽为商贾。艮数三，乾为金，为千，故曰"三致千金"。乾为德，震为人。"上人"者，及人也。

颐　子锄执麟，春秋作经。元圣将终，尼父悲心。

详《讼之同人》。

大过 春日载阳，福履齐长。四时不忒，与乐为昌。

通颐。震为春，乾为日，为阳。震为福履，巽齐，故曰"齐长"。艮为时，震数四，故曰"四时"。震为乐，为昌。

坎 孔德如玉，出于幽谷，飞上乔木。鼓其羽翼，辉光照国。

详《坤之比》。

离 区脱康居，慕仁入朝。湛露之欢，三爵毕恩。复归穹庐，以安其居。

注详《讼之恒》。

咸 秋冬夜行，照览星辰。道理利通，终身无患。

兑为秋，乾为冬，互大坎为夜。艮为明，为观，故曰"照览"。艮为星辰，为道里。艮为利。艮为身，为终。坎为患，兑悦，故无患。

恒 鸣鹄抱子，见蛇何咎。室家俱在，不失其所。

注详《否之鼎》。古鹄、鹤通用。

遁 安如泰山，福寿屡臻。虽有豺虎，不能危身。

艮为山，为安，为寿。乾为福。艮为豺虎，为身；艮安，故不危。

大壮 耆蒙睡眠，不知东西。岁君失理，命直为曲，王称为宝。

乾老，故曰"耆"。《说文》：耆，老也。伏艮，故曰"蒙"。耆蒙，即老少也。艮止坤迷，故曰"睡眠"。震东兑西。坤迷，故不知。乾为君，为年，故曰"岁君"。坤为理，坤伏，故失理。伏巽为命。《孟氏逸象》：乾为直，为王，为宝。震口为称。

晋 植璧秉珪，请命于河。周公克敏；冲人瘳瘀。

此用同人象。伏震为珪璧。艮手，故曰"秉"，曰"植"。坎水坤水，故曰"河"。艮为冲人。冲，幼也。震为公，为周。艮坚，故瘳瘀。

明夷 太王执政，岁熟民富。国家丰有，王者有喜。

震为王，坤老，故曰"太王"。坤为政；为岁，为利，故曰"岁熟"。坤为民，为富，为国家，为丰。震为王，震喜。

家人 讼争相背，和气不处。阴阳俱否，谷风无子。

离为有言，故争讼。坎为和，坎伏，故不处。谷，《毛诗》作谷，传云：东风也。巽为风，离东，故曰"东风"。震为子，震伏，故无子。《谷风》诗，《毛传》谓刺夫妇失道。兹曰"无子"，盖《齐诗》义也。

睽 齐鲁争言，战于龙门。构怨结祸，三世不安。

兑鲁。齐，似用半巽象。正反两兑口相对，故曰"争言"。余详《坤之离》。

蹇 鹿得美草，鸣呼其友。九族和睦，不离邦域。

此用同人象。伏震为鹿，为草，为鸣。伏坤为族，震数九，故曰"九族"。震乐，故和睦。坤为邦域。

解 百里南行，虽微复明。去虞适秦，为穆国卿。

百里奚自虞适秦，故曰"南行"。震为百，为南，为行。离为明。坎为忧虞，震乐，故去虞。坎位西，故曰"秦"。

损 梅李冬实，国多寇贼。乱扰并作，王不能制。

详《屯之师》。

益 府藏之富，王以赈贷。捕鱼河海，笱网多得。巨蛇大鳝，战于国郊，君遂走逃。

详《比之临》。

夬 牡飞门启，忧患大解。修福行善，不为身祸。

详《需之兑》。

姤 宜昌娶妇，东家歌舞，长乐欢喜。

巽为震妇。震为娶，为昌，为东，为歌舞，为欢乐。伏坤为家。

萃 正阳之央，甲氏以亡。祸及留吁，烟灭为墟。

《左传·宣十六年》正月，晋人灭赤狄甲氏及留吁。春正，故曰"正阳"。央，中也，言正月之中也。伏乾为阳，互大坎为中。艮为甲，坤丧，兑毁，故曰"甲氏以亡"。坤为祸，兑口为吁。坤为墟，为灭。

升 㕙过稻庐，甘乐䅟鳝。虽驱不走，田畯怀忧。

震为㕙，为稻，为乐，为䅟。䅟，大麦也。巽为鳝，坤亦为鱼。震为驱，为走。坤为田畯，为忧。

困 跛踦俱行，日暮车伤，失旅乏粮。

通贲。坎蹇，故曰"跛踦"。震为行。离为日，坎为夜，故曰"日暮"。震为车，坎折，故伤。震为行，旅为粮，兑毁，故曰"失旅乏粮"。

井 龙门水穴，流行不害。民安其土，君臣相保。

通噬嗑。震为龙，艮为门，为穴。坎水为流，流顺故不害。坎为民，艮为安，为土。

震君艮臣。

革　山陵四塞，遏我径路。欲前不得，复还故处。

通蒙。艮为山，为塞，为遏，为径路。坎陷艮止，故欲前不得。震卦数四，故曰"四塞"。

鼎　两虎争斗，血流漂杵。城郭空虚，蒿藜塞道。

通屯。艮为虎，坤数二，故曰"两虎"。又正反艮，故曰"争斗"。坎为血，为杵。艮为城郭，坤为空虚。震为藜蒿，艮为道。

震　依叔墙隅，志下心劳。楚亭晨食，韩子低头。

艮为墙，为叔，为依。坎为志，为心，为劳。震为楚，为晨，为食。艮为食。坎为信，故曰"韩子"。"韩子"者，韩信也。艮为头，坎下首，故低头。《史记·淮阴侯传》：常数从南昌亭长寄食，亭长妻患之，不为具食，信怒竟绝去。

艮　龙生无常，或托空桑。凭乘风云，为尧立功。

震为龙，为生，为桑。互大离，离虚，故曰"空桑"。坎为云，伏巽为风，震为乘，艮手为凭。震为帝，故曰"尧"。按，皇甫谧云：伊尹生于空桑，尧时诸臣。禹生石纽，见《史记》注。无生空桑者，西汉时古籍多，或别有所据。

渐　魁行摇尾，逐云吹水。污泥为陆，下田宜稷。

艮为星，为尾。魁，北斗星也。巽进退，故曰"摇尾"。坎为云水，兑口向坎，故曰"逐云吹水"。坎为污泥。坎陷，故亦为下田。艮为陆，巽为稷。言宜种黍稷也。

归妹　跛踦相随，日暮牛罢。陵迟后旅，失利亡雌。

坎塞，故跛踦。离为日，为牛；坎夜坎劳，故曰"日暮牛罢"。震为商旅，为后。巽为利，巽伏，故曰"失利亡雌"。巽为震妇，故曰"雌也"。

丰　三人俱行，北求大牂。长孟病足，倩季负粮。柳下之宝，不失我邦。

震为人，为行；数二，故曰"三人俱行"。互大坎为北，兑为羊。震为长孟，为足；坎病，故曰"病足"。按《家语》：叔梁纥之妾生孟皮，孟皮病足。季，季路也。《家语》：子路曰，吾为亲负米百里之外。互巽为粮，伏艮为季，为负。震为柳，伏坤为下，为邦。

旅　凤凰在左，麒麟处右。仁圣相遇，伊吕集聚。伤害不至，时无殃咎，福为我母。

离为凤凰，为麒麟。离东为左，兑西为右。坎为圣，为集聚。兑口为伊，巽为齐，为吕。

巽　乘筏渡海，虽深不殆。曾孙皇祖，累累俱在。

伏震为筏，为乘。互大坎为海，为深。兑悦，故不殆。伏艮为曾孙，为祖。

焦氏易林注

兑 比目四翼，来安吾国。赍福上堂，与我同床。

详《比之离》。

涣 娶于姜吕，驾迎新妇。少齐在门，夫子悦喜。

详《否之涣》。

节 螟虫为贼，害我稼穑。尽禾殚麦，秋无所得。

坎为贼，为害。伏巽为螟虫，震为禾稼。兑正秋，兑毁折，故秋无所得。

中孚 衣裳颠倒，为王来呼。成就东周，邦国大休。

震为衣裳，正反震，故曰"颠倒"。震为王，为呼，为东周。艮为成，为邦国。按《齐风》：东方未明，颠倒衣裳。颠之倒之，自公召之。《毛诗叙》谓朝廷兴居无节。《焦》意似指太公佐周，与《毛》异。

小过 王孙季子，相与为友。明允笃诚，升擢荐举。

震为王。艮为孙，为季子，为友。震为明允，艮为笃诚。震为荐举，艮手为擢。词似用《史记》舜举八元八恺事。

既济 踊泉滑滑，流行不绝。汙为江海，败毁邑里。家无所处，闻虎不惧，向我笑喜。

坎为泉，重坎，故流行不绝，故汙为江海。坤为邑里，三坤爻隔绝，故云败毁。坎为惧。虎与笑喜，盖用半象。

未济 桑扈窃脂，啄粟不宜。乱政无常，使心孔明。

离为鸟，故曰"桑扈"、"窃脂"。坎为窃，为脂。窃脂，即桑扈，一物也。《左传·襄四年》：桑扈窃脂，为蚕驱雀者也。《诗·小雅》：交交桑扈。余似用半象。

☲ 离上
乾下 **大有**之第十四

白虎张牙，征伐东莱。朱雀前驱，赞道说辞。敌人请服，衔璧而趋。

兑为虎，为牙；西方色白，故曰"白虎张牙"。白虎，西方宿。离为东，兑为决，为斧钺，故曰"征伐东莱"。莱，汲古本作东华。按《史记》云：师尚父封于营邱，未至国，莱人来伐，争营邱。营邱边莱。莱，夷人也。但太公征莱，今史不详。不知华、莱孰是？姑从宋、元。朱雀，南方宿。离为雀，南方色赤，故曰"朱雀"。兑口，故曰"赞道说辞"。道、导通。乾为玉，兑口，故曰"衔璧"。

之乾 南山太行，困于空桑。老沙为石，牛马无食。

此用大有象。乾为山，为行，位南，故曰"南山"。太行，亦山名也。伏坎为困，艮为桑，坤虚，故曰"空桑"。艮为沙石，坤为老，为牛马。兑为食，坤闭，故曰"无食"。

坤 播木折枝，与母别离，绝不相知。

依《讼之谦》校。播，种也。言折枝种于他所，与母树分离也。

屯 噂噂所言，莫如我垣。欢乐坚固，可以长安。

详《乾之困》。

蒙 雹梅零坠，心思愦愦。怀忧少愧，乱我魂气。

艮为果，为梅；坎为冰，故曰"雹梅"。《尔雅》：葵芦菔。注，紫花大根，俗呼雹突。由此例之，是雹梅为象形之字，作李者非也。坎折，故零坠。坎为心思，坎忧，故愦愦。坤为我，为乱，为魂气。

需 火虽炽，在吾后。寇虽多，在吾右。身安吉，不危殆。

离为火，伏坤为吾；在下，故曰"在后"。坎为寇，兑为右。伏坤为身，为安。殆，音以。

讼 虎卧山隅，鹿过后胸。弓矢设张，猬为功曹。伏不敢起，遂至平野，得我美草。

乾为虎，为山。伏震为鹿，为后。《广韵》：胸，山名。《史记·始皇本纪》：立石上胸界中。由是例之，后胸，或山名也。坎为弓矢，为棘，为猬，为伏。伏坤为平野，为我。震为美草。

师 三火起明，雨灭其光。高位疾颠，骄恣诛伤。

伏离为火，数三，故曰"三火"。坎为雨，为黑，故无光。坎为疾，坤为诛伤。

比 疋居楚乌，遇谗无辜，久旅离忧。

丁云：疋、雅同。《说文》：雅，楚乌也。一名鸒，一名卑居，秦谓之雅。言雅居楚即谓乌也。艮为鸟，故曰"乌"，曰"雅"。坎上下兑口相背，故曰"谗"。坎为忧。

小畜 一室百子，同公异母。以义防患，祸灾不起。

通豫。坎为室，数一。坤为百。震为子，为公。坤为母，上下坤相背，故曰"异母"。坎为患。坤为祸灾，坎伏，故不起。

履 商人行旅，资所无有。贪其利珠，流连王市。还家内顾，公子何咎。

通谦。震为商旅，为行人，为珠。巽为利市，乾为王，故曰"王市"。艮为家，离为顾，震为公子。

泰 禹将为君，北入昆仑。稍进扬光，登入温汤。代舜为治，功德昭明。

乾为君王，故曰"禹"。伏艮为昆仑，坤位北。艮阳在上，为光；艮手，故曰"扬光"。坤水为汤，艮火，故曰"温汤"。震为帝，故曰"舜"。

否 乾行天德，覆帱无极。呕呼烹熟，使各自得。

乾为天，故覆帱无极。伏震兑，故曰"呕呼"。艮火坤釜，故曰"烹熟"。

同人 南国盛茂，黍稷醴酒。可以享老，乐我嘉友。

乾为南，伏坤为国。震为盛茂，为黍稷。伏坎为酒。乾为老，震为乐。

谦 方船备水，傍河燃火，终身无祸。

震为船，坤为方。方，并也。《诗》：方舟为梁，故可备水。坎水坎河，艮为火，故曰"傍河燃火"。坤为身，为祸；震喜，故无祸。

豫 雷行相逐，无有休息。战于平陆，为夷所覆。

详《坤之泰》。

随 踯躅踟蹰，拊心搔头。五昼四夜，睹我齐侯。

震足，故踯躅踟蹰。坎为心，为首；艮手，故拊心搔头。艮为日，为昼，兑为夜。震卦数四，巽五。巽为齐。

蛊 大口宣唇，神使伸言。黄龙景星，出应德门。与福上堂，天下安昌。

详《需之萃》。

临 阴衰老极，阳建其德。履离戴光，天下昭明。

详《否之无妄》。

观 三涂五岳，阳城太室。神明所伏，独无兵革。

详《需之蒙》。

噬嗑 年丰岁熟，政仁民乐。利以居止，旅人获福。

震为年岁，为丰熟，为仁乐。伏巽为利，艮为居止。震为旅人。

贲 楚乌逢矢，不可久放。离居无群，意昧精丧。作此哀诗，以告孔忧。

楚乌即雅。见《说文》。艮为黔啄，故曰"乌"。震为丛木，故曰"楚乌"。坎为矢，故曰"楚乌逢矢"。艮为居，坎为孤，故曰"离居无群"。坎为心，为隐伏，故曰"意昧"。震神坎陷，故精丧。坎为哀忧，震为告。《诗·四月篇》：君子作诗，维以告哀。

剥 出门大步，与凶恶忤。骂公詈母，为我忧耻。

坤为门户，为凶，为母，为我忧。伏乾为行，为公。兑为骂詈。

复 火至井谷，阳芒生角。犯历天市，窥观太极。登上玉床，家易六公。

无妄 牧羊逢狼，虽忧不伤。畏怖惕息，终无祸殃。

震为羊，震艮对，故曰"逢狼"。艮为狼。坤为牧，为忧伤。乾惕，故曰"惕息"。坤为祸殃，坤伏，故无。

大畜 茧栗牺牲，敬事鬼神。神耆饮食，受福多孙。望季不来，孔圣厄陈。

上四句详《乾之旅》。艮为季，艮止，故不来。乾为圣，震为孔，为陈。

颐 大泽治妆，南归牧羊。长伯为我，多得牛马，利于徙居。

坤为水，为海，故曰"大泽"。妆，俗作娤，为装之讹字。震为行，故治装。伏兑为羊，坤为牧。震为归，为南，为伯，为长。坤为我，为牛，为马。震行，故徙居。

大过 枯树无枝，与子分离。饥寒莫养，独立哀悲。

通颐。震为树，互大离科上槁，故曰"枯"。巽寡，故无枝。震为子，风散，故分离。乾为寒，离虚为饥。坤死，故莫养。坤为哀悲。

坎 天地九重，尧舜履中。正冠垂裳，宇宙平康。

互震为帝，故曰"尧舜"。震为履，坎为中。艮为冠，坤为裳，坎为平。

离 凫鹥游泾，君子以宁。履德不衍，福禄来成。

伏震为凫鹥，坎为泾。艮为君子。震为履，为福禄。

咸 裸裎逐狐，为人观笑。牝鸡雄晨，主作乱根。

通损。坤为身，故曰"裸裎"。艮为狐。震为逐，为人，为笑。艮为观。互巽为鸡，震为雄；为旦，为鸣，故曰"雄晨"。震为主，坤为乱。

恒 典册法书，藏在兰台。虽遭乱溃，独不遇灾。

详《坤之大畜》。

遁 三痴且狂，欲之平乡。迷惑失道，不知昏明。

通临。坤为痴，震数三，故曰"三痴"。震起，故曰"且狂"。《诗·郑风》：不见子都，乃见狂且。《说文》：且，荐也。荐，进也。《集韵》：且，徂也。且狂，犹狂且也。坤为平乡，震为之。坤为迷惑，为失，震为大涂。坤夜震旦，故曰"昏明"。坤迷，故不知。全用对象。

大壮 瘿瘤疡疥，为身疮害。疾病瘫痫，常不危殆。

通观。艮多节，故曰"瘿瘤疡疥"，曰"瘫痫"。坤为身，为害，为疾病。艮安，故不危殆。

晋 三豕俱走，斗于谷口。白豕不胜，死于坂下。

坎为豕，离卦数三，故曰"三豕"。艮为谷，伏兑为口。兑刚鲁毁折，故斗。兑西方，色白，故曰"白豕"。坤死，艮坂，故曰"死于坂下"。

明夷 赖主之光，受德之佑。虽遭颠沛，独不凶咎。

震为主，离为光。震为德。

家人 上义崇德，以建大福。明哲且聪，周武立功。

通解。震为德，为福，为建。离为明，为哲，为聪。震为周，为武，为功。

睽 四乱不安，东西为患。身止无功，不出国城。乃得全完，赖其生福。

兑数四，离为乱。坎险，故不安。离为东，坎为西，为患。伏艮为身，为止，为国城。艮止，故不出。

蹇 金牙铁齿，西王母子。无有患殆，涉道大利。

详《小畜之大有》。此亦用大有象。

解 贺喜从福，日利蕃息，欢乐有得。

震为喜乐，为贺，为福。伏巽为利，离为日，震为蕃息。

损 昊天白日，照临我国。万民康宁，咸赖嘉福。

艮一阳在上，故为天，为日。纳丙，故曰"昊天"。昊天，夏日也。坤为我，为国。艮为光明，故曰"照临"。坤为万民。震为康宁，为嘉福。

益 左眇右盲，视闇不明。下民多孽，君失其常。

震为左，伏兑为右。互大离，故曰"眇"，曰"盲"，曰"不明"。坤为黑暗，为下，为民，为孽。震为君。

夬 吾有黍梁，委积道傍。有囊服箱，运到我乡，藏于嘉仓。

通剥。艮为道。坤为委积，为囊，为箱，为乡。坤载，故曰"运到我乡"。坤为藏，艮为仓，又为果蓏。蓏，草实也。黍梁，故为艮象。

姤 殊类异路，心不相慕。牝豕无猳，鳏无室家。

通复。坤为类，为心。震为大涂。坤为牝，巽为豕，故曰"牝豕"。猳，牡也。坤寡，故曰"鳏"。

萃 雀行求食，出门见鹞。颠蹶上下，几无所处。

艮为雀，为求，兑为食。艮为门，为鹞。兑折，故颠蹶。

升 野有积庾，稽人驾取。不逢狼虎，暮归其宇。

坤为野，为积，为庾。震为稼穑，为人，故曰"稽人"。艮为虎狼，艮伏，故不逢。坤为莫，震为归。

困 肤敏之德，发愤晨食。虏豹禽说，为王求福。

详《师之观》。

井 光祀春成，陈宝鸡鸣。阳明失道，不能自守，消亡为咎。

《汉书·郊祀志》：秦文公获若石，于陈仓北阪城祠之。其神……来也常以夜，光辉若流星，从东方来，集于祠城若雄雌会……其声殷殷，若雄雉野鸡夜鸣……名曰陈宝。兹云"春城"，疑祠城之讹。疑原句无春字。祀成，即祠城。或为光集祠城也。卦通噬嗑。离为光，坎为集，艮为祠城。震为陈，为鸣。本卦巽为鸡。

革 左抱金玉，右得熊足。常盈不亡，获心所欲。

通蒙。震为左，为玉。艮为金，为抱。兑为右，艮熊，震足。坤为多，故曰"常盈"。坤为亡；震乐，故不亡。坎为心，为欲。

鼎 履泥汙足，名困身辱。两仇相得，身为痛疟。

通屯。震为足，为履；坤为土，为水，故曰"履泥汙足"。艮为名，坎陷，故名困。坤为身，坤下，故辱。坤数二，故曰"两"。正反艮，故相仇。

震 安居重迁，不去其廛。禾米相间，乐得常产。

艮为居，艮止，故安居不迁。震往，艮廛；艮止，故不去其廛。震为禾米，为乐。

艮 天灾所游，凶不可居。转徙获福，留止忧危。

互坎为灾凶，震为游。上下卦阳在上，故曰"天灾"。艮为居，坎险，故不可居。震为徙，为福。艮止坎危。

渐 昧昧墨墨，不知白黑。景云乱扰，光明隐伏。犬戎来攻，幽王失国。

坎隐伏，故曰"昧墨"，故不知白黑。巽为白，坎为黑，为云。离明，故曰"景云"。离为乱，为光明。坎伏。艮犬。坎为幽，为失，艮为国。震为王，震伏，故曰"幽王"。

归 妹凫雁哑哑，以水为宅。雌雄相和，心志娱乐，得其所欲。

详《大畜之鼎》。

丰 长生无极，子孙千亿。柏柱载梁，坚固不倾。

震为长生，为子。伏艮为孙。震为千亿，为柏柱，为载，为梁。伏艮为坚固。

旅 麒麟凤凰，善政得样。阴阳和调，国无灾殃。

离为文明，故曰"麟凤"。卦一阴从一阳，二阴从二阳，故曰"和调"。

巽 天之奥隅，尧舜所居。可以存身，保我室家。

伏艮为天。震为帝，故曰"尧舜"。艮为居，为身，为室家，为保。全用旁通。

兑 配合相迎，利之四邻。昏以为期，与福笑喜。

兑昧为昏。震为福，为笑喜。迎、邻为韵。邻音灵。

涣 砥德砺材，果当成周。拜受大命，封为齐侯。

震为德，为材。艮石，故曰"砥砺"。震为周。艮为拜。巽为命，为齐。

节 与福俱坐，蓄水备火，终无灾祸。

震为福，艮为坐。坎水艮火。坎为积蓄，为灾祸。

中孚 晨昏潜处，候时煦煦。卒逢白日，为世荣主。

震为晨，兑为昧，为昏。巽为潜。艮为待，为时，震为煦。煦，和也。巽为白，艮为日。震为主，为荣。

小过 视日再光，与天相望。长生欢悦，与福为多。

艮为日，为光，为望，为天。巽长震生。震欢悦，为福为多也。

既济 大头明目，载受嘉福。三雀飞来，与禄相触。

坎为大首，离为明目。震为载，为嘉福。离为鸟，卦数三，故曰"三雀飞来"。震为飞，为禄。除坎离外，皆用半象。

未济 梗生荆山，命属输班。袍衣剥脱，夏热冬寒。立成枯槁，众人莫怜。

详《乾之既济》。

坤上
艮下 谦之第十五

王乔无病，狗头不痛。亡跛失履，乏我徒从。

艮为寿，故曰"王乔"。王乔，古仙人。坎为病，震乐，故无病。艮为狗，坎为首，为痛。震为履,坎蹇,故跛。坤为我。

之乾 喋喋嗫叹,昧冥相搏。多言少实,语无成事。

此取遇卦谦象。注解详卷九《明夷之豫》。豫与谦同象。

坤 北辰紫宫,衣冠立中。含和建德,常受大福。铅刀攻玉,坚不可得。

详《坤之观》。多下二句。此亦用谦象。艮为刀,为金。坤柔,故曰"铅刀"。震为玉,艮为坚。

屯 东壁余光,数暗不明。主母嫉妒,乱我事业。

震为东,艮为壁,故曰"东壁"。艮又为火,为光明。坎为暗,故不明。坤为母,震为主,故曰"主母"。坎为嫉妒,坤为乱,为事业。《列女传》:贫妇徐吾,与邻妇会烛夜绩。烛数不给,邻妇欲摈之,吾曰,一室之内,增一人烛不为闇,少一人不为明,何爱东壁之余光乎?林用其事。

蒙 下背其上,盗明相让。子婴两头,陈破其墟。

坤为下。艮为背,为上,为明。坎为盗,震为言。正反震相对,故曰"相让"。震子震婴;坎为首,坤数二,故曰"两头"。震为陈,坎为破,坤为墟。两头于象甚合,其义未详,疑为面缚之讹。

需 凤生会稽,稍巨能飞。翱翔桂林,为众鸟雄。

离文为凤,伏艮为山。会稽,山名。艮阳在上,为飞,为翱翔,为林,为鸟。坤为众。全用伏。

讼 凿井求玉,非和氏宝。名困身辱,劳无所得。

坎陷为井,乾为玉,为宾。坎为和。伏坤为身,为辱。艮为名,艮覆,故名困。坎为劳。

师 邦桀载殳,道至东莱。百僚具举,君王嘉喜。

坤为邦,为恶,故曰"桀"。艮为殳,兵器也。《诗·卫风》:邦之桀兮,伯也执殳。震为大涂,为陵;震东,故曰"东莱"。东莱,山名。坤为百,艮为官。互震为君王,为嘉喜。

比 安息康居,异国穹庐。非吾邦域,使伯忧戚。

详《蒙之屯》。

小畜 江河淮海,天之都市。商人受福,国家富有。

详《否之乾》。

履 同本异业，乐仁尚德。东邻慕义，来兴吾国。

通谦。震为木，正反震，而三爻为本，故曰"同本异业"。震为仁德，为乐，为东，为兴。坤为吾，为国。

泰 白鹤衔珠，夜室为明。怀我德音，身受光荣。

震为白，为鹤，为珠。兑为口，故曰"衔"。坤为夜，为室。震为明，为音。坤为怀，为我，为身。乾为光荣。《搜神记》：哙参行，遇黔鹤为弋人射伤，收养之，放去。一夜，雌雄各衔一明月珠来，以报参。

否 践履危难，脱厄去患。入福喜门，见吾邦君。

伏震为践履，坤为患，乾在外，故脱厄去患。艮为门，乾为福喜，巽为入。坤为吾，为邦，乾为君。

同人 宫商既和，声音相随。骊驹在门，主君以欢。

通师。震为乐，故曰"宫商"，曰"声音"。震为随，为马。坤为门。震为主，为君，为欢。又震为行。骊驹，为送行之诗。

大有 天地配享，六位光明。阴阳顺叙，以成厥功。

详《讼之震》。

豫 江河淮海，天之奥府。众利所聚，可以饶有，乐我君子。

详《否之坤》。

随 双鸟俱飞，欲归稻池。径涉崔泽，为矢所射，伤我胸臆。

详《屯之旅》。

蛊 伯仲叔季，日暮寝寐。赢卧失明，丧我贝囊，衔却道傍。

震为伯，大坎为仲，艮为叔季。坎为莫，为寝寐。艮为身，为赢，为卧，为明。兑昧，故失明。兑毁折，故曰"丧"。艮为贝，震为道，为囊。

临 受终文祖，承衰复起。以义自闲，虽苦无咎。

坤为文，伏艮为终，为祖，故受终文祖。坤为衰，震为起。坤为义，为咎。震乐。故无咎。

观 据斗运枢，顺天无忧，与乐并居。

详《益之节》。

噬嗑 周师伐纣，战于牧野。甲子平旦，天下悦喜。

震为周，为伐，坎众为师。离为恶人，故曰"纣"。艮为城。《尚书注》：牧野城，周武王所筑。震为旦，为子。艮为甲，故曰"甲子"。坎为平，故曰"平旦"。艮为天，震为下，为乐。《周书》：武王伐纣，甲子昧爽，王朝至于商郊牧野。林所本也。

贲 十雌百雏，常与母俱。抱鸡搏虎，谁敢害诸。

通困。巽为雌，兑为雏；数十，故曰"十雌"。震为百，为子，故曰"百雏"。巽为母，为鸡；艮为虎，为抱，故曰"抱鸡搏虎"。

剥 桀跖并处，人民愁苦。拥兵荷粮，战于齐鲁。

此用谦象。坤为恶，故曰"桀"。坎为盗，故曰"跖"。震为人民，坎为愁苦。艮为兵，震为粮。艮手为拥，艮背为荷。震为战。伏兑为鲁，巽为齐，故曰"齐鲁"。

复 南山昊天，刺政闵身。疾悲无辜，背憎为仇。

详《乾之临》。

无妄 百川朝海，流行不止。道虽辽远，无不到者。

乾为海，为百川。震为行，为道，为远；为至，故无不到。

大畜 目不可合，忧来摇足。悚惕危惧，去其邦域。

大离，故目不合。震为足，为摇。乾为忧，为危惕。艮为邦域；艮在外，故曰"去"。

颐 鸟升鹄举，照临东海。龙降庭坚，为陶叔后。封于英六，履福绥厚。

详《需之大畜》。

大过 北方多枣，橘柚所聚。何囊载黍，盈我筐筥。

通颐。坤为北。艮为枣，为橘柚。正反艮，故曰"聚"。坤亦为聚也。坤为囊，艮为何。震为黍，为战，为筐筥。

坎 悬貆素飧，食非其任。失望远民，实劳我心。

《诗·魏风·伐檀篇》：胡瞻尔庭，有悬貆兮……不素餐兮。互艮为貆。震为素，为餐。坎为食。伏巽为绳，故曰"悬"。艮为望，坎失，故曰"失望"。坎为民，为劳，为心。

离 羔羊皮革，君子朝服。辅政扶德，以合万国。

详《晋之临》。

咸 齐鲁争言，战于龙门。构怨致祸，三世不安。

详《坤之大畜》。

恒 久阴霖雨，涂行泥潦。商人休止，市空无有。

互大坎，故曰"阴"，曰"霖雨"，曰"泥潦"。震为大涂，为行，为商人。坎陷，故休止。巽为市，兑毁，故空无所有。

遁　桃雀窃脂，巢于小枝。摇动不安，为风所吹。心寒慄慄，常忧殆危。

艮为鸟，故曰"桃雀窃脂"。《诗·大雅》：肇允彼桃虫。传：桃虫，鹪鹩也。鹪鹩即桃雀。《尔雅》：桑扈，窃脂。皆小鸟。艮为小也。艮为巢，为枝。巽风进退，故动摇。乾为寒，为惕，故曰"慄慄"，曰"危殆"。

大壮　防患备灾，凶祸不来，虽困无灾。

通观。坤为患，为灾。艮为防。坤为凶祸，坤闭，故困。

晋　引颈绝粮，与母异门。不见所欢，孰与共言。

艮为颈，震为粮；震覆坤闭，故绝粮。坤为母，为门，艮亦为门。坤西南，艮东北，故曰"异门"。震为欢，为言；震覆坤闭，故不见所欢，故无与共言。

明夷　鳍虾去海，藏于枯里。街巷褊隘，不得自在。南北极远，渴馁成疾。

坤为鱼，故曰"鳍虾"。坎为海，坤在外，故曰"去海"。坤为里，为藏。离为枯，为巷。坎为褊隘。离南坎北。坎为疾，离为渴馁。

家人　恭宽信敏，功加四海。辟去不详，喜来从母。

坎为信，巽为母，伏震为喜。

睽　岁饥无年，虐政害民。乾溪骊山，秦楚结怨。

离虚，故饥。坎为众，为民。兑毁折，故曰"虐"，曰"害"。坎为溪，离火，故曰"乾溪"。坎为马，伏艮为山，故曰"骊山"。兑西，故曰"秦"。离南，故曰"楚"。楚灵王死于乾溪，秦始皇葬骊山，故曰"秦楚结怨"。坎为怨也。

蹇　右目无瞳，偏视寡明。十步之外，不知何公。

此用谦象。伏兑为右，艮离目不全，故无瞳，故偏视。坎黑，故寡明。坤数十。震为公，为步。正反震，故不知何公。

解　蝈蟆欢喜，草木嘉茂。百果蕃炽，日益庶有。

此用谦象。震为鸣，伏巽，故曰"蝈蟆"。《豳风》注：蝈，蝉也。宋曰蟆。震为欢喜。《诗·大雅》：如蝈如蟆，如沸如羹。《笺》云：言饮酒欢呼之声，似蝈蟆之鸣。兹曰"欢喜"，用诗意也。震为草木，为嘉茂，为百，为蕃炽。艮为果，为日。

损　常德自如，安坐无尤。幸入贵乡，到老安荣。

艮止，故曰"常德"，曰"安坐"。艮为乡，为贵。坤为老，震为荣。

益 狡兔趯趯，良犬逐咋。雄雌爰爰，为鹰所获。

震为兔，为行。互艮为犬，震为逐。震口为咋，为雄。巽为雌。爰爰，行貌。艮为鹰，为获。《诗·小雅》：跃跃毚兔，遇犬获之。《释文》：跃，他历反，与趯同。又《王风》：有兔爰爰。传：爰爰，行缓也。

夬 春桃生花，季女宜家。受福多年，男为邦君。

详《师之坤》。

姤 山石朽弊，消崩堕落。上下离心，君受其祟。

乾为山，为石。巽为朽弊，为消崩堕落。乾为君，阴消阳，故曰"受祟"。

萃 水坏我里，东流为海。龟凫讙哗，不睹我家。

详《泰之兑》。

升 七窍龙身，造易八元。法天则地，顺时施恩，富贵长存。

元本注：圣人心有七窍，伏羲蛇身。《左传》：高辛氏有才子八人，天下谓之八元。互兑为穴，为窍；数七，故曰"七窍"。震为龙，坤为身，战曰"龙身"。坤数八，又为地。伏乾为天，故曰"法天则地"。震为时，坤顺，故曰"顺时"。伏乾为富贵。翟云升谓，伏羲龙身，八元即八卦。

困 四夷慕德，来兴我国。文君陟降，同受福德。

坎为夷，伏震卦数四，故曰"四夷"。坎为慕。伏艮为国。震为君，互离，故曰"文君"。正反震，故曰"陟降"，曰"福德"。

井 华首山头，仙道所游。利以居止，长无咎忧。

伏艮为山，坎为首，兑为华，故曰"华首"。艮为寿，故曰"仙道"。伏震为游。巽为利，为长。艮为居止，坎为忧。

革 鹡鸠徙巢，西至平州。遭逢雷雹，损我苇芦。家室饥寒，思吾故初。

通蒙。艮为鹡鸠，为巢。震行，故曰"徙巢"。坎为平，为西，为冰雹。震为雷，为苇芦。兑毁，坤我。艮为家室，坤为饥寒。

鼎 狗无前足，阴谋叛北，为身害贼。

详《小畜之明夷》。艮为狗。初二半艮，无初爻，故无前足。震为足，震伏，亦无。

震 阳孤亢极，多所恨惑。车倾盖亡，身常惊惶。乃得其愿，雌雄相从。

详《乾之屯》。

艮　空槽注器，豚彘不到。张弓祝鸡，雄鸠飞去。

渐　长夜短日，阴为阳贼。万物空枯，藏于北陆。

巽为长，坎为夜。离日，坎隐，故短日。坎为贼，北方阴。离日为阳，阳为坎阴所蔽，故曰"阴为阳贼"。巽为草莽，为万物；离虚，故空枯。坎为藏，为北；艮为道，故曰"北陆"。冬日行北陆。

归妹　爪牙之士，怨毒祈父。转忧于己，伤不及母。

兑为爪牙，震为士；为父，故曰"祈父"。坎为怨毒，为忧。巽为母，巽伏，故伤不及母。《诗·小雅·祈父》：予王之爪牙。胡转予于恤……有母之尸饔。祈父，司马也。言司马令我久役，移忧于己，不及事母。令母主饔也。林全说诗意。

丰　拜跪请兔，不得臭腐。俛眉衔指，低头北去。

伏艮为拜跪，震为兔；震言，故请兔。巽为臭腐，巽伏，故不得。艮为眉，坎陷，故俛眉。艮为指，兑口，故衔指。坎为首，为低，为北。多用伏象。

旅　有莘季女，为夏妃后。贵夫寿子，母字四海。

巽为草莽，为莘，兑为季女。离为夏。艮贵艮寿，震夫震子。巽为母，兑为海。震卦数四，故曰"四海"。

巽　季姬踌躇，待孟城隅。终日至暮，不见齐侯。

详《同人之随》。

兑　邯郸反言，父兄生患。涉叔忧恨，卒死不还。

详《坤之暌》。

涣　逐鹿山巅，利去我西。维邪南北，所求不得。

艮为鹿，为山，为巅。震为逐，巽为利，坎为西。震为言，故曰"维邪"。维邪，呼声。震为南，坎为北，艮为求。

节　穿鼻系株，为虎所拘。王母祝福，祸不成灾，突然自来。

艮为鼻，坎为穿，伏巽为系，震为株。言既穿其鼻，又系于木也。艮为虎，为拘。震为王，伏巽为母，故曰"王母"。震为福，为祝。坎为祸，为灾。

中孚　虎豹熊罴，游戏山谷。君子仁贤，皆得所欲。

艮为虎豹熊罴，为山谷。《易·井·九二》，井谷射鲋，以伏艮为谷也。震为游。艮为君子，为仁贤。

小过　梅李冬实，国多盗贼。扰乱并作，王不得制。

详《屯之师》。此以正反巽为盗贼，故曰"多"。

既济 望幸不到，文章未就。王子逐兔，犬跬不得。

此用谦象。艮为望，坤为文章。震为王，为子，为逐，为兔。艮为犬，坎为跬。

未济 千柱百梁，终不倾僵。仁智辅圣，周宗宁康。

此用谦象。坤为千百。艮为柱，坎为极，为梁。震仁坎智。坎圣，震为周。

震上坤下 豫之第十六

冰将泮散，鸣雁嗈嗈。丁男长女，可以会同，生育圣人。

坎为冰，下临艮火，故曰"泮散"。艮为雁，震鸣，故曰"嗈嗈"。伏兑纳丁。《晋书·李密传》：零丁孤苦。丁男，言孤男，无配偶也。巽为长女，震为生，坎为圣。言少男长女，及冰未泮而婚嫁也。《周礼·媒氏》疏引《韩诗传》：古者霜降逆女，冰泮杀止。按《诗·邶风》：士如归妻，迨冰未泮。据《韩诗》，是冰泮后禁嫁也。《荀子》及《家语》皆同《韩诗》说，郑误。

之乾 龙马上山，绝无水泉。喉焦唇乾，口不能言。

详《乾之讼》。此用豫象。

坤 蔡侯朝楚，留连江滨。逾时历月，思其后君。

《左氏·定三年》：蔡侯朝楚，子常求其裘，弗与，乃留蔡侯，弗使归。豫震为草莽，为蔡，为楚，为诸侯。坎陷，故流连。坎水，故曰"江滨"。艮为时，坎为月，为思。震为君。全用豫象。

屯 文厄羑里，汤囚夏台。仁圣不害，数困何忧。免于缧绁，为世雄侯。

中爻坤为文，为里。坤闭，故厄。坎为水，艮火，故曰"汤"，曰"夏"。艮为台。震为仁，坎为圣，坤为害。坎为困，为忧。巽为缧绁，巽伏，故免。震为雄，为侯。

蒙 典册法书，藏在兰台。虽遭乱溃，独不遇灾。

详《坤之大畜》。

需 毡裘羶国，文礼不饬。跨马控弦，伐我都邑。

伏坤为裘，为文礼，为马，为我，为都邑。谓匈奴寇边也。

讼 星陨如雨，力弱无辅。强阴制阳，不得安土。

《左传·庄七年》：星陨如雨。离为星，坎为雨，风陨。伏象明夷，明入地中，故曰

"阴制阳"。坤为土。

师　蝗嚼我稻，驱不我去。实穗无有，但见空藁。

详《小畜之大壮》。

比　虎饥欲食，为猬所伏。禹导龙门，避咎除患，元丑以安。

艮为虎，坤虚，故饥。伏兑为食。坎为猬，为伏。伏乾为王，为龙，为门，故曰"禹导龙门"。坎为患，为隐伏，故曰"避咎除患"。坤为丑，为安。

小畜　蝙蝠夜藏，不敢昼行。酒为酸浆，鲂鳏鲍羹。

巽为蝙蝠，伏坎为夜，为藏。离为昼，震为行；震伏，故不昼行。坎为酒浆。巽为鱼，为鳏，故曰"鲂鳏鲍羹"。

履　精华坠落，形体丑恶。龃龉挫顿，枯槁腐蠹。

兑为华，风陨，故坠落。伏坤为形，为丑恶。兑为口，正反兑相对，故龃龉。离为枯槁，巽为腐蠹。

泰　两足不获，难以远行。疾步不能，后旅失时。

互震为足，兑卦数二，故曰"两足"。兑毁，故不获，故不行。震为后，为时；坤丧，故失时。

否　令妻寿母，宜家无咎。君子之欢，得以长久。

巽为妻，乾善，故曰"令妻"。坤为母，艮寿，故曰"寿母"。艮为家，为君子。伏震为乐，故曰"欢"。巽为长，艮为久。

同人　饥蚕作室，缗多乱缠，端不可得。

巽为虫，为蚕；离虚，故曰"饥蚕"。伏坎为室。巽为缗，离为乱。

大有　子鉏执麟，春秋作经。元圣将终，尼父悲心。

详《讼之同人》。

谦　螟虫为贼，害我稼穑。尽禾殚麦，秋无所得。

详《同人之节》。

随　忧在腹内，山崩为疾。祸起萧墙，竟制其国。

互大坎为忧，离为腹。艮为山，震为覆艮，故曰"山崩"。巽为草莽，艮为墙，故曰"萧墙"。艮为国。

蛊　茹芝饵黄，饮食玉瑛。神与流通，长无忧凶。

震为芝，为黄。兑口，故曰"茹"，曰"饵"，曰"饮食"。震为玉，为神；为乐，故不忧。此言神仙导引之事。黄，黄精也。

临 一夫两心，歧刺不深。所为无功，求事不成。

震为夫，坤为心；数二，故曰"两心"，曰"歧"。兑毁折，故无功，故不成。坤为事。

观 十里望烟，涣散四分。形容灭亡，终不见君。

坤为里，数十，艮为望。烟，音因，与氤通。班固《典引》：烟烟煴煴。烟煴，天地气也，与纲缊同。艮阳在上，坤在下，天地气接，故曰"望烟"。巽风为散，数四，故曰"四分"。坤为形，为死，故灭亡。乾伏，故不见君。

噬嗑 张弓控弩，经涉山道。虽有伏虎，谁敢害诸。

坎为弓，为弩，震为张。艮为山道；为虎，坎伏，故曰"伏虎"。坎为害。

贲 泉闭泽竭，主母饥渴。君子困穷，乃徐有说。

坎为泉。坎伏，故闭；下火，故竭。震为主，伏巽为母。离虚而燥，故饥渴。艮为君子，坎为困。说、脱通，言脱去困穷也。

剥 野鸢山鹊，奕綦六博。三枭四散，主人胜客。

艮为鸢，为鹊，为枭，为山。元本注：三枭四散，皆古局戏名。按《战国·楚策》云：夫枭綦之所以能为者，以散綦佐之也。夫一枭之不胜五散亦明矣。按黄山谷诗：安知樗蒲局，临关败三枭。今博戏失传，故不知其义。

复 羊惊马走，上下挥扰。鼓音不绝，顷公奔败。

震为惊，为羊，为马，为走，为鼓，为音。坤为顷，震为公，故曰"顷公"。震为奔，坤为败。《左传·成二年》：晋郤克与齐顷公战，晋人援枹而鼓之，……顷公奔败。

无妄 黄帝神明，八子圣聪。俱受大福，天下康平。

震为黄，为帝，为神。艮为明，数八；震子，故曰"八子"。乾为圣聪，为大福，为天。震阳在下，故曰"天下"。《左传》：高阳氏有才子八人。林所本也。

大畜 轻车醮祖，飙风暴起。泛乱祭器，飞扬鼓舞。明神降佑，道无害寇。

震为车，为祭祀，故曰"醮祖"。祖者，将行犯轵之祭。《诗·大雅》，仲山甫出祖是也。伏巽为风，进退，故曰"飙风"。震为器，兑毁，故泛乱。震为飞扬，为鼓舞，为明神，为福祐，为道。坤为害，为杀；坤伏，故无。

颐 螣蛇乘龙，宋郑饥凶，民食草蓬。

《左传·襄二十八年》：梓慎曰，蛇乘龙，龙，宋、郑之星也。宋、郑必饥。震为龙，坤为蛇，在震上，故曰"乘龙"。《说文》：以木架屋为宋。故艮为宋。郑，《说文》：地町町然平也。故坤为郑。为凶，为民。震为食，为草莽。

大过　扬水潜凿，使石洁白。裹素表朱，游戏皋沃。得君所欲，心志娱乐。

详《否之师》。按汲古作衣素表朱，宋、元本作里裹表朱。《毛诗》诂襮为领，谓衣素而黼领朱也，与《尔雅》合。后儒据高诱《吕览》注及班赋，诂襮为表，以攻《毛》。岂知素衣朱表，语已不合。兹按林词，亦诂襮为表。然曰裹素，则读衣为裹也。素裹朱襮，义始分明。

坎　西过虎庐，惊我前驱，虽忧无危。

坎位西，中爻艮为虎，为庐。震为惊，坎为忧危。

离　衣成无袖，不知所穿。客指东西，未得便安。

通坎。震为衣，坎为穿，震为袖。中爻正覆震相对，故曰"无袖"。又中爻亦正覆艮，艮止，故不知所穿。震为客，为东。兑为西。

咸　晨风文翰，随时就温。雌雄相和，不忧殆危。

诗鴥彼晨风，传：鹯也。巽为风，伏震为晨，为翰。坤为文，故曰"文翰"。文翰，即晨风。详大遇之豫。艮为时；为火，故曰"温"。震雄巽雌。兑口震鸣，故曰"和"。

恒　心多恨悔，出言为怪。枭鸣室北，声丑可恶，请谒不得。

通益。坤为心，为悔恨。震为言，为出，为鸣。艮为枭，为室。坤北，故曰"室北"。震为声，坤为丑，为恶。震为请谒，坤闭，故不得。

遁　离女去夫，闵思苦忧。齐子无良，使我心愁。

下艮为夫。巽风，故曰"离女"。风散，故曰"去夫"。伏坤为苦忧。巽齐震子，坤恶，故无良。坤为我，为心，为愁。

大壮　过时不归，雌雄苦悲。徘徊外国，与叔分离。

详《比之随》。

晋　鹊巢柳树，鸠夺其处。任力德薄，天命不佑。

艮为鹊，离为巢。艮为木，故曰"柳树"。离又为鸠，正居巢中，故曰"鸠夺其处"。

明夷　鹤盗我珠，逃于东都。鹄怒追求，郭氏之墟。不见踪迹，使伯心忧。

震为鹤，为珠。坎为盗，故曰"盗珠"。震为逃，为东。坤为都，为郭，为墟。震为鹄，为怒，为伯。坎为心忧。

家人　夫妇相背，和气弗处。阴阳俱否，庄姜无子。

此用豫象。震巽为夫妇，巽伏，故曰"相背"。艮为背，正反艮，故曰"相背"。坎为和，震起，故弗处。卦一阳陷群阴中，而阴多无应，阴乘阳，故曰"俱否"。巽为姜。震子，坤杀，故无子。震为庄。《诗·绿衣篇》注：卫庄公惑于嬖妾，庄姜贤而无子。

睽　日走月步，趣不同舍。妻夫反目，主君失位。

此用豫象。艮日坎月。上震，故曰"步"，曰"走"。正反震，故曰"趣不同舍"。艮为舍也。震为夫，坤为妻。《文言》云：臣道也，妻道也。是以坤为妻也。艮为目，正反艮，故曰"反目"。震为主，为君。艮为位，震在外，故曰"失位"。坎为失也。又，《说文》：睽，两目不相听也。互坎为夫，离为坎妃，故曰"夫妻"。坎上下两半目相背，故反目。是睽原有反目象也。

蹇　雒阳嫁女，善逐人走。三寡失夫，妇妬无子。

此亦用豫象。坎水，故曰"洛"。坤为都，故曰"雒阳"。坤为女，震为归，故曰"嫁女"。震为人，为逐，为走，故曰"善逐人走"。坤为寡，震为夫，数三；坎失，故曰"三寡失夫"。坎为妬，震为子；坤为妇，为杀，故曰"妇妬无子"。

解　周德既成，枢轴不倾。太宰东西，夏国康宁。

震为周，坎为枢轴。震为宰，为东，坎为西。离为夏。夏国，大国也。坎又为平，故不倾。

损　日中为市，交易资宝。各利所有，心悦以喜。

通咸。乾为日，在中爻，故曰"日中"。巽为市，为交易。乾为宝，巽为利。兑悦震喜，坤为心。

益　童妾独宿，长女未室，利无所得。

伏兑为妾，为少女，故曰"童妾"。坤寡，故独宿。巽为长女，艮为室；巽寡，故未室。巽为利，坤丧，故无得。

夬　忠言辅成，王政不倾。公刘兆基，文武绥之。

乾为王，为成，为言。

姤　牛骥同尊，郭氏以亡。国破为虚，主君奔逃。

详《小畜之晋》。郭亡，见《说苑》，详前。

萃　中原有菽，以待賽食。饮御诸友，所求大得。

详《小畜之大过》。惟各本賽皆作雉，兹依大过林改。

升　多虚少实，语不可知。尊空无酒，飞言如雨。

阴多阳少，故曰"多虚少实"。震为言语，坤乱，故不可知。震为樽，兑为酒，坤虚，故空无。震言，兑亦为言，言多故如雨。兑为雨。

困 青蝇集蕃，君子信谗。害贤伤忠，患生妇人。

蕃，《毛诗》作樊，义皆通藩。《周官·大司徒》，蕃乐，杜子春读蕃为藩，是其证。青蝇，刺幽王诗也。巽为蝇，东方木色青，故曰"青蝇"。伏艮为蕃，为君子。三至上正覆兑相背，故曰"谗"。《困·象》曰：有言不信。林所本也。坎为忠，为害，为患。巽为妇，伏震为人。

井 履株覆舆，马惊伤车，步为我忧。

通噬嗑。震为株，为舆，为履。二至四震覆，故曰"覆舆"。震为马，为惊。坎破，故车伤。震为步，坎为忧。言行路难也。

革 商风召寇，我呼外盗。间谍内应，与我争斗。殚己宝藏，主人不胜。

兑西，正秋，互巽，故曰"商风"。巽为伏，为寇盗。《史记·天官书》：风从南方来，大旱；……西方，有兵。故曰"召寇"。二至上正覆兑，故曰"间谍"，曰"争斗"。乾为宝。震为主人，震伏，故不胜。

鼎 逸豫好游，不安其家。惑于少姬，久迷不来。

伏震为乐，故曰"逸豫"。震为游。伏艮为家，坎险，故不安。兑为少姬，伏坤为迷。此有故实，不能确指。

震 吾有骅骝，畜之以时。东家翁孺，来请我驹。价极可与，后无贱悔。

震为马。艮为止，为畜，为时，为家。震东，故曰"东家"。艮为祖，为少男，故曰"翁孺"。震为请，为驹，为后。坎为悔。

艮 厄穷上通，与尧相逢。登升大麓，国无凶人。

阳穷在上，故曰"厄穷上通"。互震为帝，故曰"尧"。三上正反震，故曰"相逢"。震为登，为升。艮为山麓，为国。震为人，震乐，故无凶人。《虞书》：纳于大麓，烈风雷雨弗迷。谓舜。

渐 众兔俱走，熊罴在后。蹒不能进，失信寡处。

伏震为兔，为走。坎众，故曰"众兔俱走"。艮为熊罴，震为后。坎蹇，故蹒。艮止，故不进。坎为信，为失，巽为寡。

归妹 旁行不远，三思复返。心多畏恶，日中止舍。

震为行，为返。坎为思，震数三，故曰"三思"。坎为心，为畏，为中。离为日，伏艮为止，为舍。

丰 仓唐奉使，中山以孝。文侯悦喜，击子征召。

元本注：魏太子击，封中山，三年不召，其傅赵仓唐请使，魏文侯大悦，召击子立之。伏艮为仓，为山。巽顺，故曰"孝"。离为文，震为侯，为喜，为子。艮手，故曰"击子"。震为召。

旅 入天门，守地户。君安乐，不劳苦。

艮为门，阳在上为天。巽入，故曰"入天门"。先天艮居戌亥，《乾凿度》以乾为天门，与艮同位，故艮亦为天门。巽为地户，而艮为守，为户牖，故曰"守地户"。伏震为君，为乐。

巽 登阶上堂，见吾父兄。左酒右浆，与福相迎。

通震为登。艮为堂，为阶。震为父，为兄，为左。兑为右。互大坎为酒浆。震又为福。

兑 秋蛇向穴，不失其节。夫人姜氏，自齐复入。

兑正秋，巽为蛇，兑为穴。互巽为齐，为姜。伏震为人，为夫。《左传》：庄姜与齐襄通，屡赴齐会齐侯。

涣 忍丑少羞，无面有头。耗减寡虚，日以削消。

象多未详。

节 景星照堂，麟游凤翔。仁施大行，颂声大兴。

艮为星，伏离为日，亦为星，故曰"景星"。艮为堂。伏离为文，故曰"麟凤"。互震为游翔，为仁，为声，为行。

中孚 干旄旌旗，执帜在郊。虽有宝珠，无路致之。

详《师之随》。

小过 李花再实，鸿卵降集。仁德以兴，荫国受福。

详《小畜之离》。

既济 白鸟赤乌，战于东都。天辅有德，败悔为忧。

此用豫象。震为白，为马；艮为乌，坎赤，故曰"白马赤乌"。震为东，坤为都，正反艮，故曰"战于东都"。艮为天，坎为忧。《史记》：武王渡河，有火流于王屋，化为赤乌。丁晏云：《诗》，有客有客，亦白其马。盖白马为殷人所尚。东都，指牧野。

未济 采薪得麟，大命陨颠。豪雄争名，天下四分。

详《屯之坤》。此取遇卦豫象。坤为薪，为麟；艮手为采，坎为获，故曰"采薪得麟"。伏巽为命，为陨颠；乾为大，故大命陨颠。震为豪雄，艮为名；正反艮，故争名。坤为天下，坎为分；震卦数四，故曰"天下四分"。

焦氏易林注卷五

兑上 震下 随之第十七

鸟鸣东西，迎其群侣。似有所属，不得自专，空返独还。

艮为鸟，震为鸣，为东，兑西。初四正覆艮，故迎其群侣。震为返，为还。震虚，故空反。巽寡，故独还。

之乾 鼻目易处，不知香臭。君迷于事，失其宠位。

此取随象。艮为鼻，大离为目。艮在离上，故曰"易处"。巽为臭，兑昧，故不知香臭。震为君，坤为迷，为事。一阳居二阴下，故曰"君迷于事"。阳在下，故失位。

坤 唐虞相辅，鸟兽喜舞。安乐无事，国家富有。

此仍取随象。震为帝，为唐虞。正反震，故曰"相辅"。艮为鸟，为兽。震为喜，为舞，为乐。坤为国家。

屯 左辅右弼，金玉满堂。常盈不亡，富如敖仓。

详《蒙之坤》。

蒙 苍龙单独，与石相触，摧折两角。

详《坤之屯》。

需 钓日厌部，善逐人走。来嫁无夫，不安其庐。

日，从宋、元本。汲古、局本作目。均未详其义。似用遇卦随象。《随》下震为人，为走，为逐，故曰"善逐人走"。震为嫁，为夫；二四震覆，故无夫。艮为庐，震动，故不安。首句有讹字。

讼 逐虎驱狼，避去不祥。凶恶北行，与喜相逢。

通明夷。乾为虎，震为驱逐。坎为避，坤为不祥，为凶恶。坎位北，故北行，遇震而喜也。

师 赍贝赎狸，不听我辞。系于虎须，牵不得来。

详《需之睽》。

比 同载共舆，中道别去。丧我元夫，独与孤居。

详《比之革》。

小畜 奋翅鼓翼，将之嘉国。愆期失时，反得所欲。

通豫。震为翅，为翼，为鼓，为之，为嘉。坤为国。艮为时，坎陷，故愆期失时。震为乐，故曰"反得所欲"。

履 目倾心惑，夏姬在侧。申公颠倒，巫臣乱国。

离目，伏坎为心，为惑。兑为姬，离为夏，故曰"夏姬"。伏震为公，离明，故曰"申公"。巽为颠，正反巽，故曰"颠倒"。兑为巫，伏艮为臣，为国，离为乱，故曰"巫臣乱国"。《左传》：楚灭陈，取夏姬。楚王及子反等皆欲娶之，皆为申公巫臣谏止。后巫臣自娶夏姬，奔晋，楚灭其家。巫臣乃遣其子适吴，教吴伐楚。子重、子反一岁七奔命。

泰 搏鸠弹鹊，逐兔山北。丸尽日暮，失获无得。

坤为文，故为鸠。震为鹊，伏艮为手，故为搏，为弹。震为兔，为逐。乾为山，坤为北，故曰"山北"。乾为日，为丸。坤为暮；为失，故无得。

否 鹿求其子，虎庐之里。唐伯李耳，贪不我许。

艮为鹿，为求，为虎，为庐，为里。伏震为子，为伯，为李。伏兑为耳。丁云：《方言》，江淮南楚之间谓虎为李耳，关东西谓之伯都。唐伯、李耳，皆虎名也。

同人 败鱼鲍室，臭不可息。上山履涂，归伤我足。

巽为鱼，为败，为鲍，为臭。乾为山。伏震为履，为涂，为足。坎折，故伤足。又初二半震，足不全，亦为伤也。

大有 花灯百枝，消暗衰微。精光讫尽，奄如灰糜。

离为灯，乾为百，兑为华。伏坎，故暗。兑毁折，故衰微，故光尽。

谦 颜叔子夏，游遨仁宇。温良受福，不失其所。

艮为颜，为叔，震为子；伏离，故曰"颜叔子夏"。元刊注：颜叔，颜无繇也。震为游，为仁，为福。艮为宇。言颜叔、子夏同游圣门也。

豫 梁柱坚固，子孙蕃盛。福喜盈积，终无祸悔。

震为梁柱，艮为坚固。震为子，艮为孙；坤众，坎众，故曰"子孙蕃盛"。震为福喜。坤为积，为祸悔。艮为终，震乐，故无。

蛊 边鄙不耸，民狎于野。穑人成功，年岁大有。

艮居西北，故曰"边鄙"。震为穑，为人，为功，为年岁。

临 黿池鸣呴，呼求水潦。云雨大会，流成河海。

震为鸣，为黿，兑为池。坤为水潦，艮为求。兑为雨，坤为云，为江海。重坤，故大会。

观 志合意同，姬姜相从。嘉耦在门，夫子悦喜。

坤为志，为意；重坤，故曰"同"。伏震为周，故姬。巽为齐，故为姜。坤为耦，为门。伏震为夫子，为悦喜。

噬嗑 白马驳骝，更生不休。富有商人，利得如邱。

震为白马，为玄黄，故曰"驳骝"为生。正反震，故更生不休，故富有。震为商人。伏巽为和，艮为邱。

贲 太姒夏禹，经启九道。各有攸处，民得安所。

禹姒姓。离为夏，互震为王，故曰"夏禹"。震为启，为大涂，数九，故曰"九道"。艮为处。坎为民，艮为安。

剥 甲戊己庚，随时转行，不失其心。唐季发愤，擒灭子婴。

此用遇卦随象。随互艮，艮外坚为甲。随上互大坎，坎纳戊。下互大离，离纳己，震纳庚。甲，东方，春。庚，西方，秋。坎戊，冬离己夏。故曰"甲戊己庚，随时转行"。震为帝，故曰"唐"。艮少，故曰"唐季"，曰"子婴"。艮手，故曰"擒"。兑折，故曰"擒灭"。唐季，谓高祖。刘向《高祖颂》：汉帝本系，出自唐帝。班固述赞皇矣，大汉，纂尧之绪。

复 穆违百里，使孟厉武。将帅袭战，败于殽右。

《左传·僖公三十三年》：秦穆公不听蹇叔之谏，使百里孟明视袭郑，败于殽。而《史记》谓百里奚与蹇叔并谏，故曰"穆违百里"。坤为百里。震为诸侯，故曰"穆"。震为孟，为武，为将帅，为战伐。坤丧，故曰"败"。

无妄 茅茹本居，与类相投。愿慕群旅，不离其巢。

伏坤为茅茹。与乾为类，故相投合，故愿慕群旅。震为旅，艮为巢，伏坤为愿慕。

大畜 伯仲叔季，日暮寝寐。坐卧失明，丧其贝囊。

震为伯，伏大坎为仲，艮为叔季。乾为日，伏坤为暮，为寝寐。艮为坐卧，乾为明，坤失。坤丧，坤囊，艮为贝。

颐 亡羊补牢，张氏失牛。驿骊奔走，鹊盗我鱼。

兑为羊，兑伏，故亡羊。艮为牢。震为张，坤为牛；坤丧，故失牛。震为驿骊，为奔走，为鹊。坤为鱼，为我。

大过 雀目燕颡，畏昏无光。思我狡童，不见子充。

通颐。艮为雀，大离为目，兑为燕，艮为颡，故曰"雀目燕颡"。坤为昏，为畏，艮为光。坤黑，故无光。坤为思，为我，艮为童，震为子。狡童，《郑风》篇名，淫女见绝于人之诗。故曰"思"，曰"不见"。不见子充，亦《郑》诗语。

坎 入暗出明，动作有光。运转休息，常乐允康。

伏巽为入，坎为暗，震为出，艮为光明。震为动作，为运转。艮止，故休息。震为乐，为康强。

离 不胜私情，以利自婴。北室出孤，毁其良家。

互巽为利。伏坎为室，为北，为孤。伏艮为家；兑毁折，艮伏，故曰"毁其良家"。婴，绊也。陆机诗：世网婴吾身。

咸 称幸上灵，媚悦于神。受福重重，子孙蕃功。

兑为媚悦。伏震为神，为福。伏坤为重。震为子，艮为孙。蕃，多也。

恒 齐姜叔子，天文在手。实沈参墟，封为康侯。

巽为齐，为姜。伏震为子。艮为叔，为天。坤为文，艮为手。齐姜，武王后。叔子，即太叔。《左传·昭元年》：邑姜妊太叔时，梦天谓己曰，余命尔子曰虞。及生，有文在其手，曰虞。故曰"天文在手"。实沈参墟，晋分野，皆艮象。震为诸侯，为康乐，故封为康侯。

遁 遨游无患，出入安全。长受其欢，君子万年。

伏震为遨游，坤为患。震乐，故无患。震出，巽入，艮为安，故出入安全。巽为长，震为欢。艮为君子，乾为万年。

大壮 被服文德，升入大麓。四门雍肃，登受大福。

乾为被服。伏坤为文，故曰"文德"。艮为山麓，震为升。震卦数四，乾为门，故曰"四门"。乾为福，为大，震为登。尧典，宾于四门，四门穆穆。内于大麓，烈风雷雨弗迷。谓舜也。

晋 负金怀玉，南归嘉国。蜂虿不螫，利入我室。

艮为负，为金。乾为玉，乾伏，故曰"怀玉"。离为南，艮为国。坎为刺，为蜂虿，为螫，为室。坤为我。

明夷 日在阜颠，晌昧为昏。小人成群，君子伤伦。

离日，艮阜。艮倒首向下，与日连，故日在阜颠。坎为昧，为昏。言日至是不明也。坤为小人；坤坎皆为众，故曰"成群"。艮为君子，艮倒，故伤伦。伦，常也。言反常。

家人 水父火母，先来鸣呴。泽皋之士，从高而处。

伏震为父，与坎水连，故曰"水父"。巽为母，与离火连，故曰"火母"。《左传》，火为水妃是也。随震为鸣呴，为士。兑为泽，艮为皋。泽皋之士，盖犹山泽之士也。巽为高。

睽 东邻少女，为王长妇。柔顺利贞，宜夫寿子。

是用随象。下震为东邻，上兑为少女。震为王。巽为长妇，为柔顺，为利。艮为贞。故曰"柔顺利贞"。震为夫，为子，艮为寿。

蹇 戴缾望天，不见星辰。顾小失大，福逃于外。

艮形似戴瓶。艮为望，为缾所障，故不见天。艮为天，为星辰，为顾。兑为小。

解 王乔无病，狗头不痛。亡跛失履，乏我徒从。

震为王，为乔木。王子乔，古仙人。坎为病，震解，故无病。遇卦随互艮为狗，为头。坎为痛，震解，故不痛。坎为蹇，为跛，震为亡。亡，往也。为履，坎为失，故往跛失履。震为从。

损 使燕筑室，身无庇宿。家不容车，后我衣服。

兑为燕。艮为室，为筑，为身。身在外，故无庇宿。艮为家，坤为大舆；燕室狭小，故家不容车。坤为衣服，为我，震为后。

益 威权分离，乌夜徘徊。争蔽月光，大人诛伤。

震为威，巽为权。风散，故分离。艮为乌，坤为夜。震起艮止，故徘徊。伏兑为月，巽为伏，故光蔽。乾为大人，坤死乾伏，故诛伤。又对象《恒》象大遇，亦诛伤象也。

夬 辩变黑白，巧言乱国。大人失福，君子迷惑。

此用随象。兑为言，震亦为言，故曰"辩"，曰"巧言"。巽为白。兑为昧，故为黑。艮为国。乾为大人，为福；兑毁折，故失福。艮为君子，巽疑，故迷惑。

姤 衣踽铠甲，敝筐受贝。大人不顾，少妇不取，弃捐于道。

此用随象。震为衣。艮为坚，为铠甲，为贝。震为筐，巽为敝，故曰"敝筐受贝"。乾为大人。大遇巽为女妻，故巽为少妇。伏震为大涂，为道；巽为陨落，为弃捐。《林》义未详，韵亦不叶。

萃 燕雀衔茅，以生孚乳。兄弟六人，姣好孝悌，得心欢欣，和悦相乐。

详《小畜之兑》。

升 登几上舆，驾驷南游。合从散横，燕齐以强。

详《乾之泰》。

困 黮黮许许，仇偶相得。冰入炭室，消亡不息。

黮黮，闇昧也。兑为闇昧。坎为众，故曰"许许"。许许，同力合作之貌。《诗·伐木》"许许"是也。坎离为夫妇，故曰"仇偶"。仇，匹也。坎为冰，为室。离火，故"炭室"。兑毁折，故不息。

井 鸱鸮破斧，邦人危殆。赖其忠德，转祸为福，倾亡复立。

伏艮为鸱鸮。兑为斧，兑毁，故曰"破斧"。伏艮为邦，震为人。坎险，故危殆。坎为忠，伏震为福。鸱鸮、破斧，皆《豳风》篇名。皆咏周公，言三监叛，国势危殆，周公复转危为安也。

革 载金贩狗，利弃我走。藏匿渊底，悔折为咎。

通蒙。艮为金，为狗。震为载，为贩，为走。巽为利。坎为藏匿。坤为渊，为悔。兑为折。

鼎 渊坑复平，宇室安宁。忧患解除，赖福长生。

通屯。坤为渊，坎为坑，为平。艮为宇室，为安宁。坎为忧患，震乐，故解。震为福，为长生。

震 骊姬谗喜，与二嬖谋。谮我恭子，贼害忠孝。申生以缢，重耳奔逃。

详《比之履》。震为马，为周，为姬。初四正反震，故曰"谗"，曰"谮"。震为生。伏巽为绳，故曰"缢"。坎为耳。

艮 刲羊不当，血少无羹。女执空筐，不得采桑。

互震为羊，艮为刲。互坎为血。震为筐，为桑。艮手为执，为采。全取《归妹·上六》爻词。

渐 牧羊稻园，闻虎喧譁。畏惧悚息，终无祸患。

详《同人之节》。

归妹 明德隐伏，麟凤远匿。周室倾仄，不知所息。

离为明，坎隐伏。离为文，为麟凤；坎匿，故麟凤远匿。震为周，艮为室；艮覆，故曰"周室倾仄"。艮止为息，艮覆，故不知所息。

丰 邻不我愿，而求玉女。身多秃癞，谁肯媚者。

离为东邻，为顾。互大坎，坎隐伏，故不顾。震为玉，兑为女。伏艮为求，为身。艮多节，故曰"秃癞"。兑为媚。林词大意，言不自知而妄求，必不得也。

旅 初虽无舆，后得战车。赖幸逢福，得离兵革。

震为车，震伏，故无。伏节，中爻正覆震，亦正覆艮，两车、两手相对，故曰"战车"。震为福，正覆震，故曰"逢福"。离为兵，革在外，故离兵革。

巽 水坏我里，东流为海。龟凫欢嚣，不睹王母。

详《泰之兑》。兑巽象同。

兑 两心不同，或欲西东。明论终始，莫适所从。

通艮。坎为心，兑卦数二，故曰"两心"。兑西，互震为东，故或欲西东。震为始，艮为终，震为言。论适，主也。震为主，为从。艮三至上正反震，故莫适所从也。

涣 天帝悬车，废礼不朝。攘服不制，失其宠家。

中爻艮为天，震为帝，为车。三至五震覆，故曰"悬车"。元刊注：天文有帝车星。故曰"天帝悬车"。震为晋，为朝；三至五震覆，故曰"不朝"。艮手为攘，震为服。艮手为制，正反艮，故不制。艮为家，坎失。又"攘服"者，盖远于要服、荒服，必待攘而后服也。

节 交川合浦，远湿难处。水土不同，思吾皇祖。

坤为水，阳入坤成坎，故曰"交川合浦"。交川，即交州。皆南越地名。坎为交，为合也。坎为湿，坎险，故难处。震为皇，艮为祖，坎为思。

中孚 勾践之危，栖于会稽。太宰机言，越国复存。

震为足，为践，为王，故曰"勾践"。兑毁折，故危。艮止，故曰"栖"。艮山，故曰"会稽"。震为主，为宰，为言，坎为机。艮为国，震为南，故曰"越国"。《史记》：越王兵败，栖会稽山。赂太宰嚭说吴王，王竟许越平。

小过 慈鸟鸤鸠，执一无尤。寝门内治，君子悦喜。

《诗·曹风》：鸤鸠在桑，其子七兮。淑人君子，其仪一兮。艮为鸟，兑悦，故曰"慈鸟"。艮为鸤鸠。《尔雅注》：布谷也。艮为执，互大坎数一，故曰"执一"。艮为寝，为门，为君子。震为喜。

既济 富年早寡，独立孤居。鸡鸣犬吠，无敢问诸。我生不遇，独罹寒苦。

此多取随象。震为年，为早，巽为寡。艮为孤，震为独，艮为居。既济坎亦为孤。《睽·九四》睽孤是也。巽为鸡，震为鸣吠，艮为犬。震为问，为生。坎为寒。

未济 江海变服，淫湎无侧。高位颠崩，宠禄反覆。

《书·洪范》：无反无侧。注：不偏邪也。重坎，故曰"江海"，曰"淫湎"。高位颠崩，似仍指随象。随艮覆在下，故曰"崩"。

魴生江淮，一转为百。周流四海，无有难恶。

巽为鱼，为魴，互大坎为江淮，数一，震为百，故曰"一转为百"。言生殖速也。震为周，兑为海。震卦数四。故曰"四海"。

之乾 首泽与目，载受福庆。我有好爵，与汝相迎。

此用蛊象。艮为首，为目。震为福庆，为爵。三至上正反震，故曰"相迎"。《易·中孚·九二》：我有好爵，与尔靡之。靡，共也。亦以二至五正反震，故曰"共"。凡《林》词用象，多本之《易》。

坤 辋辋叠叠，岁暮偏蔽。宠名捐弃，君衰在位。

此用蛊象。震为舆，为声，故曰"辋辋叠叠"。皆车声也。坤为岁，为莫。艮为名，兑毁，故曰"捐弃"。震为君。

屯 折若蔽日，屏遮王目。司马无良，平子没伤。

《楚辞》：折若木以拂日兮。注：若，木名。震为木，坎折。坎蔽离伏，故蔽日，故遮目。震为王，为马。坤恶，故无良。坎为平，震为子。《左传》：鲁伐季平子，平子登台三请，弗许。叔孙氏之司马鬷戾言于众曰，无季氏，是无叔孙氏也。遂救季氏，公徒败。事在昭二十五年。

蒙 家在海隅，绕旋深流。王孙单行，无妄以趋。

艮家，坤海。坎水坤水，故曰"深流"。震为王，艮为孙；坤寡，故曰"王孙单行"。震为行。坤丧，坎险，故曰"无妄"。妄，西汉人多作望。

需 执义秉德，不危不殆。延颈盘桓，安其室垣。屯耗未得，终无大恤。

伏晋。坤为义，乾为德，艮手为执，为秉。坎为危殆，艮为安，故不危殆。艮为颈，艮止，故盘桓。艮为室垣，为安。

讼 长舌乱家，大斧破车。阴阳不得，姬姜衰忧。

通明夷。兑为舌，震形亦兑而长，故曰"长舌"。坤为乱，艮覆，故曰"乱家"。兑为斧，震形长，故曰"大斧"。坎破，坤车。讼乾上升，水下降，故阴阳不相得。震姬，巽姜，坎忧。姬姜婚媾，今阴阳既不相得，故姬姜衰忧也。

师 二人共路，东趋西步。千里之外，不相知处。

震为人，坤数二，故曰"二人"。震为路，为东，为趋步；坎为西，故东趋西步。坤为千里。坎为隐伏，故不相知处。

比 视暗不明，云蔽日光。不见子都，郑人心伤。

离为视，为明，为日光。坎为云，为隐伏。离伏，故曰"暗"，曰"蔽"，曰"不见"。《诗·郑风》毛传：子都，男子之美称。盖艮象也。坎为平，为郑。《说文》：郑，地町町然平也。坎为心，为忧伤。

小畜 初忧后喜，与福为市。八佾列陈，饮御嘉友。

伏豫。坎为忧。震为喜，为福。巽为市。坤卦数八，震为乐，故曰"八佾"。八佾，乐舞也。震为陈，为饮御。阴遇阳为朋友，谓豫四也。

履 童妾独宿，长女未室，利无所得。

兑为妾，为少女，故曰"童妾"。巽为伏，为寡，故曰"独宿"。巽为长女，艮为室；艮伏，故未室。巽为利，兑毁折，故无得。

泰 玄黄四塞，阴雌伏谋。呼我墙屋，为巫所识。

震为玄黄，卦数四；坤闭，故曰"四塞"。坤为阴，为雌，为谋。伏巽为伏，故曰"伏谋"。震为呼，上坤为墙屋。兑为巫。

否 中岁摧颓，常恐衰微。老复赖庆，五羖为相。

坤为岁，巽为陨落，为摧颓。坤为老，为衰微。乾为庆，在后，故老复有庆也。巽数五，伏兑为羊。《史记》：穆公以五羖羊皮，赎百里奚相秦。

同人 伯氏杀牛，行悖天时。亳社夷烧，朝歌丘墟。

伏师。震为伯，坤为牛，为杀，故曰"伯氏杀牛"。震为行，坤为悖，乾为天；乾伏，故悖天时。震为子，商子姓。亳社、朝歌，子姓之社稷、都城也。离为火，坤为社，为墟。又震为旦，为歌，故曰"朝歌"。

大有 日短夜长，禄命不光。早离父母，免见忧伤。

卦旁通比。比上坎，坎为冬，为夜；离不见，故日短夜长。乾为禄，坤黑，故不光。大有、比，坎离皆在外，乾坤在内，故曰"早离父母"。

谦 采唐沬乡，微期桑中。失期不会，忧思忡忡。

详《师之噬嗑》。

豫 昧视无光，夜不见明。冥抵空床，季叶逃亡。

艮为视，为光。坎昧，故无光。坎夜，故不见明。坎为晦冥。艮为床，坤虚，故曰"空床"。艮手为抵。艮为季，震为叶，坤为亡。

随 举趾振翼，南至嘉国。见我伯姊，与惠相得。

震为趾，为翼，为举，为振，为南。艮为国，故南至嘉国。互巽为长女，故曰"伯姊"。兑为见也。

临 则天顺时，周流其墟。与乐并居，无有咎忧。

坤为顺，震为时，伏乾，故则天顺时。震为周，为乐。坤水为流，为墟，为忧。震乐，故无忧。

观 蚕室蜂户，螫我手足。不可进取，为吾害咎。

详《履之泰》。泰通否，巽坤与观同象。巽为虫，故曰"蚕蜂"。艮室，坤户。艮为手，伏震为足，坤为毒，故螫我手足。

噬嗑 公孙驾骊，载游东齐。延陵悦产，遗季纻衣。

详《乾之益》。益，震艮巽；噬嗑，震艮伏巽，故语同。

贲 转作骊山，大失人心。刘季发怒，禽灭子婴。

艮山，震马，故曰"骊山"。震为人，为大。坎为心，为失。艮为季，为婴。言秦役万民筑骊山，刘季因民怨而灭秦也。震为怒，为子，坎灭。

剥 羊肠九繁，相推稍前。止须王孙，乃能上天。

伏兑为羊，坤为囊，为肠。伏乾数九，故曰"九繁"。艮手为推，为前。艮为孙，乾为王，故曰"王孙"。艮为天，在上，故曰"上天"。《史记·佞幸传》：邓通，南安人……，孝文帝梦欲上天，不能，有一黄头郎从后推之上天，觉而求得邓通。

复 蝍蛆充侧，佞人倾惑。女谒横行，正道壅塞。

伏巽为虫，震玄黄，故曰"蝍蛆"。蝍蛆，虹也。震为人，为言，故曰"佞人"。坤为惑，伏巽为倾。震为谒，为行；坤阴，故曰"女谒"。震为道，坤闭，故壅塞。

无妄 福禄不遂，家多怪祟。麋鹿悲鸣，思其大雄。

乾为福禄。艮为家。震为麋鹿，为鸣。乾为大雄。伏坤为悲，为思。

大畜 云雷因积，大雨重叠。久不见日，使我心悒。

震为雷，伏坤为云。兑为雨，乾大，故曰"大雨"。艮止，故曰"因积"，曰"重叠"。又伏坤亦为水，为重也。

颐 三河俱合，水怒踊跃。坏我王室，民困于食。

震数三，坤为水，重坤，故曰"三河俱合"。震为怒，为踊跃，为王；艮为屋，故曰"王屋"。坤为坏，为民。震口为食，坤虚，故无食。

大过 冒雨夜行，早遍都城。更相覆倾，终无所成。

伏震为行，艮为冒，兑为雨，坤为夜，故冒雨夜行。坤为都城。巽陨落，故曰"倾"。正反巽，故更相覆倾。艮为终，为成；坤亡，故无成。全用伏象。

坎　褒后生蛇，垂老皆微。倒跌衰耄，酉灭黄离。

震为生，伏巽为蛇。艮为老耄，坎蹇，故倒跌。《说文》：酉，就也。老也。坎为灭。黄离，火也。离伏，故曰"灭"。周以火德王，言褒姒灭周也。"褒后生蛇"者，言后生于龙漦也。余似有故事，而注家皆不详。

离　鸿雁南飞，随阳休息。转逐天和，千里不衰。

伏坎互艮为鸿雁，震为南，为飞。离日为阳，艮为休息。震为转逐，艮阳在上为天，坎为和。震为千，艮为里。

咸　后时失利，不得所欲。

艮为时，巽为利。兑折，故失利。风散，故不得所欲。

恒　心多恨悔，出言为怪。枭鸣室北，声丑可恶，请谒不得。

伏坤为心，为恨悔。震为言，为鸣。伏艮为枭，为室。坤位北，故鸣室北。震为声。《说苑》：齐景公筑台，台成而不通。问之，曰有枭夜鸣，其声可恶。

遁　驷马过隙，时难再得。尼父孔圣，系而不食。

乾为马，互巽数四，故曰"驷马"。《史记·留侯世家》：人生一世间，如白驹过隙。巽为隙。艮为时，为山。乾父，故曰"尼父"。乾为圣，伏震为孔。巽绳为系，兑为食。兑覆，故不食。《论语》：吾岂匏瓜也哉？焉能系而不食。

大壮　阴变为阳，女化为男。治道得通，君臣相承。

通观。坤伏乾出，巽伏震出，故曰"阴变阳，女化男"。震为道，为通。乾为君，伏艮为臣。

晋　昆仑源口，流行不止。龙门砥柱，民不安处。母归扶子，黄麂悦喜。

艮山坎水，伏兑口，故曰"昆仑源口"。坤亦为水，与坎水合，故曰"流行不止"。艮为门，伏乾，故曰"龙门"。艮为石，为木，故曰"砥柱"。坤为民，为安处，为母。艮为少男，故曰"扶子"。艮为麂，坤为黄，伏兑为悦。

明夷　葛藟蒙棘，花不得实。谗佞乱政，使恩壅塞。

详《泰之蒙》。蒙，坎震，明夷亦坎震，象同。

家人　公无长驱，太王骏马。非其所当，伤折为患。

通解。震为公，为长驱，为王，为马。坎为患，坎蹇，故伤折。

睽 大仓充盈，庶民蕃盛，年岁熟荣。

伏艮，故曰"太仓"。坎为众，故曰"充盈"，曰"庶民蕃盛"。坎冬，离夏，兑正秋，故曰"年岁"。离为火，为光明，故曰"熟荣"。

蹇 执蒉焆牲，为风所吹。火灭无光，不见玄黄。

此用蛊象。艮为执，为牲，为火，为照。巽为蒉。蒉，香草也。巽为风，兑为吹。艮为火，为光；坎黑巽伏，故火灭无光。震为玄黄，巽伏，故不见。《周礼·司烜》注：蒉烛，麻烛也。言执蒉火焆牲，使熟而食也。

解 鸟反故巢，归其室家。心平意正，与叔相和。登高陨坠，失其宠贵。

震为鸟，为反，为归。坎为巢，为室，为心意，为平正，为和。震为登，伏巽为高，为陨坠。艮为贵，艮覆，故失其宠贵。

损 弩弛弓藏，良犬不行。内无怨女，征夫在堂。

通咸。互大坎为弩，为弓。艮止，故曰"弛"。巽伏，故曰"藏"。艮为犬，坎塞，故不行。以上皆用伏象。损内兑女，与上艮为夫妇。兑悦，故不怨。互震在外，故曰"征夫"。艮为堂也。

益 特牲孔博，日新其德。文君燎猎，姜氏受福。

坤为牛，故曰"特牲"。震为孔。艮为日，为新。坤为文，震为君，故曰"文君"。艮为火，震为猎，故曰"燎猎"。巽为姜，震为福。言文王出猎，遇姜尚，后受封于齐也。

夬 季秋孟冬，寒露霜降。大阴在庭，品物不生。鸡犬夜鸣，家扰数惊。

兑为秋，伏艮，故曰"季秋"。乾为冬，当亥，故曰"孟冬"。兑为露，伏坤为霜，故曰"寒露霜降"。伏坤为大阴，为品物。坤杀，故不生。艮为庭，为犬。坤为夜，兑为鸡，为鸣。乾为惕，为惊，艮为家。

姤 心多恨悔，出门见怪。有蛇三足，丑声可恶。媒母为媒，请求不得。

通复。坤为心，为恨悔，为门户。震为出。巽为蛇，震为足，数三，故曰"有蛇三足"。震为声，坤为丑，为恶，为媒母。媒母，丑妇也。震为请，坤丧，故不得。丁云任昉《述异记》：江淮中有兽名能，蛇精化也。《尔雅》：三足能。

萃 虎豹争强，道闭不通。小人讙讼，贪天之功。

艮为虎豹。坤为文，兑刚鲁；三至上正反兑，故曰"争强"。艮为道，坤为闭，故不通。坤为小人，三至上正反皆兑口，故曰"讼"。困有言不信，即如是取象。

升 鸡方啄粟，为狐所逐。走不得食，惶怖惕息。

巽为鸡，为粟，兑为啄。艮为狐，震为逐，为走；艮反向内，故曰"为狐所逐"。兑为食，坤闭，故不得食。坤为忧，故惶怖惕息。

困 陈妫敬仲，兆兴齐姜。乃适营丘，八世大昌。

详《屯之噬嗑》。

井 昊天白日，照临我国。万民康宁，咸赖嘉福。

详《比之晋》。

革 云梦大薮，索有所在。虞人共职，骊驹悦喜。

通蒙。坤为云，为梦，为薮。《易》震索索，《疏》：心不安之貌。《释文》：惧也。坎坤皆为忧惧，故曰"索"。震为骊虞，为人，为骊驹，为悦喜。

鼎 獐鹿雉兔，群聚东国。卢黄白脊，俱往追逐。九蹳十得，主君有喜。

详《蒙之复》。鼎通屯，坤震象与复同。

震 德惠孔明，主君复章，保其室堂。

震为德，为孔，为明。震为主，为君。艮为章，为室堂。

艮 天之所坏，不可强支。众口嘈嘈，虽贵必危。

详《蒙之夬》。艮为天，阳在上而穷，故坏。初至五，正反两震言相背，故曰"嘈嘈"。艮为贵，艮穷于上，故虽贵必危也。

渐 天之奥隅，尧舜所居。可以全身，保我邦家。

详《否之观》。艮为天，坎隐故曰"奥"。伏震为帝，为尧舜。

归妹 下泉苞稂，十年无王。荀伯遇时，忧念周京。

坎为众。稂萧，蓍之眉。震为稂，为年，为王。兑数十，故曰"十年"。坎隐伏，故十年无王。震为伯，为时，为周。坎为忧念。下泉，《曹风》诗。《毛诗序》谓刺共公。刘毓崧云：何楷世本古义。据《易林》，谓此诗为曹人美晋，荀跞纳敬王于成周，而作其说。自昭，二十二年王子朝作乱，至昭公三十二年，城成周为十年无王。《左传》：天王使告于晋曰，天降祸于周，俾我兄弟并有乱心，以为伯父忧。……于今十年。正与《易林》合。荀，郇国后。称荀伯，犹称荀跞为知伯。荀字不误也。

丰 江淮海隅，众利聚居。可以遨游，卒岁无忧。

互大坎，故曰"江淮海隅"。巽为利，坎为聚。震为遨游，为岁。震乐，故无忧。

旅 南山黄竹，三身六目。出入制命，东里宣政。主尊君安，郑国无患。

丁云：《穆天子传》，天子命歌南山。又作诗曰：我徂黄竹。又曰：予归东土，和治诸夏。又曰：吉日丁亥，天子入于南郑。《易林》全用其意。离南艮山，伏震为竹，为黄，故曰"南山黄竹"。艮为身，纳丙，数三。离为目，纳己，数六。故曰"三身六目"。巽为命，为入。伏震为出，为东。艮为里，为尊，为安。震为君主。伏坎为平，为郑，为患。艮为国。兑悦，故无患。

巽 重译贡芝，来除我忧。喜乐俱居，同其福休。

伏震，故曰"重译"。巽为香，故曰"芝"。坎为忧，坎伏，故忧除。兑为喜乐，伏震为福。

兑 南山高冈，麟凤室堂。含和履中，国无灾殃。

伏艮为南山，为高冈。离为文，为麟凤。艮为室堂。兑为和，为口，为含。伏震为履，伏坎为中。伏艮为国。

涣 紫芝朱草，生长和气。公尸侑食，福禄来下。

巽为芝，为草。九宫之色，七赤九紫，震纳庚，五行数九，故曰"紫芝"。坎赤，故曰"朱草"。坎为和。震为生，为公，为尸。尸，主也。又为福禄。三四句，《凫鹥》诗也。

节 宫成室就，进乐相舞。英俊在堂，福禄光明。

艮为宫室，坎亦为室，艮为成，故曰"宫成室就"。震为乐舞，为英俊，为禄。艮为光明。

中孚 商人子孙，资无所有。贪狼逐狐，留连都市。还辕内乡，嘉喜何咎。

巽为商旅，震为人，为子，艮为孙。巽为利，为资；风散，故无。艮为狼，为狐。《史记·天官书》：狼角变色，多盗贼。下有四星曰弧。弧矢向狼多盗。然则狼弧二星，皆主盗贼。"贪狼逐狐"者，言流为盗贼也。弧亦作狐，《秦本纪》据狼狐是其证。艮为流连，为都市。震为逐，为辕，为嘉喜。

小过 执贽入朝，献其狐裘。元戎变安，沙漠以欢。

艮手为执，为献，为贽。巽入震朝，故曰"执贽入朝"。艮为狐，震为裘；为武人，为主，故曰"元戎"。艮为沙，震为欢。

既济 涌泉汩汩，南流不绝。湾为淮海，败坏邑里，家无所处。

重坎，故曰"汩汩"，曰"不绝"。离为南，故曰"南流"。重坎，故曰"淮海"。坎折，故败坏。艮为邑里，为家。

未济 固阴冱寒，常冰不温。凌人惰怠，大雹为灾。

详《泰之噬嗑》。

弱水之西，有西王母。生不知老，与天相保。行者危殆，利居善喜。

坤为水，坤柔，故曰"弱水"。坤为母，震为王，兑西，故曰"有西王母"。震为生，坤为老，震乐而健，故不知老。伏乾为天，艮为保。震为行，坤丧，故危殆，故不行，而居则利也。伏艮为居。

之乾　黄犳生子，以戌为母。晋师在郊，虞公出走。

《初学记》犳，韩良犬也。临坤为黄，伏艮为犳，震为子。坤为母，候卦居戌，戌狗，故曰"以戌为母"。震为晋，坤为师，为郊。震为公，为出走，为欢虞。全用遇卦象。

坤　仓唐奉使，中山以孝。文侯悦喜，击子征召。

详《豫之丰》。此仍用遇卦临象。

屯　机关不便，不能出言。精诚不通，为人所冤。

坎为机关，坎陷，故不便。坤闭，故不能出言。震为言，为出，为精，为通，为人。坤闭，故不通。坎为冤。

蒙　白茅醴酒，灵巫拜祷。神嗜饮食，使君寿考。

详《小畜之坎》。

需　重瞳四乳，耳聪目明。普仁表圣，为作元辅。

《淮南子》：舜目重瞳，文四乳。需通晋。坤为重离，为目，故曰"重瞳"。艮为乳，兑纳丁，数四，故曰"四乳"。坎为耳，离为目，为聪明。乾为仁圣，为元。

讼　水长无船，破城坏堤。大夫从役，一朝亡殒，不见少妻。

通明夷。坎为水，坤水，震为长，为船；坎伏，故无船。艮为城，为堤；艮覆，故坏。震为夫，坤为役，故大夫从役。震为朝，坎数一，故曰"一朝"。巽为少妻，坤亡，故不见。

师　二人俱行，各遗其囊。鸿鹄失珠，无以为明。

震为人，坤数二，故曰"二人"。坤为囊，为亡，故各遗其囊。震为鸿鹄，为珠，坤为失，故曰"失珠"。离为明，离伏，故无明。他林屡有"鹤盗我珠，鹄怒追求"等繇辞。然则鸿鹄失珠，必有故实，今不能考。

比　随时转行，不失其常。咸乐厥类，身无咎殃。

艮为时。坤为身，为咎殃。"咸乐厥类"者，言九五与群阴为类而乐也。

小畜 蔡女荡舟，为国患忧。褒后在侧，屏蔽王目，搔扰六国。

《左传·僖三年》：齐侯与蔡姬乘舟于囿，荡公。公惧，变色……怒归之，未绝之也。蔡人嫁之。明年侵蔡。褒后，幽王后。巽为蔡，为女，伏震为舟。坤为国，为忧患，为后。乾为王，伏坎为屏蔽。离为目。

履 驾龙骑虎，周遍天下，为神人使。西见王母，不忧危殆。

伏谦。震为龙，艮为虎，故曰"驾龙骑虎"。震为周，坤为天下。震为神，为人，为行，故曰"为神人使"。坎位西，震为王，坤母，故曰"王母"。坎忧，震乐故不忧。

泰 员怨之吴，画策阖闾。鞭平服荆，除大咎殃。威振敌国，还受上卿。

伍子胥，名员。平王既杀其父兄，员奔吴，佐吴王阖闾伐楚，鞭平王之尸。震为员，员，云也。震为行，为南，故之吴。伏艮为手，为昼，为间。伏巽为鞭，为荆。坤为殃咎；在外，故曰"除"。坤为国，震为威；为公，故曰"上卿"。

否 唐邑之墟，晋人以居。虞叔受福，实沈是国，世载其乐。

坤为邑，为墟，伏震为唐。《玉篇》：尧称唐者，至大之貌。乾大，故曰"唐邑之墟"。《说文》：唐，大言也。《庄子·天下篇》，荒唐之言是也。震为晋，为人，艮为居，故曰"晋人以居"。艮为叔，乾为福。实沈，星次，晋分。《左传》：参为晋星。实沈，参神也。艮为星，坤国，故曰"实沈是国"。坤为世，为载，伏震为乐。《史记·晋世家》：唐叔虞者……成王弟。封于唐。至子燮徙居晋水，是为晋侯。

同人 管鲍相知，至德不离。三言相桓，齐国以安。

《史记》：管仲少与鲍叔牙游，鲍叔知其贤，荐于桓公。《管子》曰：仓廪实而知礼节，衣食足而知荣辱，上服度则六亲固。三言，盖指此。《韩诗外传》，君子有三言，可贯而佩之是也。同人通师。震为管，坤为鱼，为鲍。震为言，为桓；数三，故曰"三言"。坤为国，为安，巽为齐。

大有 三十无室，长女独宿。心劳未得，忧在胸臆。

离卦数三，兑数十；坎为室，坎伏，故曰"三十无室"。兑为老妇，故为长女。坎为宿，为孤，故曰"独宿"。坎为心，为劳，为忧。伏坤为胸臆。按《大过·九五》云老妇，指兑也。

谦 散涣水长，风吹我乡。火灭无光，隳败桓功。

坎水，坤水，故曰"水长"。伏巽风，故曰"散涣"，曰"风吹"。坤为我，为乡。艮为火，为光；上临坎水坤水，故火灭无光。震为桓，为公；坤丧，故曰"隳败"。言桓公死，齐乱，如火灭也。

豫 蜎飞蠕动，各有配偶。小大相保，咸得其所。

蜎、蠕，皆虫行貌。伏巽为虫，故曰"蜎飞蠕动"。巽震为夫妇，故曰"各有配偶"。

坤为小,伏乾为大;艮止,故曰"相保"。

随 安乐几筵,未出王门。

艮安震乐,艮几震筵。震为王,艮为门;艮止,故未出。

蛊 火生月窟,下土恩塞,觚乱我国。

巽先天位西南,为月窟。兑为月,艮为火,故"火生月窟"。下互大坎,坎为土,为塞。兑为恩泽;为羊,故曰"觚"。艮为国,兑毁,故曰"觚乱我国"。

观 长生无极,子孙千亿。柏柱载梁,坚固不倾。

巽为长。伏震为生,为子。艮为孙。坤为千亿。巽为柏,为梁柱。艮为坚固,巽为倾。

噬嗑 钦敬昊天,历象星辰。宣受民时,阴阳和调。

离为夏,故曰"昊天"。艮为星辰,为时。坎为众,为民。离坎为夫妇,故曰"阴阳和调"。

贲 三河俱合,水怒踊跃。坏我王屋,民困于食。

坎为河,震数三,故曰"三河"。坎为合,为水。震为怒,为踊跃,为主。艮为屋,伏巽为坏。坎为民,兑为食。又河东、河南、河内,亦曰三河。

剥 寿如松乔,与日月俱。常安康乐,不罗祸忧。

艮为寿,为木,为仙,故曰"松乔"。赤松、王乔,古之仙人。与日月俱,言寿永也。伏兑为月,艮为日。兑为悦,故曰"康乐"。坤为祸忧,一阳在上,故不罗祸忧。

复 天之所与,福禄常在,不忧危殆。

伏乾为天,为福禄。坤为忧,为殆;震乐,故不忧。

无妄 受谶六符,招摇室虚。虽跌无忧,保我命财。

谶,《说文》:验也。《汉书·东方朔传》:愿陈《泰阶六府》。《艺文志》:《泰阶六符》一卷。李奇注:三台谓之泰阶,两两成体,三台故六,观色以知吉凶,故曰"六符"。招摇、室虚,皆星宿名。乾数六,艮为星。巽为跌,震乐,故无忧。巽为命,乾为财,互艮为安,故命与资财可保也。

大畜 赍金买车,失道后时,劳罢为忧。

乾为金,艮手为赍,震为车,为后。艮为道,为时;在外,故失道后时。伏大坎为劳,为忧。

颐 华首山头,仙道所游。利以居止,长无咎忧。

艮为山，为首，伏兑为华。艮为寿，为仙道，为居止。坤为忧，震乐，故无忧。

大过 采唐沫乡，要期桑中。失信不会，忧思约带。

详《师之噬嗑》。《诗》：我心蕴结。又曰：心如结兮。即约带之义。杨慎谓即衣带日以缓之意。非。

坎 人面鬼口，长舌为斧。斫破瑚琏，殷商绝后。

详《否之谦》。

离 临溪桥疢，虽恐不危，乐以笑歌。

兑为溪，伏艮为桥。伏坎为恐，为危。震为乐，为笑歌。

咸 洋洋沸溢，水泉为害，使我无赖。

互大坎，故曰"洋溢"，曰"水泉为害"。兑毁为害，伏坤为我。

恒 蝗螟为贼，害我稼穑。秋饥于年，农夫鲜食。

巽为蝗虫，为稼穑。巽为贼，为害；兑毁，亦为害。兑为秋，乾为年，伏坤为饥。震为农夫，兑为食；兑毁巽落，故鲜食。

遁 八百诸侯，不期同时。慕西文德，兴我宗族，家门雍睦。

巽为辛，数八，艮后天数亦八；乾为百，伏震为诸侯，故曰"八百诸侯"。艮为时，伏兑为西。坤为文，为门，为族。乾为宗，艮为家。

大壮 长男少女，相向笑语。来欢致福，和悦乐喜。

震为长男，兑为少女。震为笑语，为欢，为和乐，为喜。乾为福。

晋 平国不君，夏氏作乱。乌号窃发，灵公殒命。

坤为国，坎为平。震为君，震覆，故不君。平国，陈灵公名。离为夏，为乱。夏氏，征舒也。离为乌。坎为弓，为窃。乌号，弓名。坤为殒。言征舒耻灵公与其母夏姬乱，射杀灵公也。事在《左传·宣十年》。

明夷 春多膏泽，夏润优渥。稼穑成熟，亩获百斛。

震为春，坎为膏泽。离为夏，坎为润渥。震为稼穑，离火，故曰"熟"。坤为亩，为百，震为斛。

家人 客宿卧寒，席蓐不安。行危为害，留止得欢。

此用临象。震为客，坤为宿，伏乾为寒。巽为伏，故曰"卧寒"。巽为蓐；为进退，故不安。

睽 乘槎桴海，虽惧不殆。母载其子，终焉何咎。

此用临象。临震为桴，为乘。坤水兑泽。故曰"海"。坤为惧，为母。震为子，故母载其子。伏艮为终。

蹇 手拙不便，不能伐檀。车无轴辕，行者苦难。

艮为手，坎陷，故不便。艮为伐，为檀。檀，坚木也。艮止，故不能。坎为车，多眚，故无轴辕。震为行，震反为艮，故难行。《诗》：檀车煌煌。古尝以檀造车。今不能伐檀，故无轴辕。

解 唐虞相辅，鸟兽率舞。民安无事，国家富有。

震为帝，故曰"唐虞"为鸟，为舞。坎为众，为民。临，坤为国家，为富有。

损 秋蛇向穴，不失其节。夫人姜氏，自齐复入。

兑为秋，坤为蛇，艮为穴。震为夫，为人。伏巽为姜，为齐，为入。

益 病笃难医，和不能治。命终永讫，下即蒿庐。

伏恒。坎为病，互大坎，故曰"病笃"。坎为和，坤死，故曰"难医"，曰"和不能治"，曰"命终永讫"。巽为命，艮为终。巽为蒿，艮为庐，故曰"蒿庐"。蒿庐，即蒿里。《左传》：晋景公疾，秦伯使医缓为之。缓曰，是在肓之上，膏之下。攻之不可，达之不及，无能为也。既而公果卒。

夬 青蛉如云，城邑闭门。国君卫守，民困于患。

青蛉，即蜻蛉。《汉志》：越巂有青蛉县。《水经注》引作蜻蛉。《埤雅》：蜻蜓，一名蜻蛉。《吕氏春秋》：海上有人，好蜻蛉，每至海上，蜻蛉从游者数万。夬通剥。坤为云，为城邑，为闭，为国，为民，为患。艮为守。蜻蛉，大首薄翼。艮一阳在上，疑即剥艮象也。

姤 牙蘖生达，室堂启户。出入利贞，鼓翼起舞。

此亦全用临象。震为牙蘖，为生。坤为堂户。震为出，巽入，故曰"出入利贞"。震为鼓，为翼，为起舞。

萃 凫游江海，没行千里。以为死亡，复见空桑，长生乐乡。

艮为凫，坤为江海，为千里。坤为死亡。巽为桑，坤虚，故曰"空桑"。伏震为生，兑悦，故曰"乐乡"。坤为乡。林意谓凫没江海不见，以为死亡矣。后复见于空桑，不惟未死，且甚安乐也。

升 黄帝出游，驾龙乘马。东上泰山，南游齐鲁，邦国咸喜。

震为黄，为帝，为游，为龙，为马，为东。伏艮为山，故东上泰山。震又为南，巽齐兑鲁，故南游齐鲁。坤为邦国，震为喜。

困 履危不止，与鬼相视。惊恐失气，如骑虎尾。

通贲。坎为危，在震下，故曰"履危"。坎为鬼，离为视；离坎连体，故曰"相视"。震为惊，为骑。艮为虎尾。谓遇鬼惊恐，如履虎尾也。

井 秋南春北，不失消息。涉和履中，时无隐匿。

通噬嗑。兑秋离南，震春坎北。雁秋南响，春北归，故不失消息。又消息卦起坎离，亦不失也。坎为和，为中；震为涉，为履。艮为时，坎为陷匿。四时毕见，故无隐匿。

革 龙门砥柱，通利水道。百川顺流，民安其居。

通蒙。震为龙，艮为门，为柱，为石，故曰"龙门砥柱"。震为通，巽为利，坎水艮道。《禹贡》，导河积石，至于龙门，东至砥柱是也。震为百。坎为川，为流，为民。艮为安，为居，故曰"民安其居"。

鼎 千岁庙堂，栋桡倾僵。天厌周德，失其宠光。

通屯。坤为千岁，艮为庙堂。巽为栋，为陨落，故曰"桡"，曰"倾僵"。震为周，艮为天。为光，坎失，故曰"失其宠光"。

震 折若蔽目，不见稚叔。三足孤乌，远离室家。

坎为折，震为若。若，木也。离为目，离伏坎隐，故曰"蔽目"，曰"不见稚叔"。艮为叔，为少男，故曰"稚叔"。震为足，数三；艮为乌，坎孤，故曰"三足孤乌"。艮为室家。

艮 望叔山北，陵隔我目。不见所得，使我心惑。

艮为望，为叔。互坎为北，故曰"山北"。坎为隐，离伏，故曰"陵隔我目"，曰"不见所得"。坎为心，为忧，故曰"心惑"。

渐 匏瓠之息，一亩千室。万国都邑，北门有福。

艮为果，为匏瓠。"息"者，生也，子也。艮为室。《说文》：室，实也。言匏瓠之实，一亩得千也。伏震为千，坎数一，故一亩千室。艮为国，为都邑；为门，坎北，故曰"北门"。

归妹 域域牧牧，忧祸相伴。隔以岩山，室家分散。

通渐。坎为忧，离为祸。坎离连体，故曰"相伴"。艮为山，为室家。艮止，故曰"隔"。伏巽，故曰"分散"。

丰 骐骥骆耳，游食萍草。逍遥石门，循山上下，不失其所。

通涣。震为马，故曰"骐骥骆耳"。震为食，为草。草在坎水上，故曰"萍草"。震为逍遥，为食。艮为石，为门；为山，中爻正反震艮，故曰"循山上下"。

旅　天所祚昌，文以为良。笃生武王，姬受其福。

艮为天，伏震为祚，为昌。离为文。伏震为生，为武，为王，为姬，为福。

巽　羊肠九萦，相推稍前。止须王孙，乃能上天。

详《蛊之剥》。此皆用伏震象。以互艮为天。

兑　贫鬼守门，日破我盆。孤牝不驹，鸡不成雏。

通艮。互坎为鬼，艮为守，为门。震为盆，坎为破。兑为牝，震为驹；震伏，故不驹。巽为鸡，艮为雏；艮伏，故不雏。

涣　饱食从容，入门上堂。不失其常，家无咎殃。

坎为饮食，震乐，故从容。艮为门，为堂，巽为入。艮为家，坎为殃；震解，故无。

节　阴淫不止，白马为海。皋泽之子，就高而处。

坎为水，故曰"阴淫"。震为白，为马，兑为海。白马，津名，在大坯山南。言水多，津变为海也。震为子，艮为皋，兑为泽。言皋泽之人，因水多，皆就高而处也。

中孚　执戈俱立，以备暴急。千人守门，因以益卑，困危得海终安何畏。

艮为戈，为执。震为立，为暴急，为千人。艮为守，为门。兑为泽，为下，故曰"卑"。艮为终，为安。震乐，故无畏。

小过　夹河为婚，水长无船。槌心失望，不见所欢。

互大坎，故曰"夹河"，曰"水长"。震为船，兑毁，故无。艮为槌，坎为心。艮为望，坎失，故曰"失望"。震为欢。

既济　阴阳变化，各得其宜。上下顺通，奏为肤功。

言阴阳六爻，各当位。

未济　任劣德薄，失其臣妾。田不见禽，犬无所得。

臣妾与犬，皆用临伏象艮。

历山之下，虞舜所处。躬耕致孝，名闻四海。为尧所荐，缵位天子。

艮为山，为时，故曰"历山"。坤为下。伏震为帝，故曰"虞舜"，曰"尧"。艮为躬，巽顺为孝。艮为名；坤为海，巽数四，故曰"四海"。伏震为子，艮为天，故曰"天子"。

之乾　蜎飞蠕动，各有所配。欢悦相迎，咸得其处。

详《临之豫》。此用观象。巽虫，故曰"蜎"，曰"蠕"。

坤　继祀宗邑，追明成康。光照万国，享世久长。

坤为邑，为万国。观艮为光明，为照，为久。

屯　秋冬探巢，不得鹊雏。衔指北去，愧我少姬。

伏兑为秋，坎为冬。艮为穴，为巢，艮手为探。兑为鹊雏，兑伏，故不得。艮为指，坎为北。伏巽为少姬，坤为媿。巽少姬，本大过。

蒙　僮妾独宿，长女未室，利无所得。

艮为僮妾。为独，坎为宿。艮为室，巽为长女，为利。巽伏，故无得。

需　洪波逆流，至人潜处。蓬蒿代柱，大屋颠仆。

通晋。坎为水，坤水，故曰"洪波"。洪波，大波也。伏坤为逆。坎为圣，故曰"至人"。坎为潜。坤为薪，在艮屋下，故曰"蓬蒿代柱"。艮为屋柱，坤柔，故颠仆。

讼　日暗不明，谗夫在堂。右臂疾痹，君失其光。

离为日，为明；坎隐，故暗。坎为夫，坎上下兑口相背，故曰"谗夫"。观艮为堂，为臂。坎为疾。乾为君，离为光；坎隐，故失光。

师　王孙季子，相与孝友。明允笃诚，升擢荐举，为国干辅。

此用遇卦观象。观艮为孙，为季子。伏震为王，故曰"王孙季子"。坤顺，故"孝友"。艮为明允，为笃诚。伏震为荐举，为干。坤为国。

比　麟趾龙身，日驭三千。南上苍梧，与福为婚。道里夷易，安全无患。

此亦用观象。坤为麟，为身。伏乾为龙，为日，为千。艮纳丙，数三，故曰"三千"。伏震为南，为苍梧。乾为福，与坤配，故曰"与福为婚"。艮为道里。坎为平，故曰"夷易"。艮为安，坎为患，安故无患。

小畜　三子成驹，破其坚车。轮载空舆，后时失期。

伏震为子，数三，故曰"三子"。震为驹，为车；坎为破，伏艮为圣，故曰"破其坚车"。坎为轮。艮为时，震为后，故曰"后时失期"。全用伏。

履　逐祸除患，道德神仙。遏恶万里，常欢以安。

坎为祸患，坎伏，故曰"逐祸除患"。伏艮为道，震为神，艮为仙。坤为万里，为恶；坤闭，故曰"遏恶"。兑为欢。

泰 黄池之盟，吴晋争强。勾践为患，夷国不安。

兑为池，震黄，故曰"黄池"。震为南，故曰"吴"。为进，故曰"晋"。震为健，乾亦为健，故曰"争强"。震为足，故曰"践"。坤为夷，为国；坤丧，故不安。

否 青牛白咽，招我于田。历山之下，可以多耕。岁藏时节，人民安宁。

坤为牛，巽为白，伏兑为咽。坤为我，为田。艮为山，为时，故曰"历山"。舜耕处也。坤为下，伏震为耕。坤为岁，艮为时。坤为民人，为安宁。

同人 有头无目，不见菽粟。消耗为疾，三年不复。

乾为头，离目。目应在头上，今在下，故曰"无目"，故不见菽粟。巽为菽粟也。伏坤为消，坎为疾。坤为年，震数三，故曰"三年"。

大有 山没丘浮，陆为水鱼。燕雀无巢，民无室庐。

通比。艮为山丘，在坎水、坤水上，故曰"山没丘浮"。坤为陆，为水，为鱼。兑为燕雀，艮为巢，为室庐，坤为民。坎陷，故曰"无巢"，无室庐也。

谦 高冈凤凰，朝阳梧桐。雍雍喈喈，莘莘萋萋。陈辞不多，以告孔嘉。

《诗·卷阿篇》：凤凰鸣矣，于彼高冈。梧桐生矣，于彼朝阳。萋萋萋萋，雝雝喈喈。又曰：矢诗不多，维以遂歌。林全用《诗》语。艮为高冈，坤文为凤。震为朝，伏离为日。震为鸣，故曰"雍喈"。为茂盛，故曰"萋萋"。震为言，故曰"辞"，曰"告"。为孔，故曰"孔嘉"。

豫 鳏寡独宿，忧动胸臆，莫与宿食。

艮为鳏，坎为宿，坤为寡，故曰"鳏寡独宿"。坎为忧，坤为腹，为胸臆。震口为食。

随 马蹄踬车，妇恶破家。青蝇汙白，恭子离居。

震为马，为蹄。蹄音弟，与踶同，蹋也。马踶，故车踬。震为车，二至四震覆，故曰"踬车"。巽为妇，坤为恶；艮为家，兑毁，故曰"破家"。巽为蝇，震为青，故曰"青蝇"。巽为白。震为子，巽顺，故曰"恭子"。谓申生也。艮为居。

蛊 长女三嫁，进退无羞。逐狐作妖，行者离忧。

巽为长女，震为嫁，数三，故曰"三嫁"。巽为进退。艮为狐，震为逐，为行。互坎为忧，为妖。

临 人无足，法缓除。牛出雄，走羊惊。阳不制阴，男失其家。

震为人，伏巽下断，故无足。除，授官也。坤柔，故缓。言人有疾不能授官也。坤为牛，震为雄；坤在上，故曰"出雄"。兑为羊，震为走，为惊，故曰"走羊惊"。阳少阴多，故曰"不制"。震为男，艮为家；艮伏，故失。

噬嗑　茹芝饵黄，饮食玉英。与神流通，长无忧凶。

伏巽为芝，伏兑为茹，为饵。震为黄，为玉，为英。坎为饮食。震为神，为通。坎忧，震乐，故无忧。芝，灵芝。黄，黄精。服之延年益寿。

贲　东行无门，西出华山。道塞畏难，游子为患。

震为东，为行。艮为门，坎隐，故无门。艮山，伏兑为西，为华，故曰"华山"。艮为道，坎为塞，为畏，为患。震为游子。

剥　寿如松乔，与日月俱。常安康乐，不罹祸忧。

详《临之剥》。

复　探鷇得螽，所愿不喜。道宜小人，君子处蹇。

震为鷇，伏巽为螽。坤忧，故不喜。坤为小人。震为大涂，为道，为君，为子。坤为咎。

无妄　蝺蠃生子，深目黑丑。虽饰相就，众人莫取。

详《需之恒》。蝺，即蜾字。蠃，音骡。《说卦》，离为蠃是也。

大畜　喜怒不时，霜雪为灾。稼穑无功，后稷饥寒。

震为喜，为威，故为怒。艮为时，三至上正覆震艮，故曰"不时"。乾为冰，为霜雪；兑毁，故灾。震为稼穑，为稷。乾为后，为寒。

颐　乌升鹊举，照临东海。龙降庭坚，为陶叔后。封圻蓼六，履禄绥厚。

详《需之大畜》。

大过　黄离白日，照我四国。元首昭明，民赖其福。

伏颐为大离。《离·六二》曰：黄离，元吉。故离为黄，为日，为照。下震为白，故曰"白日"。坤为国，震卦数四，故曰"四国"。乾为元首，为福。坤为民。

坎　黍稷酝酿，敬奉山宗。神嗜饮食，甘雨嘉降。独蒙福力，时灾不至。

详《比之需》。

离　福过我里，入门笑喜，与吾利市。

通坎。震为福，为里。艮为门，震为笑喜。巽为利市。

咸　昼卧牢门，悚惕不安。目不得阖，鬼搔我足。

艮为里门，为卧。乾为日，为昼，为悚惕。伏大离，故目不得阖。阖，闭也。伏坤为鬼，震为足；艮手，故曰"搔足"。

恒 春早荣华，长女宜夫。受福多年，世有封禄。

震为春，为草，为荣华。巽为长女，震为夫，为福。乾为多，为年，为禄。伏坤为世。"长女宜夫"者，以震巽为配偶，故能受福也。

遁 雍门内崩，贼贤伤仁。暴乱狂悖，简公失位。

艮为门，伏兑悦，故曰"雍门"。巽为陨，为崩；在内卦，故曰"内崩"。乾为仁贤，阴消阳，故曰"贼贤伤仁"。巽为贼也。遁杀君父，故曰"乱悖"。震为竹，为简，为公；震伏，故曰"失位"。《论语》：陈成子杀简公，事在《左传·哀十四年》。陈成子既杀阚止，大陆子方亡出雍门。注：雍门，齐城门也。内崩，盖言内乱。

大壮 心志无良，昌披妄行。触壁抵墙，不见户房。

伏坤为心志，坤恶，故无良。震为昌，为行，为触。伏艮为墙壁，为户房。坤黑，故不见。

晋 胶车木马，不利远贾。出门为患，安止得全。

互坎为胶，坤为车，故曰"胶车"。坤为马，坎艮皆为木，故曰"木马"。胶车不坚，木马不动，故不利远贾。艮为门，坎为患。艮为安止。

明夷 家在海隅，桡短流深。企立望宋，无木以趋。

坤为海，坎为室，故曰"家在海隅"。坎为桡，为流；坤坎皆为水，故曰"流深"。震为行，故曰"企立"。离为望。《说文》：以木架屋曰宋。故艮为宋。三至五互艮覆，故曰"无木以趋"。

家人 冬叶枯槁，当风失道。蒙被尘埃，左右劳苦。

坎为冬，巽为叶，离为枯槁。巽为风，坎为失言。叶埋道上，而失道也。坎为劳。

睽 过时不行，妄逐王公。老女无夫，不安其居。

通蹇。艮为时，为反震，故不行，故妄逐。兑为老女，本大过也。艮为兑夫，艮伏，故曰"无夫"。坎险，故不安。

蹇 履泥汙足，名困身辱。两仇相当，自为痛疾。

坎为泥，为汙。履足，似用半震象。艮为名，为身。坎为困辱，为仇；重坎，故曰"两仇"，曰"痛疾"。

解 精华堕落，形体丑恶。龃龉挫顿，枯槁腐蠹。

震为精华，伏巽，故堕落。离正反兑口相对，故曰"龃龉"。巽虫，故腐蠹。离火，故枯槁。

损 长生无极，子孙千亿。松柏为梁，坚固不倾。

详《临之观》。

益 去辛就蓼，毒愈酷毒。避穽入坑，忧患日生。

《说文》：蓼，辛菜。巽纳辛，震为蓼。坤为毒，为忧患，震为生。《诗·周颂》云：莫予荓蜂，自求辛螫。……未堪家多难，予又集于蓼。

夬 行尧钦德，养贤致福。众英积聚，国无寇贼。

夬，乾为帝王，为德，故曰"行尧钦德"。乾为贤，为福；兑食，故曰"养贤至福"。伏艮为君子。坤为众，为聚，为国，故曰"积聚"。巽为寇贼，巽覆，故无。

姤 狗逐兔走，俱入谷口。与虎逢晤，迫不得去。

象多未详，疑用遇卦观象。

萃 望尚阿衡，太宰周公。藩屏汤武，立为侯王。

详《同人之讼》。

升 清人高子，久屯外野。逍遥不归，思我慈母。

详《师之睽》。

困 三虫作蛊，削迹无与。胜母盗泉，居不安处。

巽为虫。《左传》：三虫为蛊。伏震为迹，艮手艮刀，故曰"削迹"。巽为母，兑刚，故曰"胜母"。坎为水，为盗，故曰"盗泉"。艮为居，为安，艮伏兑折，故不安。

井 犷牝龙身，进无所前。三日五夜，得其所欢。

通噬嗑。震为龙，艮为狗。犷，良犬也。艮犬止震龙上，故曰"犷牝龙身"。艮为身，艮止，故不进。离为日，震数三，故曰"三日"。坎为夜，纳戊，数五，故曰"五夜"。震为欢。

革 黄里绿衣，君服不宜。淫湎毁常，失其宠光。

《诗·卫风》：绿兮衣兮，绿衣黄里。传谓卫庄公惑于嬖，妾衣上僭也。革通蒙。震为衣，为黄，为君。《笺》谓绿衣当为素里，今黄里逾制，故曰"不宜"。坎为淫湎，为失。离为光。

鼎 天所顾佑，祸灾不到，安吉无惧。

互乾为天，离为顾。坤为祸灾，坤伏，故不到而安吉也。

震 盘纡九回，行道留难。止须于丘，乃睹所欢。

艮止，故盘纡。震数九，为归，故曰"九回"。震为行，艮为道，艮止，故留难。艮为丘，为须。震为欢。艮为观，故曰"睹"。

艮 暴虐失国，为下所逐。北奔阴胡，主君旄头。

互震为暴虐。坎为失，艮为国，故曰"失国"。坎为下，震为逐，为奔。坎为北，为阴胡。震为主君，为毛羽；坎为首，故曰"旄头"。旄头，被发也。《汉官仪》：选羽林为旄头，被发先驱是也。乐彦《括地谱》：夏桀死，其子荤粥北奔，逐水草而居，号曰匈奴。林词全用其事。

渐 御骅从龙，至霍华东。与禹相逢，送致于邦。

骅，赤马。坎为马，为赤，故曰"御骅"。伏震为从，为龙，故曰"御骅从龙"。艮为山，坎西，故曰"霍华"。霍华，西方大山也。离为东。伏震为王，故"禹"。艮为邦。

归妹 铜人铁距，雨露劳苦。终日卒岁，无有休息。

伏艮为铜铁，震为人，为距，故曰"铜人铁距"。坎为雨露，为劳苦。互离为日，伏艮为终，震为岁，故终日卒岁。艮止，为休息。艮伏，故不息。

丰 大人失宜，盈满复亏。长成之木，盛者复衰。

震为大人。巽为亏。震为成长，为木，为盛。巽为陨落，为衰。盖震巽相往来反复，故林词云尔。

旅 梅李冬实，国多盗贼。乱扰并作，王不能制。

详《屯之师》。此以巽为盗贼。

巽 泽枯无鱼，山童无株。长女嫉妒，使身空虚。

兑为泽，离枯，巽为鱼。枯，故无鱼。伏艮为山，兑上缺为童。《庄子·徐无鬼》：尧闻舜之贤，举之童土之地。注：童，无草木也。巽为株，为长女，伏坎为嫉妒。艮为身，离为空虚。

兑 天门冬虚，既尽为灾。腊朕黯苍，秦伯受殃。

通艮。艮居戌亥，故曰"天门"。坎为冬，阳穷在上，故曰"既尽"。《广韵》：腊，肥也。朕，丑也。腊朕黯苍，言戌亥空亡，渺冥无有也。兑为西，故曰"秦"。伏震为伯，坎为殃。

涣 牵衣涉河，水深渍罢。幸赖舟子，济脱无他。

节 推车上山，高仰重难。终日至暮，不见阜颠。

震为车，艮手为推，为山，故曰"推车上山"。艮为高仰。坎为暮。伏离为日。艮为终，为阜巅。坎隐伏，故不见。

中孚　鼎炀其耳，热不可举。大路壅塞，旅人心苦。

通小过。震为鼎，兑为耳；艮火在下，故炀其耳，故热不可举。震为大涂，互坎，故壅塞。震为旅，为人，坎为心。《鼎·九三》云：鼎耳革，其行塞。兹与《睽之比》皆作"大涂壅塞"，是以行为道，与常解异。

小过　四乱不安，东西为患。退身止足，无出邦域。乃得完全，赖其生福。

震卦数四，兑毁，故曰"四乱不安"。震东兑西，互坎为患。艮为身，在下，故曰"退身"。震足，艮止，故曰"止足"。艮为邦域，震为生，为福；艮止巽伏，故无出邦域。

既济　班马还师，以息劳罢。役夫嘉喜，入户见妻。

坎为马，重坎，故曰"班马"。坎为众，故曰"师"。坎为劳疲，艮止，故曰"以息劳罢"。坎为役，为夫，震为喜。艮为户，离为坎妻。既济、未济用半象，易通例也。

未济　积德不怠，遇主逢时。载喜渭阳，身受荣光。

坎为积。震主艮时，故曰"遇主逢时"。震车为载，为喜。坎水，故曰"渭"。艮为身，离为光荣。多用半象。林意谓姜太公垂钓，遇文王于渭水，后受封也。

焦氏易林注卷六

☲离上
☳震下 噬嗑之第二十一

麒麟凤凰，善政得祥。阴阳和调，国无灾殃。

离为文，下互大离，故曰"麒麟凤凰"。卦水火俱备，故曰"阴阳和调"。艮为国，坎为灾；震乐，故无灾殃。

之乾 北风相牵，提笑语言。伯歌叔舞，燕乐以喜。

详《否之损》。此全用遇卦噬嗑象，不及之卦。

坤 甲戊己庚，随时运行。不失常节，咸逢出生。各乐其类，达性任情。

此亦全用噬嗑象。坎纳戊，离己，震庚，震东方木，故曰"甲戊己庚"。艮为时。震为连行，为出生，为乐。盖噬嗑震春，离夏，坎冬，伏兑为秋，四时俱备，故林云尔。

屯 破亡之虚，神祇哀忧。进往无光，留止有庆。

坎为破，坤为亡，为虚。虚、墟同。震为神，坤为地，故曰"神祇"。祇，地神也。坎为忧，震为进。坎隐，故无光。艮止，故有庆。

蒙 注斯膏泽，扞卫百毒。防以江南，虺不能螫。

坎为膏泽，为注。艮守为扞卫。坤坎皆为毒，故曰"百毒"。艮为防，坤为江河，震为南。坎为虺，为螫。

需 日月相望，光明盛昌。三圣茂功，仁德大隆。

坎月离日，坎西离东，故曰"相望"。离为光明。坎为圣，离卦数三，故曰"三圣"。谓文、武、周公也。乾为功，为仁德，为大，为隆。

讼 大蛇巨鱼，战于国郊。上下隔塞，卫侯庐漕。

《左传·庄十四年》：内蛇与外蛇斗于郑南门中。互巽为蛇，为鱼，乾为大。伏坤为郊，为国，故曰"国郊"。伏震为战，乾上坎下。伏震为卫，坎为室，为庐；坎水，故曰"庐漕"。卫侯，戴公也。时狄灭卫，故暂居漕。漕，《左传》作曹，《毛诗序》作漕。

师 龙入天关，经历九山。登高上下，道里险难。日晏不食，绝无甘酸。

此用噬嗑象。震为龙，艮为天，为关，故曰"龙入天关"。艮为山，震数九，故曰"九山"。震为登，艮为高，为上，坎为下，故曰"登高上下"。艮为道里，坎陷，故"道里险难"。离为日，坎为暮，故曰"日晏"。震为口，为食，坎忧，故不食。巽为臭，巽伏不见，故绝无甘酸。

比 沙漠北塞，绝无水泉。君子征凶，役夫力殚。

互艮为小石，为沙，为塞；坎北，故曰"北塞"。坎为水泉，艮火在下，故无水泉。艮为君子，震为征；震覆，故征凶。坤为役，震为夫；震覆，故力殚。

小畜 关折门启，衿带解堕。福与善生，忧不为祸。

伏坎为关。关，门牡也。兑为折，乾为门。巽为带，为解堕。乾为福，为善，故曰"福与善生"。坤为忧，为祸；坤伏，故不祸。

履 狼虎所嗥，患害必遭。不利有为，宜以遁逃。

乾为虎狼，兑为嗥。伏坎为患害。巽为利，兑折，故不利。巽为伏，故曰"遁逃"。言遭遇危险，不利于进，利退也。

泰 金精耀怒，带剑过午。两虎相距，弓弩满野，虽忧无苦。

乾为金，震为耀怒。金精，虎也。《河图帝览》：嬉月者金之精。虎，西方宿，故亦为金精。《噬嗑》离为午。艮为剑，为虎；正反艮，故曰"两虎相距"。艮为野，坎为忧，为弓弩。

否 朽根枯树，华叶落去。卒逢火焱，相随偃仆。

巽为树，为陨落，故曰"朽根枯树，华叶落去"。艮为火焱，巽陨为偃仆。

同人 入暗出明，动作有光。转运休息，常乐永康。

通师。坎为暗，震为出，巽为入，离为明，为光。坎隐伏，故转运休息。震为乐。

大有 国多忌讳，大人恒畏。结口无患，可以长存。

通比。坤为国，坎为忌。乾为大人，乾惕，故曰"大人恒畏"。坎为患，兑为口。坤闭，故曰"结口"。言当忌讳之时，宜括囊自守，免于患害也。

谦 天地淳厚，六合光明。阴阳顺序，厥功以成。

艮为天，为光明。坤地为厚。坎为合，数六，故曰"六合"。坤为顺，《九三阳》遇阴，通行无阻，故曰"顺序"。震为功，艮为成。

豫 裸裎逐狐，为人观笑。牝鸡雄晨，主作乱妖。

详《大有之咸》。

随 阴升阳伏，桀失其室，相馁不食。

上下卦皆阴在上，阳居下，故曰"阴升阳伏"。艮为室。兑刚卤，故曰"桀"。下卦艮覆，故曰"桀失其室"。震为食，初至四正反震，故曰"相馁"。艮止，故不食。

蛊 蜎飞蠕动，各有配偶。大小相保，咸得其所。

详《临之豫》。

临 鬼守我庐，欲呼伯去。曾孙寿考，司命不许，与生相保。

坤为鬼，为我；伏艮为守，为庐。震为呼，为伯；震往，故曰"欲呼伯去"。伏艮为曾孙，为寿。伏巽为命，震为生，故不许也。言鬼虽呼伯去，无如命本寿考，司命不许其去也。

观 祸走患伏，喜为我福。凶恶消亡，蓄害不作。

伏大壮。坤为祸患，震为走。言阳长阴消也。震为喜，乾为福。坤为凶恶，为蓄害；阴消，故曰"不作"。

贲 智不别扬，张狂妄行。蹈渊仆颠，伤杀伯身。

坎水为智。震为张狂，为行，为蹈。坎为渊，震在上，故曰"蹈渊"。伏巽，故仆颠。震为伯，艮为身；伏兑为毁折，故伤杀伯身。

剥 凶忧灾殃，日益明章。祸不可救，三郤夷伤。

坤为凶灾，艮为明，为日。坤为祸，为死，故曰"夷伤"，曰"不可救"。"郤"者，退也。坤消，故退。正互三坤，故曰"三郤"。《左传·成十七年》：晋厉公杀郤至、郤锜、郤犨。

复 长尾蛖蛇，画地为河。深不可涉，绝无以北，怅然喷息。

详《师之咸》。

无妄 爱我婴女，牵引不与。冀幸高贵，反得贱下。

通升。坤为我，兑为婴女。艮手为牵引。巽为高，乾为贵，坤为贱。无妄皆事出意外，非所期望之事，故《林》辞如此。

大畜 凫游江湖，甘乐其饵。既不近人，虽惊不骇。

艮为凫，兑为江湖；凫在兑水上，故曰"凫游江湖"。震为饵，为甘乐，为人。艮凫在上，故不近人。震为惊。

颐 明灭光息，不能复食。精魄既丧，以夜为室。

艮为光明，坤黑，故息灭。震为食，坤死，故不食，故曰"丧"。震为精坤，为魄，为夜，艮为室。

大过 奇适无偶，习静独处。所愿不从，心思劳苦。

奇，只也。《礼》，投壶一算为奇。适，往也。奇适无偶，言独往也。巽为寡，正覆巽相背，又阳陷阴中，故所愿不从。伏坤为心，为思；坤万物致役，故为劳苦。

坎 葛藟蒙棘，花不得实。谗佞乱政，使忠壅塞。

详《师之中孚》。说《诗》异《毛》。

离 鹊笑鸠舞，来遗我酒。大喜在后，授我龟纽。龙喜张口，超拜福祉。

离为鸠，伏震为鹊，为笑舞，故鹊笑鸠舞。伏坎为酒，震为喜，为后，故曰"大喜在后"。艮为遗，为授，为龟。震为龙，为口。龟纽、龙口，皆印饰。《后汉·舆服志》：诸王金印龟纽。注引《汉旧仪》，传国玺，槃五龙。龟纽、龙口，言得印绶也。震为福祉，艮手为拜。全用伏象。

咸 摇尾逐灾，云沈孽除。洿泥生梁，下为田主。

艮为尾，伏坤为灾，震为摇，为逐。坤为云，为孽，为水，为洿泥。震为梁，为主。坤为田，为下。多用伏象。

恒 白鹤衔珠，夜食为明。膏润优渥，国岁年丰。

震为鹤，为珠；兑口为衔，为食。兑昧为夜，乾为光明，兑水，故曰"膏润优渥"。乾为年岁。按《搜神记》：有鹤为弋人射伤，唅参为疗养之，创愈放之。后鹤夜衔珠，雌雄各一，到门外为报。

遁 内执柔德，上讼以默。宗邑赖德，祸灾不作。

阴柔在下，故曰"内执柔德"。乾为言，兑为言，而兑反与乾言相背，故曰"讼"。下卦艮止，故嘿尔不讼。艮为邑，乾为宗，为德。坤为灾祸，坤伏，故不灾。

大壮 犬吠惊骇，公拔戈起。玄冥厌火，消散瓦解。

伏艮为犬。震为吠，为惊，为公，为起。艮为戈，为拔，故曰"公拔戈起"。玄冥，水神。《月令》：孟冬之月，其神玄冥。水克火，故曰"厌火"。伏坤为水，艮为火；火在水上，当然消散。震为瓦，为解。玄冥，北方水神。伏坤位北，而地黑，故曰"玄冥"。

晋 公悦姬喜，子孙俱在。荣誉日登，福禄来处。

象多未详。或用遇卦象。

明夷 鸟鸣哺鷇，长欲飞去。循枝上下，适与风遇。颠陨树根，命不可救。

离为鸟。震为鸣，为子，为食，故曰"哺"。鷇，小鸟也。震为长，为飞，为枝，为上。坤为下。伏巽为风，为颠陨，为树，为命。坤死，故不可救。

家人 析薪炽酒，使媒求妇。和合齐宋，姜子悦喜。

巽木为薪，坎为破，故析薪。坎为酒，火在下，故曰"炽酒"。坎为通，故曰"媒"。巽为妇，为齐。《说文》：以木架屋曰宋。故艮为宋。遇卦噬嗑，互艮姜，齐姓；子，宋姓。伏震为喜。《诗·齐风》：析薪如之何，匪斧不克。娶妻如之何，匪媒不得。《毛》谓文姜归鲁，齐襄思之。兹曰"齐宋"，是《齐诗》不指文姜。

睽 邻不我顾，而望玉女。身多疣癞，谁当媚者。

详《师之小过》。

蹇 远视无光，不知青黄。黈纩塞耳，使君暗聋。

此用噬嗑象。艮为观，为光。坎隐，故无光。离为黄，震为青，为黄。《汉书·东方朔传》：黈纩垂耳，所以塞聪。注：以黄绵为圈，悬于冕之两旁，示耳不外听。坎为耳，为塞，故耳塞。伏巽为绵。纩黈，黄色，亦震象。震为君，耳塞，故暗聋。

解 克身整己，逢禹巡狩。赐我玄圭，蒙受福佑。

艮为身，艮覆，故曰"克身"。震为王，为禹，为巡狩；为玉，为玄黄，故曰"玄圭"。又为福祉。

损 远望千里，不见黑子。离娄之明，无盈于光。

坤为千里，艮为望。震为子，坤黑，故曰"黑子"。坤闭，故不见。离为光明，互大离，故曰"离娄"。离娄，古明目人，见《孟子》。

益 斧斤所斫，疮痏不息。针石不施，下即空室。

伏兑为斧。艮手为斫，为节，为疮痏，为石，为室。坤死，故曰"下即空室"。

夬 南国少于，才略美好。求我长女，贱薄不与。反得丑陋，后乃大悔。

详《比之渐》。

姤 失俪后旅，天门地户。不知所在，安止无咎。

巽与震为俪偶，为伴旅。巽寡，故失俪后旅。《内经》：乾居西北为天门，巽居东南为地户。巽进退，故不知所在。惧阴消阳，故安止无咎。

萃 乌孙氏女，深目黑丑。嗜欲不同，过时无偶。

艮为孙，为黔，故曰"乌孙"。兑为女，伏大离，故曰"深目"。坤为黑，为丑。艮为时，巽寡，故无隅。

升 伯驾纯骊，南至东莱。求索车马，道阙中止。

震为伯，为驾，为马。纯，黑也。坤为黑，故曰"纯骊"。震为南；又为东，为草莽，故曰"东莱"。山名。坤为车，为马。伏艮为求，为道，为止。

困 二女宝珠，误郑大夫。交父无礼，自为作笑。

丁云：《初学记》引《韩诗》：郑交甫过汉皋，遇二女佩两珠，交甫索其珠，二女与之，去十步亡矣。故曰"误"。兑为女，卦数二，故曰"二女"。伏震为珠，为夫。坎为郑，震为父，为笑。言交甫无礼于二女，致招笑侮，由自取也。

井 阳城太室，神明所息。仁智之居，独无兵革。

详《需之蒙》。伏震为仁，坎为智。

革 大蛇为殃，使道不通。岁收酰少，年谷败伤。

巽为蛇，乾大，故曰"大蛇"。伏震为道路，坤闭，故不通。《史记》：高祖夜径泽中，有大蛇当径是也。乾为岁，巽陨落，故岁收鲜少，故年谷伤。巽为谷也。

鼎 三足孤鸟，灵明为御。司过罚恶，自残其家，毁败为忧。

详《坎之焕》。此以离为鸟，伏震为足。

震 车虽驾，两靷绝。马欲步，双轮脱。行不至，道遇害。

震为车，为驾。伏巽为靷，巽陨，故绝。震为马，为步。互坎为轮，伏兑卦数二，故曰"两靷"，曰"双轮"。震为行，为道，坎为害。

艮 郁映不明，为阴所伤。众雾集聚，共夺日光。

艮为明，坎黑，三上皆乘重阴，故曰"郁映不明"。映，日食色也。坎为众，为云雾，为积。离日伏，故夺日光。

渐 鸮鸠鸱枭，治成遇灾。周公勤劳，绥德安家。

艮为鸟，故曰"鸮鸠"。《鸱鸮》、《幽风》，周公贻成王诗也。坎为灾，伏震为周，为公。坎为劳，艮为家。按《毛传》，鸱鸮，鸮鸠也，以喻管蔡。此作鸱枭，枭、鸮同。枭长大食母，故曰"治成遇灾"。言其母养成而遇害也。此与《韩诗》说合。《韩诗》：鸱鸮，所以爱其子者，适以病之。正以喻成王也。疑较《毛传》训切。

归妹 名成德就，项领不试。景公耄老，尼父逝去。

详《履之剥》。

丰 一夫两心，歧刺不深。所为无功，求事不成。

详《豫之临》。

旅 羿张乌号，彀射天狼。柱国雄勇，败于荥阳。

羿，古之善射者。《论语》曰"羿善射"是也。乌号，弓名。天狼，星名。《淮南子》：

尧时十日并出，命羿射之落其九。此云射天狼，与《淮南子》异。《史记·陈涉世家》，以房君蔡赐为柱国，后战死，而不著其处。柱，各本皆作赵。惟丁晏《释文》柱。恐赵国是人名。今姑依翟本。兑刚鲁，故曰"羿"。离为乌，兑为号。艮为天，为狼，为星，为柱，为国。兑为雄勇，为毁折，故败。荥，水名。伏坎为水。

巽 东家杀牛，污秽腥臊。神背西顾，命衰绝周。

互离为东，为牛，伏艮为家。兑毁折，故曰"杀"。巽为臭，故曰"腥臊"。伏震为神，艮为背，互兑为西，离为顾。巽为命，为衰绝，伏震为周。"神背西顾"者，言神背东邻纣，西顾于周。"命衰绝周"者，言殷命衰歇，而绝于周也。义本《既济·九五》爻词。盖汉儒说多如此，然实非也。

兑 火起吾后，喜炙我庑。苍龙衔水，泉噀屋柱，虽忧无咎。

通艮。艮为火，震为起，为后，故曰"火起吾后"。震为喜，为口，为苍龙，为衔。坎为水泉。艮为屋，为柱。坎为忧。言火虽近，以龙衔水噀洒屋柱，而无咎也。

涣 桃雀窃脂，巢于小枝。摇动不安，为风所吹。寒心慄慄，常忧殆危。

详《谦之遯》。

节 徙足去域，飞入东国。有所畏避，深藏远匿。

震为足，为去，为飞，为东。艮为域，为国。坎为畏避，为藏匿。

中孚 琼英朱草，仁政得道。凫鹥在渚，福禄来下。

《齐诗》：尚之以琼英乎而。《笺》：琼英，犹琼华也。元本注：朱草，百草之精，王者德盛则生。互震为英，为草，为玉。艮纳丙，色赤，故曰"朱草"。艮为道，震为仁，为福禄。艮为鸟，为凫鹥。三四句，《小雅》诗语。

小过 陈蔡之厄，从者饥罢。明德上通，忧不为凶。

震为陈，为蔡，为从。互大坎为厄，为劳，故曰"饥罢"。艮为明，震为通。坎为忧凶，震出，故不忧凶。

既济 春桃生花，季女宜家。受福多年，男为邦君。

详《师之坤》。

未济 径邪贼田，政恶伤民。夫妇咒诅，泰山覆颠。

艮为径，为田。坎为邪，为贼。径邪则侵田，故曰"贼田"。坎为伤，为众，为民，为恶。政恶虐民，故曰"伤民"。坎夫离妇，离两兑口相对，故曰"咒诅"。艮为山，巽下断，故覆颠。多取半象。